Douglas MacArthı

JN236661

Harry Truman

Dean Acheson

彭徳懐

David Halberstam

ザ・コールデスト・ウインター 朝鮮戦争

上

デイヴィッド・ハルバースタム

山田耕介・山田侑平［訳］

THE COLDEST WINTER

AMERICA AND THE KOREAN WAR

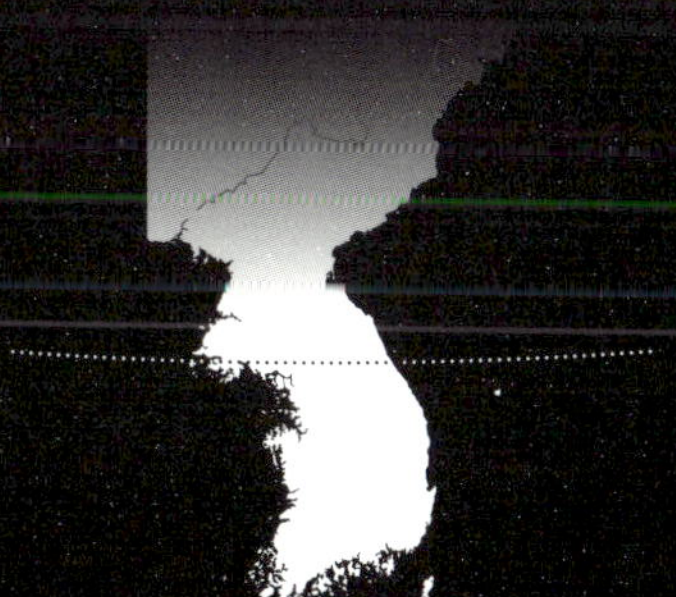

文藝春秋

ザ・コールデスト・ウインター
朝鮮戦争

上巻目次

第三部　ワシントン、参戦へ

第四部　欧州優先か、アジア優先か

第五部　詰めの一手になるか　北朝鮮軍、釜山《プサン》へ

第六部　マッカーサーが流れをかえる　仁川《インチョン》上陸

第七部　三十八度線の北へ

下巻目次

再びジーンに捧ぐ

ザ・コールデスト・ウインター
朝鮮戦争

上巻

軍事用語集

部隊編成について

部隊の規模や編成そして指揮官は、時期、場所、状況で異なる。朝鮮戦争の初期、ほとんどすべての部隊は慢性的に定員割れしていた。従って以下の数字は大雑把な見積もりである。

軍　定員十万人。二個軍団以上で編成。通常、司令官は大将。

軍団　定員三万人以上。二個師団以上で編成。通常、司令官は中将。

師団　定員最大一万五千人、朝鮮戦争では多くの場合、一万二千人のみ。三個連隊編成。師団長は少将。

連隊　定員最大四千五百人。砲兵、装甲車両、衛生の各部隊など付属部隊を含む。三個大隊編成。連隊長は大佐。

大隊　定員七百人〜八百五十人。四個中隊以上で編成。大隊長は中佐。

中隊　定員百七十五人〜二百四十人。四個小隊編成。中隊長は大尉。

小隊　定員四十五人以上。四個分隊編成。小隊長は中尉。

分隊　定員十人以上。分隊長は二等軍曹。

銃と砲

M―1ライフル銃（口径7・7ミリ）

重量約4・3キロ、挿弾子（クリップ）は八発装塡。米軍の基本的な歩兵銃。

カービン銃（口径7・7ミリ）

十五発～三十発装塡の挿弾子つき短銃身ライフル。射程と正確さはM－1に劣る。

ブローニング自動ライフル銃（口径7・7ミリ）
銃手は二人――弾薬装塡担当と発射担当。半自動式と全自動式とがある。毎分五百発の射撃が可能。略称BAR。

機関銃（口径7・7ミリ、12・7ミリ）
7・7ミリ口径銃は毎分四百五十発～五百発の連続発射が可能。
12・7ミリ口径銃はトラック、戦車など車両に搭載。毎分五百七十五発発射、射程距離約千八百メートル。

ロケット・ランチャー（バズーカ砲、2・36インチ（60ミリ）口径と3・5インチ（89ミリ）口径）
無力な2・36インチ（60ミリ）口径砲は北朝鮮軍の南侵最中の一九五〇年、新型の3・5インチ（89ミリ）口径砲と交代。新型バズーカ砲は分厚い装甲板の貫通が可能。射程距離最大六十八メートル。

歩兵用迫撃砲（口径60ミリ、81ミリ、420ミリ）
先込め砲。谷間や塹壕をねらって砲弾を高角度で発射する。射程距離約千六百メートル～三千六百メートル。

榴弾砲（口径105ミリ、155ミリ、203ミリ）
射程距離約三キロ～八キロの大砲。

関連地図リスト

軍用地図の符号について

本書に掲載の地図は米軍が使っている最新の改定標準 MIL-STD-2525B 一般兵士用符号を採用している。MIL-STD-2525Bは部隊同士の連携、規模、兵種、部隊名の情報が一目で分かる包括的システムである。特定の部隊のための完全な情報が手に入らない場合がある。そのような場合は、不正確な情報を提供するよりもわかりやすく省略をした。また戦況をより明確に把握するために、標準MIL-STD-2525Bにはない若干の修正をくわえて、より読みやすくした。

MIL-STD-2525B には数百種の軍事名称があるが朝鮮戦争に従軍した部隊を知るのに必要なものはごくわずかにすぎない。

部隊配置

友軍	
敵軍	

兵種

歩兵	
騎兵	
砲兵	
工兵	
装甲車	

部隊規模

軍	XXXX
軍団	XXX
師団	XX
旅団	X
連隊	III
大隊	II
中隊	I
小隊	•••

部隊名は当該部隊の兵種符号の左側に示され、所属する上部部隊名は兵種符号の右に出ている。部隊の規模は兵種符号の上に示されている。

たとえば、第八騎兵連隊第三大隊の符号は、

II

3  8

となる。

とくに断りがなければ、肉太の実線は国連軍の陣地ないし防衛線を表す。

地図1.開戦前の朝鮮半島、1950年5月

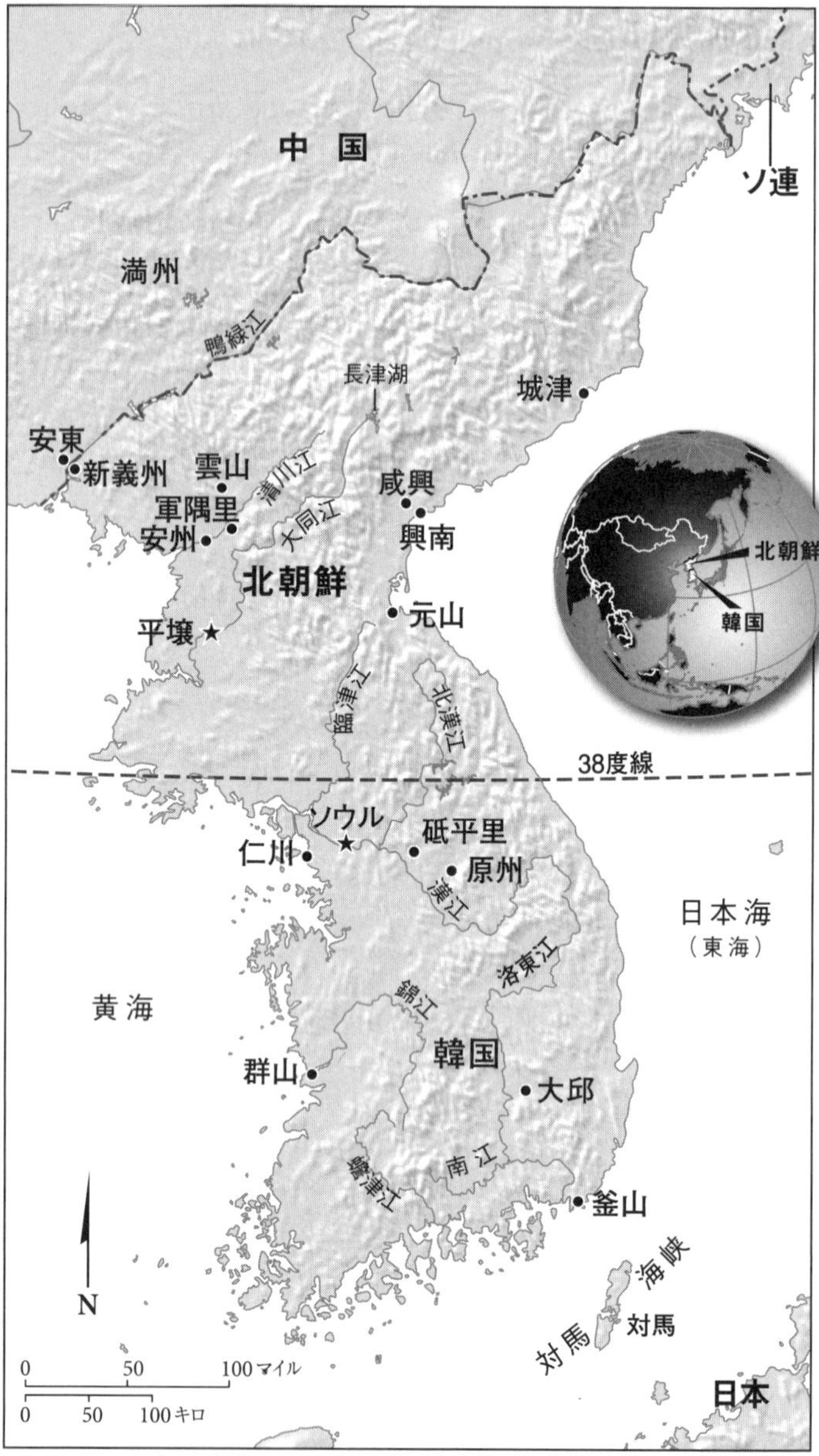

プロローグ　歴史から見捨てられた戦争

一九五〇年六月二十五日、北朝鮮軍の精鋭およそ七個師団が南朝鮮（韓国）との境界線を突破した。兵士の多くは中国の国共内戦で共産軍側について戦った者たちで、三週間で南全土を制圧する目論見だった。それに先立つ半年前、ディーン・アチソン米国務長官はアメリカのアジアにおける防衛線に韓国を加えるのを怠るという大きなミスを犯していた。当時韓国に駐留していた米軍は小規模な軍事顧問団だけで、侵攻への備えはまったくないに等しく、共産軍の攻撃は最初の数週間というものは驚くばかりの戦果を挙げた。戦場から届く敗報一色のニュースに、ワシントンではトルーマン大統領ら政府首脳が相手方の意図をめぐり鳩首協議を重ねた。攻撃はソ連の指図によるものなのだろうか、北朝鮮はモスクワの手先にすぎないのではないか。あるいは、これは世界を股にかけた共産主義者らの一連の挑発行動の第一弾となる陽動作戦なのだろうか。大統領らの決断は速く、米軍とさらに国連軍を投入して共産主義者の韓国侵攻を阻止しようとした。

朝鮮戦争は三週間どころか、その後三年もつづいた。米軍と国連軍は兵力の規模は小さかったが、優位にある兵器と技術力でなんとか相手側を抑えようとした。相手の兵力は圧倒的だった。過酷きわまりない戦争になった。けわしい地形とひどい気候の戦場。とりわけ冬期の凍てつく寒さは米軍将兵には北朝鮮軍や中国軍以上の難敵に思えたほどであった。「二〇世紀最悪の胸くそ悪い小戦争」と軍史研究家S・L・A・マーシャルは評しているが、(1)米軍を含む国連軍将兵の前に立ち現れた重畳たる山岳地帯はその兵器、とりわけ装甲車両の優位性を損ない、逆に敵方には洞穴その他さまざまな形の隠れ家を提供した。「この忌まわしい戦争に向け最悪の場所を探してくるとすれば、全員一致して推したのは朝鮮半島だっただろう」。当時のアチソン国務長官は戦後何年も経ってからそう回顧した。(2)「白けた戦争だった」とはアチソンの友人アヴェレル・ハリマンのことばである。(3)

アメリカ側にとって朝鮮戦争を「望まざる戦争」と呼ぶのは、たいへん控え目ないい方になるだろう。米軍に戦闘突入を命じた大統領でさえ、あえてこれを戦争であるとはいわなかった。トルーマンは、ソ連との対決色が高まるのにタガをはめる思惑から紛争の本質をつとめて軽くあつかおうとした。大統領が試みた方法の一つは用語をひねり回すことだった。北朝鮮軍が越境した四日後の六月二十九日午後遅く、すでに米軍への戦闘命令を発令ずみの時点だったが、大統領はホワイトハウス詰め記者団と会見したさい、アメリカは実際に戦争に突入したのかとの記者の問いに、「戦争ではない。もっとも事実上そういうことにはなるが」と歯切れが悪かった。「国連のもとでの警察行動と呼んでよいか」との別の記者の問いかけに、トルーマンは「そうだ。まさにそういうことだ」と答えた。(4)

在韓米軍は軍というよりも警察力であるとの含みを持つこの示唆に、現地の兵士らは苦々しい思いを抱いた。(これに劣らぬ微妙ないい回しを四か月後、こんどは中国の指導者毛沢東が使うことになる。かれは数十万の中国軍兵士に戦闘命令を発したさい、トルーマンとやや似た理由から、麾下《きか》の兵士たちを義勇軍と呼ぶことにした)

このように、さりげない問答から、政策や戦争さえも定義がなされる。トルーマンがあの日持ち出したいい回しはある意味、持ちこたえた。朝鮮戦争は、第二次世界大戦のように人びとを特異な目的に一致団結させる大国民戦争とはならなかったし、一世代後のベトナム戦争のように国民を二分し、絶えず悩ますことにもならなかった。朝鮮戦争はただ不可解で、灰色の、ひどく遠隔の地の紛争——

希望も解決策も見えないまま、ずるずるとつづいた戦争、現地で戦った兵士とその直近の家族たち以外のほとんどのアメリカ人はできるだけ知らないでいたい戦争だった。朝鮮戦争から約三十年後、シンガーソング・ライターのジョン・プラインはこの国民感情を「ハロー・イン・ゼア」という歌で正確に捉えた。プラインは歌のなかでデイヴィーという若者の悲劇的な死とその犠牲が無駄だったことを雄弁に歌い上げた。半世紀後も朝鮮戦争は相変わらず政治的にも文化的にもアメリカ人の意識の外にとどまったままであった。この戦争をあつかった傑作の一つに『忘れられた戦争』（The Forgotten War）という本があるが、なんと的を射たタイトルであることだろう。朝鮮戦争はときにまるで歴史から見捨てられたかのようだったのだ。

兵士たちの多くは朝鮮に送られたことに、怒りをもち続けた。ある者は第二次世界大戦に出征し、その後予備役入りして民間の職業についていたところに召集がかかりしぶしぶ応じた。告げられたのは十年の間に二度目となる国外戦争への従軍だった。同世代の大勢の者がそのどちらにも召集がかからなかったのにである。第二次世界大戦で兵役に就いてそのまま陸軍に残った者たちは、北朝鮮軍が攻めてきた当時の米軍の哀れな状態に憤《いきどお》った。定員も訓練も足りない部隊、欠陥だらけの旧式装備、驚くばかりに低水準の指揮官層。かれらが知っている第二次世界大戦最盛期の陸軍の強さ、職業軍人魂とたくましさ。それらと朝鮮戦争緒戦のころの米軍の貧弱さとの落差はショック以外の何ものでもなかった。経験が深ければ深いほど、戦いに強いられる諸条件への失望と驚きはいよいよ大きかった。

朝鮮戦争の最悪の側面は「朝鮮そのもの」と第二歩兵師団第二三連隊所属の大隊長だったジョージ・ラッセル中佐は書く。工業生産とその所産である兵器、とりわけ戦車への依存度の高い軍隊には朝鮮半島は最悪の地勢だった。スペインやスイスのような国々にも急峻な山岳地帯はあるが、じきに平坦な平野が開け、そこでは工業諸大国の戦車の投入が可能である。ところが、朝鮮は、ラッセルによれば、アメリカ人の目には「重畳《ちょうじょう》折りなす山また山」だった。もし朝鮮を色でたとえるとすれば「茶褐色のグラデーション」になる。朝鮮で戦った功労に対して贈られる従軍勲章があったとするなら、従軍したGI全員が勲章の色として茶褐色を選んだだろう。(5)

朝鮮戦争は、テレビニュースが本来の力を発揮する以前に起こった。アメリカが情報化社会に入る前の時代で、そこがベトナム戦争とは異なる。朝鮮戦争のころはテレビのニュース番組の放送時間は一晩に十五分間しかなかった。内容もそっけないもので、影響も限られていた。当時の技術では、朝鮮からの素材がニューヨークの本社のニュースルームに届くのは通常、深夜で、全国民を震撼させることはめったになかった。朝鮮戦争は、まだプリントメディアの時代の戦争だった。白黒《モノクロ》印刷の新聞で報道され、国民の意識もその域を出なかった。

この本を執筆中の二〇〇四年、わたしはたまたまフロリダ州キーウエストの図書館を訪ねたことがあった。書架にはベトナム戦争関係の書籍は八十八点あったのに朝鮮戦争のものはわずか四点しかなかった。これはアメリカ人の意識をそのまま反映したものだ。

若いころ第二歩兵師団の工兵で中国の捕虜収容所に二年半いたことのあるアーデン・ローリーは苦々しげにこう語っている。

朝鮮で行われた主要戦闘の五十周年記念が催された二〇〇一年から二年にかけてアメリカでは三本の大型戦争映画が作られた。『パール・ハーバー』『ウィンドトーカーズ』『ワンス・アンド・フォーエバー』がその三本で、前の二本は第二次世界大戦物、三番目はベトナム戦争に関するものだった。これに、一九九八年制作の『プライベート・ライアン』を加えると、トータルで四本になるが、朝鮮戦争物は皆無だった。もっともよく知られた朝鮮戦争がらみの映画は一九六二年の『影なき狙撃者』。朝鮮中国の捕虜収容所で洗脳されてアメリカ大統領候補をつけねらう共産主義者の暗殺ロボットに仕立てられたアメリカ人捕虜の話だ。

戦時中の陸軍移動外科病院をあつかったロバート・アルトマン監督の反戦映画『マッシュ』。その後テレビシリーズとなったこの映画は朝鮮戦争に見せかけているが、実はベトナム戦争が主題である。封切られた一九七〇年は反戦運動が最高潮に達したころで、ハリウッド映画の役員たちはベトナム反戦映画の制作には神経質になっていた。映画をつくる最初から朝鮮戦争は、ベトナム戦争の隠れミノだった。アルトマン監督と脚本家リング・ラードナー・ジュニアはベトナムに焦点を当てながら、ベトナム戦争は当時の段階では、まだコメディにするには繊細すぎる問題だと考えたのだった。映画に登場する兵士も士官もベトナム戦時代のもじゃもじゃ髪で朝鮮戦争期のクルー・カットではない。

この戦争が持つ残虐性の実相はアメリカ人の文化意識にはまったく浸透しなかったのだ。この戦いでアメリカ人の死者は推計で三万三千人、ほかに十万五千人が負傷した。韓国側の損害は死者四十一万五千人、負傷者四十二万九千人だった。中国と北朝鮮はその死傷者数を固く秘匿しているが、米軍当局者は死者およそ百五十万人だったと見積もっている。[(6)]

朝鮮戦争は冷戦を一時熱くし、アメリカと共産陣営との間ですでに顕著になっていた（しかも、ますます高まっていた）緊張をより高め、アジアで存在感を見せつつあった共産勢力とアメリカとの亀裂を深めた。二極間紛争の当事者間の緊張と分裂は、アメリカの誤算が中国の参戦を招いた後、一段と深刻化する。戦いが終わり軍事休戦が実現すると、双方が勝利を主張した。もっとも、朝鮮半島の最終的な分割線は開戦前とあまり変わらなかった。だが、アメリカは同じアメリカではなかった。対アジア戦略像は変化し、国内の政治状況は大幅に塗り換えられた。

朝鮮で戦った兵士たちは母国の同胞から疎んじられたと感じることが多かった。その犠牲は感謝されなかった。同世代の人びとの目には重要度の低い遠隔の地の戦争であるにすぎない。朝鮮戦争には、第二次世界大戦にあったあの栄光と正統性はかけらもなかった。第二次大戦では、国民が国を挙げて一つの偉大な目的を共有し、兵士一人ひとりがアメリカの民主精神と至善のアメリカ的価値観を広宣流布する使徒と目され、高く賞賛された。

いっぽうの、朝鮮戦争は退屈な限定戦争であった。そこからはこの先、あまりいいことは何も生まれてこない、と国民はさっさと決めてしまった。兵士が帰還して気がついたのは、かれらの体験に隣人たちが総じてさしたる興味を示さないことだった。会話のなかで戦争話はすぐに無用の話題にされた。家庭内のできごとや職場での昇進、新しい家屋や新車の購入のほうがもっと興味を引くテーマだった。その原因の一部は、朝鮮からのニュースがほとんどいつもたいへん暗いからだった。戦況がよいときでも、必ずしも非常によいとはいかなかった。戦局の飛躍的進展の公算が近いと見えたことはほとんどなく、まして勝利に近づく気配は何もなかった。とりわけ、一九五〇年十一月下旬、中国が大兵力をもって参戦するとそれは皆無になった。膠着状態を表す自嘲的なフレーズが兵士たちの間で人気になった。「Die《ダイ》 for《フォー》 a《ア》 tie《タイ》」。勝利のためではない、引き分ける《タイ》ために死ぬ《ダイ》のだ。

朝鮮で戦った兵士たちと祖国の人びととの間には大きな心理的隔たりがあった。兵士らがどんなに勇猛果敢に大義のもとに戦おうと、第二次世界大戦の兵士にくらべれば、しょせん「二流」だったのである。兵士たちは、戦後も、そのことでやりきれない思いをした。しかし、彼らは静かに耐え忍ぶしかなかった。

第一部
雲《ウン》山《サン》の警告

PART ONE
A Warning at Unsan

©Bettmann/Corbis

1950年12月23日、海兵隊の隊員たち。
容赦ない北朝鮮の冬が襲いかかる

第1章　クリスマスに戦争は終わらなかった

平壌への入城

それは警告の銃声だった。アメリカ極東軍総司令官ダグラス・マッカーサーは、それを無視したのだ。小さく終わらせるはずだったその戦争の拡大をまねいたのは、マッカーサー自身だった。

一九五〇年十月二十日、アメリカ第一騎兵師団は、北朝鮮の首都、平壌《ピョンヤン》に入る。のちに、平壌一番乗りはだれかということでちょっとした論争があった。同師団第五連隊所属の小部隊か、韓国軍第一師団の兵士らか。真相は、韓国軍部隊のほうだった。騎兵師団は大同江《テドンガン》の担当部分にかかる橋がことごとく爆破されていたために進撃速度が落ち、その廃墟の都市に突入するのに遅れをとったのである。

しかし、騎兵師団の兵士にとって、それはどうでもいいことだった。かれらにとって、大事なのは、この都市の占領がとりもなおさず、戦争の終わりを意味することだった。在韓米軍の全部隊のなかで第一騎兵師団が一番乗りしたことを天下万民に知らしめようと、一部の隊員たちはペンキとはけを持って騎兵師団のロゴを街じゅうに塗って回った。平壌じゅうで兵士たちのささやかな祝宴が催された。第九九野砲大隊の砲撃観測員フィル・ピーターソン中尉とウォルト・メイヨー中尉の二人も祝宴を開いたくちだ。二人とも同騎兵師団第八連隊第三大隊と連携し、いつもいっしょに戦火をくぐり抜けてきた仲。これほど親密な友人はいなかった。ピーターソンはこれを陸軍だけが生み出せる常ならぬ友情だと考えていた。メイヨーは、ボストン大学出身の有能で教養のある男だった。ボストン大学では父親が音楽を教えていた。いっぽうのピーターソンは幹部候補生学校の出で、公式学歴はミネソタ州モリスの中学で終わっていた。農場で働けば日当五ドルになったからだった。

　平壌でメイヨー中尉はソ連大使館放出の大量の酒類のなかからロシア産シャンペン一瓶をどこからか手に入れてきて分け合い、携帯用炊飯セットの金属コップでグイとあおった。まがいもののシャンペンで、かっとなってむせかえるほどだった。こりゃあ、ひどい酒だ、だけど、いけるよ[1]。

　第三大隊ラヴ中隊のビル・リチャードソン一等軍曹は平壌で安堵のうねりが身体じゅうにしみわたるのを感じた。戦争は事実上終わったのだ。騎兵師団はもういつでも朝鮮を離れることになりそうだ。そう思うのは、しきりに飛び交ううわさのせいばかりではない。中隊本部が、船積み経験のある隊員は全員、上官に届け出よ、と呼びかけているではないか。これほど確かな兆しはあるものではない。オレたちは海路、帰国の途につくのだ。悪戦苦闘の日々が終わったしるしはほかにまだある。手持ちの大半の弾薬を返却するよう命令が出ている。さまざまな本部からしみ出てくるうわさは全部本当にちがいない。

　いつのまにか、リチャードソンは部隊の古参兵になっていた。所属する小隊のほとんどは新入りだ。かれはたった三か月前にいっしょにいた男たちのことをしきりに思った。この三か月はそれまでの二十一年の人生よりも長かった。そう感じる。兵隊たちのある者は死に、ある者は傷つき、ある者は戦闘中行方不明になった。リチャードソンの小隊に初めからいるのは友人のジム・ウォルシュ二等軍曹だけだ。かれはジムを探し出した。「おい、兄弟。オレたちは、やったぜ。やり通したんだ」(2)。ふたりはお互いを祝福し合ったが、幸運にはまだ半信半疑だった。ミニ祝賀会があったのは十月最後の何日かのなかの一日だった。その翌日には弾薬が再配布され、北上を命じられた。目的は痛めつけられている韓国軍部隊の救出だった。それでも、まだこんなうわさは出回っていた。東京で凱旋パレードがあるそうだ。第一騎兵師団は朝鮮作戦で長期間奮戦したし、総司令官マッカーサーのお気に入り師団でもあるので、パレードの先頭を切る。パレードには黄色い騎兵スカーフを着用することになっている。戦場のくすんだ服装ではなく、パレード用のりりしい格好の備えをしておくがよい。銀座通りを薄汚れた軍服とヘルメットで行進できないではないか。騎兵師団の隊員たちは第一生命ビルのマッカーサー司令部前を通過するときは少しばかり胸を反って歩くつもりでいた。少しくらい反っくりかえるだけのことはしている。

平壌のアメリカ軍兵士の間の一般的な雰囲気には、心も身体も楽観とひどい疲労感とが入り混じっていた。船出の時期をめぐってカケが始まった。入隊ほやほやの補充兵らは釜山《プサン》橋頭堡から平壌に至るきびしい戦いについては話に聞くだけだったが、最悪の事態は終わったと胸をなでおろしていた。

平壌で騎兵師団に配属されたオクラホマ州クレアモア出身のベン・ボイドという若い中尉は、第一大隊ベーカー中隊の一小隊を任された。四年前に陸軍士官学校《ウエストポイント》を卒業したボイドは部隊の指揮をとることを熱望したのだが、小隊の直近の歴史を聞くと不安になった。「中尉、貴官のこの小隊での位置づけをわかっているか」と古参将校は声をかけたのだ。ボイドが「いいえ」と答えると、将校はこう言ったのだった。「そうか、そんなら、あまりでかい顔するんじゃないぞ。この部隊が朝鮮の土を踏

んでから数えて貴様は十三人目の小隊長だ」。ボイドはとたんに「でかい顔」をするどころの話ではないと思った。(3)

兵隊たちの平壌駐留最後の日々のある日、またまた好ましい兆候があった。ボブ・ホープが同地で兵士慰問のショウを開くという。これはほんとうに大したことで、第二次世界大戦で兵隊慰問のショウをつぎつぎにこなしたあの有名なコメディアンが北朝鮮の首都でジョークを飛ばすのだ。その夜、騎兵師団の多数の兵士がホープ見物に集まった。そして翌朝、かれらは余分の弾薬を返され、攻撃にさらされている韓国軍部隊を守るために雲山《ウンサン》という平壌のすぐ北にある地点に向け出発した。そう、待っている仕事はちょっとしたゴタゴタをきれいに片づけてやるだけのことだ。韓国兵らがいつも陥っているたぐいのやつだ。

出発のさい、特別の準備はしなかった。そういやあ、弾薬は戻ってきたが、制服の件はどうする。持っていくべきは東京パレードで着用する分か、冬服か。朝鮮の冬（百年でもっとも寒い冬となる）が急速に近づいているというのに、選ばれたのはパレード用のほうだった。北朝鮮と中国・東北部との国境、鴨緑江に危ういほど近い地帯に向かっているときでさえ、士官も兵士も大船にのった気持ちでいた。そのちょうど二週間前、トルーマンとマッカーサーがウェーク島で会談したことを大勢の者は薄々知っていた。上のほうからもれ出てきたうわさによれば、マッカーサーは朝鮮半島に投入中の師団全体をワシントンに返還し、その後、ヨーロッパに回すと約束したという。

マッカーサー自身が平壌に姿を見せたのは第一騎兵師団が到着した直後だった。かれは飛行機から降り立ったさい、「わたしを出迎える要人はここにはいないのか。出っ歯のキムはどこにいる」と敗色が濃厚な北朝鮮指導者、金日成《キムイルソン》をあてこする冗談を飛ばした。さらにマッカーサーは最初から部隊にいる騎兵師団の者は一歩前へと呼びかけた。集まっていたおよそ二百人のなかから、四人が進み出た。四人全員がどの時点かで負傷していた[4]。その後、マッカーサーは東京に引き返す乗機に戻っていった。日帰りのご来朝だった。じっさい、かれがこの戦争を指揮した全期間を通じ一晩たりともこの地に宿泊したことはなかったのである。

中国は参戦しない

マッカーサーが東京に戻っていたころ、ワシントンの要人たちの目にはマッカーサーが兵を北へ北へと進めるつもりでいることがいよいよ明らかになっていた。マッカーサーは中国軍の介入はないと確信していた。兵士たちはその時点では抵抗らしい抵抗に遭わず、北朝鮮軍は全面敗走の状態だった。マッカーサーは命令を拡大解釈したが、この場合、命令は本来の姿よりもひどくあいまいだった。マッカーサーは中朝国境の鴨緑江進撃の意図を顕わにし、ワシントンが課した及び腰の段階的制限などは無視した。統合参謀本部がじきじきに発した米軍の国境隣接地域への派遣禁止令もマッカーサーの手足を縛ることにはまったくなりそうになかった。そのことは別に驚きではなかった。ダグラス・マッカーサーが従うのは自らの命令だけである。そう信じられていた。

中国は、鴨緑江の対岸に大軍を集結させていた。しかし、この中国の意図をめぐるマッカーサーの自信はトルーマン政権の最高首脳よりもはるかに強かった。かれはウェーク島で大統領に中国軍は決して参戦しないとうけあった。さらに、万一、参戦してきたら、奴らを叩いて軍史に残る大量殺戮の場に変える力を自分は持っているとぶちあげた。気候といい、地勢といい、アラスカにそっくりの荒涼の地とは見事なまでに遠く離れたマッカーサーとその参謀。彼らにとって、雲山への進軍は、北朝鮮軍前線の背後を突いた仁川《インチョン》上陸作戦で火ぶたを切った北への行進の偉大な勝利の総仕上げのときとなるはずだった。

上陸作戦は大成功だった。語り草の軍歴のなかでもおそらくは最大級の勝利、いや、将軍がワシントンの大方の反対を押し切って断行した分だけ輝きをいちだんと増す勝利だった。ワシントンでは文官、武官双方の上層部がマッカーサーの北進に伴い懸念を増大させていた。中国の出方（ないしソ連の出方）について、かれらはマッカーサーほどには確信が持てず、国連軍の防備の極端なもろさに不安をかき立てていた。だが、マッカーサーへの抑えが効かないことも自覚していた。かれらはマックを尊敬もし恐れてもいた。

戦況はいまは国連軍に有利だが、北朝鮮の共産軍が三十八度線を越えた六月下旬には戦況は圧倒的に共産側に有利だった。共産軍は準備不足の米韓両軍に連戦連勝を重ねた。しかし、それからは優秀なアメリカ増援部隊が到着したのと、敵前線の背後を襲うマッカーサーのあざやかな仁川上陸があって北朝鮮軍は潰走した。激戦の後、ソウルが陥落すると北朝鮮軍の抵抗はおおむね止んだ。しかし、ワシントンの上層部の多数は、仁川の成功を喜びながらも、それによってマッカーサーの影響力がいちだんと強まることに大きな懸念を抱いた。中国は参戦すると警告している。ところが、こんな順風満帆の情勢のもとで対応に手を焼かせるマッカーサーは〝仁川〟でいよいよ神がかってきた。マッカーサーは中国の参戦はないといいつづけてきた。かれがいうところの東洋人の心理を読むエキスパートを好んで自認している。しかし、マッカーサーには第二次世界大戦の直前、日本軍の意図と能力とを完全に読み違えた前科があった。ワシントン上層部は、国連軍が平壌に達して雲山に向かうまでの時期を戦争の拡大、つまり、中国との戦争にエスカレートするのを防ぐ最後のチャンスだと見ていた。

ワシントンに劣らず神経質になっていたのは、一部兵士たちと北進を指揮する士官らだった。気温は驚くばかりに下がり、あたりの地勢はけわしい山ばかりになっていくにつれて山道をたどる歴戦の士官たちは、前進に不気味さが漂うのに気づいた。後年になっても、韓国軍第一師団の指揮官だった白善燁《ペク・ソンヨプ》将軍（アメリカ軍は白を韓国軍の最優秀指揮官と評価していた）は何の抵抗もなく前進していたときに胸をよぎった不安をよく覚えていた。旧日本軍出身のベテラン指揮官の白は、ほとんど完全な孤立感、まるで孤影を引きずっているようだった。かれは最初、それがなぜなのか正確に指摘することはできなかったが、はっと気がついた。人っ子ひとりいないのだ。あるのは兵士たちを取り巻く圧倒的な静寂だった。過去には、南へ向かうおびただしい避難民の群れが引きも切らなかった。いまは道はがらんとして、まるで自分たちの見えないところ、あずかり知らないところで何か重大なことが起きようとしているかのようだ。そのうえ、寒さは募るばかり。気温は毎日、数度ずつ下がっていくようだ。

主要な情報将校らも神経を尖らせていた。かれらはさまざまな筋から断片情報を途切れることなく入手していた。情報は、十月末には中国軍が大挙して北朝鮮領内に入ったことを信じさせるものだった。騎兵師団を指揮下に擁する第一軍団のG－2（情報担当）パーシー・トムソン大佐。在韓の最優秀情報士官とされていた大佐も非常に悲観的で、中国軍の存在を確信して努めて上官に警告した。不幸にも、かれが相手にしたのは騎兵師団の一部上層部に蔓延する東京発の現実離れした高揚感だった。かれは第一騎兵師団第八連隊長ハル・エドソン大佐に、強力な中国軍がこの地域に展開していると確信すると直接伝えた。だが、この警告はエドソンらに「不信と無関心とで」あしらわれた、と後に述懐している。

それからの日々、トムソン大佐の娘、バーバラ・トムソン・アイゼンハワー（アイゼンハワー大統領の息子ジョンと結婚していた）の記憶によると、朝鮮の父親から届く手紙の調子は劇的に変化した。それはまるでさようならをいうために書いているようだった。大佐の娘はこう語っている。「父は部隊が壊滅させられ、自分は戦死することになるとはっきりとわかっていた」(5)。

トムソンが不安になるのはもっともだった。トムソンの初期の情報分析は、非常に正確だったのである。中国軍はすでに入国し、韓国軍と国連軍部隊が北上をつづけ延び切っている補給線がさらに延びるのを北朝鮮の山岳地帯で辛抱強く待っている。中国軍はそれほど急いで米軍を攻撃するつもりはなく、その思惑は米軍がさらに北へきたところをたたくことにあった。敵方は、米軍の北への難行軍が、みずからの作戦を有利にすることをよくわかっていた。

「わたしは中国人です」

「鴨緑江についたぞ。鴨緑江に」。白将軍の兵士たちが雄たけびを上げたのは十月下旬だった。[6] しかし、同月二十五日、中国軍が大兵力で攻撃してきた。それはまさにレンガ塀に突然ぶち当たったようだった、と白は後年書いている。当初、韓国軍の指揮官たちは何が起こったのか分からなかった。白配下の第一五連隊は迫撃砲の連射にひるんで完全に停止、ついで左翼の第一二連隊もたたかれ、さらに、師団予備の第一一連隊が側面攻撃を受け、後方からも攻撃された。明らかに手慣れた敵の戦いぶりに、白は中国軍に違いないと悟った。かれはとっさに反応、たぶん、それでほとんどの部下の生命が救われたらしい。白は、ただちに部隊を雲山の村落に引き返させたのだ。後にかれは、それはまるで大勢のインディアンに襲撃され幌馬車に閉じ込められた白人の一家といったアメリカ西部劇の一場面のようだったと語っている。白の師団は中国軍が用意した大仕掛けな待ち伏せの場に入りこんだのだった。

ほかの韓国軍部隊は白ほど幸運でも指揮がよかったわけでもなかった。間もなく白にも相手は中国軍だということが明白となる。戦闘の初日、第一五連隊の兵士数人が一人の捕虜を連行してきた。白は自ら尋問を買って出た。捕虜は年齢三十五歳くらい、分厚い綿入れの冬用軍服を着ている。軍服は裏返しが利き、一面はカーキ色、片面は白だった。「地味だが、雪の山岳地帯ではカムフラージュを容易にする効果的なやり方」と白は書く。捕虜は耳当てのついた厚くて重いふちなし帽をかぶっていた。それにゴム製のスニーカー。耳当てのついたふちなし帽は間もなくさんざんおなじみになる。捕虜はぺこぺこして尋問には驚くばかりに協力的だった。広東省出身の正規兵だった。かれは白に近くの山中には数万の中国兵がいると何気なくもらした。第一師団全体がワナにはまったらしい。白はただちに軍団長フランク・ミルバーン少将を呼び出し、ミルバーンの司令部に捕虜を連行した。ミルバーンが尋問をおこない、白が通訳した。白が書きとめたメモによれば、尋問の様子はこんなぐあいだった。

「どこからきたのか」

「華南からです」

「おまえの所属部隊は」

「第三九軍」

「戦歴は」

「（中国内戦の）海南島戦で戦いました」

「おまえは朝鮮籍の中国住民か」

「いいえ、わたしは中国人です」(7)

捕虜は真実を語っていると白は確信した。気取ったところも、のらりくらり質問をはぐらかすところもなかった。捕虜がもたらした情報の重大さに疑いの余地はなさそうだった。中国が鴨緑江の対岸に少なくとも三十万の大軍を待機させ、望むときにいつでも越境できる態勢にあることは早くから知られていた。唯一の問題は北京が軍隊派遣の意図を世界に警告したのはこけおどしか否かだった。ミルバーンはただちに第八軍司令部に新情報を通報した。情報は第八軍からマッカーサー司令部のチャールズ・ウィロビー准将に送られた。

ウィロビーはマッカーサー司令部の情報局長。朝鮮には中国軍はいない、これからも、少なくとも問題になるほどの規模では入ってこない、との主張にどっぷり漬かっている人物だった。それは、とりもなおさず彼の上官マッカーサーの信じるところだったのである。マッカーサー司令部のＧ－２の任務は、何はさておきマッカーサーは常に正しいと立証することにある。限られた人数の米、韓、およびそのほかの国連軍兵士を、広大な山岳地帯に広く薄く布陣して鴨緑江まで進撃させるのは、中国軍の不在が前提になっていた。かりにマッカーサー司令部が突如、相当規模の中国軍との接触を報告したら、いくらか消極的に状況を傍観していたワシントンは奮い立って戦争指導の主導権を要求してくるだろう。そうなると、東京の司令部は自らの計画の管理権を失い、鴨緑江への進軍はできなくなる。これはまさに、マッカーサーが絶対に望まない事態であった。

マッカーサーの望むことにあわせてウィロビーは情報評価でいつもつじつま合わせをやった。鴨緑江北方に中国軍が集結の初報が入ってきたとき、ウィロビーは例によってそっけなかった。「おそらく、外交的恐喝のたぐいであろう」とかれは報告した(8)。いま、最初の中国人捕虜が捕まり、しかも、おそろしくおしゃべりな捕虜ときている。やがて東京司令部からウィロビーの反応が戻ってきた。捕虜は中国在住の朝鮮人志願兵である。奇妙な結論で、捕虜の重大さを故意に矮小化するねらいがあった。いわく、捕虜は自分が何者か知らず、国籍も知らない、所属部隊も、いっしょに入朝した戦友の人数も知らない。中国軍の高級司令部が聞いたらさぞかし喜びそうな判断だった。これこそ、まさに彼らがアメリカ人に考えてほしいと望むことであった。アメリカ人が無頓着であればあるほど、ワナを閉めたとき、中国人はそれだけ確実に勝利を手にできる。

それからの数週間、米、韓両軍は中国人捕虜をくり返し捕らえた。捕虜は所属部隊名を供述し、多数の同僚兵士らとともに鴨緑江を渡った事実を認めた。ウィロビーは再三再四、この戦場からの情報を軽視した。師団、軍団、軍、極東軍司令部で、中国人捕虜が本当に中国人かどうか、また、ひどく無防備な国連軍部隊にこの事実が何を意味するかについて論議が行なわれていたとしても、その情報は肝心の兵士たちには少しも届かなかった。第八騎兵連隊の隊員らがその典型だった。かれらは平壌から雲山に移動していたとき、追跡している相手は北朝鮮軍最後の敗残兵集団だと信じ込まされていた。間もなく鴨緑江に達し、できるなら勝利のしるしに江に放尿してやるのだ。

危険きわまりない現実離れした高揚感が第八軍の最高幹部らにも広がっていた。だれよりもそれを現《あらわ》していたのはマッカーサーその人だった。米軍のなかでもっとも経験豊かな将官であるかれは前途に自信満々、当たるべからざるものがあった。マッカーサー配下の軍団、師団上層部も同様だった。とくに東京の司令部では地位が上がれば上がるほど、戦争は終わり、残るのは若干の残敵掃討のみとの気分が濃厚だった。自信過剰ぶりを示す多数の噂話が流れた。十月二十二日といえば中国人捕虜の第一号が捕まる三日前だが、第八軍司令官ウォルトン・ウォーカー中将が要請していた朝鮮から日本に移す大量の弾薬について追加搬出分の全量を分散する権限をマッカーサーは裁可し、105ミリ、135ミリ砲弾を積んだ輸送船六隻に行き先をハワイに変更するよう命じた。過去四か月間の大半を弾薬不足にあえいできた軍はいまや余剰感が出ていた。

第八軍では、一〇月二五日に、第二歩兵師団長ローレンス（ダッチ）・カイザー少将が、特別参謀会議を招集した。このときのことを第三七野砲大隊所属の砲撃観測員だったラルフ・ハックリー中尉はその会議の日付から少将の発言内容まで正確に記憶していた。最大級の激戦をかいくぐってきた少将は間もなく離朝する。少将は上機嫌だった。「われわれは帰途につく。もうすぐだ。クリスマスまでにだ。命令が出ている」と士官らに語った。士官のひとりが行き先を質問すると、少将は、それはいえないが、われわれが行きたいところだ、と答えた。[9] そこで推測が始まった。そこは東京か、ハワイか、もしかしたら米本土かもしれないぞ、あるいはヨーロッパのどこかの基地も捨てきれない。

冬服が届かない

第一騎兵師団第八連隊の兵士たちは難なく雲山に到着した。ハーバート（パピー）・ミラー一等軍曹は韓国軍を掩護するため平壌を離れて雲山まで北上しなければならないという命令を冷静にうけとった。ぼろを隠す役目だった。ミラー軍曹は第八騎兵連隊第三大隊ラヴ中隊の小隊長補佐だった。できればもう数日平壌にいたかったが、命令である。命令には服するのが兵隊の仕事だ。将官たちがいったいなぜ韓国軍に北上の先陣を切らせたのか、かれには理解できなかった。ミラーは中国軍が入ってきていることを気に病んではいなかった。気にしていたのは寒さだった。まだ夏用軍服を着ていたからだ。平壌で冬服はすでにトラックに積みこまれて輸送途上にあり、明日か明後日には届くはずと告げられた。そんな話を数日間聞かされたあげく冬服は届かなかった。ミラーの連隊は長いこと数々の戦地を転戦したので人的消耗が激しく、七、八月の新兵は十月の新兵に入れ替わっていた。かれは親友リチャード・ヘティンガーとお互いに目を離さないようにしようぜと誓い合っていた。ヘティンガーはミズーリ州ジョプリン出身、第二次世界大戦以来の古参兵だった。クリスマスまでの帰還話はさんざんいわれていたが、ミラーは国に帰り着いたときが帰ったときなのさ、とやや斜に構えた意見をもっていた。かれはニューヨーク州の小さな町プラスキの出身で、第二次大戦では第四二師団に所属、除隊してプラスキに戻ったものの、ろくな仕事も見つからず一九四七年に陸軍に再入隊し、第三歩兵師団第七連隊に配属されたが、同師団は第一騎兵師団に編成替えになった。一九五〇年七月、朝鮮行きを命じられたとき、三年の兵役期間を半年しか残していなかった。

　ミラーによれば、第二次世界大戦は何から何まで終始うまくいった。ところが、朝鮮ではほとんど何ごともうまくいかない。七月中旬のある朝朝鮮に入ったかれの中隊は、大田《テジョン》への重要な結合点である村近くの前線にその日のうちに投入された。それ以来、かれはありとあらゆる経験を重ねた。歳はまだ二十四歳なのに、隊員たちからパピー（おやじ）と呼ばれたのはそのためだった。

　大田近くの前線に向かう道々、戦争映画でしか戦闘を知らない若い兵士たちは、朝鮮野郎どもをけっ飛ばしてやる、と大ぼらを吹いた。ミラーは黙って聞いていた。そんなほら話は戦う前ではなく戦いが終わってからするもんだ。しかし、そんなをことをいまいっても始まらない。それは、自分で学びとらなければならないことだ。緒戦はひどいものだった。こちらは準備不足なのに、北朝鮮兵は実に実戦的かつ経験豊富な兵隊たちだった。翌日までに中隊の隊員は約百六十人から三十九人にまで減っていた。「おれたちはあの最初の夜、危うく全滅するところだった」とミラーはいう。(10)朝鮮野郎をけっ飛ばす話はそれからはあまり聞かれなくなった。

　兵隊たちがいくさ下手というのではなかった。備えができていなかっただけ、いわば船を下りたばかりのほやほやだったからだ。それに北朝鮮軍は人数が多かった。どんなに善戦しようが、相手はいつも多勢、こちらは無勢。敵は味方をすり抜けて背後に回り、退路を断ち、両側面から攻めてくる。その点ではやつらは見事なものだ、とミラーは思った。第一波か二波がライフル銃で向かってくる。そのすぐ後ろにはライフルを持たない兵が控えていて倒れた兵の武器を拾って攻めてくる。あんなに大勢の兵隊がいる軍隊を相手にするには自動火器が必要だが、米軍の装備はひどいものだった。米歩兵の基本兵器は往々にしてがらくただった。フォート・デヴァンズ（マサチューセッツ州東部にある米陸軍訓練センター）じゃ、ひでえ状態のポンコツ訓練銃を渡された。整備不良のがらくたさ。まあ、平時の軍隊というものをお国がどう思っているか教えてくれたよ。

朝鮮に着いても十分な弾薬はなかった。ミラーの記憶にあるのは、戦争初期の苦戦中、だれかが弾薬箱を持ちこんだが、ばらばらになっていて自分で挿弾子を作らなければならなかったことだ。兵力で劣り生死のがけっぷちにいる歩兵にばらばらの弾薬を送ってよこす軍隊とは何という軍隊か。手抜き仕事だ、とかれは思った。北朝鮮軍が乗り回すソ連製のＡ－34戦車はよい戦車で、米軍が持っていた第二次世界大戦期の旧式バズーカ砲では哀れなことに戦車の装甲を貫通できなかった。第二次世界大戦では目標は何で、左右両側で戦っているのはどこの部隊かをいつも分かっていた。朝鮮では目隠しされて戦っているようなもので両側面のことはよく分からなかった。たぶん韓国軍がいたからだろう。

雲山に進出した日、ミラーは陣地の北およそ八キロに偵察に出て、老農夫に出くわした。農夫はこのあたりに数千人の中国兵がいる、その多くは馬に乗ってやってきた、と教えた。老農夫の素朴さと説得力にミラーは真実を語っていると確信した。そこで老人を大隊本部に連れ帰った。だが、大隊本部のだれも関心を示さなかった。中国人だって？　大勢の中国兵だって？　だれも中国兵の姿を見た者はいないぞ。騎乗してだって？　ばかばかしい。そんなわけで、老人の話は何の成果も生まなかった。連中は情報の専門家だ。知っているはずだ、とかれは思った。

動くものはなにもいない

第八連隊のなかで第三大隊アイテム中隊のレスター・アーバン伍長は、真っ先に危険を察知した兵士の一人だった。アーバンは本部中隊付の伝令兵で大隊本部に出入りし、士官たちの話を小耳に挟む立場にあった。身長一・六メートル、体重四十五キロの十七歳。ウエストバージニア州デルバートンの高校では小柄すぎてアメリカンフットボールのチームに入れなかった。騎兵連隊でのニックネームはピーナツ。しかし、タフで足も速いので、伝令兵に起用された。在韓米軍の有線、無線通信機器はお粗末なもので、ほとんど正常に機能しなかったから、大隊から中隊に口頭か文書で指示を伝えるのはかれの役目だった。これは非常に危険な任務だったが、伝令のやり方、生き残り方を知っているのが自慢だった。同じ場所に一日に五回も六回も伝令に走るときは、必ずルートを変え、警戒を怠らなかった。事前に悟られたら万事休すだと考えていた。

アーバンが不安感に襲われたのは、部隊の左右の側面に米軍部隊が配置されていなかったことで、これでは弱点は最大になる。過去数週間は順調そのもの、抵抗らしい抵抗にも遭わなかったから、何の心配もいらなかった。少なくとも雲山に達するまでは。しかし、雲山では、アーバンのことばに従えば、連隊は痛めた親指を突き立てるのと変わりないみたいに突出した。ちょいと考えりゃ、三個大隊は悪い場所に悪い配置をしたもんだと気がつくよ。大隊と大隊の間のすき間は、本部あたりの地図の上では小さくても、オレのように部隊から部隊に実際に走ってみれば、おそろしく広い。アーバンが十月三十一日、大隊本部近くにいると、ハロルド・ジョンソン中佐、通称ジョニー中佐が車で古巣の大隊検閲にやってきた。中佐は前の週までは第八連隊第三大隊長だったが、連隊長に昇進したばかりだった。かれは平壌を出る直前に米軍の参戦以降に戦没した第三大隊将兵およそ四百人の追悼式を営んだ。式には参戦以来の生き残りが参列したが、ジョンソンによれば、「みじめなほど少数」だった。

ジョニー中佐はひどく敬愛されていた。古巣の部隊ではほとんどの兵に愛されていた。かれは朝鮮に入った日から兵士らと行動を共にし、戦闘ではつねに正しい判断を下した。部下にはとことん誠実だった。それは、一般兵士たちが士官の格付けをするとき注目し評価する項目だった。それに、兵士らはいつも士官の格付けをしていた。生死がかかっているのだ。ジョンソンが戦闘の初期、連隊長昇進のチャンスを断ったことを兵士たちは知っていた。実戦を初めて体験する大隊にとどまるためで、それが朝鮮に連れてきた部下への義務だと考えたからだった。かれは長い地獄を経験した男だった。太平洋戦争の初期、フィリピンのバターンで日本軍の捕虜となり、バターン死の行進と三年を超す捕虜生活を生き延びた。一般に、捕虜になった経歴は士官の軍歴のプラスにはならない。朝鮮の場合はとくにそれがいえた。共産主義者による米軍捕虜のあつかいは異常なまでに残酷で、一部の将兵は洗脳でひどく痛めつけられた。しかし、ジョンソンは最後は陸軍参謀総長にまでなった。「かれは最高の男さ。生まれながらの指導者だよ。かれはオレたちのために何がよいか、いつも考えていたと思う。かれの目配りはすべてに行き届いていたよ」。レスター・アーバンは後年そう語ったものである。(11)

ジョンソンはバターンの時の経験から世間一般の通念をあまり信用しなかった。不当な楽観主義がもたらす結末を多くの士官よりもよく知っていた。その時点では、かれは第五騎兵連隊を予備兵力として古巣の部隊から数キロ南に配置していたが、敵の大部隊が一帯を通過していると聞いて不安になった。道を遮断して第八連隊を師団残部から分断する作戦かもしれない。

ジョンソンは独自に情勢を点検するため車を駆って北に向かった。道中、白将軍を困惑させたのと同じ静寂、動くものは何一つない事実にぎょっとした。あれには首筋の裏がひやりとした、と後に回顧している。古巣の大隊に到着してからジョンソンは自分自身が見てきたものがざらざらとした違和感を持つのを感じた。後任のロバート・オーモンドは初めて大隊長職についていたが、ジョンソンの目には大隊を分散し、まずい布陣をしているように見えた。隊員の大半は平坦な水田に配置され、塹壕は深く掘られてもいなかった。

二人の士官の話し合いを観察して、アーバンはジョンソンの心痛を感じ取った。アーバンによると、ジョンソンはほかの士官を叱り飛ばすような男ではなかったが、オーモンドへの口調はきびしかった。

「兵たちを谷から出して高地に上げろ。いまいる場所は危険きわまりない。攻撃を受けたとき防ぎようがない」（「ジョンソンはオーモンドのけつをその場でいまにもむちでひっぱたくのではないかと思ったよ」とアーバンは後年語っている。）ジョンソンはオーモンドが忠告を受け入れるものとばかり思っていたが、無視されたことを後に知って愕然とする。(12)配置のまずさは第三大隊だけではなかった。悲劇が終わった後になって、第八連隊全体の配置がまずかったと多くの先任士官が認めている。兵士たちはまるで恐れるに足る敵などいないかのような陣をしかされていたのだ。

ヒューレット・レイナー中尉は雲山戦直後に連隊に配属され、戦いに何があったのかを独自に情報収集した。レイナーは連隊の配置の仕方に衝撃を受ける。かれはいう。「第一に、各大隊が相互に支援できず、適切な連携も取れていなかった。第二に、大隊の間を一個師団かたぶん二個師団の中国兵が通過しても、その夜をそこで過ごした隊員たちは気づきもしなかったかもしれない。それが敵の戦法だった。つまり、敵はこっそり近づいて大隊の両翼に沿って移動して包囲し、こちらを締め上げた。連隊が上級司令部から中国軍情報を得ていなかったことは知っている。だが、連隊は北に行きすぎていた。そこはいわばインディアンの国だ。何か重大事が起きようとしているのは明らかなのに、まるでアメリカ本土で机上戦でもやっているような配置ではまったく無意味。それを不注意というのは控え目ないい方だ(13)」。

中佐の警告

ラヴ中隊の重火器小隊無反動ライフル班を預かっていたビル・リチャードソン軍曹は一九五〇年十月三十一日のことを明瞭に記憶している。かれの班は第三大隊陣地の南端で任務についていた。そこは〝ラクダの首〟と呼ばれていた湾曲部の近くだった。かれの班は南面川《ナンミョン》に架かる小橋を防衛する部隊の一部をなしていた。その前日、かれらはようやく補給兵がいうところの冬服なるものを支給された。若干の野戦用上着とあたらしい靴下で、そのほかのものはあまりなかった。リチャードソンは部下の一人にできるだけうまく上着を分配し、軍曹連中は抜かすよう命じた。全員にいき渡るだけの数量がなかったからだ。何年も経ってから、かれは中隊の隊員たちが寝袋で眠りこけているところを襲われたと、書かれてあるのを読んで激怒した。さんざんにやられたが、隊員たちが寝袋に入っていなかったのは絶対に間違いない。寝袋など一枚も持っていなかったからだ。隊員たちはやむなくできるだけ毛布を丸めて手製の寝袋を作り、二人で半分ずつ分け合って寒気を避けたのだ。

その日、リチャードソンが橋の任務についていると、ジョンソン中佐が大隊本部からの帰途、立ち寄った。大佐は何かを話したげだったが、それを隠しているようにもみえた。「おい、この一帯に小規模なバリケードが数か所あるとの報告があるぞ。北朝鮮軍の残党と考えられる。やつらは川の湾曲部をこちらの方向に上がってきて、北に向かう公算がある」。リチャードソンはそのニュースに動じなかった。「中佐殿、やつらが川の湾曲部を上がってきたら、ぶっ倒してやりますあ」と答えた。ジョンソンは気をつけろよと注意を促し握手した。ジョンソン中佐はリチャードソン軍曹の武運を祈ったが、リチャードソンは内心、中佐殿こそ武運が必要だ、と思った。ジョンソンは事実上一人で車を運転して走り回っていたからだった。

二人はフォート・デヴァンズで訓練を受けて以来の仲だった。リチャードソンがヨーロッパで兵役に就いたのは第二次世界大戦のいよいよの末期で、戦闘には間に合わず、唯一目にしたのは戦争が残した破壊の傷跡だった。だが、朝鮮戦争では米軍がさらされたことのない困難で危険な戦闘に身を置き、平均を大きく上回る試練をそのうちに受ける。フィラデルフィア育ち。両親は芸人だった。勉強好きの生徒ではなく、土地の工業学校にやらされた。万が一にも大学進学のことが頭に浮かんだとしても、それは忘れたほうがよい、という意味だった。正規の学校教育は九か年で終了、入営して軍が気に入った。第二次世界大戦の最悪期をくぐり抜けた練達の職業軍人に訓練を施され、自分のいのちを守る手管のあれこれを伝授された。一九五〇年初春、リチャードソンは三度目の兵役延長に入っていた。大戦後の軍縮期に当たり陸軍はかれの追い出しにかかっていた。そこへ、北朝鮮軍が南侵を始めたとのニュースが入り、陸軍の首脳たちは一夜にしてかれの慰留を決めた。

六月末、リチャードソンはフォート・デヴァンズで除隊するどころか、3／8（第八連隊第三大隊）の名物隊員になった。かれは北朝鮮軍の侵略直後の六月二十六日か二十七日、ジョニー・ジョンソンが駐屯地の映画館に大隊の全隊員を召集したときのことを覚えている。部隊はこじんまりしていて、席が埋まったのは前から二、三列目までだった。見せられたのは歩兵の宣伝映画で、兵士数人が銀星章と青銅星章を授与されて映画は終わった。ジョンソンが語りかけた。「兵士諸君、このような勲章を下げていない諸君も数週間のうちには下げることになろう」。リチャードソンはそのときは、ばかなことをいう、と思った。(14) それから何日も経たないうちに、あらゆる種類の部隊から兵士たちの到着が始まった。MP、炊事兵、兵站兵。いまや歩兵全部で映画館をいっぱいにするほどの数だった。それから、かれらは船で出発した。

リチャードソンは中国軍の攻撃を食らった後になって、ジョンソンは「中国軍が一帯にいて、第八騎兵連隊への接近路は無防備だ」という懸念を自分に伝えようとしたのだ、と気づいた。〝中国人〟という呪文を一下士官にしゃべればパニックの引き金になりかねない時期に、あれが精いっぱいの警告だったのだろう。もしもジョンソンがまだ大隊長だったら、きっと陣地を固め、兵士を高地に移動させ、火力の相互支援と一層の集中化を図っただろう。オーモンドはいずれはすばらしい士官になったかもしれないが、あの場合は戦闘デビューをするときでも場所でもなかった、とリチャードソンは思う。

第三大隊の作戦（S－3）主任フィルモア・マカビー少佐もジョンソン同様、連隊の分散化に懸念を抱いていた。だが、その点をジョンソンと語り合う機会は長い間なかった。ジョンソンがその後二年半も捕虜収容所にいたからだった。第二次世界大戦生え抜きの経験豊かな戦闘将校であるマカビーは第一騎兵師団が入国したときから同師団の中隊長をしていた。優秀な実戦指揮官と目されていたが、中国軍が攻撃してきた時分はすっかり腐っていた。オーモンドと副隊長ヴィール・モリアーティ少佐はともに実戦部隊の指揮は初めてで、マカビーの知るかぎり、両人の経験は主として連隊の参謀レベルのものだった。二人はお互いをよく知っており、実戦経験を積んだマカビーは除け者にされたと感じていた。「わたしは懸念を持っていたが、よそ者だった」とかれは後に述懐している。かれはオーモンドに大隊の配置が悪いと警告を試みたが、無駄だった。部隊の空気も好きになれなかった。かれはそれを上級士官によるものだと考えた。多数の兵があまりに不用意になり、うぬぼれていた。話すことといえば朝鮮の後の行き先ばかりだった。もっぱらの話題は次の二か所の滞在先のこと、つまり、鴨緑江とその後の帰国だった。マカビーは、中国人捕虜数人を捕らえながら最先端にいるかれのような部隊には何の警告もなかったと後になって知ったとき、情報隠しをした司令部の決断は、情報の握りつぶしではなかったにしろ、聞いたこともないとんでもない行為であって、軍事義務の完全放棄に当たると思った。中国軍の戦術に精通して痛感したのは、連隊があのように薄く広く分散しては魅力たっぷりの目標を提供したのも同然だということだった。(15)

上層部での論争

オーモンドを始め、だれも知らないことがあった。それは中国軍による攻撃の前、自軍の上級司令部で論争があったことだ。第八騎兵連隊長ハル・エドソン大佐は部下の兵の後退を希望した。大佐の考えでは、部隊は危険に身をさらしすぎている。注意を払うに足る警報もすでに出ていた。十一月一日、大佐が起き出してみると、空は森林火災の煙が厚く立ちこめていた。エドソンらは敵兵が動きを米軍に空から観測されるのを隠すために放火したのではないかと疑った。第一騎兵師団長ハップ・ゲイ少将は中国軍の一帯への進出の報を上官たちよりも深刻に受け止めた。時間の経過とともにイライラは増した。同日、ゲイ師団長は師団司令部を雲山の南、竜山洞《ヨンサンドン》に設置した。ゲイは師団が分割されるのにしばらく悩まされていた。複数の大隊がほかの師団にばらばらに移管されたのだ。移管は師団自体の意思ではなく、軍団幹部の気まぐれによるものだった。ゲイは第八連隊が丸裸の状態で突出しているのをとくに嫌った。あれでは敵に対して四方ががら空きだ。

師団長の副官ウィリアム・ウエスト中尉によれば、ゲイは軍の朝鮮戦争の指導方法に終始、不満をくすぶらせていた。かれは第二次世界大戦でジョージ・パットン将軍の参謀長を務め、ものごとの正しいやり方、間違いを避けるやり方を教えられたと思っていた。しかし、朝鮮では軍はそもそもの出だしから間違ったやり方をつづけている。開戦時の軍のひどい状態にショックを受けたし、マッカーサーが敵戦力を最初は重視せず、そのいい草に従えば、「北朝鮮軍など、片腕を背中に縛っておいてもあしらえる」と信じていたことにも困惑した。ゲイは東京の上官たちが敵や戦場の地形を理解する能力に欠け、そのいずれにも驚くばかりに好奇心がないことに愕然とした。「あのろくでもない連中は足が地についていない。ろくでもない夢の世界に住んでいる」。ゲイはマッカーサー司令部を出た後、ウエストにそう語ったことがあった(16)。ゲイ少将をひどく怒らせたのは、のどから手が出るほど大隊長にほしい最優秀士官がマッカーサー司令部の参謀職にいつも吸い上げられることだった。かれはまた、先の大戦時に比べた司令部の肥大化にも驚きあきれた。一九四五年の第三軍司令部は戦場の兵数千人に対応するのに数百人の士官を擁するだけだったのに、この戦争では東京は戦場の数百人の兵を支えるのに数千人の司令部要員を抱えている。東京からゲイの司令部に定期的にご用聞きに飛来するだけが主任務らしい士官がいた。あるとき、ゲイは士官に第二次世界大戦の生え抜きで東京勤務の佐官名簿を渡した。ゲイの部下の兵を指揮してほしい佐官のリストだった。士官が次の機会に戻ってきたとき、ゲイはあの大隊長候補たちはどこにいるかと聞いた。「マッカーサー将軍は、かれらは余人には代えがたいので朝鮮には割けないといっておられます」との答えが返ってきた。

「ちきしょうめ。戦闘でアメリカ兵を率いる歴戦の佐官よりも貴重なものとはいったい何だ」とゲイは憤った(17)。かれはクリスマスまでに帰国する話にも困惑した。「どのクリスマスだ。ことしのか、来年のか。ばかばかしい話だ。兵たちが帰国話に興奮するあまり、気もそぞろになるだけだ」とよく口にした。いまや、ゲイは指揮下の一個連隊が包囲される気配を懸念し、連隊を引き戻して師団を固めることを強硬に主張したが、上官のフランク・ミルバーン第一軍団長は二の足を踏んだ。軍はやむを得ない場合でなければ、〝退却〟という語の使用を嫌った。適切な語句は〝後退的転進〟だったが、ミルバーンはほぼ六週間におよぶ着実な前進の後だけに〝後退的転進〟を望まなかった。なかんずく、マッカーサー司令部からは鴨緑江にすみやかに到達するべく全力をあげよと矢の催促があった。ゲイは敵に連隊一つを失うのをいよいよ恐れたが、東京は相変わらずそんな敵はいないと主張していた。

この戦争には断層があった。断層の一方には戦場の現実と兵士自身が当面する危険が、他方には東京に存在する幻想の世界があり、東京からは現実離れした威勢のよい命令だけが発信された。断層線は往々にして軍団と師団との間にも現れた。軍団は東京に鎮座する将軍の熱気に当てられ、師団は敵に身をさらす一個連隊もの兵らの累卵の危機を感じとっていた。第八連隊を後退させるチャンスは一度ならずあったのに、ミルバーンは発令を拒否した。

十一月一日午後、ゲイ少将は砲兵部隊司令官チャールズ・パーマー准将と司令部にいた。そのとき、L－5偵察機の偵察員からの無線報告が二人の注意を引いた。「これは本官が見たこともない奇妙きわまりない光景である。敵歩兵の大きな二列縦隊が明堂洞《ミヨンダンドン》と竜興洞《ヨンフンドン》付近の小道を南東方向に移動中。わが軍の砲弾は縦隊に正確に着弾している。しかし、敵は前進を続行中[18]」。二つの村は雲山から直線で八、九キロの小村である。パーマーはただちに追加砲兵部隊に砲撃開始を命じた。ゲイはいらいらして第一軍団を呼び出し、第八騎兵連隊全体を雲山の南数キロに撤収させる許可を要請したが、ふたたび拒否された。

それとともに、同騎兵連隊、とくに同連隊第三大隊救出の最後のチャンスは失われた。ある意味で、それにつづく戦闘は始まる前にもう終わっていたようなものだった。中共軍の歴戦の最精鋭正規兵からなる二個師団が、米精鋭師団の所属部隊を攻撃しようとしている。こちらは準備不足の上に布陣もお粗末、指揮するのは多くの場合、朝鮮戦争は事実上終わったと思いこんでいる士官たちだった。

不気味な音色

救出任務を帯びて雲山に向け北上中のジョニー・ジョンソン指揮下の第五騎兵連隊所属の複数の部隊は、間もなく中国軍による大きな道路封鎖に遭遇した。第八騎兵連隊の支援ができないどころか、大きな損害を出さずに苦戦から脱け出せるかきわどい情勢だった。きわめて綿密な朝鮮戦争史の研究家であるロイ・アップルマンが指摘しているように、十一月一日夕刻までに第八騎兵連隊は中国軍に三方を包囲されていた。わずかに東方面だけは韓国軍の第一五連隊が盾になり得た。しかしそれも実際に彼らが持ち場を堅持していればの話だった[19]。

ベン・ボイド中尉は第八騎兵連隊第一大隊ベーカー中隊所属の新小隊長だった。第一大隊は実際は戦車と大砲の付属部隊を擁する機動部隊で、雲山の北三百五十メートル付近に布陣し、連隊の三個大隊中、攻撃の危険にもっともさらされていた。大隊長ジャック・ミリキン・ジュニアは陸軍士官学校《ウェストポイント》でかれの戦術士官だった。ボイドはかれを信頼できる立派な男だと思った。ボイドの知るかぎり、そこに布陣しているのは同大隊だけだった。平壌を進発した三個大隊の先頭を切ったが、連隊の残りの部隊が後続しているのかどうか中尉は知らなかった。大隊は到着した日の午後、周囲の目標に向けて迫撃砲の試射をおこない、敵と小規模な砲火を交わした。しかし、交戦は軽度で、相手は北朝鮮軍の落伍兵であろうと推定された。その夜、大隊で状況説明を受けたばかりの中隊長に呼ばれた。ボイドが得た情報は、「付近一帯に二万人の洗濯屋がいる」だった。[20]ボイドはその意味が分かった。近くに二万人の中国兵がいるのだ。

すると、楽器の音が聞こえてきた。異様なアジア風バグパイプの音といったところだった。士官のなかにはイギリス軍旅団が救出に到着しつつあるとしばらくの間、思いこんだ者もいた。だが、それはバグパイプではなかった。気味の悪い異国の音、たぶんある種のラッパかフルートであろう。隊員の多くにとって残りの生涯を通じ思い出すことになる音色となった。中国軍は戦闘に突入するに当たって、楽器を使って味方同士合図し合い、同時に故意に敵に恐怖を植えつけるのだ。やがて隊員たちは音を識別するようになる。ボイドは部下の兵はまずまずの陣をしいていると考えた。もっとも、胸のうちでは隊員がそろった小隊ではないとの思いがあった。隊員の半数近くはカトゥーサ（ＫＡＴＵＳＡ）だった。米軍部隊に編入された韓国兵のことで、練成度が低く、米軍士官らはカトゥーサはいざというときに当てにはならない、と信じていた。カトゥーサは米軍部隊を補強し、国連軍部隊を実戦ではとにかく机上で実態よりも大きく見せるために存在した。これは中隊長にも一般兵士たちにも歓迎されない実験だった。米兵は韓国兵と肩を並べて戦いながら意思の疎通ができなかった。米兵の中にいる韓国兵「カトゥーサ」にとってもそれは同じだった。ほかのところならどこでもいいから移りたいと切望し、それをよく身ぶりで示した。

中国軍が攻撃してきたのは午後十時三十分ごろだった。何かが壊れるのは実に早いものだ、とボイドは思った。アメリカ軍部隊は広く薄く布陣していたから中国軍は軟弱な防衛線を競うようにして走り抜けた。まるで陸上競技大会のようだった、と後に兵士のひとりはふりかえっている。高度に組織されていた大隊の指揮はあっという間に崩壊した。さまざまな小隊の若干の生き残りがどたん場の臨時防衛線の形成を試みたが、あっさり制圧された。いたるところに負傷兵が倒れていた。ミリキンはひどくなるばかりの混乱を収拾し、二トン半トラック約十台からなる輸送隊を編成して、できるだけ多くの負傷兵を収容しようと全力をあげた。その折、ボイドは従軍牧師エミル・カポーンに出くわした。カポーンは、多数の負傷兵の看護に当たっていた。ボイドはカポーンにトラック一台を割り当てたが牧師は断った。かれは自力で脱出できない負傷兵のそばにとどまる腹づもりだった。負傷兵らは降伏を余儀なくされる。だが、カポーンはささやかな保護の提供に最善を尽くすつもりでいた。

大隊は戦車二両を保有、輸送隊が出発したとき、ミリキンは先導の戦車に乗り、しんがりを務めるもう一両の最上段にボイドが乗った。雲山の南一・六キロ付近で道路は二またに分かれ、一本は南東方向に曲がり、もう一本は第三大隊の陣地の端を抜け、リチャードソンらの小銃班が守備する橋を越えて南西方向に延びていた。ミリキンは輸送隊を当てずっぽうに南東方向に向かわせた。兵士の何人かでも脱出できたのはこの選択の結果だった。

中国軍は道の両側に強力な兵力を配置し、一行を待ち伏せていた。敵が大規模攻撃をしかけてきたときは距離も時間も計測できなかったが、輸送隊はそれまでに道をおよそ四、五百メートル進んでいたとボイドは思った。敵の火力は圧倒的で、多数の負傷者を抱える輸送隊に反撃の手段はないに等し

地図2.中国軍との初遭遇、1950年11月1日

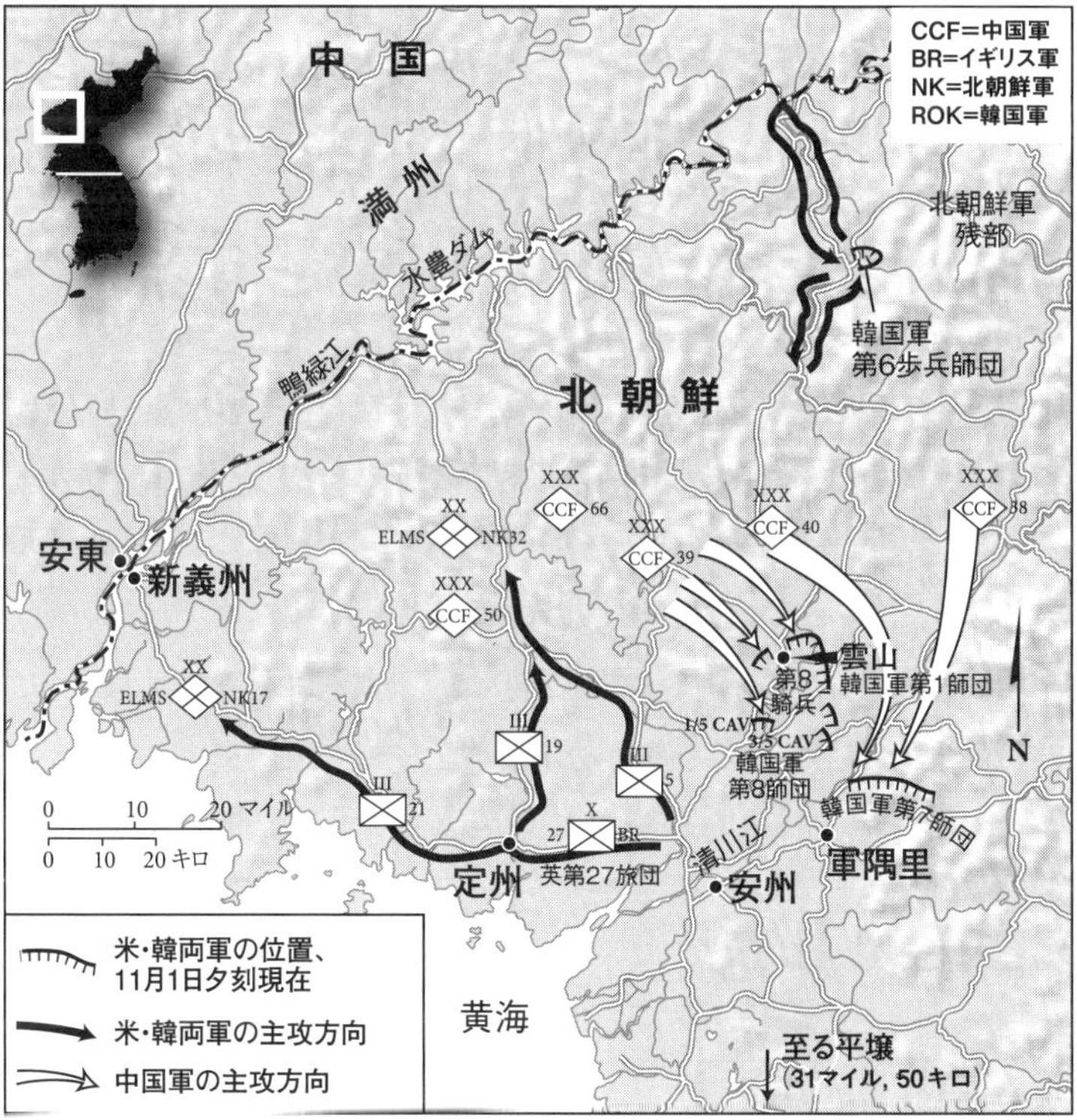

かった。全車両はライトを消していた。混乱のなかでボイドが乗った戦車の操縦兵はパニックを起こし、砲塔をむやみにぐるぐる回したので戦車の上に乗っていた全員がたたき落とされ、気がついたときはボイドは溝のなかに腹ばいになっていた。後になって、自分が生き延びたのはもっぱら神の加護のおかげだ、と感謝したものだった。

ボイドの耳に中国兵が近づいてくる足音が聞こえた。逃げ延びるチャンスはただ一つ、死んだふりをすることだった。やがて、中国兵らはライフル銃の台じりでかれをたたき始め、蹴飛ばした。幸いなことに、だれも銃剣を使わなかった。最後にかれのポケットをまさぐり、腕時計と指輪を奪って去っていった。かれは待った。永遠の時間に思われたが、少なくとも数時間は経っていたろう。それからゆっくりと這い出した。脳震盪《のうしんとう》を起こしていてまったく方向感覚を失っていた。ほかにも傷を負っていた。遠くで大砲の発射音が聞こえた。米軍のものと判断し、その方角を目指した。小さな流れをよろよろと渡った。たぶん南面川だっただろう。片方の足がひどく痛むのに気づいた。重い火傷を負っているのが分かった。おそらく中国兵が発射した黄燐弾にやられたのだろう。

ボイドはつぎの数日間、用心深く夜間移動し、日中はできるだけ身を隠した。米軍の前線にたどり着こうとして、少なくとも一週間、たぶん十日はさまよっていたろう。痛みは間断なくつづき、猛烈な飢えを感じた。ある朝鮮人農夫にボイドは助けられた。農夫はかれに食物を与え、素朴な手ぶりで米軍陣地の方角を教えた。農夫の助けがなければ間違いなく助からなかった。十一月十五日、ボイドは部隊にたどりついた。およそ二週間におよぶ逃避行だった。ただちに病院に運ばれた。ボイドはいくつかの病院で治療をうけることになる。火傷は重症だったのだ。

中隊長が死んだのは知っていたが、小隊のうち何人が生き残ったのか、ボイドにはわからなかった。ボイドは、その後小隊の仲間の誰とも再会をすることができなかったのだ。

＊　　＊　　＊

役立たずの偵察

中国軍の攻撃の直前、第八連隊の防衛線の南部分では、ラヴ中隊のビル・リチャードソンがコンクリート橋をまだ守っていた。全長はおよそ二十七メートル。川とはいうが、水が干上がったクリークにかかった橋だった。かれの部隊の多くは橋北側の平坦な土地に布陣した。橋は連隊陣地の南端に位置している。大隊本部は北におよそ四百五十五メートル、残りの部隊はおよそ三百一十メートル西に布陣した。「あれが聞こえるか」。リチャードソンは、真南の丘から聞こえてくる物音に最初に気づいたとき、親友のジム・ウォルシュに語りかけた。ウォルシュは部隊内で自分以外では唯一戦場を知っている男である。何かがせまってきている。しかし、リチャードソンは、偵察に必要な四、五人の兵を割けない。人員を割いてもらえるよう中隊本部を呼んだ。三回かけて中隊本部はようやく応答した。中隊本部の連中はいったい何であんなに悠長にしていられるのか、かれはカンカンになった。

中隊は大隊本部を呼び、大隊は情報・偵察班から兵一名を寄越してきた。兵は道をぶらぶら歩いてやってきた。切迫感はまるでなかった。リチャードソンが任務を説明すると、兵は姿を消し、しばらくすると四人からなる一分隊を伴ってまた現れ、がやがやと丘を登っていった。まるまる一個師団分の物音だな、とリチャードソンは思った。

出かけるときと同様騒々しく偵察パトロールから戻ると、分隊長格の兵は「あそこにはだれもいない」と報告した。しかし、そのなかの一人が塹壕掘りの道具と厚手の手袋を持ち帰った。手袋はリチャードソンがそれまで見たことのあるどれとも違っていた。さらに重要なことに、手袋は乾いていた。ということは、霜と霧とを勘定に入れると、敵は最近そこを離れたのだ。「ああそうだ、たこつぼ壕がいくつかありました。ですが、明らかにかなり古いものでした」とその兵士はとうとう認めた。リチャードソンはむっとなった。乾いた手袋の重大さは、S－2、つまり大隊情報班員でなくても、ただちに意味を理解するはずの事柄ではないか。リチャードソンは、手袋と塹壕掘り道具を上官に届けて重大事が切迫していると報告せよと命令した。兵士はいらだちをあらわにし、「小官らの行動がご不満なら、ご自分で見にいかれたらどうですか」と抗弁した。

そんなことがあって、リチャードソンのいらいらは刻一刻、募っていった。その夜十時を回ったころ、かれは偵察パトロール用に兵数名を大隊に差し出すよう求められた。それは乾いたタオルをさらに絞らせる命令だった。かれはおよそ十五人の班員を抱えるにすぎない。そのうちの五人はカトゥーサで、英語をしゃべれる者は一人もいない。リチャードソンはカトゥーサを手元に残し、最優秀のウォルシュに米兵三人をつけて大隊に派遣することにした。後でリチャードソンは知るのだが、ウォルシュらが大隊に到着すると、たこつぼ掘りと少し休息をとるよう命じられた。それだけだった。

リチャードソンの班はまだ静かだったが、第一、第二両大隊はすでに攻撃を受けている最中だった。十一月二日未明の午前一時三十分ごろ、総攻撃が始まった。中国軍は第八騎兵連隊第三大隊を攻撃した。後年、リチャードソンは「中国兵らは捕虜にした韓国兵の制服を着て付近一帯に浸透した」と本に書いてあるのをみつけるが、そんなはずはなかった。偽装の必要はなかったからだ。敵はまったく無防備の東方から銃砲弾の雨を降らせたのだ。大隊本部が米軍の軍事行動の中心だったのは一時《いっとき》で、つぎの瞬間には完全に占領され、中国兵があふれた。同時にリチャードソンの左側三百二十メートルほどのところでラヴ中隊も攻撃を受け、蹴散らされた。ということは、中国軍は機関銃四基でリチャードソンの陣地を前後左右に撃ちまくり、ばらばらにできる、ということだ。

南方面からはロバート・キースという若い中尉とリチャードソンの友人ミラー軍曹とが南東方向に

地図3.雲山での交戦、1950年11月1日—2日

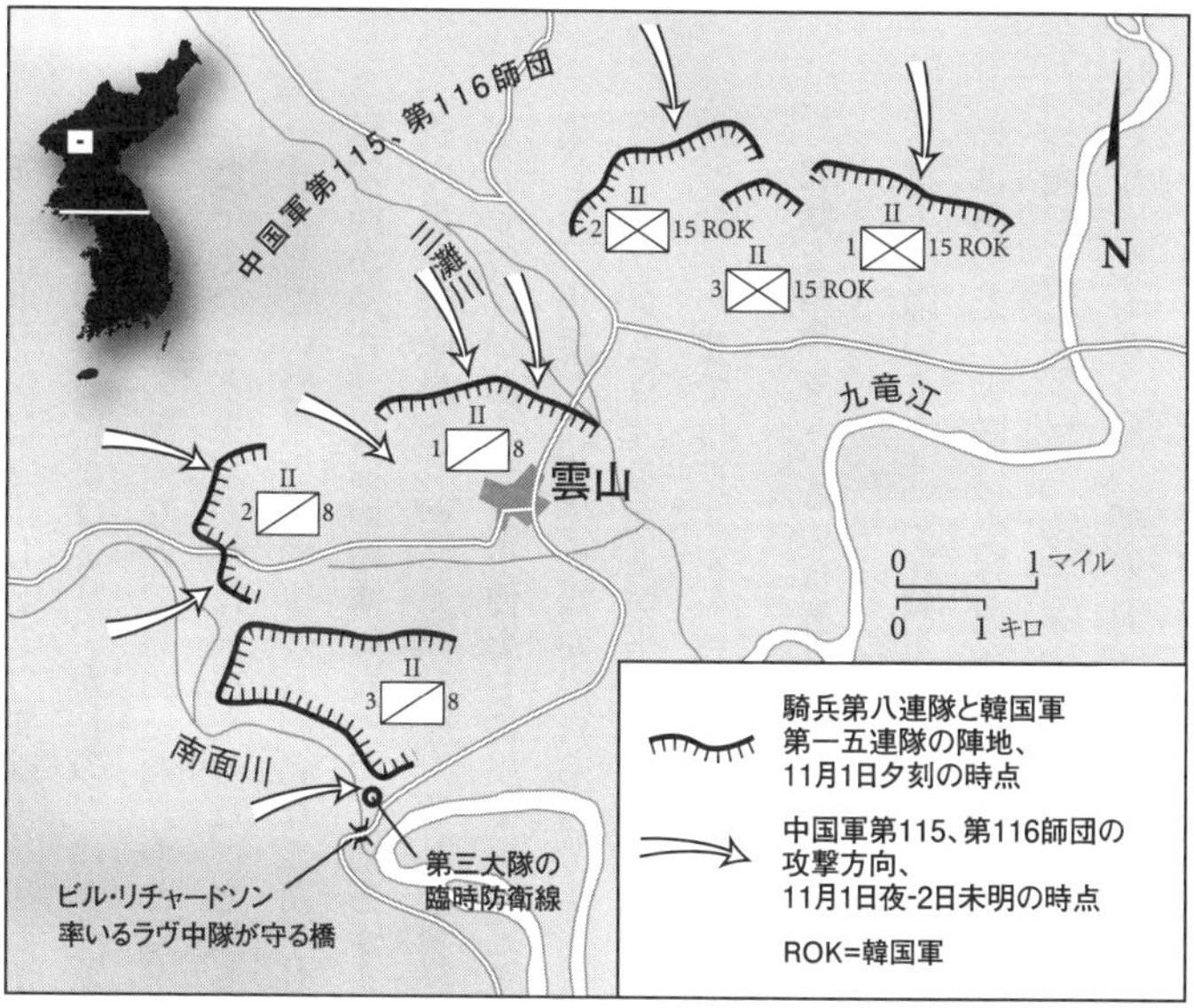

丘を二つ三つ越えた九〇四高地と呼ばれる陣地から後退してきた。キースは第三大隊ラヴ中隊の小隊長で部隊の新顔。リチャードソンにとってはほとんど初対面の男だった。騎兵連隊はそれほど小隊長の消耗が早かったのである。ミラーは雲山に着いたとき、中国軍に関する警告を察知した小隊長補佐である。キースは到着すると、しきりにリチャードソンの有線電話を使って事態を飲みこもうとした。キースらの小隊は哀れな通信状態のおかげで完全に孤立していた。そのころにはリチャードソンの有線電話は通信不能になっていた。中国兵が電話線を切断したとキースは判断した。キースは部下の兵を率いて大隊へ通じる道路を進むことにした。ミラーはリチャードソンの手をにぎって幸運を祈った。「次にかれと会ったのは五十二年後の騎兵連隊の戦友会の席だったよ」とミラーは取材にこたえている。

そのころまでにはリチャードソンは自分の中隊との連絡も取れなくなった。かれは部下の一人をラヴ中隊に派遣した。途中には三百二十メートル

の無防備地帯が広がっている。兵士は攻撃を受け、中隊に到達できなかった。かれは這い戻ってきてリチャードソンに「申し訳ありません。申し訳ありません。自分は失敗しました」としきりに詫びた。その兵士のもとにかけより、かれのジャケットをあけると、べっとりと血に染まっていた。兵士はリチャードソンの腕のなかで息絶えた。かれはそのとき、死にゆく男の名前を思い出すことができなかった。そのことを、かれは最悪だった、と振り返るのだった。

守備していた橋は中国軍のものとなった。リチャードソンは残りの兵二、三人を率いて北方向の大隊に向かった。道沿いの溝のなかで、前方からやってくる二人の兵に出会った。ウォルシュにつけて送り出した隊員たちだった。「班の残りの者は全員戦死、ウォルシュも死にました」と一人が報告した。その兵がたまたま小便をしに出ていたとき中国兵が突入してきて、かれを待っていた隊員らに発砲した。用足しに出ていなかったら自分も射殺されるところだった、とかれはことばを継いだ。[21] リチャードソンとウォルシュが平壌に到着して、はるばるやってきたことを祝い合ったのはほんの数日前だった。いまではウォルシュは死に、連隊は滅びかけている。

部隊を指揮しているのは誰なのか

第三大隊のS－3（作戦主任）マカビー少佐にとって、状況は最悪だった。混乱と錯綜だけがそこにはあった。大隊は攻撃してきた相手はどこの軍で、どれほどの規模だったのかさっぱり分からなかった。「敵は一万か、一百か、一千だったのか。中国軍か、北朝鮮軍だったのか」。かれはずっと後年になってもそう語っている。すぐにつぎの重大な疑問が二つ浮かび上がった。米軍部隊を指揮しているのはだれか。どんな命令が出ているのか。オーモンド大隊長は陣地検閲のため雲山の村に向け北上しようとして重傷を負い、死にかけているかもう死んでいた。大隊長はもういない。副隊長のヴィール・モリアーティは偵察に出かけたままそれきりだった。副隊長もいない。マカビーはモリアーティについて、そののちも苦々しい思いをもち続けることになる。副隊長は出かけてしまうのではなく、大隊にとどまって、これを束ねるのが任務であったはずだ。

マカビーは事態を把握しようと南を目指した。途中、三人の中国兵に遭遇した。綿入れの上着と耳当てのついた帽子とですぐに中国兵だとわかった。マカビーは困惑したが中国兵たちも同じように困惑の態だった。三人はライフル銃を構え、マカビーに突きつけた。会話は不可能だったから、マカビーは黙って道の一方を指さした。珍しいことに、三人の中国兵は発砲もしないでそちらの方向に去っていった。マカビーの運はとうとうそこで尽きかける。道から少し離れて布陣しているらしい中国兵から二度、攻撃を受けた。姿は見えなかった。最初の一弾が側頭部をかすめ、もう一弾が肩甲骨を撃ち砕いた。終わったと思った。頭の傷からは激しく出血し、からだは刻一刻と弱っていった。おそろしい寒さがマイナスに作用することも知っていた。が、死を覚悟したまさにそのときにマカビーは友軍の兵士に発見され、その先導でどうにか大隊本部にたどり着いた。

酸鼻きわめる大隊本部

リチャードソンと別れたキース中尉は、大隊本部に向けて小隊を移動させていた。そのさなかに、中国軍が機関銃と迫撃砲で攻撃してきた。かれは小隊を道沿いの溝に退避させようとしたが、米中両軍の十字砲火に巻きこまれ、多数の部下を失った。「中尉、周りはシナ野郎ばかりだ」。分隊長の一人、ルーサー・ワイズ軍曹がわめいたその瞬間、迫撃砲弾が飛びこんできてワイズは戦死、キースは負傷した。[22] キースは腕の片方が上がらないのに気づいたが、小隊の残りを率いて大隊本部へ前進をつづけた。この混乱のなかで、かれは中国人将校がいるところに危うく迷いこみそうになったが、先に相手に気づき、ただちに部下を後退させ、ようやく新しい本部にたどりついた。そこは事実上、大隊の救護所になっていた。大隊へ戻る道筋には、これをすっぽり射程に収める中国軍の機関銃一挺があった。キースは機関銃手の連射の仕方に、休止、連射、休止、連射と正確なリズムがあるのをつかんだ。暗号の解読そっくりだった。かれは連射のタイミングを計り、休止の間に隊員を小グループに分けて道を横切らせた。中国兵の遺体が折り重なり始め、射手の視界をさえぎったため、キースは中国軍の機関銃から身を隠す何か掩護物があるような感じを受けた。小隊が救護所にたどりついたときには当初二十八人だった隊員中残っているのはおよそ十二人だけで、小隊というより分隊に近かった。小隊は補充兵不足で最初から定員割れしていた。大隊付のクラレンス・アンダーソン軍医を手伝おうとしたとき、キースの足元近くに手榴弾が落ち、片方の脚を四か所骨折し、もう一方の脚も負傷した。手榴弾が爆発しているそのさなかに、迫撃砲弾が飛来し、キース小隊に残っていたまだ戦闘可能な五人の隊員の命を奪っていった。ここから脱出できる隊員はもういくらもいない、まして、どちらの脚も動かない自分は絶望だと覚悟した。

大隊本部の様子は酸鼻をきわめた。茫然自失し、傷を負い、あまりの事態に悄然となった兵士らが仲間とはぐれあちこちの陣地から迷いこんできた。ビル・リチャードソンは本部に到着したとき、目の前のひどい混乱に衝撃を受けた。アメリカ兵と中国兵とが入り混じり、中国兵たちは自分たちの勝利が呑みこめず、まるでできすぎだと思っているふうだった。本部を占領してしまったら、つぎは何をすればよいのか分からない様子だった。中国兵のそばを通りすぎても、中国兵は何もしなかった。看護兵の一人がリチャードソンに、近くに小陣地を構築しておよそ四十人の負傷兵を保護していると教えた。アンダーソン軍医はカポーン従軍牧師とともにそこにいたが、指揮するのはだれかという重大問題があった。オーモンドとマカビーは重傷を負い、モリアーティの行方はだれも知らない。新しい指導部ができるのには、流れにまかせるしかないな、とリチャードソンは考えた。

　リチャードソンは、ラヴ中隊に戻って助け出せる隊員がほかにいないか調べることにした。部下が誤って発砲しないよう自分の名前を叫びながらもと来た道を引き返し、ラヴ中隊長ポール・ブラムリー中尉を見つけた。重傷を負っていた。副官フレデリック・ジロー中尉は負傷していたが、まだ任務を遂行していた。ひどいもんだったよ、とジローは語った。中国軍は中隊を壊滅させ、中隊の百八十人隊員中、残ったのはたぶん二十五人だろう、とジローはいい、「軍曹は隊員を救出できるか」とリチャードソンに問うた。かれは答えた。「イエス、だが、橋は越えられない」。帰りのルートはジグザグのコースをたどらざるを得ないだろう。途中、かれは手榴弾のかばんを持った中国兵二人に遭遇し、一人を撃った。手榴弾が爆発した。とたんに中国軍の機関銃が火を噴き、リチャードソンの隊員の一部がパニックに陥った。隊員たちは大隊の臨時防衛線に接近して二両の米軍戦車を見つけた。隊員の中には本能的に戦車に這い上がる者もいた。アメリカ兵は車両がいのちを救ってくれるといわぬばかりにいつも車両に近寄ろうとする。だが、リチャードソンは、中国兵がまず戦車の後をつけてくると確信していたので、ジローとともに兵たちに命じて戦車からほとんどの者を降ろした。

　米兵が構築中の防衛陣地は直径百八十メートル、元あった大隊本部に隣接していた。川の流れが残した柔らかなロームを大急ぎで掘った。三両の戦車があったので火力は若干向上した。他の部隊との無線通信も弱体ながら確保できた。（そのころ、正常に機能しているのは戦車無線だけだった。）その最初の夜の残りいっぱい、中国軍の銃砲火を浴びた。しかし、不思議なことに、中国軍はいつでもアメリカ側を陥落させる力を持っていたのに、新たな総攻撃を敢行しなかった。おそらく中国軍のほうもその夜は米軍に劣らず混乱していたようだった。しかし、中国軍の混乱が翌日までつづかなかったことをリチャードソンは思い出す。

夜が明けて、アメリカ側はすこしホッとしていた。最初の攻撃には耐えた。この戦争では敵は日中は攻めてこない。これが中国軍との最初の戦闘だったとしても、北朝鮮軍とはそれほどの違いはないと思った。まだ一筋の希望は残っていた。かれらが受信した最新の無線通信は救援部隊が向かっていると伝えていた。そうしたときに、牧師のカポーンがリチャードソンに「どうだい」と声をかけてきた。カポーンは、その類まれなる勇気と自己献身で人々の記憶に残った人物で、のちにその英雄的行為に陸軍の殊勲十字章が贈られている。そのカポーンがこんな謎をかけてきた。

「きょうは何の日か知っているかな」

リチャードソンが分からずにいると、「神様が私たちの魂を守る万霊節だよ」といった。リチャードソンはおもわずこうかえした。

「師父さま、オレたちの魂をだれかが見守ってくれなくちゃいけねえ。本当にまさにいまがそのときだ」

「大丈夫。主はいる。主はここにいる」(23)

万にひとつのチャンスもない

フィル・ピーターソン中尉は、平壌でウォルト・メイヨーとソ連産シャンペンを分かち合った戦友である。第九九野砲大隊C砲兵中隊付の砲撃観測員だった。砲兵中隊は第八連隊第三大隊を支援し、同大隊キング中隊に付属して大隊本部近くに布陣していた。かれは五十年後になっても、大隊幹部らが中国軍が付近一帯にいるとの報告をどう説明したか、ほとんど一語一句に至るまで引用できた。それは中国軍の攻撃がある数時間前のことだった。

「これら中国兵は北朝鮮の（鴨緑江流域の）発電施設を守るために布陣していると思料される。各員は相手がこちらに発砲しないかぎり、こちらから発砲してはならない。砲撃観測員は何人も電気施設への砲撃を要請してはならない」

かれらがいかに危険な事態にあるか、それを上級司令部は正直に伝えていなかった。ピーターソンがそれを悟ったのは中国軍の攻撃があったあとのことだった。「やつらがおれたちにいって寄越したのは作り話ばかりだった」。かれは長い年月を経た後になってもまだ怒っていた。その夜午後九時ごろ、はげしい銃砲撃が始まる直前のことだった。キング中隊の前哨陣地の兵数人が綿入れの上着を着た捕虜一名を連行してきた。キング中隊所属の韓国兵と捕虜との会話が通じず、ピーターソンは最初の中国兵に遭遇したと確信した。中隊は丘のうえの陣地を撤収して大隊に向かうよう命じられていた。夜間にそんな作戦は混乱のもとだった。中隊は各十二人前後のグループに分かれた。そのとき、銃砲撃が始まった。ピーターソンのグループは水田沿いの溝のなかで攻撃を食らった。中国軍の機関銃が溝の両端から射撃してきた。かれは若い軍曹といっしょに身を伏せた。軍曹はしりを撃たれたが、それを自虐的に楽しむかのように、ピーターソンに冗談をいった。だれも生きてそこを抜け出せるとは思っていなかったから、その冗談は、考えてみるとぞっとしないものだった。「中尉殿、自分は百万ドルの傷を負いました」。軍曹を祖国に送りかえす傷である。だが、誰にとっても、そのときほど祖国が遠いと思えたことはなかったのだ。

ピーターソンが溝にくぎづけになっていたころ、中隊のほかの隊員らは砲兵中隊の105ミリ榴弾砲六門の撤収を試みていた。敵から大砲を守る機会は急速に閉じられつつあった。脱出ルートを決め、小輸送隊（榴弾砲を運ぶトラック、一部隊員と若干の補給食料を運ぶジープの合計十七両）を編成したのはかなり遅い時間だった。輸送隊に気づかれずに中国兵たちは南に向かう道をすでに封鎖し、道の両側で待ち受けていた。中国兵の多くはトンプスン式軽機銃で武装していた。この軽機銃はアメリカ陸軍ではもう重宝されていなかったが、終結したばかりの国共内戦で敵の国民党軍（国府軍）から大量に捕獲したり買い取ったりして、その当時は貴重な兵器だった。

封鎖された道路の銃火は弱まっていた。ハンク・ペディコーン中尉はその夜、輸送隊にいて生き残った数人のなかの一人だった。中尉は隊内屈指の最優秀士官で第二次世界大戦では銀星章を受章していた。かれは後年、ピーターソンにチャンスは一つもなかったこと、一個中隊全部が壊滅させられるのを見守るのは悲惨だったと語った。ペディコーンはその夜のかなり早い時刻に上官たちに引き揚げを要請したが、「命令を待つ必要がある」と断られた。「まったく交信不能だったから、命令など受けられるはずがなかった。独自の判断で行動するほかはなかったんだ[24]」。先導のジープに乗っていた砲兵隊指揮官ジャック・ボルト大尉のように数人は中国軍が発砲しなかったのでどうにか脱出できた。中国兵は、おそらく榴弾砲を積んだ大型トラックが動かなくなるのを待っていたのだろう。大きな獲物であるばかりでなく、道をふさいでしまうからだ。百八十人の中隊のうち生き残ったのは、ひとにぎりの隊員にすぎなかった。これが雲山一帯から逃走を図った最後の輸送隊だった。いっぽう、ピーターソンのグループは大隊本部に向かってじりじり後退し、夜明けを待った。夜が明けると、大隊本部からおよそ百八十メートルの平坦な場所まで進み、小グループに分かれて防衛線の内側に駆けこんだ。

ミラー軍曹と相棒のリチャード・ヘティンガーらの小隊は十一月一日夜、大隊本部から約一・六キロの地点にいるところで引き揚げ命令を受けた。大隊はすでに撤収を命じられていたが、小隊に情報がくるのが少し遅かった。橋近くの前哨陣地を通過した時点で自動火器の最初の発射音を聞いて間もなく、周囲は敵ばかりになった。ミラーは小隊を橋の下に急がせ、川を渡った。川はそのころは干上がったクリークだった。曳光弾が付近一帯を明るくしていた。隊員の大半が川の対岸に上がったとき、手榴弾の破片がミラーの片方の手に当たった。かれの記憶にあるのは、何もかも完全にばらばらになってしまったことだった。中国兵は至るところに潜んで四方八方から向かってくるらしかったが、アメリカ兵には退却していく明確な防衛線はない。かれは敵が近くにいるような気がした。そこへ突然、敵兵が現れた。ミラーと隊員たちの頭上に現れたのである。そのころには、隊員らは道ぞいの溝に到達していて、溝に難を避けた。かれの記憶では、隊員のほぼ全員が新兵だった。到着したばかりの補充兵でだれもこんな戦闘は見たことさえなかった。かれらは溝を避難場所と誤解し、安全ではないのにそこにいれば安全だと勘違いした。高地も大隊本部でさえも、ほんとうに安全な場所などどこにもなさそうだったが、なかでも溝は少しも安全ではないことをミラーは知っていた。溝には、かれの小隊の者や他隊の者などおよそ三十五人が詰めこまれていた。そこで、かれは「おい、殺られる前にそこからでろ」と怒鳴った。二人は全員を溝から追い出した。ミラーの記憶によれば、十一月二日午前三時ごろだった。溝から人影がほぼ消えかけたとき、中国兵の手榴弾がかれの片足を引き裂き、筋肉を粉々にし、脚の骨をくだいた。もう動けなかった。

溝のなかに横たわって夜明けと死ぬのを待った。運んでくれる者はいない。唯一のチャンスは大隊救護所まで這っていくことだ。救護所は近くにあるらしい。しかし、すでに占領されているかもしれない。寒さがひどく、吐く息が空気中で凝固して水滴になった。ミラーは恐れた。中国兵らは遺体を捜しにくるに違いないが、吐く息で生きていることを知られてしまう。かれは敵兵の遺体に身を隠そうと試みた。同午後二時ごろ、五、六人の中国兵が戦場を歩き回って組織的にアメリカ兵と中国兵の遺体を点検しているなかでミラーを見つけた。一人がライフル銃を突きつけた。ああ、オレもとうとう殺られるのか、とミラーは観念した。そのとき、カポーン師が駆けつけてきて中国兵をわきに押しのけてミラーのいのちを救った。ミラーは中国兵がカポーンと自分を撃つのを待った。しかし、カポーンのあまりの大胆不敵さに兵士は恐れをなしたらしい。カポーンは敵兵を無視してミラーを引っぱり上げ、背中におぶった。たぶん二人は捕虜になるだろうが、カポーンはミラーをでき得るかぎり遠くへおぶっていこうとした。

敵百人を倒しても故郷に帰れない

中国軍の強襲は第八連隊第一大隊の隊員らにはまったく寝耳に水だった。じつは、隊員は相手が中国兵とは知らずに短い交戦をしていた。第一大隊の重火器中隊、ドッグ中隊に所属する十九歳のレイ・デーヴィス伍長にとっては、それは行き当たりばったりの銃撃戦だった。中隊は十月三十一日、雲山に到着した。デーヴィスは中隊規模の兵力の一員として水田を移動中、近くの丘から銃砲撃を受けた。その記憶によると、銃砲撃が始まったときは、かれもほかの隊員たちもどちらかというと不用意だった。大半の者はヘルメットさえかぶっていなかった。それから両軍とも後退した[25]。本当の攻撃があったのはそれから一日半後だった。

デーヴィスは重機関銃班の一員で、ほどほどの高地に陣取った。そこは東西方向にうねる道の南側の丘の上だった。道幅は牛車一台がやっと通れるほどの狭さだったが、そのころは第八騎兵連隊の車両群がじゅずつなぎになっていた。移動はすべて車両に頼る陸軍の姿を反映し、この新手の敵に異常なほどのもろさをさらけ出した。徒歩で移動する中国軍は高地に登るのに造作もなかったのに、米軍は車両によって宿命的なまでに道につながれていた。また、道はほとんど必ず谷間を抜けていた。真夜中を少し過ぎたころ、中国軍が総攻撃してきた。デーヴィスはほぼ四か月というもの、敵が兵力で圧倒的に勝る戦闘に身を置いてきた。かれの分隊の隊員にとっての大問題は、ほかの機関銃手も同じだろうが、機関銃が使用過多から磨耗しそうになることだった。デーヴィスはこの点をよくわきまえていた。かれは到着当初の弾薬運搬兵から出発して二人が取りつく機関銃の第二射手、ついで第一射手に昇進し、その間に三、四挺の機関銃を経験していた。味方は攻撃してくる敵兵の数の多さから、いつも火力の強化を必要としたが、米軍が最初に使った歩兵の基本兵器――Ｍ－１ライフル銃、カービン銃、それに機関銃さえも――は当面している敵兵力仕様に設計されたものではなかった。デーヴィスの大隊長ボブ・ケーン中佐はデーヴィスに、この戦争を解くカギはおまえさんが敵兵百人を倒すまでは国へは帰れないことだ、と語ったことがあった。百人をやっつけたら、それでおしまいだと。百人を屠《ほふ》ったとどうやって証明するのか、ケーン中佐の説明はなかった。

米軍が照明弾を打ち上げたとき、デーヴィスの目に触れたのはおびただしい敵兵の姿だった。このような光景を見たこともない。それは恐ろしい光景だった。ニューヨーク州北部の農場育ちのかれが連想したのは風にそよぐ故郷の小麦畑だった。何千、何万もの兵士がかれに向かってつぎからつぎに押し寄せてくる。一人をやっつけたら、つぎの兵が向かってくる。百人を殺ったら、そのすぐ後ろに百人が控えている。百人屠ったとしても、故郷になんか帰れやしない。すると、デーヴィスは馬に乗った男たちを見つけた。男たちはほかの兵士を指図しているらしい。チャルメラを持ち、チャルメラを吹くと、敵兵たちは攻撃の矛先をときどき変えている。

デーヴィスには分かっていた。自分の周りのひとにぎりの兵たちに弾薬も残された時間も限られていることを。米兵たちは撃って撃って撃ちまくった。多くは至近距離からだった。弾薬を使い切るか機関銃がオーバーヒートするまでの残り時間は一時間かせいぜい二時間だったろうとかれは後で計算した。午前二時ごろ、軍曹が迎えにきた。デーヴィスは最後のテルミット手榴弾で機関銃を破壊し、二人は迫撃砲が中国兵に向け空中爆発弾を発射して援護してくれる地点まで後退した。最重要課題はその夜を持ちこたえることだった。夜が明けると、隊員たちはまだ生きていることにいくらか驚きつつ再集結を図った。完全に包囲されていた。

脱出

大隊本部付近に急造した防衛線では、ジロー中尉が重傷を負いながら、包囲された兵士たちの事実上のリーダーに浮上していた。かれは第二次世界大戦の参戦経験がある古参の歩兵士官だった。中尉は脱出の可能性はごく限られていること、その可能性を時間的余裕とある程度の選択がきく間にどう目いっぱい活用するか、そのことを理解しているふうだった。ジロー中尉にピーターソン中尉と戦友ウォルト・メイヨーが協力、これにビル・リチャードソンが加わった。かれは士官ではなかったが、戦争の最初期から北に向けた長い進撃の間に経験豊かな下士官に成長していた。四人は全員が最初の攻撃を受けたときから、相手は中国軍だとわかった。そしてかれらの連隊全体がまったく新しい戦争の中で一種の斥候部隊になっていることも理解していた。防衛線のなかに追いこまれた隊員たちは最初の夜をどうにか持ちこたえたものの、先行きは暗かった。上層の司令部がいいつづけているように、支援部隊が途上にあるとしても、その兆候はまだなかった。その日、ヘリコプター一機が負傷兵搬出のため着陸を試みたが、中国軍陣地からの発砲がきわめて危険で、やむなく医療補給品を投下して飛び去った。ほとんどは止血用湿布だった。

防衛線の内側では死に物狂いの隊員たちが、ジレンマと戦っていた。負傷兵をどうするのかということと、いかに脱出するかということのジレンマである。弾薬切れの危機もせまっていた。十分な武器もなかったが、冷徹な計算が告げるところ、それはたぶんほとんど問題にならないかもしれなかった。この先、戦死者が出ることで隊員全員に十分な武器が行き渡るのに時間はかからない。小さな防衛線は大隊本部からおよそ六十メートルの地点にあった。大隊本部には負傷兵の大半が移されていた。十一月三日正午、ピーターソン、メイヨー、リチャードソンとジローは本部に出かけた。目的は最後の日をめぐる話し合いだった。リチャードソンは士官ではないので、話し合いには出なかったが、議題は何かを承知していた。自らも負傷している士官たちはタブーであったその議題について語り合った。それは迫りくる恐ろしい最後のときに負傷者をどうするか、であった。負傷士官たちを後に残して敵のなすがままにさせるのかどうか、決めなくてはならなかった。ブラムザーとメイヨーはキース中尉のところにいって、脱出を図ると打ち明け、歩けるかと聞いた。キースはノーと答えた。歩けない以上、キースのことは見捨てざるを得なかった。ほかの者たちの足手まといにするわけにはいかない。

若者たちにとって、なんと、過酷な決断だったことか。リチャードソンは半世紀以上たったいまも、そのときのことを考えると胸が張り裂ける。リチャードソンは数人の隊員を率いて後に残り、負傷兵とともにできるだけ長く壕を守ることを志願したが、申し出は負傷士官たちに却下された。動ける者、引率可能な者は何びとも、負傷者や瀕死の者の防衛に、ことばは悪いが、浪費できない。残された時間は短く、つぎの攻撃はいちだんとはげしさを増すであろうことをかれら全員が分かっていた。防衛線に直接連なる川床からは中国兵が塹壕を掘る音が聞こえた。その陣地が構築されれば、中国兵は、自らが標的にならずに、アメリカ兵の頭上を制することができる。リチャードソンは名前を知らなかったが、恐ろしくタフな軍曹がいっしょだった。リチャードソンは手榴弾を集めて回り、軍曹に渡して中国兵の塹壕掘りを止める任務を与えた。軍曹は這い出していき、一人で中国兵の塹壕作りを妨害した。この勇敢きわまりない行為にリチャードソンはまるで何か映画を見ているようだと思った。

だが、包囲の輪は狭まりつつあった。救出派遣部隊の話は沙汰やみになっていった。その日はオーストラリア軍のB－26型機による空襲の支援を受けたが、時間は米側に不利に働いていた。再補給の試みも一回あった。小型偵察機がダッフルバッグ二個を投下、防衛線の外側およそ百四十メートルに落下した。リチャードソンは這い出していって拾ってきたが、中身はわずかで、必要なものはなかった。必要なものとは大量の弾薬とモルヒネだった。

救援部隊はこないことになった。何日も前から連隊の撤収を主張してきたハップ・ゲイ師団長は救援のために追加部隊を派遣したが、中国軍に攻撃された。中国軍は必ずやってくる救援部隊を阻止するためほぼ完璧に近い待ち伏せの陣をしいていた。救援部隊を待ち受けこれを撃破するのは中国軍の基本戦術だった。救援部隊は中国軍の陣地を攻撃するさいに優位に立てる十分な大砲、航空兵力をともに欠いていた。ジョニー・ジョンソン中佐の第五騎兵連隊は中央突破を図るべく派遣された部隊の一つだったが、その一個大隊が二百五十人の死傷者を出した。ゲイ師団長はミルバーン軍団長から師団撤収命令を受けていたが、絶望的な事態を知ると、救援作戦を打ち切り、包囲された兵士らを見殺しにした。このことをかれは後年、自分の軍歴のなかでもっとも辛い決断だったと語っている。

その日遅く、別の偵察機が包囲された兵士たちに全力を尽くして脱出を図れと告げる通信文を投下した。まったくもって愉快な通信文ではなかったが、リチャードソンら大方の者は孤立していることはもう知っていた。夜になると、中国軍がふたたび総攻撃をかけてきた。米兵は、南と南西の路上で動かなくなっている自軍車両の何両かにバズーカ砲を浴びせて燃え上がらせた。まるで長く燃えつづける照明弾を創り出したようで、防衛には大助かりだった。ひとたび車両に火がつくと長時間燃えた。しかし、防衛線を守る五体満足な隊員らの数は、夜を通じて減りつづけた。百人ほどでスタートした守備兵は時間を追って数を減らし、弾薬は底をついた。リチャードソンの推計によると、十一月四日にはまだ戦闘中の米兵の四分の一は中国兵の遺体から奪った軽機銃を使っていた。翌晩は前夜の恐怖の再演だった。その夜、最後の戦車が出発した——ある兵士は命令が出ていたといい、ある兵士は離脱したのだといった——。戦車の出発で防衛線の外との無線交信は途絶した。そのこと自体恐ろしいことで、隊員遺棄の現実を象徴していた。最後の機関銃の周囲に米兵の遺体が折り重なり積み上がっていった様をピーターソンは鮮明に覚えている。中国軍はその機関銃に火力を集中していた。

四日目の早朝、リチャードソン、ピーターソン、メイヨー、それにもう一人の兵士が選ばれて脱出口を捜すための偵察隊を引率した。階級はたいして問題にならなかった。メイヨーとピーターソンは士官だが、それぞれ砲兵と砲撃観測員である。リチャードソンは下士官だが、歩兵の戦術にもっとも通暁し、その直感を信頼するとジロー中尉にいわれていた。ピーターソンは出発前のぞっとする瞬間を覚えている。重傷を負って倒れている通信兵のわきを這って通りかかったとき、通信兵に「ピーターソン中尉殿、どこにいかれますか」と声をかけられた。救援が得られるよう脱出口を探していると答えると、通信兵は哀願を始めた。「ピーターソン中尉殿、ぼくを置いていかないで。ぼくを置いていかないで。ぼくをやつらに残していってはいけない」。ピーターソンは通信兵を一目見て、こと切れるのは時間の問題にすぎないと知った。探索隊に合流するため通信兵のそばから離れなくてはならなかった。「済まない、済まない。われわれは出ていって救援を求めなければならないんだ」。

リチャードソンは東に脱出口があると確信していた。中国軍の攻撃はすべてほかの三方面からきているからだった。そろりそろりと移動してとうとう負傷した中国兵が散乱している川床を見つけた。大勢の自軍の兵士、とりわけ負傷兵がもうすぐ捕虜になろうとしていることはわかっていた。そこで、同行の兵士らに命じた。「いいか、中国軍の奴らに銃をむけようなどとは考えるな。発砲はもってのほかだ。そんなことは絶対に考えるな。これは絶対命令だ」。リチャードソンらは、米軍の補給物資を一時集積していた一軒の家に立ち寄った。家のなかは負傷した中国兵でいっぱいだった。かれらは何か気味の悪いことばをつぶやいていた。つぶやきは「シュウィー、シュウィー」と聞こえた。それは「シュイー」で、水のことだ、とリチャードソンは後で教えられた。探索隊はとうとう川床に到着、さらに大勢の中国兵を見つけた。その数はたぶん四、五百人だったろう。爆撃の犠牲者で、ほとんどは死んでいたが、少数の生存者と辛うじて息のある者はコップを差し出して水を乞うた。リチャードソンらは東を目指せば脱出できることを確信し、防衛線の隊員らと合流するため引き返した。

ビル・リチャードソンにとって、防衛線に引き返した後下した決断は経験したことのない苦渋を伴うものとなった。つぎの数日、いや、残りの人生で起こったことでこれに匹敵するほど辛い決断はなかった。そのころには負傷兵はおそらく百五十人に達していただろう。敵の銃砲火の下で山岳地帯の夜間の危険な脱出行はかれらのだれにも不可能だった。少なくとも五体満足な兵士を危険にさらさずにはおかない。防衛線内の負傷者の全員が何が始まろうとしているかを知っていた。だれも残留を望まなかった。リチャードソンが戻った直後から、まだ少しは歩ける負傷者数人がやってきて、お願いだ。置いていかないでくれ、頼む、連れていってくれ。中国人はいやだ。ここに置き去りにして死なせないでくれ。一生のお願いだ、頼む、頼む、と泣きわめいた。

可能なかぎり多くの仲間を脱出させるためだ。しかたがない。しかし、リチャードソンはひとりの人間として忸怩たる思いにさいなまれる。いったい自分は、なぜ彼らをおいていけたのか。その上官の命令に服することがどうして可能だったのか。おまえはこれからの人生でその償いをすることで自分を許すというのか。

その思いは、半世紀以上たったいまでも、彼を苦しめる。自分は、見捨てたのだ。あれほど勇敢に戦った友を、気心のしれていた仲間を。(26)

中国軍の捕虜になる

ジローはその数日間、秩序の確立に貢献し、重傷者を介護するなどリーダーとしての任務を果たした。だが、結局は、かれは捕虜収容所で死ぬことになる。

キースはすべては終わったと観念し、ほかの負傷者とともに中国兵の到着を待った。中国兵が姿を現し、一人が立てと命じた。かれは立とうとして倒れ伏した。両脚は役に立たなかった。ひどく腫れ上がり、軍靴は切り裂いてあった。かれの記憶によれば、中国兵は捕虜をアンダーソン軍医やカポーン師のように歩行可能な者と、キースのように歩行できず担架で搬送が必要な者との二つのグループに分けた。かれの推定では後者は三十人ほどだった。最初の夜、キースのグループの五人が傷がもとで死んだ。つぎの数週間、中国兵たちは捕虜の一行を家から家に移動させつづけた。食べるものはないに等しく、飲み水を得るのにあさり回らなければならなかった。捕虜の一人は這うことができたので、ヘルメットにいやな味のする水を入れて持ち帰った。キースの記憶によれば、十六日間は治療は受けられず、バンドエイドさえもなかった。その後になっても治療はひどく稚拙なものだった。一行は夜間にのろのろと移動した。中国兵たちは捕虜をほぼ二週間、北の方角に連行した。およそ二週間後だったと思うが、川音を耳にした。かれは鴨緑江だと確信した。ところが、ある夜、驚いたことに一行は南に向きを変え、アメリカ軍の前線を目指した。おそらく、中国兵たちはアメリカ人捕虜を運ぶのにうんざりしたのだろう、とキースは後で推察した。かれらはアメリカ軍陣地の北数キロの一軒の家屋に捕虜を置き去りにした。十一月末だった。キースのグループに新顔が一人いて、歩行ができた。その新顔はさらに南に下って友軍と接触した。友軍は車両を送って寄こし、一行を収容した。キースが捕虜だった期間は全部でひと月に満たなかった。幸運だった、とかれは思った。歩行できた捕虜たちは朝鮮で二年以上残酷な囚われの日々を送り、多くの者が死んだ。当初三十人だったグループは救出されるまでに八人ほどに減った。キースの左脚は四か所を骨折し、腰から下は迫撃砲弾で五十二か所の傷を負った。かれを救出した兵士の一人はそのありさまを見て「ボロボロじゃないか」と言ったものだった。キースは陸軍病院を転々としてほぼ健康を回復し、最後は軍事顧問としてベトナムで二年を送った(27)。

いっぽう、かろうじて残っていた防衛線では、脱出を図ろうとした隊員が午後五時少し前、行動を起こした。人数はおよそ六十人。川床まで進み南に折れた。移動は困難だった。すでに中国軍の前線の背後に入り、集団の規模が大きいせいで、発見される危険性は高かった。一行は主補給路、通称MSR（メーン・サプライ・ルート）で知られる街道に達した。すばやく横断しなければならない。リチャードソンは一気に横断できるよう一行を横一列に並ばせた。脱出行のある時点で、情報班の軍曹がリチャードソンにそっと近寄ってきて、ささやいた。二人でこっそり逃げ出せば、オレたちはプロだし、どう見ても素人が混じるほかの隊員たちに足を引っ張られる恐れもない。ほとんど間違いなく米軍の前線に到達できる、と。軍曹のいう通りで、たぶん士官連中の一人くらいは二人にそうさせたかもしれない。しかし、リチャードソンはやるにはもう手遅れだし、たとえ自分のいのちを差し出すことになっても、いまとなっては隊員たちを見捨てるわけにはいかない、と思った。十一月五日朝、一行は中国軍の前哨陣地に迷いこみ、銃火を交えた。中国兵に居所を知られてしまったため、一行は散ることになる。リチャードソンは小グループで唯一、敵から奪った軽機銃を持っている兵士だった。かれは他の隊員に出発を命じ、自分もうまく逃げ出せたと思ったそのとき、中国兵に見つかり捕虜になった。かれは東京が約束していたように、クリスマスの帰国ではなく、同じく捕虜になったフィル・ピーターソンと同様、二年半にわたって各地の過酷な捕虜収容所を転々とした。

おびただしい数の中国兵

第八騎兵連隊所属隊員約二千四百人のうち、戦闘終結時点でおよそ八百人の死傷者が出た。不運に見舞われた第三大隊では戦闘開始時、八百人だった隊員のうち、脱出できたのはおよそ二百人だった。これはそれまでのところ、朝鮮戦争中最悪の敗北だった。四か月にわたる戦闘で潮目が変わって勝利が見えていた時期に、誉れ高い精鋭部隊を見舞った敗北だけに、二重に悲惨だった。中国共産軍が突如、どこからともなく大挙して現れ、精鋭師団の精鋭連隊を粉砕した。第八騎兵連隊は雲山で公認兵力の半数と大量の装備を失った。そのなかには、１０５ミリ榴弾砲十二門、戦車九両、トラック百二十五両と一ダースの無反動ライフルが含まれていた。中国軍の攻撃から二日後、報道記者団に答えた騎兵師団の報道官は明らかに動揺していた。「かれらが中共政府の軍かどうかの確認はとれていない。しかし、これはカスター将軍をみまった悲劇と同じだ。リトル・ビッグホーンで、インディアンに全面包囲されて、全滅したカスター将軍の部隊と」(28)。それは米軍の他の部隊にもおこりうることだったのだ。

負傷して捕らえられ、従軍牧師に背負われたミラー軍曹は毎夜、北に向けて移動させられる捕虜の小集団のなかにいた。捕虜収容所に向かう途中、中国軍が臨時基地に使っている場所に到着した。かれはそこでおびただしい数の中国兵を目撃した。おそらく、二、三万人はいただろう。中国兵ばかりがあふれる北朝鮮の秘密基地を見ているようだった。敵の壮大な光景に触れ、軍曹は戦争が徹底的に変化したことを知った。しかし、かれには通報できる要人はいなかった。向かっている先は二年以上におよぶことになる過酷な捕虜収容所暮らしであった。収容所では定期的になぐられ、初歩的医療を拒まれ、与えられるのはすずめの涙ほどの配給食だった。

無視された警告

国連軍は、好むと好まざるとにかかわらず大急ぎで清川江《チョンチョンガン》対岸の陣地に後退せざるをえなかった。そこでつぎの攻撃に備えたが、中国軍は現れたときと同様、忽然と姿を消した。どこに去ったのか、誰にもわからかった。かれらはひっそりと戦場を離れ、ふたたび消えた。だが、東京の司令部の人たちが信じたがったように、朝鮮から離れたのではなかった。さらに北方の秘密陣地に移動しただけだった。そこで、かれらはいちだんと大きなワナに米軍がかかるのを辛抱強く待っていた。雲山の事件はほんの序の口にすぎなかった。ほんとうの攻撃の舞台はさらに北の地帯だった。あと三週間ほどでさらに寒さは厳しさをます。

雲山は警告だったが、無視された。この数週間というものワシントンでは大統領と主要閣僚が中国の意図を懸念していたが、心配はますます募った。統合参謀本部は大統領の懸念に応えて十一月三日、マッカーサーに電報を打ち、「中共軍による朝鮮への明白な介入と見られる」事態に対処するよう要求した。つづいて起こった数日間の出来事はマッカーサーの希望とワシントンの希望との間の亀裂の進行を映し出す。マッカーサーの希望は鴨緑江まで進撃して朝鮮全土を統一することであり、ワシントンの希望は中国との大戦争を回避することだった。

中国軍の意図をめぐる疑問はワシントンの主要課題になっていた。マッカーサーはまたもや情報管理によって意思決定を支配しようとした。ここで再びチャールズ・ウィロビー准将が登場し、中国軍の人数と意図とを故意に矮小化した。かれは同日、朝鮮に入った中国兵を最小一万六千五百人、最大三万四千五百人と見積もった（雲山だけでほぼ二個師団分の約二万人が米軍を攻撃し、ほぼ同時期に同規模の中国軍が半島東側で海兵隊一個大隊を攻撃し、米国は甚大な死傷者を出していた）。実際には、約三十万人、三十個師団が朝鮮に入っていた。マッカーサーは攻撃に一時動揺したものの、努めてこれを軽視し、統合参謀本部への返電はウィロビーの線を反映したものだった。中国軍の目的は、北朝鮮軍が「北朝鮮における名目的な足場を保持するのを支援し」、北朝鮮軍が「残骸のなかからなにかを救いだす」のを可能にすることにある、とマッカーサーは打電した(29)。

当初、中国軍の攻撃に動揺したとしても、中国軍が姿を消したらしいいま、マッカーサーは自信を回復した。指揮下の兵が雲山で攻撃を受けた米第八軍司令官ウォルトン・ウォーカー中将は、攻撃のあと東京に返電した。「シンキブタイニヨルマチブセ、キシュウコウゲキヲウク。テキブタイハソシキ、レンセイドトモニヨイ。イチブハチュウキョウグン。（新規部隊による待ち伏せ、奇襲攻撃をうく。敵部隊は組織、練成度ともによい。一部は中共軍(30)）」。

これほどはっきりとした物言いの電文はなかった。マッカーサー司令部は面白くなかった。マッカーサーはウォーカーに中国軍との接触の危険を極力小さくして――これまでどおり――北進を継続するよう求めた。間もなくマッカーサーのウォーカーへの要求はいちだんときびしくなった。ウォーカーは北進への懸念をますます深め、ワシントンと同様、半島が狭くくびれる線での自重を求めた。マッカーサーは、解任を恐れていたウォーカーに対し、なぜ第八軍は雲山の後、ひとにぎりの中国〝志願兵〟に押されて敵との接触を打ち切り清川江対岸まで後退したのか、と詰問した。北進を継続すべきである、前進を速めよとの圧力は、明らかに高まっていた。だが、そこには中国軍が身を隠し、待ち受けていたのである。

マッカーサーは同月六日、朝鮮戦争は平壌北方の敵側の奇襲攻撃を終わらせたことで事実上終結を迎えたとの声明を東京で発表した。他の誰にもそんな自信があるわけではなかった。雲山の事件の真相を知っている第八軍幹部らは、事件は中国の潜在能力を垣間見せたにすぎない、と感じていた。ワシントンでは政権中枢で懸念がますますたかまっていた。マシュー・リッジウェイ中将が後年語っていることだが、中国軍の最初の攻撃があったとき、マッカーサーはこれをとんでもない災厄だと受けとめ、鴨緑江にかかる橋梁への爆撃制限に抗議するメッセージをワシントンに送った。中国軍の部隊がこれらの橋を渡ることができれば、「本職指揮下の部隊が最終的に潰滅する恐れもある」と述べた。リッジウェイによれば、このメッセージに対する返電で統合参謀本部は、中国軍の介入は「既成事実と見られる」ことを指摘した。このことは国連軍の北進への痛切な再評価につながることは確実で、マッカーサーは二本目のメッセージを送った。それは一本目とはひどく対照的で、事実上、ワシントンに対し心配は無用、空軍は兵士を守り、かれの軍は立ちはだかる敵を破壊できる、と報告した。北進は継続される。[31] それは朝鮮戦争の命運を分けた最後の瞬間だった。朝鮮全土を征服したいという壮大な野望と、新たな強敵による指揮下の部隊への脅威、そのふたつに板ばさみになったマッカーサーが選択したのは、自己の軍を危機にさらしながらも、彼自身の野望を追求することだった。

ワシントンで要人たちは動きがとれないでいた。アチソン国務長官が後に書いていることだが、戦争の主導権はまず中国側に渡り、ついでマッカーサーに渡った。ワシントンの影響力は前者にはまったくなく、後者にはわずかしかなかった。「そして、われわれの目の前で展開中の信じられないような軍事作戦でマッカーサー将軍は何を目論んでいたのか」とアチソンは記す。この時期は決定的に重要だった。最新の敵の精鋭が戦場に現れて善戦し、それから「まるで地上から忽然と消えた」。「この単純至極な警告は、中国軍は前と同じようにまた突然姿を現し、前と同じように猛威を振るうかもしれないと警鐘を鳴らしているらしかった」とも書いた。[32]

半島の反対側の水洞《スドン》では第十軍団所属の海兵隊が、十一月二日〜四日の間に猛攻を受け、四十四人を失い、百六十二人が負傷していた。雲山戦と同じだった。奇襲は事前に慎重に計算されており、ワナを仕掛けながら、海兵隊がさらに北方に進撃していちだんと深くワナにはまるのを中国軍は待ちきれなかったようだ、と海兵隊は判断した。水洞戦は、雲山の事態をいっそう深刻に検討しなければならない証拠でもあった。両者には関連が濃厚だ。この時点が、北進を打ち切って引き返し、中国軍との戦争拡大を回避する最後のチャンスだった。だがワシントンは動かなかった。

アチソンはこう回顧録に記している。

「マッカーサーがこの悪夢を実現しているさなか、われわれはすくみあがったうさぎのように、ただ座しているばかりだった」

第二部

暗い日々

北朝鮮人民軍が南進

PART TWO

Bleak Days

The In Min Gun Drives South

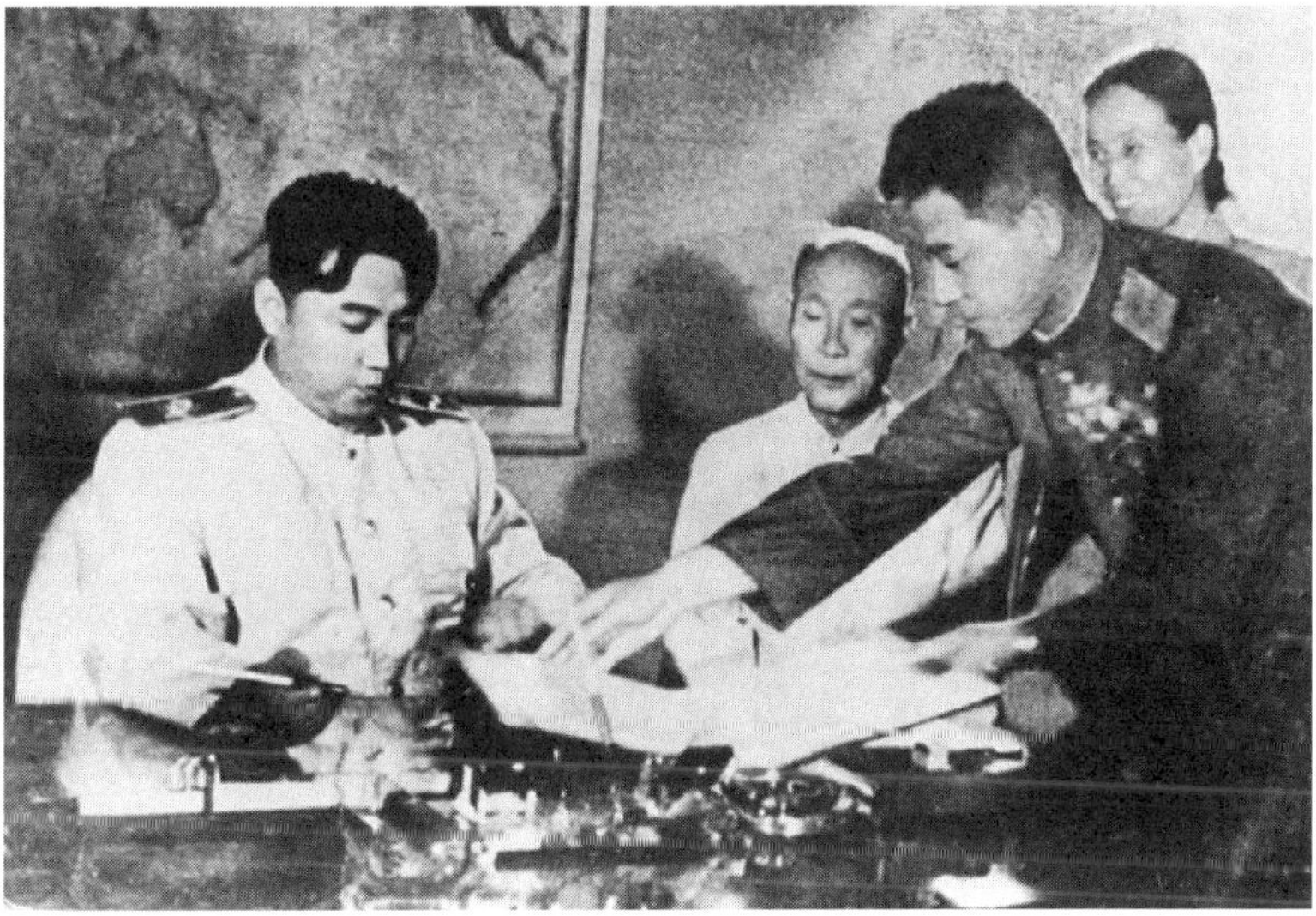

©Eastphoto

朝鮮戦争当時の金日成

第2章　それぞれの事情

銃剣の先で南に触れてみたい

一九五〇年六月十五日ごろ、北朝鮮軍約六個師団が南朝鮮との境界線のすぐ北の一帯にひそかに移動、駐屯中の数個部隊に合流した。雲山《ウンサン》の戦いの五か月近く前のことである。訓練が強化され、すべての無電に送信管制が敷かれた。工兵が隠密裏に動員され、南に向かう幹線道路のいくつかの橋の補強工事をおこなった。ソ連製のT－34型重戦車の通行にそなえての補強であった。同時に北の労働者らは鉄道線路の修復を急いだ。南北に走っていた鉄路は第二次世界大戦の終結に伴って国土が南北に分断されたさい、北朝鮮自身の手で取り外されていた。二十四日夕、雨が降り始め早朝までつづいた。そのとき、人民軍《インミングン》の名で知られる北朝鮮人民軍の歩兵七個師団余と一個装甲旅団およそ九万人が三十八度線を越え南に向かった。入念に準備された多方面攻撃だった。北朝鮮軍は進撃をはかどらせるため幹線道路をそのまま使い、鉄道も利用した。侵攻は迅速かつ成功裏に進み、韓国部隊は、なにが起きたのか事態に気づくまえに包囲され、肝をつぶした。侵攻初日の後、ソ連軍事顧問の一人は「かれらの進攻の速さはソ連軍兵士をすら上回った」と北朝鮮軍を絶賛した。

北朝鮮指導者金日成《キムイルソン》は一九四五年、ソ連の手で平壌《ピョンヤン》に据えられたときから、南を攻撃し、朝鮮を統一する衝動にとりつかれていた。金はこの問題に執着し、金に許可を与えることのできる唯一の男、ソ連の独裁者スターリンにことあるごとに持ち出した。一九四九年末の会談で、かれはスターリンに「銃剣の先で南に触れてみたい」と語った。(1)

毛沢東による革命の旗の下で全中国統一が近づくにつれて、金のスターリンへの働きかけは劇的に増した。毛の成功は金の欲求不満を高めたらしかった。毛は新しい強力な立役者として世界の舞台に登場しようとしているのに、金は平壌で身動きがとれず、ソ連の許しがなければ配下の兵を南に送り出すことすらままならない。かれは国土の半分だけを支配する半人前の独裁者でしかなかった。そこで、金はスターリンにひたすら売りこむ。売り口上は単純明快、南を共産軍が強襲すれば勝利はいとも簡単というものだった。ナチの電撃作戦風の装甲車両攻撃で突けば、南の人民は決起して北の兵士を歓迎し、戦争は数日で事実上終わるであろう、と金は信じた。スターリンは過去、金の嘆願にはつねに慎重に対応していた。アメリカ軍は顧問団規模にすぎないにしろ、まだ南に駐留している。かれらを直接挑発することにスターリンはいぜん慎重だった。だが、自らのスターリンに対するプロパガンダを信じ、アメリカに支援された南の李承晩《イスンマン》政府を軽蔑する金は執拗だった。金は危険きわまりない種類の男だ。己の信ずることが真理なのである。かりにソ連が金の邪魔をせず、南進を許してくれるだけで、時間らしい時間はかけないで南を征服できる、と金は信じた。そこは李承晩も同様で、李はアメリカが李の邪魔さえしなければ、北を容易に征服できると信じた。

スターリンは二つの朝鮮の間に、ある程度の軍事的緊張があるのは悪くないことだと考えていた。スターリンは時折、金をそそのかして李政権を攻撃させた。

「どんなぐあいかね、金同志」。一九四九年春の会談でスターリンは質問した。南朝鮮はことを面倒にしています。境界線では衝突が多い、と金は説明した。「なんのことかね。兵器が足らないのか。南をさんざんにやっつけなくてはならん」。スターリンは少し考えこんでからつけ加えた。「攻撃したまえ。攻撃したまえ」(2)。

だが、侵攻の許可はまったく別問題で、スターリンは朝鮮での公然たる衝突を急がなかった。ところが、海外の事態の推移にかれは態度を変えた。なかんずく重要だったのは、ディーン・アチソン米国務長官が一月十二日、ワシントンのナショナル・プレス・クラブでおこなった演説だった。演説は朝鮮はアメリカのアジア防衛ラインに入らないとのサインとも読めた。少なくともモスクワではアメリカは朝鮮の紛争には介入しない可能性を示唆するものとしてアチソン演説は解釈された。演説は、この時代切っての現実的外交政策の立案者であるはずのアチソンが犯したかなり深刻な誤まちだった。共産側の判断に決定的な影響を及ぼしたからである。中国が共産主義者の手に落ちた状況のなかで、アチソンはアメリカのアジア政策の説明を試みて、共産世界にきわめて危険なシグナルを送ってしまった。「ディーンはあの一件でしくじったと思う」とかれの古くから友、アヴェレル・ハリマンは後年語っている(3)。

一九四九年末と一九五〇年初頭、金はしきりにモスクワ詣でをして許可を促すいっぽう、軍の増強をおこなった。ソ連側はその間の数か月、金が南進した場合に含まれる危険を冷静に読んでいたが、アメリカは介入しないとついに判断した。アメリカの出方をめぐる問題で、スターリンの要請で金と会談した毛沢東もまたアメリカはあのようにちっぽけな領土を守るために参戦する可能性はないと同意した。だから、中国が支援する必要はなさそうだった。だが、かりに日本が参戦する事態になれば、兵と物資を送ると毛は約束した。日本はまだこの地域では依然、非常に恐れられていた(4)。

中国での事態の推移もスターリンの朝鮮問題の決断に影響を与えた。アメリカは結局、自国の偉大な同盟者、中国国民党指導者の蔣介石を救うための軍事介入をしなかった。大陸の帰趨が国共いずれになるかという時期に、深く肩入れしてきたにもかかわらずである。農民の支援に人いに助けられた毛沢東の戦争が大成功だったなら、南朝鮮農民はそれとそっくりのやり方で金日成を支援しないだろうか。ここに先例があるではないか。こうして金の計画はモスクワで次第に支持を獲得していった。一九四九年末、毛とスターリンはモスクワで初めて会い、金の戦争計画を協議した。スターリンは中国人民解放軍に従軍している朝鮮籍の兵士約一万四千人を北朝鮮軍に移す提案をおこない、毛は同意した。歴史家集団セルゲイ・ゴンチャロフ、ジョン・ルイス、薛理泰《シユエリータイ》共著の画期的な研究書『不安定な同盟者――スターリン、毛と朝鮮戦争』によると、「スターリンはそれによって金の軍事的冒険を後押ししたが、直接的関与からは距離を置いた(5)」。スターリンは侵略に半ば青信号、なかば黄信号を点滅させる巧妙な手管を用いた。だが、金の予言通りにすべてがうまくいくことにはまだ懐疑的だったので、冒険が難航し大きな犠牲を伴った場合の結果には責任を分担しなくて済むよう望んだほか、冒険に直接痕跡を残すことも好まなかった。

一九四九年十月、国共内戦での毛沢東の最終的勝利は金の飢えを一層ひどくしただけだった。今度は自分の番だと思った。一九五〇年一月、北京の任地に向かう新北朝鮮大使のために催された昼食会で、金はソ連大使館の要人数人に強引に売りこんだ。「中国が解放を完成させつつある現在、つぎは南朝鮮人民の解放の番です」。さらに、どうしたら朝鮮を統一できるかを思い悩んで、夜も眠ることができない、と語った。そのさい、かれは北朝鮮の事実上のロシア人支配者であるテレンティ・シトゥイコフ大使をわきに呼び、スターリンとの再会談とその後の毛との会談のおぜん立てを依頼した。アチソン演説から十八日後の一九五〇年一月三十日、スターリンはシトゥイコフに電報を送り、「この件では支援の用意ができている」と金に告げさせた。シトゥイコフが金にこのメッセージを伝えたとき、金は、「非常に喜ばしいことだ」と小躍りした。[6]

金日成は厚かましい

一九五〇年四月、スターリンの残る疑念を一掃する決意を固め、金はモスクワを訪問した。すでに北に逃れてきていた南朝鮮労働党指導者朴憲永《パクコニヨン》が同行し、李承晩政権下の南朝鮮人民は北からの最初の合図で大挙して立ち上がるであろうとスターリンに約束した（結局、朴はその楽観論と決して起こらなかった蜂起に高い代償を支払わされる。戦争終了からほぼ三年後、朴はひそかに連れ出され処刑された）。[7]四月十日から二十五日までの十五日間に、金と朴はスターリンと三度会談した。[8]金は勝利を確信していた。結局のところ、金は自分の人気がいかに高いか、李承晩がいかに不人気か、南の人民は金の侵攻をいかに待ち望んでいるかを金の耳に注ぎこむ人びとに囲まれていた。その点は李も同じで、かれの取り巻きたちは金とは逆のことを吹きこんでいた。両者とも政権について五年が経っていた。南の人びとは李にどんなに不満でも平壌政権の圧制についてもよく知っていた。それは金が思い至らなかったことだ。筋金入りの共産主義者である金は、自らの政権が圧制的だとは考えなかったからである。北で立ち上がった新生朝鮮は公正で真の民主国家であると固く信じていた。

アメリカはソ連、中国との大戦のリスクを望んでいないから介入はしないと金はスターリンに請け合った。また、毛沢東は朝鮮全土の解放を一貫して支持し、中国兵の提供まで提案したが、金は援軍までは必要ないと確信していた。スターリンは味方をすると言いながら、ヨーロッパに別の優先事項を抱えているため、ソ連の部隊を送ることは難しいとの見方を示した。アメリカが介入してきても、ソ連に軍隊派遣を期待してはいけない、「きみがひどくやられても、わたしは指一本上げない。支援はすべて毛に求めたらいい」、東洋の事情に精通する毛に実のある支援を求めるのは金の仕事だとスターリンは指摘した。[9]

これは典型的なスターリンの手口だった。かれは南進に対する反対を引っこめたが、自らの関与は最小限に留めた。ようやく権力を掌握したばかりのまだ新しい共産主義政権に責任を押しつけたのである。新生中国は、スターリンに恩義があり、スターリンは毛沢東にかなりの影響力を持っていることを自覚していた。毛は自国領土の完全回復を望んだが、台湾はアメリカに阻止されている。国民党の最後のとりでに軍事行動を起こすとすれば、ソ連の支援が必要になる。事実、毛は進攻に必要不可欠な航空、海上兵力の使用をめぐってソ連側と盛んに交渉を重ねていた。

金は一九五〇年五月十三日、北京で毛と秘密裏に会談した。金の厚かましさは、中国側には横柄と映り、毛を少々驚かせた。毛は翌日、金の侵攻に限定的支援を確認するスターリンからの電報を受け取った。これにより、毛は金に中国側の支援を約束し、アメリカが介入した場合、中国が朝鮮との国境に派兵するのを希望するかどうか質問した。金はその必要はない、と強く主張した。金の返答は「横柄だったよ」と毛は後に通訳の師哲《シチヨー》にもらしている。[10]中国側は金には少なからずいらいらしたが、とりわけ腹にすえかねたのはその態度だった。偉大な中華の支配者たち――内戦に勝利したばかりの男たち――と折衝する格下の国の代表たる一朝鮮人の金。中国側は、金がもう少し謙虚に接してくるものと考え、弟分に鷹揚に応対する兄貴分を任じていた。ところが、金のかれらへの応対は礼を欠き、スターリンとの約束通り形式的な手続きをこなしているにすぎないといわぬばかりの態度だ、と中国側は考えた。

金は明らかに己の偉大な冒険に中国の指紋がつくのをできるだけ排除したがったのだ。冒険は、せいぜいひと月以内に終わり、アメリカはたとえ望んでも、軍隊を展開することはできないだろう、と金は自信満々だった。毛は、アメリカはすでに李政権を支え、日本はアメリカの北アジア政策にきわめて重要だから、アメリカの介入を全面的には排除できないと示唆した。しかし、金はこの忠告に耳をかさなかった。ソ連から十分な援助を得られることになっている。それは事実らしかった。ソ連製重火器はすでに平壌に向け補給ルートを通過中だった（戦争前夜、金の軍の装備は李の軍のみならず、日本軍と国府軍から捕獲した旧式兵器をまだ使っていた中国人民解放軍の大半の部隊よりもはるかに優れていた）。

中国の影響をできるだけ排除する

毛は金に、戦史研究家沈志華《シエンチーホア》がいうところの「速戦即決」をやれと提案した。都市の背後を突き、自軍が市街戦に巻きこまれるのを防ぎ、李の軍事拠点をたたく。スピードが生命である。もしもアメリカが介入してきたら、中国は兵を派遣すると毛は誓った。(11) これは決定的に重要だった。しかし、北朝鮮側はそれが必要になるとは考えなかった。金は毛との会談を終えたとき、駐中国ソ連大使N・V・ローシチンに向かい、毛の面前で、金と毛はきたるべき攻撃で完全な意見の一致をみた、と語った。これは必ずしも事実ではなく、毛はけちな軍功歴しかないこの自信過剰の若造が高飛車な態度で自分をあつかい、公然と自分を代弁したことが不愉快だった。

この時期、北朝鮮はソ連の衛星国のようなものだった。ソ連は北朝鮮にたいする中国の影響をできるだけ小さくしようと細かく介入した。Dデーが近づくと、金の最高顧問は全員がロシア人の将軍になり、次第に戦争計画作成を肩代わりしていった。将軍らは金の当初の侵攻計画をアマチュアあつかいし、計画はかれらの仕様にしたがって作り直された。朴憲永《パクコニョン》の朝鮮労働党政治局と軍内の親中派は高度な機密部署から念入りに排除された。国内に運ばれる一部重火器の輸送は鉄道ではなく、海路が使われた。中国領内の通過を避けるためで、北朝鮮、ソ連とも中国の役割を小さくしたがっているのが見え見えだった。金は侵攻開始の時期を雨季が本格的になる前の六月中旬から下旬とすると提案していた。スターリンは最終的に六月下旬の日取りに同意した。同月初旬にはソ連製軍需品の最後の大量の船荷が到着した。侵攻の日が近づくにつれて、ソ連の影がいよいよ大きくなっていった。金は侵攻が始まったことを中国当局に通報さえしなかった。通報したのは北朝鮮部隊が三十八度線を越えた二日後の六月二十七日だった。中国はそれまではニュースをラジオ放送に頼っていた。金はようやく中国大使と会談したさい、南朝鮮（韓国）が先に攻撃してきたと主張したが、中国側は大うそだと知っていた。侵攻開始前数週間の三か国の相関図で興味深いのは、楽勝予想のなかでさえ、三か国間の緊張とライバル意識は歴史に深く根ざすだけに相当に深刻で、相互信頼のレベルは驚くばかりに低かった点だ。

アメリカなど西側諸国にとって、これは内戦ではなく、越境、つまりある国が他国を侵略する事例に当たり、第二次世界大戦の前夜、ヒトラーの侵略阻止に西洋諸国が失敗した記憶をよみがえらせた。中国、ソ連、北朝鮮には、これは意外な見解であった。三か国はその時点では、米、ソ両国が一九四五年、二つの朝鮮の分割ラインとして線引きした三十八度線を国境とはまったく見なさないことにしていた（この見解は数か月後、アメリカ軍など国連軍が同線を越えて北を目指したときに変更される）。三か国の見解によれば、六月二十五日の事態は朝鮮人民の長期闘争のなかの新たな展開にすぎない。つまり、インドシナ（現在のベトナム・ラオス・カンボジアに相当する地域）で進展中の、あるいは中国で終結したばかりの内戦と同じ種類のものであるということだ。

Ｇ－２に情報を独占させる

侵攻前の数週間、軍備増強の兆候はあった。だが、アメリカの諜報レポートが日常的に点検されるさい、兆候はなぜか見落とされた。険悪な三十八度線の境界をはさんでやる気満々、怒りに燃える者同士が連日繰り広げる無数の攻撃と反撃、小競り合いとその報復という騒々しい背景音にかき消されて埋もれてしまったのである。とはいえ、もう少し注意を払っていれば、アメリカ当局はきわめて不穏な事態が始まっていることを確認できたであろう。戦略事務局（ＯＳＳ）要員（ＯＳＳはＣＩＡの前身）として中国駐在経験のあるジャック・シングローブという若いアメリカ情報将校は多数の朝鮮人工作員を養成していた。ねらいは平壌が通常のヒットエンドラン戦法のゲリラ攻撃以上のことを画策している兆候を探り出すことだった。その後、シングローブは工作員を三十八度線を越えて北に送りこんだ。かれらはこの道の経験がなく、訓練も最高水準のものではなかったので、至極簡単なことを探せと命じられた。まずもっとも重要な事項は、境界線一帯の北朝鮮人家族の立ち退きないし追立てで、これは共産当局が見られてほしくない準備が進行中であることを示す兆候である。第二は小さな橋の補強ないし拡幅。三番目は南北鉄道線路の再開を示唆する工事である。(12)シングローブの工作員たちは若かったが、多くは驚くほど優秀だとかれは考えていた。その年の晩春、シングローブはたいへん貴重な情報を多数入手する。いわく、北朝鮮軍は追加の精鋭部隊を境界に移動させ、民間人は立ち退かせている。いわく、各地の橋で大量の工事がおこなわれている。いわく、境界近くの鉄道線路が改修されている、しかも夜間が多い。シングローブは果てしない国境紛争をめぐるおびただしい情報に埋もれているが、何かたいへん重大なことが起ころうとしていると確信した。

シングローブの活動はかなりの程度制約下に置かれていた。朝鮮では大っぴらに活動できなかった。かれが元ＯＳＳ、現ＣＩＡの工作員のためである。マッカーサーとその情報部であるＧＨＱ参謀第二部（Ｇ－２）部長のチャールズ・ウィロビー准将はＯＳＳを忌み嫌い、第二次世界大戦中はＯＳＳを戦域から締め出していた。いま、二人はＣＩＡを同じ目に遇わせてやろうと血まなこになっていた。

このCIA嫌いは一部、マッカーサーの名高いイギリス嫌い、つまり、OSSに強い影響力を持ち実質的に牛耳っていたいわゆる東部エスタブリッシュメント・タイプ嫌いに根ざしていた。しかし、CIAを排除しようとしたのは、現実的な理由からでもあった。かれのG－2が戦域から出る情報を牛耳れば、戦域に関する意思決定を左右できる可能性が高くなる。マッカーサーとウィロビーが望んだのは、ペンタゴンとトルーマン政府がアジア情勢に関する情報をかれらに全面依存すること、マッカーサーの手を縛る競合情報をなくすということだった。諜報を握るものは、意思決定を握る。

共産ブロックで何か重大なことが進行している

東京の司令部が進行中の事態に対応しなかったことはジョージ・ケナンには驚きではなかった。かれは東京訪問でマッカーサーの幕僚たち、とくに情報関係スタッフの資質と能力に深い疑念を抱いた。ケナンの目に映ったスタッフらは大げさで、ひどく観念的で、危なかしいほどに自信過剰だった。ケナンは、アメリカが地上兵力を韓国からひきあげた際の、朝鮮半島の脆弱性を、そこにいた空軍士官に指摘した。空軍士官は沖縄からの戦略爆撃で潜在敵に対応するから地上軍は必要なかろうと語った。中国内戦の際の共産軍の戦い方を研究していたケナンは、その空軍士官ほど空軍力に確信がもてなかった。さらに、一九五〇年五月と六月、国務省政策企画局のケナンの部下らが重大な兆候を察知したのである。共産世界でなにか重大な事態が発生しつつあり、間もなく大軍が作戦に入るという情報だ。さまざまなアメリカの情報機関が、共産ブロック全域を厳重な監視体制下においたが、大軍はソ連でも東欧衛星国のものでもないと確信して監視体制を解いた。ケナンは、おそらくそれは朝鮮かもしれないと思った。しかし、同地での共産主義者の攻撃は「事実上、論外である。南朝鮮の軍は十分な装備と訓練とで北の軍よりも優位にあるのは明らか」との情報が軍から打ち返された(13)。

信用に値せず

シングローブの工作員らの報告は最終的には他の報告とともに上部で統合されることになったが、ウィロビー機関からＦ－６のレッテルがつけられて戻された。これは最低ランクの格付けで、工作員は信頼性に欠け、報告は事実ではないという意味だ。そういうわけで、人民軍が六月二十五日朝進撃してきたとき、韓国軍将兵と米軍事顧問らは寝耳に水、完全に不意を襲われた。一方的な戦いとなった。北朝鮮兵は優秀で装備も優れていた。その武器は、今回の攻撃のためにソ連で特注でつくられて送られてきた新品だったのである。しかもよく訓練され、人数でも韓国兵をほぼ二対一の比率で上回った。半数近くが中国の戦闘で鍛えられた約四万五千の朝鮮籍兵だった。かれらは毛沢東の承認を得て人民解放軍から逐次人民軍部隊に移されていた。多くの場合、十年以上の戦闘歴があり、相手方が常に優れた武器を保有していた戦争を生き抜いた兵士たちだった。人民軍は北朝鮮に根を下ろしたばかりの専制国家をきわめて正確に映し出す鏡であった。すなわち、その政府は高度に管理され、規律は厳格、中央集権化され、末端まで思想教育が徹底していた。人民軍はそうした政府のために戦う、管理され、規律厳格で、極端に位階序列にきびしい、高度に洗脳された軍隊だった。兵士の出自はおもに農民で、その怒りは本物だった。その怒りの矛先は、苛政を敷いた日本人と日本人に協力した上流の朝鮮人同胞および貧困に向けられ、そしていま、アメリカ人に向けるよう洗脳されていた。兵士らの頭の中で、日本人は南朝鮮に居すわるアメリカ人に取って代わられていた。北朝鮮の兵士たちにとって、共産主義のドグマは、真実だった。彼らと彼らの家族の過酷な貧困がなによりもその教義の正しさを証明していたのである。

ＵＰ通信が開戦をスクープ

ソウル駐在の小規模な政治・軍事顧問団メンバーのアメリカ人らの反応はやや鈍く、これが本物の戦争で九万人もの北朝鮮兵が参戦している事態だとはすぐには飲みこめなかった。北朝鮮軍の攻撃が始まったのは現地時間の日曜午前四時、ワシントンでは土曜日の午後三時だった。国務省の切れ者と目されていたジョン・ムチオ在韓アメリカ大使が第一報を耳にしたのは越境から四時間後だった。大使館の下僚エヴェレット・ドラムライト公使から電話があった。「落ち着いて聞いてください」と公使は切り出した。「共産軍がすべての前線で攻勢に出ています」(14)。李承晩大統領が一報を聞いたのは午前六時三十分だった。ということは、それから少なくとも一時間半、李はアメリカ側に通報しなかったことになる。

ムチオはドラムライトと話した後、大使館で会うことにした。その途中、ＵＰ通信のジャック・ジェームズ記者に出会った。かれはその日は少し仕事をしてからピクニックに出かけるつもりだった。ムチオはジェームズに、北朝鮮軍が国境全線にわたって攻撃してきたとの報告の確認に向かうところだ、と教えた。ジェームズは大使館に入ったところで、友だちの軍事情報担当士官に出くわした。「国境から何かニュースは届いているかい」と士官はジェームズに質問してきた。「まだ、あまり」とジェームズは答え、「そちらはどう」と問い返した。「くそっ、どうやら、やつらは至るところで国境を越えて攻めてきた。第八師団担当地域以外はね」と士官は答えた。

その答えを聞くと、ジェームズは電話器に飛びつき、情報をつなぎ合わせようと大あわてで電話をかけ始めた。すこし後のソウル時間午前八時四十五分ごろ、海兵隊警備兵ポール・デュプラス軍曹がジェームズに、何があるんだ、と聞いた。「北朝鮮軍が越境したんだ」と答えると、デュプラス軍曹は「そりゃ、何でもない。よくあることさ」。「まあな。だが、今回は戦車持参だぞ」とジェームズはいった。ジェームズはつぎつぎに詳報を入手してニュースの第一報を速報した。かれは市内を駆け回り、大使館に戻ってくると、軍事情報部門の友人の一人がワシントンへ知らせる件を口にした。かれらがそれだけ確信しているのであれば、こちらが打電しても大丈夫だ、ジェームズはそう判断した。かれの後日談によると、ことは戦争の話なので大げさにならないよう気をつけたが、この先、連日刻々と大量の詳報が必ず届くだろうから、いま起きている事実以上のことをつけ足す必要はなかったのだという。UP通信社は薄給で有名だったが、かれは自腹を切って至急電料金で速報を送った。かれの動きは素早かった。速報は特ダネとなり、日曜日の朝刊各紙の紙面を飾った。書き出しは典型的な通信社調だった。

「ニューヨークへUPジェームズ記者至急電。北朝鮮軍日曜朝、三十八度線全線デ総攻撃開始ノ断片情報アリ。現地時間午前九時三〇分ノ報告デハ、ソウル北西四十マイルノ開城《ケソン》オヨビ韓国第一師団司令部ハ午前九時ニ陥落。国境南三、四キロノ甕津《オンジン》半島ニ敵部隊進出ノ報。ソウル北西五十マイル春川《チュンチョン》ニ戦車投入カ(15)」

ワシントンには大使館から断片情報が続々と入ってきた。だがワシントンへの第一報はジェームズ記者のUP至急電だった。UP通信支局と他紙の支局が政府高官に確認の電話を入れ始めたとき、政府の最高首脳らはまったく望まない新しい戦争が朝鮮半島で始まった事実に気づかされたのだった。

ダレスの観察

北朝鮮軍が攻撃してきたとき、マッカーサーの反応は意外なほど鈍かった。侵攻の初報にはほとんど無関心で、周囲の何人かは気をもんだ。

地図4.北朝鮮軍の侵攻、1950年6月25日―28日

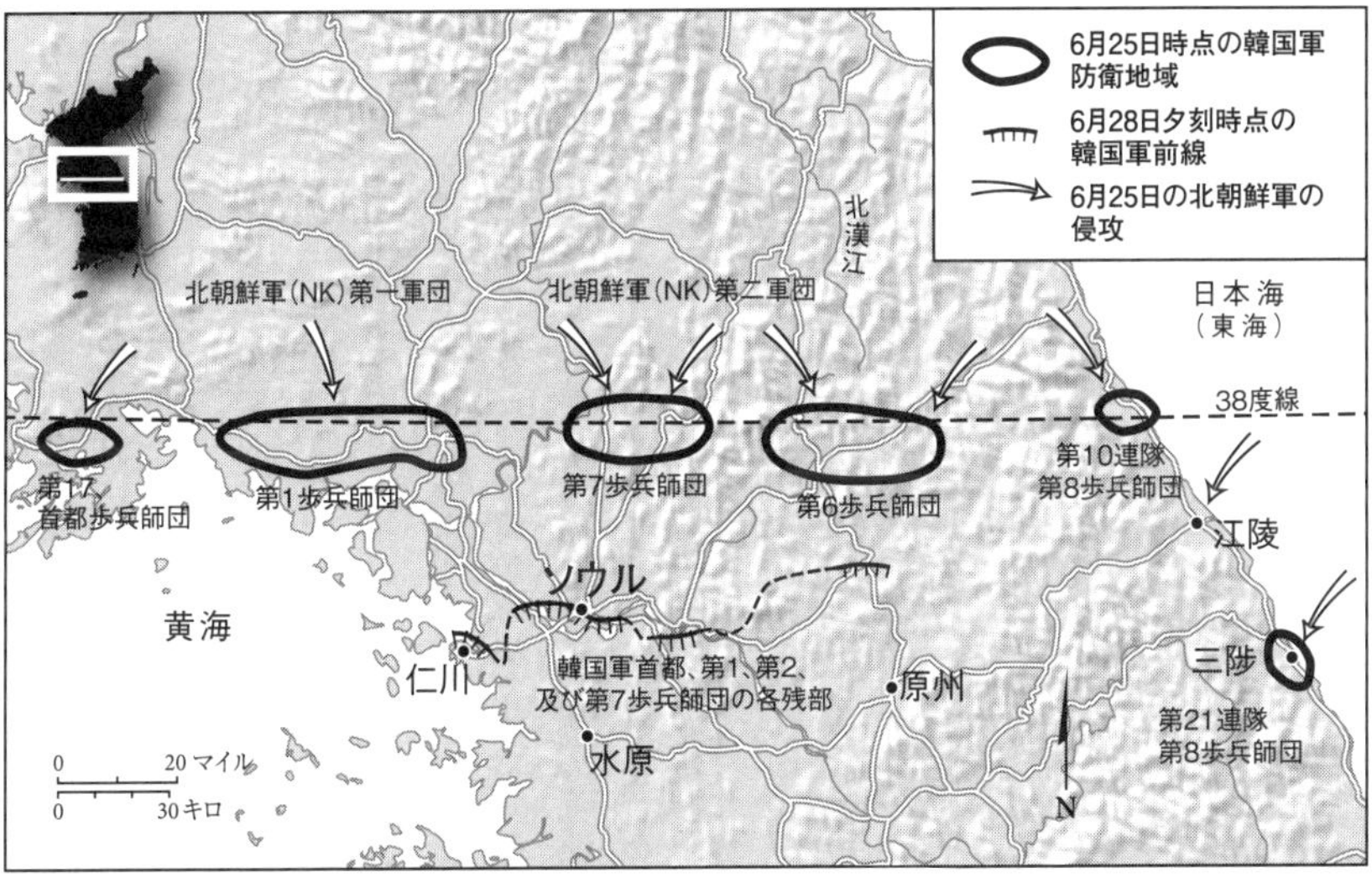

こうしたマッカーサーの様子を観察していたのは、筋金入りのリベラル派ではなかった。マッカーサーはリベラル派が不倶戴天の敵で、国内の政治的理由からつねに自分を陥れようとしていると思いこんでいたが、これらの目撃証人はこうしたリベラル派ではなかったのである。目撃証人の一人にアメリカの安全保障機関と結びついている保守派中の保守派、共和党影の内閣の国務長官ジョン・フォスター・ダレスがいた。かれは当時、国務省顧問をしていた。さらに、国務省タカ派の一人ジョン・アリソン。かれはダレスのソウル、東京訪問の顧問を務めた。

北朝鮮が攻撃してきたとき、ダレスとアリソンはアメリカの日本占領に公式に終止符を打つ講和条約を話し合うためたまたま東京に滞在していた。攻撃のわずか数日前、二人は三十八度線近くの韓国軍の掩蔽壕を訪れ、韓国兵と一緒に写真に納まっていた。ダレスはトレードマークの中折れ帽をかぶりウォール街の銀行首脳との会合に出かける途中といった風情だった。「フォスターが中折れ帽をかぶって掩蔽壕の中にいる。あれはたいへんおもしろい写真だっ

たよ」とアチソン国務長官は評した。[16] アチソンは自分の後がまをねらっているこの人物を好きではなかった。ダレスは、わずか一年半前、共和党のトマス・デューイが大統領選に出馬したとき、自分が国務長官になると確信していたのである。

掩蔽壕訪問の翌日、ダレスは韓国国会で演説した。持ち前のたいそうな仰々しさに独自の宗教的正義癖が混じる男。「諸君は孤立してはいない」とダレスはぶちあげた。「諸君が人間的自由の偉大な設計図に価値ある一役を担いつづけるかぎり、諸君は決して孤立しないだろう」[17]。演説草稿はダレスのこの機会のためにワシントンで特別に用意された。[18] 書き手はそれから数か月のうちに有力なタカ派としてさまざまな意味で頭角を現す国務省の新極東担当次官補ディーン・ラスクと同省政策企画局長ポール・ニッツである。だが、ダレスの大演説のはげしさにもかかわらず、南朝鮮が大きな危機のなかにあると感じる重大な理由はなかった。わずか数日前、ダレスとアリソンはウィロビー将軍から背景説明を受けたばかりだが、北朝鮮の侵攻の可能性は議題にも上らなかった。

北朝鮮が攻撃してきたとき、ダレスとアリソンは活動中のマッカーサー司令部をじっくり観察した。イデオロギーでは共鳴しているが、マッカーサーの側近グループに属さない男たちによる観察である。出だしから舞いこんでくるニュースは悲惨なものだったが、マッカーサーと参謀たちは奇妙なことに無頓着だった。その最初の日曜日の夜、つまり六月二十五日、背景説明があり、その席でマッカーサーはひどくくつろいでいた。初期報告は確定的ではない、とかれはダレスとアリソンに語った。「これはおそらく威力偵察にすぎないだろう。ワシントンが邪魔さえしなければ、私は片腕を後ろ手にしばった状態ででもこれを処理してみせる」[19]。さらにかれはこうつけ加えた。李大統領は若干の戦闘機を要求してきている。韓国軍がうまく使いこなせるとは思わないが、数機を渡すつもりだ。ねらいは士気の向上である。

アリソンによると、ダレスはマッカーサーの自信のオーラに一時ほっとした様子だったものの、ワシントンにいるアチソンとラスクに韓国への即時支援を要請する電報を送りたがった。アリソンとダレスはマッカーサーの取り巻き以外の者と話せば話すほど不安になった。その最初の夜、アリソンは旧友の横浜港警備司令官クランプ・ガーヴィン准将と食事に出かけ、ガーヴィンの打ち明け話に仰天する。三十八度線付近の民間人が立ち退かされ、北朝鮮軍が多数の兵士を境界線のすぐ北に集結させていることを示す深刻な報告が過去二、三週間に第八軍情報部を通じて入ってきていたのだ。「報告を読んだ者はだれでも何か重大なことがすぐにでも起きようとしていることが分かる。いったい東京のＧ－２は何をしてきたのか」とガーヴィンはアリソンに語った[20]。

翌月曜日、戦場の現実とマッカーサー司令部の現実とのギャップはさらに拡大の様相をみせた。韓国におけるアメリカ国務省代表であるムチオ大使はアメリカ人婦女子と子供の韓国からの即時撤収を命じた。依然オート・パイロット状態のマッカーサーは、それとなく撤収は時期尚早だといい、「朝鮮でパニックを起こすいわれはない」と主張した。だが、入ってくるニュースは一様に悪かった。その夜、ダレスとアリソンは別れ、アリソンは東京の要人らとの夕食会に、ダレスはマッカーサーとの私的な食事に出席した。アリソンの夕食会は古参のジャーナリストや外交官の引きもきらない出入りに中断されてしまう。かれら全員が夜の間に情報源に確認の問い合わせをして、全員がいよいよ憂鬱になる報告――韓国軍が敗走中――を持って戻ってきた。アリソンは夜遅くダレスに問い合わせることにした。かれならきっとマッカーサーとの会食で自分よりずっと多くのことを知ったはずだ、と考えた。「朝鮮から悪いニュースを聞いたと思うが」とアリソンは切り出した。ダレスはなにも聞いていなかった。「だって、あなたは将軍と食事をしたのじゃなかったのですか」。ああ、夫婦二組だけでな。だけど、食事の後は一緒に映画を観た。将軍お気に入りの娯楽物だったよ。その夜はだれからも邪魔は入らなかった、とダレスは答えた。そこで、ダレスはマッカーサーに電話を入れ韓国軍の潰走について聞いたことを報告すると、マッカーサーは調べてみると答えた。「国務省の代表が米軍の最高司令官にその裏庭で何が起きているのかを教える羽目になろうとは。アメリカ史上、世にも稀なことだったろう」[21]とアリソンは後に書いている。

翌日、二人の前で一大災厄がくり広げられようとしていることを示すさらなる兆候が表われた。ムチオ大使からは、ソウルは撤収中、大使と李承晩はこれから漢江《ハンガン》南方の大田《テジョン》に向かうと報告がきた。ダレスとアリソンはその日は帰国の予定だった。羽田空港で待っていると、変わり果てたマッカーサーがやってきた。アリソンはその変わりようにショックを受けた。ほんの二日前には朝鮮の威力偵察について語っていた気どり屋で自信満々の人物は影をひそめ、ひどく気落ちしてまるで自らの闇に包まれているようだった。気分がはげしく変化する将軍の性癖に触れた人たちは過去にもいたが、それでもダレスとアリソンはその風貌の変化にはたまげてしまった。「朝鮮全土が失われた。われわれが唯一できるのは、人々を安全に出国させることだ」とマッカーサーは語った。「わたしは一九五〇年六月二十七日のあの火曜日の朝のマッカーサー将軍ほど落魄し孤影悄然とした男を見たことがない」[22]とアリソンは後に書いている。

それよりももっと不安にさせられたのは、搭乗予定の飛行機が機材の故障で出発が遅れたときのマッカーサーの振る舞いだった。陸軍長官から東京時間の午後一時に将軍とのテレコム会談を希望するメッセージが届いているのに、送別のセレモニーがだらだらとつづいた。通信技術が発達していなかったこの時代、会談は音声タイプライターを通じて行なわれた。ダレスとアリソンは長官の要請はきわめて重要なもので、ワシントンは重大な危機への対策をさぐるため現場司令官とぜひ協議する必要があるのだと気づいた。会談に出るためにはマッカーサーはただちに羽田を離れる必要があった。とところが、驚いたことに、将軍はダレスを見送るのに忙しい、ワシントンはこちらの参謀長と話せばいいと気楽そうに側近らに語った。ダレスはあっけにとられた。マッカーサーを職務に戻すため一計を案じ、場内案内放送で一行に搭乗を促すアナウンスをさせた。それでマッカーサーはやっと本部へ帰った。その後、ダレス一行はＶＩＰルームに戻り、さらに数時間待った。トルーマン政権がアメリカ空軍と海軍を韓国に派遣する決定をしたのはこのテレコム会談の席上であった、とアリソンは後で知った。それは楽しいすべり出しではなかった。

これらの顛末は、対日開戦前夜のマッカーサーの統率の決定的な準備不足を一部の人びとに思い出させた。あの当時、マッカーサーは太平洋地域のアメリカ領土にたいする日本軍の攻撃能力を徹底的に過小評価した。しかも、指揮命令体系の準備がひどく拙劣だったため、ルソン島で指揮下の爆撃機が真珠湾攻撃から九時間も地上駐機している間に日本軍爆撃機による破壊を許してしまった。「一九四一年～四二年のフィリピンでのアメリカの軍事的崩壊における司令官ほど、重大な責任を負いながら、その責めを逃れたものはいない」とイギリスの歴史家マックス・ヘイスティングズは評している。さらに、「バターンで現地の部隊を死においやる命令をだしながら、自分自身は取り巻きたちとともに、召使までかかえて安全な地にのがれ、自分自身の価値を、自らに仕えたものの犠牲に優先させた司令官も他にいないだろう[23]」と断罪した。

マッカーサーにとって、他人を統治するルールは、自分にはけっして適用されなかったのである。

第3章　強国に挟まれた国

マッカーサーは朝鮮に関心をもたず

北朝鮮の大軍が三十八度線を突破した時期、マッカーサー将軍の関心はひたすら日本の政治的発展に注がれていた。それは敗戦国を平等で民主的な社会に作り変えようとする特別な仕事だった。第二次世界大戦が始まるまでの日本は、経済、軍事面での近代性と社会、政治面での封建性とが混在する国家だった。拮抗勢力を創出し、農地解放、労働組合、女性の権利を始動させる試みはかなりの成果を挙げた。将軍にはぴたりのはまり役だった。現人神がしくじった敗戦後の日本は、新しいもっと世俗的な神を求めていた。マッカーサーはいつでも偶像視されるのを好んだが、いまや、日本の国民全体が自身を神としてあつかってくれていた。生来おそろしく貴族的で自己陶酔肌の男だ。敗戦国民を相手にする手ぎわは驚くばかりに機敏で、抜け目なく天皇を通じて働きかけることにより双方の権威を補強した。彼自身の本能はリベラルというよりは保守的で、アメリカでは超保守派の政治分子と手を結んでいたが、日本では驚くほどリベラルで近代的なアメリカ神であった。アメリカ国内では過去、未来にわたり一貫してニューディールの辛辣な批判者だったのに、日本では若いリベラルなニューデイーラー・グループに熱心に頼り、戦後日本の形成に驚くばかりの自由をかれらに与えた。グループのリーダーだったチャールズ・ケーディス（ＧＨＱ民政局次長）によると、自由が与えられたのはよりよい社会の創造が正しいことだからという部分は少なくなかったが、日本が古い国から新しい国へ変われば変わるほど、それにかかわるマッカーサーの役割はますます大きくなり、それだけ日本はマッカーサーの日本になるからでもあった(1)。

日本の変革と、きたるべき対日平和条約はマッカーサーの勤務日のほとんどすべてを吸い取っていった。かれは麾下のアメリカ軍――占領軍――に関心らしい関心を払っていなかった。占領軍はそのころには太平洋で日本軍を打ち負かした強大な軍とは似て非なる存在になりさがっていた。定員割れし、装備は貧弱、訓練は不足するいっぽうの状態だったが、それでもマッカーサーの心配の種にはならない様子だった。韓国への関心はそれよりもさらに薄かった。韓国は一九四五年、米ソによって解放、分割された日本の旧植民地の南半分。南部分はアメリカが、北半分はソ連がそれぞれ勢力圏に取りこんだ。韓国はマッカーサーの興味を引かず、建国以来、訪れたのは一度きり、しかも短時間の訪問だった。在韓米軍司令官ジョン・ホッジ将軍のたび重なる要請を無視した。ホッジ将軍はマッカーサーの公式の肩書きである連合国軍最高司令官（ＳＣＡＰ）が韓国へもっと肩入れしてくれるよう望んでいた。それに対して、マッカーサーは最善の分別を働かせよとホッジに指示した。「本職は貴職に聡明な助言をおこなえるほどには現地の情勢に通じていない。だから、本職はこの件に関して貴職が下すいかなる決定も、これを支持する」と要請への回答書のなかで述べている。

一九四五年から一九五〇年にかけての時期、マッカーサーは韓国への関わりを望んでいないことが明らかになっていく。「本職の困難な立場に貴職の積極的な関与を緊急に要請します」。ホッジから支援や助言を求める無数の電報がマッカーサーの机の上にもたらされた。流暢な日本語を買われてマッカーサーの側近をしていたフォービアン・バワーズの記憶によると、ホッジは独断でマッカーサーに会いに来て、何時間も待たされたあげく、韓国の面倒は自分で見よと告げられた。「私は韓国に足跡を残さない。それは国務省の管轄だ」。マッカーサーは帰宅途中の車中でバワーズに語っている。「国務省は韓国を望んで、手に入れた。管轄権を持っている。私ではない。まっぴらごめんだ。いまいましい外交官どもが戦争を起こし、我々は勝つ。なぜやつらの身の安全を守ってやらねばならんのか。ホッジは助けない。自分自身で何とかすべきだ」[2]。ただ一度の朝鮮訪問は新しく任命された李承晩韓国大統領の就任式に出席のためだった。その機会にかれは気取って、というより気楽に――というのも、ワシントンのだれにも許可を求めていなかったからだが――アメリカは韓国が攻撃された暁には、「カリフォルニア同様に」防衛するであろう、と李に語った[3]。

マッカーサー・ファンとかれの幕僚たちが一致して挙げたのは七十翁にしてはまれに旺盛な精力だった。だが、取り巻きグループのメンバーではない人たちの間では、かれの年齢と健康への深刻な懸念があった。一九四五年、日本の敗北が明らかになった時点で、高級軍人の一部に早くもその懸念が芽生えていた。同年九月、東京湾の戦艦ミズーリ号艦上でマッカーサーが日本の降伏文書を受理するのを見届けていたジョセフ・スティルウェル将軍はマッカーサーの手のひどい震えにショックを受けた。かれははじめ、気持が高ぶったせいだと思った。マッカーサーの高級幕僚の一人、ウォルター・クルーガーはマッカーサーがパーキンソン病を患っていると打ち明けていたが、それにしても「ひどい様子だ」とスティルウェルは思った[4]。

マッカーサーの健康が衰えつつあるらしい兆候はほかにも出ていた。集中力の持続時間が限られ途切れることが顕著になり、新しい課題の深刻さを理解するのに時間がかかった。聴力は聞き落としがひどいことで知られ、事情に通じた幕僚らは最高司令官が幕僚会議の開催をしぶるのはまさにそのせいだと思っていた。訪問客が謁見を許されても、かれの独白になりがちなのは、相手の話が聞きとれないので容易に対話に入れないのが理由だと信じられた。

だが、歳を取ろうが取るまいが、戦闘指揮官に要求される水準で働けようが働けまいが、かれは依然として巨大な政治的資本の蓄えを持つ偶像でありつづけた。かれの長く名高い軍歴にはあらゆる種類のつまずきがあった。輝かしい指揮官とはとてもいえない時期、うぬぼれがひどい本性があられもなく顔を出した時期もあった。かれの欠点のしり拭いをするのはほかの者たちであったが、一九五〇年時点ではなお強力な人物、第一次世界大戦にまでさかのぼる著名な猛将であり、第二次世界大戦中は太平洋で日本軍を相手に限られた兵力を機敏かつ慎重に使う作戦を展開した。さらに、朝鮮戦争勃発時には日本を近代化するという賛嘆すべき任務にとり組んでいた。

地勢的要点朝鮮

マッカーサーが韓国に関心がなかったとしても、この不運な国への姿勢はその時代のアメリカ人としては典型的すぎるほど典型的といってよかった。朝鮮はアメリカの政治プロセスにもアメリカ人の心情にも結びつくところがなかった。中国は長くアメリカ人の心を引きつけてきた。その多くが貧しく、もがき苦しむ中国人に、妙なことだが、深い家父長的な温情を向けた。日本は賞賛されたり、恐れられたりした。いっぽう、朝鮮はアメリカ人の心を引きつけず、関心さえ引かなかった。ホーマー・ハルバートという名の宣教師が一九〇六年にこう書き記している。「朝鮮人はあしざまに中傷されることは多いが、高く評価されることはめったにない。いっぽうでは人口の面で中国の陰に隠れ、他方では才気の点で日本に見劣りする。前者のようなよい商人ではなく、後者のようなよい戦士でもない。だが、一緒に暮らすには東洋でこれほどすばらしく楽しい人びとはいない。かれらのさまざまな欠点は、いたるところに広がるわれわれの無知の結果としてのたとえば流れのようなものであり、機会の改善はかれらの境遇にすみやかな向上をもたらすだろう」[5]。

それにつづく四十年間、アメリカ人の朝鮮への関心はたいして増えなかった。ソ連は遅まきに太平洋戦争に参戦し、原子爆弾の投下で戦争は突然終わり、朝鮮は三十八度線で分断された。この分断はまるでつけ足しのようにペンタゴンで最後のぎりぎりの時間に、ほとんどおざなりにおこなわれた。朝鮮に最初に入ったアメリカ軍司令官らは当初、朝鮮の人びとが日本人の主人たちをどれほど深く恨んでいるか、日本の占領がどれほど過酷だったかにまったく気づかないまま、かれらを抑えるのにあえて日本の警察力を利用しようとした。戦後、同地で指揮した初代アメリカ軍司令官ホッジ将軍は韓国も韓国人も好きではなく、「日本人とおなじ穴のむじな」と書いている。[6] かれはぶっきらぼうで粗野、歯に衣着せぬものいいの男だった。アメリカ軍の韓国駐留はおざなりそのもの、まったく不注意な滑り出しだった。

朝鮮はその天然資源というよりは、地理的な理由から、強大な隣国群の、圧倒的な攻勢にさらされてきた。その朝鮮の軌道に強力な新顔のプレーヤーが登場した。歴史家ブルース・カミングスの指摘に従えば、古い方程式に加えられた新関数は、アメリカという新興勢力の到来であった。一九四五年以降の時期、アメリカの同地における軍事プレゼンスの理由は一部はソ連軍が駐留していたためであり、韓国の安全保障はただちに日本の安全保障に直結するためであった。

一九四五年にスタートした韓国とアメリカの結婚生活はいわば銃を突きつけての強引な結婚だった。いわば冷戦の産物であり、そう簡単にいくものではなかった。帝国たらんとする確信もない不器用な新超大国は、ついこの間までの植民地支配を恨み、国土を分断されたことを恨むこの怒れる従属国を、新たに支配下に置いた。第二次世界大戦と日本の植民地主義の終焉は朝鮮半島の人びとに大いなる自由の新鮮な息吹と、国家を自らの政治的枠組みに沿って再建するチャンスをもたらしはしなかった。一つの朝鮮が存在していたところに二つあること自体がかれらの目にはひどく不当に映った。自らの運命を自らの考えに委ねることができるのではなく、ふたたび他国の支配下に置かれたのである。南の人びとが真っ先に気づいたこと、それはかれらの国を、もっと正確にいえば、国の半分を支配するのは数千キロ離れた大洋のかなたに住み、この国についてほとんど関心も知識もない人びとであり、その人びとが国の未来を左右するという事実であった。すべり出しは緊張と誤解に満ちていた。だが、冷戦が深化するに従って両者は本物の価値と利害を共有する関係になっていった。世界規模の共産主義の脅威がなければ、アメリカは韓国に関心を持たなかったであろうが、その脅威のおかげで、アメリカ人はこの国のために戦い、死ぬのを辞さなかったのである。

誇り高い小国、朝鮮は不運にも中国、日本、ロシアという領土、強さ、さらに野心の点ではるかに自国を凌駕する大国の通路に位置した。三国のそれぞれが、相手を攻撃する出撃基地か攻撃意図を抱くのを挫《くじ》く盾に朝鮮を使おうとした。一九五〇年六月のはるか前、隣国三国はそれぞれどこかの時点でライバル国に対する防衛措置――予防手段――として朝鮮を侵略する権利を主張した。ドイツとロシアの間に挟まれているポーランドに似て朝鮮の地理的位置はこの国の不幸な宿命であった。韓国大統領になった李承晩は朝鮮の古いことわざを好んで引用した。「えびはくじら同士の争いにつぶされる(7)」。

朝鮮の歴史の大半は中国の影響が他の二国よりも重々しくのしかかった。しかし、一八九四年～九五年の日清戦争は中国の影響にひとまず終止符を打つシグナルになった。急速な工業化の途上にあり、また、伝統的に軍国主義的な新興国日本は地域覇権を目指す強力な存在になりつつあった。すなわち、大日本帝国の建設である。一八九六年、ロシアはますます攻撃的になっていく日本と協定を結び、朝鮮における勢力圏を（皮肉なことに）三十八度線で二分する。ロシアを社会的、政治的、経済的腐敗を巨大な図体が覆い隠し、実態よりも強い国に見られた国家とするなら、日本は実態よりも弱い国に見られた国だった。両者の協定は当面をとり繕う弥縫《びほう》策でしかなかった。

日本人はほとんどアングロサクソンだった

一九〇五年五月、日本海軍はロシア艦隊を、対馬海峡の戦い「日本海海戦」で壊滅させる。この海戦はロシアの支配下にあった満州の一部地域で日本軍がロシア軍にこれに匹敵する打撃を与えた後に起こった。日本は後に、朝鮮がロシア化した場合、自国に与える脅威を指摘して極東ロシア軍への攻撃を正当化した。日本の著名な数学者藤沢利喜太郎は友人のことばとしてつぎのような引用をしている。日本がロシアを攻撃せざるを得なかったのは「朝鮮が短刀のように横たわり、その切っ先が日本の心臓に向けられていたからだ」。半世紀近く後ならアメリカの国家安全保障担当の高級幹部の多くが口にしそうなことばである。藤沢は自分のことばでつづける。「ロシアのものになった朝鮮、あるいは、いつ何時ロシア熊のえじきになってもおかしくない弱体で腐敗した朝鮮でも、日本の運命は無節操な〝北方の巨人〟の手に握られる事態を招くだろう。日本はそのような運命を受け入れることはできなかった。日露戦争は日本の自衛戦争であったばかりでなく、独立国として国の存在そのものを賭けた戦いであったことは火を見るよりも明らかだ(8)」。悪魔ではなく、朝鮮人が日本人に戦争をやらせた——侵略的戦争を正当化する大した理屈ではある。

自国の将来に発言権を持たなかったのは朝鮮という国の宿命だったようだ。日露戦争の調停者は朝鮮人ではなく、セオドア・ルーズヴェルト米大統領だった。かれはその功によりノーベル賞を得ているが、朝鮮人の利益の増進にはなんの関係もない功であった。ルーズヴェルトが代表したのは、力をつけていく新しいアメリカ、無意識の帝国主義的衝動を表わし始めたアメリカであった。ルーズヴェルトは一八九八年の米西戦争の熱心な主戦論者だった。戦争の勝利は植民地フィリピンをアメリカにもたらす。かれは時代の寵児であった。白人の責務論を信じ、普及させた。つまり、強くて頼りになるりっぱな（キリスト教徒の）白人列強が、頼りがいも値打ちも落ちる非白人世界を支配する責務のことである。かれはそれに対応する非白人世界の支配される義務も信じた。かれが、アジア諸国と国民は基本的に劣等だとするアジア観から除外した唯一の国は日本だった。「ジャップはわたしの興味を引く。わたしはかれらが好きだ」とそのころ、友人に書き送っている。[9] 結局、日本人は勤勉で、礼儀正しく、よく組織され、それなりにたくましく、帝国主義風に侵略的で、皮膚の色と体格と目の形を除けば、ほとんどアングロサクソンであった。

ルーズヴェルトは日本人が賞賛できるやる気のある国民であることに感銘を受け、「文明世界の他の諸国民と全き平等の上に立つ資格がある」とした。[10] 作家で朝鮮問題に造詣の深い元情報将校ロバート・マイヤーズによれば、こういうことが挙げて朝鮮を「日本帝国というオオカミの前に無防備のまま放置された生まれたばかりの子牛と変わりない立場に置いた[11]」。こうした状況をすこしでも打開する国があるとすれば、それは遠国アメリカだった。事実、一八八二年、韓国とアメリカ（一部の西欧諸国も）は韓国が攻撃されたら防衛するという条約を結んだ。この支援は明らかに机上のものにすぎなかった。韓国は僻遠の地であるうえ、日露戦争期のアメリカ海軍は哀れなほど規模が小さく、また、ルーズヴェルトは独自のアジアにおける優先順位を持っていたが、韓国は番外だった。アメリカの関心は韓国にはなく、獲得して間もないフィリピンの植民地権益の確保にあった。アメリカの暗黙の同意で、日露戦争後、日本は韓国を〝保護国〟として支配することを認められ、一九一〇年には日本はおおっぴらに韓国を併合、堂々と植民地とした。

若き日の李承晩は英語が堪能だったため、一部の同胞に選ばれて一九〇五年夏、ルーズヴェルト大統領を訪ねた。ちょうど大統領がポーツマス条約の交渉を始めようとしていた矢先だった。李がルーズヴェルトの支援を求めたのは日本による祖国の植民地化を阻止するためだった。ジャーナリストで歴史家のジョセフ・ゴールデンによると、ルーズヴェルトは李に「紳士的でかつ徹底的に誤解させる二枚舌」を使った。ワシントンの韓国大使館を牛耳る親日分子は李を支援しないことを、大統領は知っていた。李と会っているさなか、ハワード・タフト国務長官は東京への途上にあった。目的はアメリカは日本の満州、朝鮮支配を許す代わりに日本はアメリカにフィリピンでのフリーハンドを約束する秘密条約を練り上げることだった。しかし、大統領はそのことには触れなかった。

李はとうとうひどい神経症にかかり仲間のアメリカ人から見ると極端に疑い深くなったが、それも不思議ではなかった。アメリカは李を再三裏切り、徹底的にうそをついたからだ。日本は結局、韓国を朝鮮と改称し過酷な植民支配に乗り出す。支配は四十年近くつづいた。アメリカは「朝鮮人が独力ではまったくできなかったこと」をかれらに代わってやることはできなかった、とルーズヴェルトは回想録に書いている。(12) 日本の朝鮮植民地化はひどく過酷なものだったが、国外では関心を引かなかった。

李承晩自身はアメリカにとどまり、同世代の朝鮮人にしては相当な教育を受け、祖国の実情を訴えるたった一人の朝鮮人工作隊になった。この工作隊は政治的影響力のある人物に手を回せるだけの信頼できる人脈を教会関係者を中心に持っていた。それらの教会関係者は李承晩に多くの工作機会を与え、李は祖国の自由を訴えたが、本当の影響を生むには至らなかった。李はプリンストン大学大学院の政治学博士課程に在籍していたとき、当時同大の学長だったウッドロー・ウィルソンに気に入られ、ウィルソン家が自宅で催すざっくばらんな懇親会の常連客になった。懇親会で学生たちはウィルソンの家族のピアノを囲んで歌った。李は歌には加わらなかったが、打ち解けたアメリカ人家庭の夕べの温かさに浸るのが好きだった。ウィルソンも李が好きで感心もしていたらしく、折にふれて初対面の客らに李を「将来の朝鮮独立の救世主」と紹介した。[13]

だが、プリンストンを主宰した学長ウィルソンと、その少し後にアメリカを主宰しアメリカを第一次世界大戦に参戦させた大統領ウィルソンとはまったく別人格だった。ウィルソンが新しい世界秩序の創出を希望した戦後のパリ講和条約（ベルサイユ条約）は、とりわけ植民地化された国々に民族自決権を付与するものとされた。ウィルソンの旧友で弟子の李ほどこの展望に興奮した者はいなかった。このもっとも権威ある会議で祖国の自由がかれの師によって提起されるのだ。かつて李を独立した新生朝鮮の指導者に選ぶそぶりをみせた恩師である。これこそ李が待ちわびていた瞬間であった。かれはアメリカを離れパリ行きを希望した。祖国の同胞に代わって偉大な友にロビー活動をおこない、日本人のにぎりこぶしを解いてやるのだ。だが、ウィルソンは李のパリでの活動を望まなかった。あいにくなことに大統領は日本をアジアのプレーヤーとして必要としていた。そのうえ、日本は戦争中、勝ち組について戦勝国側の一員となり、中国におけるドイツの権益を譲り受けようと手ぐすねを引いていた。こうして李は、勝ち組になった国々は植民地を維持し、負け組は勝ち組に植民地を差し出さなければならないという世界戦争の第一法則を学んだのだった。国務省は李に旅券を発給しないよう指示されていた。

＊　　＊　　＊

アメリカに亡命した朝鮮人クリスチャン

ところで、アメリカ人が韓国のために戦い、死ぬことも辞さなかった一九五〇年六月の出来事には少なからぬ皮肉なめぐり合わせがこめられている。アメリカは韓国それ自体の価値を評価したのではなく、アメリカが共産主義者の挑戦に介入し対処しなかった場合、隣国――朝鮮の長年にわたる圧制者日本――に波及する事態を恐れたからであった。気まぐれでいたずらな歴史の流れのなかで、日本は新しい同盟国になりつつあり、中国は見かけは勇敢な同盟国だったのが、いまや敵に変身する途上にあった。しかし、長期の日本の植民地支配は朝鮮の人びとの将来を犠牲にした。植民地支配は、国家の正常な政治的変革と近代化の可能性を破壊してしまったのである。日本のプレゼンスはひどい残虐性や圧制にとどまらず、非常に多くの有能な政治家が投獄または殺され、李や将来の敵対者となる金日成のように国外に亡命を余儀なくされた現実を残した。南に残った一部の者は日本と結んで対日協力者として汚染された。ロバート・マイヤーズが指摘しているように、第二次世界大戦中のヨーロッパでは被占領諸国の人びとは支援の到来と強力な同盟国が一致団結してドイツの大陸支配を終わらせる希望を絶やすことはなかった。[14]朝鮮の人びとにそのような希望は絶たれていた。十年、二十年と歳月が流れ二十五年が過ぎても、服従を強いられた哀れな朝鮮の人びとを救済し、かれらの土地から日本人を追放する決意を固めた国々の結集はなかった。ようやく一九四一年十二月、度を越した日本が南アジアと東南アジアの米、英、オランダ三か国の領地を攻撃することで希望の兆しが芽生えた。しかし、太平洋戦争初期の勝利の大半は日本のものだったから、きざしはかすかだった。潮目が変わり始めたときも、そのニュースは朝鮮の人びとには少しももれてこなかった。欧米同盟国が押し寄せたのは朝鮮の人びとのためではなかったが、かれらの成功は日本に引導を渡した。

一九四五年には日本の占領が生んだシニシズムが効き目を現していた。すなわち、上中流階級の人びとは、程度の差はあれ植民地主義者と折り合いをつけ、日本人による統治を受け入れ、日本人の権力機構のなかの無力でおそろしく屈従的な一端をになうことになっていた。[15]皮肉がこめられていたにしろ日本人を賞賛し始める人もいた。日本人は何はともあれ、アジアの大半を支配する白人を打ち負かした最初のアジア人だったからである。

一九四五年の朝鮮は事実上、政治制度も固有の指導者層も存在しない国だった。赤軍が席巻した北では、ロシア人が早々にトップダウンで政治制度を押しつけた。金日成を指導者にしたのも同じ手口だった。南では生涯の大半を亡命生活で送った李承晩がアメリカの持ちゴマで、否も応もなかった。李は当時、七十歳。情熱的で自分本位、気分屋、強烈な民族主義者で愛国者、敵意に満ちた反共主義者で共産主義者に劣らぬ専制主義者だった。そう、熱心な民主主義者だったが、自分が自国の議会、官僚機構、その他すべての民主的機構を握っているかぎりにおいての話で、自分の意思に歯向かうことはだれにも許さなかった。日本とアメリカが李をつくったのだ。生涯にわたる裏切り、投獄、政治亡命、破約の数々がかれを変え、非情にした。李は祖国の厳しい近代史が野心的な若い政治家にきざんだ一つの典型だった。金日成も別の意味で同じ悲劇が残したもう一つの典型だった。

若き日の李は政治囚となり辛うじて処刑を免れ、ハーヴァードで学位を、プリンストンで博士号を取得した。しかし、かれの生涯は苦難と失望に満ちあふれた。それは祖国の苦難と失望に似ていた。かれの無力な亡命者の身分は大国の目に孤児の国と映った祖国の無力な身分に相似した。博士号を取得した後、一時帰国したものの、爾後の三十五年間をアメリカで送り、職業的なロビイストになった。経済的に安定した状態ではなかった。かれは植民地のくびきから解放され自らを首班とする朝鮮を求めるロビー活動を絶えることなく実行した。熱烈に祖国を愛する一方、同じくらい熱烈に自分を売りこんだ。かれがついに政権の座についたとき、その成功は李の偏執狂ぶりを裏づけるものにもなった。

李はアメリカの支援という大きな切り札を持ち、太平洋戦争が終わった一九四五年には、札を切るのに待ちつづけた歳月は三十年以上にもなっていた。戦後の朝鮮処理に携わった数少ないアメリカ人はこの国の戦後の地位の問題にほとんど頭が回らなかったから、アメリカ暮らしが長く、長年のロビー活動の経歴を持つ李がアメリカ人の支援団体を擁する唯一の朝鮮人候補者になった。李はさらに、長年かけて中国国民党に人脈を育てていた。国民党はワシントンに格別の人脈を築いていた。中国と同様に朝鮮でも、同じ人びとが民族主義者でクリスチャンの指導者を探していた。新しい国の民族主義は欧米の宗教的政治的基準を満たすものでなくてはならなかった。

蔣介石の支援はワシントンへの影響力のパスポートに等しかった。事実、李は蔣ファンと蔣を軽蔑する人たちの双方にリトル蔣《チャン》で知られていた。蔣との違いは、李が実にまじめなクリスチャンだったことだ。李はクリスチャンではない国でクリスチャンになり、信仰ゆえにたびたび被害を被った。昔、かれを支援したアメリカ人らにはかれの信仰（蔣の信仰も）は大きな慰めだった。二人はアジア人ではあるが、かれらにそっくりだった。朝鮮戦争直前のことだが、ある米外交官が、後にアイゼンハワー政権の国務長官になる有力者フォスター・ダレスに向かって蔣と李を批判したところ、ダレスは示唆に富んだ答えを返した。「言っとくがね、きみがかれらについて何と批判しようが、あの紳士二人は現代版の教会開祖だよ。信仰のために受難しているクリスチャンの紳士なのだ(16)」。

マッカーサーに李承晩を強く推奨したのは蔣介石だった。李が大統領就任のため帰国したさい、マッカーサーの専用機でお国入りした。このこと自体が決定的な政治的ステートメントだった。アメリカ人に意中の人がいる――もっと正確にいえば、意中の人はアメリカ人を擁している。ロジャー・メイキンズはアメリカに友好的な英長老外交官だったが、かれにいわせると、この時期のアメリカは世界的強国の新しい役割をしぶしぶ引き受けさせられた孤立主義国家を反映して個人を選ぶ傾向を見せた。気持ちよく一緒にやっていける個人である。李を選んだのも「アメリカ人は仲間と認め受け入れた外国指導者とつき合う発想を相変わらず好む事実を反映している。アメリカ人は運動組織とはひどく折り合いが悪い」[17]とメイキンズは評した。しかし、李ともっとも折り合いがよかった人たちのなかには、実際に李と日常的に折衝していかざるを得なかった在韓アメリカ人たちは含まれていなかった。その多くは李をひどく嫌った。

ぶっきらぼうで外交辞令などない在韓米軍司令官ホッジ将軍は李承晩を軽蔑していた。軍事史家クレイ・ブレアによれば、ホッジは李のことを「よこしまで情緒不安定、冷酷で腐敗し、度し難いお天気屋」だと考えていたという。[18]

第4章　でっちあげられた抗日の英雄

正統性を欠く人物

北朝鮮では金日成《キムイルソン》がソ連の手によって政権の座に据えられていた。ソ連は南朝鮮のアメリカよりもはるかに優る先見の明があった。ソ連はアメリカよりもずっと長期にわたって朝鮮に注目してきたのだ。

金は第二次世界大戦の終結とともに、スターリンの指図により、赤軍の武力を背景に満州から朝鮮に入った。そのため、金は最初から残酷なソヴィエトモデルを採用、ソ連の顧問団や後援者に囲まれた。一九五〇年春は政権を掌握してからほぼ五年が経っていた。少なくともそのうちの二年は南に侵攻する権利を強く要求し、はやるいっぽうだった。侵攻は必ず南全土にわたる自発的な人民の蜂起の支援を受ける、と金はロシア人に約束した。南の共産主義者と愛国者二十万人は、この時代の共産主義者お気に入りの常套句にいうアメリカ帝国主義者の走狗、李承晩《イスンマン》に対して武器をとって団結し立ち上がるであろう。だが、侵攻にゴーサインを出せる人間は唯一人しかいなかった。スターリンその人である。

朝鮮戦争の共産側の主要人物三人のうち、金日成はもっとも正統性を欠いた。スターリンはロシア革命の主役ではなかったにしろ、少なくも最初からの登場人物だったし、かれを取り巻く人びとから計画的に大きな権力を集め、戦後の時代までにソヴィエト全体主義をほとんど四分の一世紀にわたり指導した冷酷残忍な執行者だった。かれはヒトラーの意図をめぐり破滅的な誤算を犯した。さらに悪いことには、ヒトラーが侵攻を始める数か月前に、赤軍の指揮官を粛清し将校団をガタガタにするという自殺行為に手をそめた。にもかかわらず、ヒトラーのドイツに対してソ連軍は勝利し、スターリンはその結果強大な権力を獲得した。誤算がなんであれ、スターリンは、ロシア人のいう大祖国戦争の象徴的指導者に収まっていた。ドイツ軍に敗北の一歩手前まで迫られる失態が、皮肉にもかれをいっそうロシア国民の英雄に祭り上げた。その結果、国民への個人支配は強まり、ロシアの精神神話に自らの指導者神話を融合させたのである。スターリンが一身に体現したのは、戦争初期のたび重なる敗北ではなく、スターリングラードのサバイバル戦であり、ベルリンでの赤軍の最終的勝利であった。その勝利だけで偉大さを決定づけ、伝説的なロシア皇帝の生まれ変わりであるかのようにロシア人に印象づけた、こうしてスターリンは、よきにつけ悪しきにつけ、いや、悪しきのほうがほとんどだが、二十世紀ロシアの最重要人物になったというわけだ。

長期にわたる弾圧と内紛、内戦の後、権力の座についた中国革命政府の指導者毛沢東。歴史的見取図のなかに置けば偉大さがいちだんと輝く人物であろう。かれは中国革命の棟梁であり、恐ろしいほどの不利を背負いながら、蔣介石とさまざまな軍閥の連合軍から革命を救い、これを導いて長く困難な時代を切り抜けた。毛は中国内戦の政治、軍事両面の戦略家であると同時に、政治と戦争が終始結合し融合して軍事はつねに政治の道具になるという新種の戦争の創案者でもあった。毛のマルクス主義信仰の農民社会への適応と革命理論は二十世紀後半、スターリンの業績よりも大きな国際的な影響を獲得した。一九六〇年代までにはスターリンの自国民と東欧諸国民への犯罪が明るみに出た。欧米と発展途上国の聡明で理想主義的な左翼の若者たちにとっては、スターリンは当惑の種、ただの残忍な権力を代表する、触れるのは避けたい存在へと転落した。対照的に毛沢東は、その性格の暗黒面と自国民にむけた恐怖の圧政があまねく知られるようになるまでは、長期にわたりスターリンよりもはるかにロマンをかき立てる人物、はるかにふさわしい革命の化身であった。その時代、毛はスターリンよりも格段に、持てる者の世界に対抗する持たざる者の世界の指導者と目された。

日本帝国主義とスターリニズムのキメラ

金日成は矛盾の塊だった。ソ連という帝国主義大国の創作品にして強烈な民族主義者、日本による植民地化が生んだ民族主義の熱気に沸き立つ男、植民地時代ゆえの献身的な共産主義者、不屈のゲリラ戦士でありながら、そもそもの初めからソ連の政策のほぼ完璧な道具、しかもきわめて忠実な道具となり、ソ連の息のかかった手先にすぎないと見られた。かれは自らを朝鮮民族主義のもっとも純粋な権化と見なしていた。かれが成人を迎えた時代がその人格形成にひと役買ったのは間違いない。金にとり、朝鮮の愛国者、献身的共産主義者とロシア人の道具になることの間には何の矛盾もなかった。朝鮮全土が日本人のおかげで反乱の豊かな土壌だった。日本の占領が長期化するにつれ、ある種の宿命論が大半の教養ある中産階級の間に定着し、特権階級の多数がしぶしぶながら日本人と和解し、協力者として潤った。その多くは戦後、韓国となった南で経済、軍事分野の有力人物として頭角を現す。対照的に、農民層にルーツを持ち、日本人を忌み嫌い、和解の経済的理由を持たない多数の朝鮮人は深く疎外された左翼に引き寄せられた。結局のところ、疎外感を抱かせるものはいくらでもあった。それだけ日本人による朝鮮の植民地化は非情だった。朝鮮人はやすやすと征服されたがゆえに、日本人に一つ格下の劣等民族視された。

日本人は帝国の使命と民族としての優越を確信し、朝鮮独立のほとんどすべての痕跡の破壊に乗り出した。日本人が意図したのは朝鮮文化の抹殺にほかならず、まず手をつけたのは言語だった。朝鮮の公用語は日本語と布告され、学校の授業は日本語でおこなわれた。日本語の教科書は国語読本と呼ばれ、朝鮮人は日本名をつけるべしとされた。朝鮮語は土地の方言となり、それ以上のものではなくなった。多くのいわゆる植民地主義者と同様、日本人が学ぶべきは、被征服国民を価値のあるものにしたいのであれば、それを抑圧しさえすればよいということだ。そうしてのみ、歴史、言語、土着の宗教、その他ごく当たりまえと考える平凡な事柄が真の意味を獲得する。日本人の植民地化が引き起こした亀裂は多くの外国人が気づいたよりも深く社会に浸透した。国家は三十八度線で分裂しただけでなく、ある意味で、断層は国民全体の間を貫き通した――この悲惨な時代、事実上すべての朝鮮人がどちらの側かに関わった。そのことはあらゆる種類の大きな内部分裂を引き起こす下地となった。朝鮮戦争中もそのふたつは衝突していたのである。朝鮮戦争は北が南を侵犯する越境戦争にとどまらなかった。なぜなら、そこには植民地化された過去をひきずる亡霊がおり、数十年にわたってくすぶりつづけた政治闘争がかかわっていたからだ。双方は手を変え品を変えて半世紀近くも机上に載せられていた論議の決着をつけようとした。日本人の過酷な圧政により民族主義者は祖国でごくわずか生きのびていたにすぎなかった。ある意味で、現代朝鮮物語の過半の源流はこの事実に発している――国に残った愛国者は日本人と関係したことで腐敗し、亡命者らはかれらを受け入れた大国――ロシア、中国、アメリカ――との関係で腐敗した。少なくとも両者は深刻な影響を受けた。

絶望的に貧しく、占領下に置かれ、植民地化された朝鮮は、李承晩を托鉢僧同然の姿でアメリカ亡命に送り出し、たどった道はひどく違うが金日成を生んだ。金の家族は旧体制の経済破綻に苦しみを味わい、かれは幼少のころから政治に関心を持ち、少年時代に国外に亡命し、青春の大半を対日闘争に捧げた。金はかれなりの流儀で祖国の近代史の怒りと怨念を代表していた。

生い立ち

金日成は一九一二年四月十五日、金成柱《キムソンジュ》として南里《ナムリ》村に生まれた。朝鮮で日本の植民地時代が始まった二年後のことだった。近代ヨーロッパの児童が三十三年間もつづくナチ占領下のオランダかフランスで育ったと想像すれば、金の怒りと頑なさとをよく理解できよう。かれの父方の祖父母は万景台《マンギョンデ》と呼ばれる村に住んでいて、結局、一門の本籍地で知られるようになった。やがて金は曾祖父がアメリカの武装商船ゼネラル・シャーマン号を攻撃した指導者の一人だったと主張した。同号は一八六六年、誤って大同江《テドンガン》に迷いこんだあげくに座礁してしまった。そこに地元民が座礁船を襲い、乗組員を惨殺した。金の縁者が実際に関係していたかどうかは別の問題である。というのも、金は自伝のかさ上げに特異な創作力を発揮しているからだ。自らの経歴を粉飾することを金日成は大事な仕事だと考えていた。

金の父親、金亨稷《キムヒョンジク》は農民の出だった。卒業はしなかったが中学に通った。老金は十五歳で土地の学校長の娘と結婚、その後は小学教師、漢方医、ときどき墓守もした。妻の康盤石《カンバンソク》は夫より二歳年上の十七歳だった。実家は教養ある一家で、その系譜には複数の学校長やキリスト教の牧師がいた。康の実家はこの結婚に熱心ではなかった。金の社会的地位は実家より低かったし、所有地はわずか八十アール余しかなかった。金日成が生まれたとき、父親はまだ十七歳で両親の家に同居していた。金の家族は双方ともキリスト教宣教師と縁があった。もっとも、履歴書の洗浄で、家族は無神論者で父親が教会に通ったのは長老会派がミッション・スクールを提供したからに過ぎない、と金は後になって主張した。「信仰するなら朝鮮の神を信仰しなさい」と語った父親のことばを金は引用している。このことばが本当かどうかは知るよしもないが、世界の発展途上地域の宣教師団の魅力の一部は、かれらが提供する良質な教育の機会であり、そこからもたらされる一定の経済的メリットであった。金の家族が政治に関心があった事実は疑いない。父親とふたりのおじが独立運動の廉《かど》で別々の時期に投獄されている。金が七歳だった一九一九年、家族は大勢の民族主義的な朝鮮人と同様、日本人の支配を逃れようと北部国境を越えて満州に移り住む大きな移民の群れに加わった。一家は間島（現吉林省東部の中朝国境地帯）のとある町に落ち着いた。そこには大きな朝鮮人コミュニティがあった。若い金は中国人の学校に通い中国語を学んだ。

金が九歳のとき、父親はかれを朝鮮に帰した。祖国と母国語の知識を磨くためだったが、この点は公けには語られていない。祖国では一時、母方の祖父母と暮らした。満州に戻ると、朝鮮人の民族主義者が創設した軍官学校に入学したが、後の金の主張によると、彼自身の主張が過激すぎたため学校とあわずわずか六か月で辞めた。金は間もなく吉林に移った。吉林は大勢の朝鮮人移民の町、大勢の日本人工作員もいる町だった。革命家が育ちやすい時代で、金の回想によると、かれと友人たちは無残な貧困を終わらせる革命が先か、日本人の占領を終わらせる革命が先かで議論した。また、朝鮮革命が先か、朝鮮人は日本自体が共産勢力に乗っ取られるまで待つべきかも討論した。金は時の経過とともに同世代の同胞並みに過激化していった。日本人がもたらす苦しみには終わりが見えなかった。その時代に父親が物故し母親はお針子で一家を養った。金自身は中国人の中学に通い、そこで共産主義者の教師尚鉞《シャンユエ》に出会う。尚鉞は共産党員で金に興味を持ち、自分の書庫を開放した（尚は間もなく過激思想のために解雇され、ついには共産中国の指導的な歴史家の一人になる）。

金は着実に左翼に傾斜していき、共産主義青年団の創立メンバーになった。十七歳だった一九二九年秋、土地の満州国当局に逮捕、投獄された。伝記作家ブラドレー・マーチンによると、金は幸運にも身柄を日本人に引き渡されなかった。半年後釈放され、翌年共産党に入党した。党とは中国共産党である。ほぼそのころ、金日成の偽名を借用したと信じられている。これについて金の批判者はつぎのように主張する。この名前はゲリラ戦士で名を馳せた著名な朝鮮人愛国者の別人から盗用したもので、ちょっとした朝鮮版ロビン・フッドといった既成の評判に便乗したものだと。この別人なりすまし説のために、中傷者のなかには、満州の金のゲリラ闘争はでたらめ話だと信じている人もいる。だが、それは事実ではない。かれは権力の座につくと、ゲリラ指導者としての役割を例によって誇張したが、一九三一年ごろから一貫して日本人の不倶戴天の敵でありつづけた。その時代を通じ金は自分を追いつめようと躍起の日本兵らの鼻先でゲリラ指導者として困難で危険な生活を送ったのだ。

ということは、かれが二十歳になるころには、すでに抗日武装闘争にかかわり、一九三二年春にはゲリラの一団を率いていたことになる。日本人の東アジア支配の渇望は成功のたびに膨らみ、植民地支配の手を満州に伸ばし、新名称を日本語読みで満州国と呼んだ。日本人と戦うゲリラは、朝鮮人系あり中国人系ありと多数の集団が活動していたが、金の一団はその一つだった。対日ゲリラ闘争は十年近くつづいたものの、ゲリラ側が勝利することはまれだった。日本人は兵力、兵器ともにはるかに優り――攻め立てられる朝鮮人ゲリラにはそう映った――、弾薬の供給も無制限だった。日本人は土地の農民にアメとムチを用意する術に長けていた。ゲリラ情報の提供には重賞を与え、協力しなければ死を与えたが、ゲリラたちは農民たちの友人であり同胞であった。

ソ連領に逃げる

一九三四年ごろから一九四〇年にかけて、日本人は地域一帯に兵力を増派、地域住民に用いる説得手段はますます非情冷酷になった。とうとうゲリラは打倒され、ソ連東部に追い出された。この時期、金の一団は中国人の楊靖宇《ヤンチンユィ》将軍が指揮する東北抗日聯軍に参加した。ゲリラの任務は勝利を得ることよりも日本軍を執拗に攻撃して中国本土への進出を少しでもむずかしくすることだった。金の部下はほぼ全員が朝鮮人だったが、当初は、どこから見ても中国共産党の支援のもとで活動していた。この時期のかれの指導の重要性は疑いを入れない。その肩書きは大隊長からついには師団長へと重くなっていった。もっとも、三百人以上の兵を率いて戦闘に参加したことはないと信じられている。だが、かれは名を挙げていった。共産側ではがまん強く、頼りがいがあり、貴重なゲリラ指導者として尊敬をかちとった。日本側からみると、金日成はこの時代の朝鮮人ゲリラ指導者のなかの最重要手配犯の一人だった。一九三五年には、日本人は金の首に懸賞金をかけたが、かれはその包囲網をすり抜けつづけた。不屈で実務にたけ、最初は中国人の、後にはロシア人の上官から思想的に信頼に値するとされた。この最後の資質の重要性は軽視できない。なぜなら、国民性の深刻な違いからくるぬきがたい猜疑心が互いにあったはずだからだ。

楊将軍は一九四〇年、とうとう日本人に捕らえられて殺され、金は一時、地域一帯の最重要手配犯となり、首に二十万円という最高額の懸賞金がつけられた。しかし、日本の軍事力が強大化の一途をたどると、撤収の時期になった。一九四〇年ごろ、かれはついにソ連軍の指揮監督下に入り、一九四二年にはソ連軍に勧誘されてソ連東部のヴォロシーロフ村付近の訓練所に送られた。間もなくソ連軍の秘密大隊、第八八特別狙撃旅団の一員となった。その任務はソ連領内に侵入してきた日本軍の偵察だった（日ソは公式には戦争状態にはなかった）。金は大尉でスタートして後には旅団の大隊長に登りつめる。ソ連軍の猛烈な専制主義を考えれば、かれは徹頭徹尾ソ連軍兵士であり、事実上のソ連市民だった。金の部隊にはおよそ二百人の朝鮮人兵士がいた。その一部はまったくロシア人のもとで成人していた。全員がこってり思想教育を施されていた。ロシア人には思想教育の過程はどんな兵科の学習にもまして重要であって、政治原理はつねに軍事能力に優先した。第二次世界大戦中のある時期、金がモスクワを訪ねたようである。ソ連軍は金の大隊を日本軍と正面から渡り合う部隊ではなく、終戦が近づきソ連軍が東に移動するにしたがい、さまざまな役割に使用する部隊とみなした。

金とて同世代の朝鮮人と同様、日本人からの解放は外部の支援抜きでは達成できないことは分かっていた。ソ連軍将校の制服を着るかれにとって、ロシア人のほうが中国人よりもはるかに望ましい後見人であった。中国人はロシア人よりも大きな、好ましからざる役割を朝鮮の歴史のなかで演じてきたからだ。しかも、モスクワは北京よりもずっと遠かった。さらに、一九四四年には、ロシア人は確実な勝利者、戦後の立役者に見えた。いっぽう、毛沢東の革命運動はまだほとんど中国北西部の貧困地帯に閉じこめられていた。さらに、ソヴィエトモデルは発展途上国の共産主義指導者を自任する者らには魅力的だった。ロシア人は現実にそれをやってのけた、つまり、革命を完成させ、並みいる敵を打ち払い、古色蒼然とした国家をどうにか近代化したからだ。だから、金は近代的な朝鮮の愛国者にして献身的、教条主義的対ソ忠誠者という新品種《ニュータイプ》になったのである。民族主義とソ連式専制主義との大きな矛盾をほかの者なら感じそうなところだが、金はそうではなかった。かれは偉大な共産主義運動、もっと正確にいえば、かれらとかれの運動の間に疑いを差しはさまない男だった。そもそもの二つはかれにとっては同じもの、ソ連によいことはかれの朝鮮にもよいことだった。

スターリンは人形を好む

戦争の突然の幕切れにロシア人もアメリカ人も等しく不意を突かれた。朝鮮は直ちに、暫定的に三十八度線で分割された。進駐してきたのは赤軍だったが、第八八狙撃旅団は先頭に立ってはいなかった。解放の功を担うべきは、朝鮮人ではなく、ロシア兵とされていたからだった。赤軍の朝鮮人部隊は数週間してからようやく進駐を許された。当初、金は究極の被扶養者だった。ロシア人に頼る以外に指導者への道は閉ざされていた。それはスターリンが共産世界で好んだやり方で、本当の政治的支援組織を持つ者はあつかいにくくなり、本当に独り立ちしたと思い始めることをかれは知りすぎるほど知っていた。だれでもいい、適材の者を連れてきて英雄だと宣言し、あることないことお構いなしに神話をでっちあげ、権力の座に据えるほうがまだましだ。ロシア人が金日成にしたことはまさにそれだった。かれがカリスマである必要はなかった。その点は絶対に間違いのないところだった。衛星国にカリスマ的人物は不要だった。ユーゴの共産指導者チトー、それに毛沢東。その顕著な功績のゆえにスターリンがいつも疑いの目を向けていた両人は結局、すぐれた実績を誇る強力な国民的人物を支援するのはいかに危険かをスターリンに証明した。

金にはイデオロギー上の問題はなかった。かれはロシア人たちが長い年月をかけて育て、あらゆる種類の秘密試験に合格した根っからの信者だった。ロシア人が、欧米と資本主義、そして朝鮮について教えたことは金の個人的経験から得た知識とぴたりと合致した。スターリンの死後、亀裂が共産世界をずたずたにしたずっと後も、金は権力の座に居座る最後の大スターリン主義者でありつづけた。厳格で、教条主義的で、柔軟性に欠け、時代遅れの真理があらかた偽りだと分かった後も、それをそっくり信じ続けた男であった。少なくとも北朝鮮では偽りではなかった。なぜなら、かれは独裁者の手ぎわと権力とでうそを真実にすることができたからである。結局、金日成が創り出したのは、世界でもっともきびしく管理された、過酷な社会――これ以上はない正真正銘のスターリン主義的社会であった。しかも、それはほとんど不倒だった。かりにヨセフ・スターリンが北朝鮮に生まれ、同じ時期に権力を握っていたとしたら、かれは金日成とほとんどウリ二つの統治をおこない、金とまったく同じように生き延び、天寿を全うしたであろう。

北朝鮮は当然の成り行きで聖人伝作者の天国となり、金日成は現代の伝説になった。かれの戦争中の英雄的行為を描くのに、世界中でこれほどの恥知らずのおべんちゃらが使われた国はなかった。かれがほとんど単独で克服しなかった障害はなく、かれがたった一人で壊滅させなかった日本軍の大隊はなかった。くわしく語るに値するほかのゲリラの貢献はなく、かれが支えずに朝鮮の地に昇った太陽はなかった。北朝鮮では革命はあった。しかし、それは押しつけられた革命だった。中国や、のちのインドシナでは、植民地的な圧政に対する長く辛い戦いが、やがて人々の支持をえて、革命思想は、みごとにかつ激しく成就した。しかし、朝鮮では、ちがったのだ。そうではなくて、〝革命〟は赤軍のむき出しの武力によってなされ、もろもろの決定はモスクワで下された。金はモスクワにとってあつらえむきの人物だったのだ。若く、勇敢で、十分に思想教育を施されていた。モスクワのほかに金の後見人はいなかった。そっけない言い方をすれば、大物になれたのはモスクワのおかげである。政治の過去がないのは有利だった——消さなければならない過去も自前の権力基盤もなかった。ある意味で白紙の状態から創作でき、ソ連好みのいかような人物にも造形が可能だった。結局、金日成は世界でもまれな人間となる。子供時代に体験した朝鮮の貧困、そして日本による植民地主義。これらは同世代の朝鮮人の多くが苦しんだように孤立感と偏執狂的性格を生んだ。真面目な愛国者ではあったが、外国人を嫌う偏狭なナショナリストでもあった。そして最終的には、共産世界を含むほとんどすべての世界の指導者と隔絶した状態で金日成は死を迎えることになるのである。

スターリンの手練手管に通じていない部外者の目に北朝鮮を指導する有力候補に映った人びとは多くの場合、その自立性ゆえに自動的に消された。長期間毛沢東の兵士と肩を並べて戦った者は戦歴がいかに輝かしくとも、中国人との近さそのもののゆえに汚染されていると見なされた。クレムリンの要人たちとはひどく異なる思想や夢を抱いていると判断された者もいた。朝鮮共産党の有力者玄俊赫《ヒョンジュンヒョク》は一九四五年九月下旬、自立色が強いと認定されてひそかに粛清された。かれは、これも著名人の曺晩植《チョマンシク》と並んでトラックに座っているところを暗殺者に発砲された。一人は舞台から排除され、もう一人は警告を受けたのは明らかだった。金日成が赤軍少佐の軍服を着て平壌《ピョンヤン》市内で初めて目撃されたのとほぼ同時期のできごとだった。

ソ連のしもべである金日成は、まだ未完成の政治家だった。日本に代わる外国勢力を最初は歓迎していた朝鮮の人々も、やがて独立心にめざめる。自分たちにとってふさわしい独自の指導者を求めていた朝鮮の人々は、指導者をおしつけるような外国勢力を欲してはいなかった。そうした人々にとって金日成はがっかりする人物だったのである。

ロシア人が金日成のお目見えの場に選んだのは一九四五年十月初旬、平壌市内のレストランで開かれた小さな夕食会だった。一人のロシア人の将軍が集まった人たちに金を日本人と勇敢に戦った愛国者だと紹介した。出席者のなかには非暴力主義の民族主義者で朝鮮のガンジーで知られた曺晩植がいた。曺は自らのきわめて危険な立場に気づいて、朝鮮人自身が再び支配力を失った政治情勢のなかで目一杯巧妙に立ち回っていた。かれが夕食会に現れたのはロシア人との和解を見せつけるためで、かれの役目は金を歓迎することだった。曺は金よりもはるかに広範な支持者を擁していたが、ロシア人の目にはそれは過去からの大きすぎる荷物を持ちこんでいるように見えた。また思想的に信頼できなかった。ロシア人たちは曺をブルジョア民族主義者の範疇に入れた。ブルジョア民族主義者とはすべての重要な決定は今後、モスクワで下されるのを理解していない者のことであった。もし曺が誤りなく振る舞い、本当に卑屈だったら、権力機構から慎重に外したトップのお飾りとしてロシア人にとって多少の価値はあったかもしれない。しかし、自立した一政治家としての曺にチャンスはなかった。

スターリンの現地代理人で、平壌では「朝鮮の皇帝」として知られたシトゥイコフ将軍は曺を反ソ、反スターリンと見なし、その旨モスクワに報告した。(1)

朝鮮民衆へのお披露目

十月初旬の夕食会は成功とはいえなかった。出席した朝鮮人政治家たちは金の若さとがさつさに白けてしまった。民衆へのお目見えというもっと重要な初舞台は十月中旬、北朝鮮の首都の大衆集会でめぐってきたが、民族主義者の重要人物の登場を待ち望んでいた大群集には相当な失望だった。長年にわたって大義に尽くし外国支配から正式に解放された国家への熱い思いを吐露するであろう敬愛するに足る指導者。人びとはその謦咳《けいがい》に接することを明らかに期待していた。だが、それはロシアのショーだった。金はそっけなくロシア人が用意したことばで一本調子に語った。しかも、群集の耳に届いたのは、〝単調であひるのような声〟の若い、言語不明瞭な政治家の演説だった。ある目撃者によると、金の服は寸足らずで、髪型は〝中国人のウエーター〟に酷似していた。だが、群集の多くをひどく困惑させたのは、スターリンとソ連へのお追従だった。すべての賛辞は「無敵の驚くべき軍隊」赤軍に捧げられた。群集は自由という明快な朝鮮語を期待して集まっている。だが、かれの発言が映し出したのは新手の政治的服従だった。ロシア人のご用に身を屈する朝鮮語を聴衆は聞くことになったのだ。単調なくり返しのあまりの多さ。人びとはもううんざりしてしまった。(2)

ここに二枚の異なる写真がある。それぞれが、その場のそれぞれの真実を物語っている。最初の一枚は若くて不安げな金が少なくとも三人のソ連軍将軍と並んで写っている。もう一枚は、金が後に自分の神話を独立色を濃くして書き直したときに制作された修整版で、上がっている演壇は同じ、アングルはわずかに異なり、三人のロシア将軍は魔法のように消えている。

曺晩植の命運はすでに定まっていた。一九四六年の初めごろ、曺は朝鮮民族主義者にとって重要な多くの問題をめぐってロシア人に異議を唱え、かれらの目に反動主義者と映った。シトゥイコフ将軍はスターリンに曺粛清の許可を求め、これをすでに得ていた。それから間もなく曺は平壌市内のホテルで保護観察下に置かれた。穏やかないい回しだが、曺との面会はだれにも許されなかった。事実、かれの姿を二度と見た者はいなかった。

金日成はとうとう国土の半分を治める権力をにぎった。だが、世界の舞台では、いや、その点では共産世界でさえ、彼は見劣りがした。ソ連の支援なしで自前で権力の座についた毛沢東の合法性に遠くおよばなかった。また、インドシナの共産指導者ホー・チ・ミンにもおよばなかった。ホーは、フランス植民地主義者に軍事攻撃をしかけ、固有のベトナム民族主義の体現者となっていた。いっぽう、金は朝鮮解放からほぼ十年間、ブラドレー・マーチンが書いているように、「ロシア人の師のために、完璧な会社人間の役回りを演じた。お世辞を振りまき、指示を実行し、師はそのたびにかれに権限と自主権を与えて報いた(3)」。金は警察権力と恐怖という現代全体主義国家の装置をすばやく理解し利用した。かれはスターリンと同じように、分割統治のやり方、政敵の除き方、さらにスターリンの偉大な真理を知っていた。すなわち、何人も見かけはどんなに忠実でも、真の信頼に値すると見なすことはできない、ということである。

金は国民の個人崇拝の必要をいち早く悟った。かれの前にはスターリンと毛沢東がいたが、金の個人崇拝の強要は、先駆者ふたりに匹敵するほどになる。一九四八年に出版された伝記は早くも金をほかの抗日ゲリラ指導者全員の格上に持ち上げた。金日成は「わが祖国のもっとも偉大な愛国的英雄、わが人民の希望の太陽」で、日本帝国主義者どもは、と伝記はつづける。「金日成将軍を三千万朝鮮人のなかでもっとも憎んだ(4)」。金の帰国から一年も経たないうちに「金日成将軍の歌」という詩が出版された。それはつぎにくるものの予兆だった。「満州の雪まじりの風／森の長い長い夜々よ／不朽のパルチザン、比類なき愛国者／栄えある民衆の慈愛の解放者／民主新朝鮮の偉大な太陽はだれか」(5)。

金は一九五〇年の年初までにはすべての権力機関を計画的に支配下に収めていた。金の胸中の大きな課題は、治めているのは国土の半分にすぎないということだった。何よりも熱望したのは、ソ連に訓練され装備されてますます鍛え抜かれた軍を解き放ち、南に侵攻させ、南の人民を解放することだった。南では数十万人の民衆が自分の決断を待っている。ふたつの朝鮮を一つにしてやるのだ。

六月二十五日、北朝鮮軍がついに侵攻し、緒戦の相つぐ戦勝は金の予言を立証したように見えた。初めはきわめてうまくいっていたため、金日成ら首脳は共産中国の代表に軽蔑と隣り合わせのひどく侮った応対をつづけた。七月五日、スターリンは万一にそなえ、中国に九個師団を鴨緑江の中国側に派遣するよう提案した。中国側も同じ考えを持っていた。かれらはアメリカの出方に金ほどには自信がなかった。事実、その数日前、周恩来は中朝の連帯を強化するため腹心の一人、柴軍武《チャイチユンウー》を平壌に赴任させた。柴は七月十日に着任し、ただちに金と会談して「ほかに必要なものがあれば、いつでも私を呼んでください」といった。金は首脳の一人を代理に立て柴に毎日ブリーフィングをおこなった。これにより北朝鮮は柴の関与を絶ったのである。ブリーフィングは実際上は、無益なものだった。現地の外国通信社から得られる情報にすぎなかったからだ。中国の高級将校団を戦場調査のために派遣したいとの中国指導部の要請は拒否された。金はこの先中国の支援は必要ないと確信していた。金にとって事態はそれほどうまくいっていたのだ。

第５章　遅れた軍隊

韓国軍が象徴するもの

　韓国軍兵士は北朝鮮兵士ほどにはよく訓練されていなかった。備えも十分ではない。韓国はいずれは北よりも強力でダイナミックな社会に成長する可能性は秘めていたが、最初の数年間はばらばらで混乱し、軍はそんな政府の姿を反映していた。上層の将校たちは汚職にまみれていた。兵士たちは意欲に欠けるうえ、第二次世界大戦の残りものの中古兵器で武装していた。大砲といえるものはなく、装甲車両もほとんど持たず、戦闘爆撃機はないに等しかった。李承晩《イスンマン》に希望リストの兵器を与えたら、李は翌日にも北への進撃を軍に命じかねないと、ワシントンが恐れていたからである。

　癇癪もちで、けんかっぱやい李承晩は、アメリカに全面的に依存しながら、主人の言うことはきかなかった。当然、李承晩とアメリカの関係はぎくしゃくしてくる。病的なまでに反共主義の李は何はさておき北朝鮮との戦いを始めたがった（おそらく、もっと好ましいのは豊かで強力なアメリカをけしかけて参戦してもらうことだっただろう）。かれの目標は金日成とは表裏をなした。どんな手段を用いても、李が統治する独立した非共産の統一朝鮮を建国することである。それはアメリカがアジアで学ぼうとしている苦しい反復レッスンのさらなるくり返しになる。アメリカはまずそれを、蔣介石のケースで教訓とした。つまり、この新しいポスト植民地時代にあっては、アメリカの支援で担ぎだされたアジアの指導者は、アメリカに依存すればするほど、逆に言うことをきかなくなった。両者の関係はそれだけ難しくなる。指導者は対米依存ゆえに、自らの自立ぶりを証明しようと、アメリカの支配と受けとられかねないものを嫌う行動に出ようとするのである。

階級的で専制主義的な人民軍《インミングン》が一九五〇年の北朝鮮を映し出していたとするなら、韓国軍が映し出していたのは植民地化された半封建社会だった。韓国は、植民地と封建時代の過去の重荷と依然格闘し、ぶざまに、のろのろとそこから立ち上がろうとしていた。それを指揮するのは、自分のことを究極の民主主義者だと勘違いしている独裁的指導者であった。朝鮮の近代化は初めは北よりも南のほうが遅れていた。北では動きは素早かったが、それはうわべだけの魂のない近代化、上から国民に押しつけられた近代化であり、国家の政治、経済と治安機関のソビエト化であった。南では、近代化の過程は北よりも底なしの困難と複雑なもつれを伴った。南が国の形と目的を見いだすのに北の侵攻という後押しが必要だった。五十年後、南は立派な活気に満ちた産業を持ち、いちだんと民主的な国家になった。いっぽう、北は干からびた、独裁的なソビエト型国家にとどまり、驚くほど開戦時の姿そのままである。

米軍事顧問団の自己欺瞞

一九五〇年六月の時点で南に存在したのは、存在しているとは言いがたいような限界国家を防衛する限界軍隊だった。韓国軍兵士の主流は街頭や農場からいやいや連れてこられて、おまえたちは兵士だといい渡された、未熟で文字も読めない若者たちだった。大半の者は訓練らしい訓練を受けないまま戦闘に参加した。戦争の一年目を通じ、兵が脱走する比率は驚くほど高かった——戦闘が始まると、大量の韓国兵があっさり姿を消し、戦死したか作戦中に行方不明になったと推定された。ところが、何週間か何か月かすると彼らは姿を現すのである。武器は携帯していないのが普通だった。将校団にはきわめて勇敢な若者も若干いたが、クレイ・ブレアによると「新たに手に入れた権限を私利私欲に使う打算的な日和見がうようよの天国」と化していた。将校の間では、窃盗、贈収賄、脅迫、キックバックは日常茶飯だった。(1) 韓国軍は国自体と同様、あの六月時点では、近代的軍隊への道のりは遠かった。

だが、その一九五〇年六月の時点で、韓国軍の責任ある者で軍のぶざまな状態を語る者はだれ一人いなかった。実情はまったく逆だった。この軍隊の質をめぐる自己欺瞞のレベルは米人の韓国軍事顧問団の幹部の間で驚くほど高かった（顧問団の正式の略称はＫＭＡＧ。韓国軍と肩を並べて戦う米戦闘部隊は皮肉をこめて、また、当然の成り行きだが、キス・マイ・アス《ばかやろう》・グッドバイ《さようなら》といい変えた）。同様の自己欺瞞は十年後、ベトナムで驚くほど同様にくり返された。あまりにも多数の分別あるアメリカ高級士官が現地の軍隊を公然とアジア最高と評した。韓国でもベトナムでも、真実を語れば昇進に響く事例が多すぎた。真実は、自分たちが顧問を務める韓国の軍隊は戦闘能力などなきに等しい烏合の衆、ということだった。

戦争の数週間前にＫＭＡＧ団長の任期を終えたウィリアム・リン・ロバーツ将軍はまれな例外だった。かれは一九四九年三月、上官の統合参謀本部チャールズ・ボルテ中将に韓国軍の惨状を正確に述べた二千三百字からなる報告を送った。しかし、そのときアメリカは予算上の理由から戦闘部隊を韓国から撤収しつつあった。そのため、ロバーツの報告は、公式の路線と矛盾することになったのである。「韓国軍は面目を一新し、兵士の装備は人民軍よりもよい」。これは同年六月、ボルテが下院委員会でおこなった証言である。状況は米軍部隊が安全に撤退できる水準にまで改善したとも、ボルテはつけ加えた。韓国軍の訓練に当たっている者はほとんどだれもボルテの主張を信じなかった。ロバーツもペンタゴンが用意した新しい地位に屈し、一九五〇年六月の帰国を前にした数週間、韓国軍の優秀さを売りこむPR作戦を始めた。KMAGの部下たちの大半は悲しいかなそれが事実ではないと知っていた。

侵攻十日前の同年六月十五日、ペンタゴンに送られたKMAG報告は、韓国軍は辛うじて存在できる水準にしかないこと、装備の大半が、また兵器の多くが使いものにならないこと、攻撃には最長で十五日しか持たないことなどを指摘した。「韓国は中国に降りかかったのと同じ災難にさらされている」と報告は締めくくった。[(2)] 事態のひどさは陸軍内では裏ルートの情報網を通じて公になっていた。そのため、ロバーツ将軍の後任に決まっていたフランク・キーティング少将は辞令を拝領するよりも退役の道を選んだ。

将軍のロバーツは百機余のソ連製航空機からなる北朝鮮空軍をとくに心配していた。しかし、驚いたことに、元戦車隊司令官のかれは北の装甲車両部隊のことをそれほど心配せず、戦車戦にはまったく不向きなことが自明な国では戦車はそれほど重要ではないと判断していた。それは正しかった。韓国は戦車不足の国だった。それに戦車生産と戦車戦のアメリカの優位は戦争後期になると、ほかの地域のようには決定的ではなくなる。だが、短期的にはかれは間違っていた。北朝鮮の戦車群は航空兵力よりもはるかに強大で、開戦から最初の数週間は決定的兵器であることが判明した。とりわけ無力な旧式バズーカ砲で武装した戦車抜きの軍隊には決定的な力を発揮した。たとえ十分な訓練を受けた歩兵であっても、友軍戦車や満足な対戦車砲の掩護なしに敵戦車と戦うほど恐ろしいものはない。その意味で、緒戦の重要な時期に韓国兵の間にパニックを広げたのは戦車自体ではなく、戦車が来るといううわさだった。「経験豊かな戦車兵だったロバーツは、バルジ（の戦い）でドイツ軍のパンサー戦車が戦車を擁しない歩兵の間に引き起こした恐怖を直接知っているはずだった。にもかかわらず、北朝鮮の装甲兵力に無関心であったのはまったく不可解である」とクレイ・ブレアは評している。(3)

Ｔ－34戦車の威力

Ｔ－34戦車はヨセフ・スターリンⅢ型にとって代わられ、ソ連製兵器のなかでは最新鋭戦車の座からはすべり落ちていた。だが、それでも恐ろしいしろものである点は変わりなかった。北朝鮮軍はこれを百五十両保有していた。Ｔ－34は緒戦の数週間、登場した戦闘すべてを制する能力を備えていた。およそ十年前にはＴ－34はナチス相手のモスクワ防衛戦で重要な役割を演じた。一九三九年にポーランドをあっさり席巻したドイツ・パンサー戦車師団を指揮したハインツ・グデーリアン将軍はＴ－34を「世界の最優秀戦車」と評している。一九四二年にロシア戦線に初めて姿をみせ、これを機にソ連軍はついにドイツ軍に対し失地を回復し始めたのである。Ｔ－34は車体が低く、たびたび敵の砲弾をかわす効果があった。耐久性にすぐれ、スピードがあり、毎時五十一キロの最高時速を誇った。また、軌道は非常に幅が広く泥や氷に立ち往生するのを防いだ。燃料タンクも三百八十リットル入りと特大規模で、再給油なしで最長二百四十キロも走行できた。重量は三十二トン、35ミリ砲一門、７・62ミリ機関銃二挺を装備し、ぶ厚い装甲板を誇った。

韓国軍と米軍事顧問団はＴ－34に対抗するのに、旧式の２・36インチロケット・ランチャーしか持っていなかった。このロケット・ランチャーは第二次世界大戦においてでさえ格別すぐれた兵器ではなかった。戦後、同ランチャーの効力に疑問を投げかける研究をしたジム・ギャビン准将は、戦争中の簡素なドイツ製ロケット・ランチャーのほうがはるかにすぐれていたと考えた。それから五年後、

2・36インチバズーカ砲弾は北朝鮮戦車の装甲にはね返されるばかりか、ときには爆発もしなかった。戦争の初期、T－34が抵抗する韓国軍に大打撃を与えたのは当然のことだった。たまたまアメリカ軍は性能を大きく向上させた新型の3・5インチバズーカ砲の開発を終えたばかりで、一九五〇年六月十日には弾薬の生産に入っていた。七月十二日、新型バズーカ砲の第一号と、兵士に使い方を教える教官が韓国に到着、以降人民軍の大きな優位は消滅し始めた。

人民軍は、自称超大国の広大な防衛線のもっとも弱い部分を突いた。その超大国は、いまだに世界のどこが、アメリカにとっての安全保障上の境界線であるかを決めかねていたのである。韓国軍が共産側の猛攻に持ちこたえられなかったのは当然だった。韓国軍はあっさり崩壊した。人民軍は攻撃開始から二日目の六月二十七日、三十八度線の南およそ六十キロの韓国の首都ソウルを奪った。退却する韓国軍兵士は漢江《ハンガン》にかかる橋を爆破する時間を辛うじて確保、しばし息をつく余地を得る。

第三部
ワシントン、参戦へ

PART THREE
Washington Goes to War

©Bettmann/Corbis

トルーマン（左）と国務長官のディーン・アチソン

第6章　ドミノの最初の一枚か

トルーマンの自信

北朝鮮軍侵攻の報がワシントンに届いたのは土曜日の夜遅くだった。当時のアメリカ政府は現在のように週七日、一日十八時間体制では活動しておらず、政府要人たちは各地に散っていた。トルーマンは同日、ワシントンに近いボルティモア・フレンドシップ新空港の落成式に出席、本来トルーマンは鉄道旅行が好きだったが、その足で空路をミズーリ州インディペンデンスの自宅に戻っていた。ディーン・アチソン国務長官はメリーランド州の自分の農場に滞在、ほかの政府要人たちは週末の雑務をこなしていた。アチソンは部下から北朝鮮の攻撃を知らされると、慎重に確かめた後、トルーマンに通報した。

「大統領閣下、たいへん深刻なニュースがあります。北朝鮮軍が韓国に侵攻しました」

トルーマンはただちにワシントンに戻ろうとしたが、アチソンは押しとどめた。それまでのところ、情報は少なかったし、深夜のワシントンへのフライトは、緊急性という特別な意味を持ち、諸外国に警戒感を引き起こすおそれがある、とアチソンは考えた。とはいえ、アチソンは「今回の情報は本物でしょう」と強調した。

つぎの三十六時間、朝鮮からのニュースは思い出したようにワシントンに届くだけであった。おそらく事態の深刻さを告げる最初の最重要シグナルはダレスとアリソンからのものだったようだ。二人は日曜日の朝、トルーマンとアチソンあてに東京から電報を打ち、韓国軍が持ちこたえられないならアメリカは介入すべきだ、と進言した。「南朝鮮がいわれのない攻撃に蹂躙されるのを座視すれば、破滅的な事件の連鎖を引き起こし、世界戦争に道を開く可能性がきわめて高い」[1]。電報はダレス名義で打たれていたので、政治的思惑がついて回っている可能性があった。しかし、このとき、大統領は直感的に反応した。それは本能ともいえるもので、当初、政治は問題にならなかった。

トルーマンは侵攻の報に接すると、ただちにワシントンに戻る準備にかかったものの、予定を変更しないよう気を配った。その日曜日の朝、トルーマンは予定通り弟のヴィヴィアンの農場を訪ねた。そして昼すぎには、軍首脳と背広組の補佐官らとの最初のマラソン会議に出席するためワシントンに戻った。最初の決定は、アメリカ人家族保護のための在韓米空海兵力の投入というものだった。しかし、北朝鮮軍が南進を加速させ、韓国軍が総崩れになる週末には、米地上軍の派遣というところまでエスカレートする。

一九五〇年六月二十五日午後、ワシントンに戻ったトルーマン大統領は自信にあふれていた。もはやフランクリン・ルーズヴェルトの陰に隠れている人物ではなかった。すでに国民の前で大統領選挙という最大の試練で自らを試し、大逆転劇で勝利を収めていた。トルーマンは自らの政策決定能力にいよいよ自信を深め、ジョージ・マーシャル、ディーン・アチソン、オマー・ブラドレー、アヴェレル・ハリマンら閣僚にも信頼をおいていた。

ハリマンは大統領の使者としてたびたび欧州を訪問していたが、やがて大きな権限を委任されるようになっていた。きわめて価値のある人材として、さまざまなトラブルの解決にあたった。アチソン国務長官もトルーマンの信頼を勝ち得て、大統領と国務長官は近代政治史上ユニークといっていい関係を築く。

トルーマンは大統領としての自らの力量を疑わなかった。過去から引きずる重荷も、フランクリン・ルーズヴェルトならどうしたかと自問することもなかった。ハリー・トルーマンという男は決して過去をふりかえらなかった。

朝鮮をめぐる重要決定はある意味で、大統領の飛行機がワシントンに着陸する前に下されていた。ほとんどすべての主要閣僚は、トルーマンと同じようにどの方向に進もうとしているのかをわかっていた。国家安全保障会議の首脳は北朝鮮の越境を露骨な国連憲章違反と見なした。ある国がよその国を侵略したのだ。ワシントンは今回の件を中国内戦と同じに見ている、と共産主義陣営が考えているとしたら、大間違いだ。国家安全保障観を第二次世界大戦で形成した人びとの間の反応は純粋に世代的特徴があった。すなわち、北朝鮮の行為は民主主義諸国が越境を黙認して行動しなかったもう一つの戦争のもう一つの瞬間の記憶を呼び覚ますものだった。朝鮮戦争中に双方が犯した多くの誤算のうち、共産側のおそらく最大のものは北朝鮮の韓国侵犯に対するアメリカを中心とする西側民主諸国の反応であろう。侵犯はミュンヘン会談のプリズムを通して見られたのだ（一九三八年に行われたこの会議で、英・仏は、チェコのズデーテン地方のナチスドイツへの併合を認めてしまった）。

ワシントンに戻る機内のトルーマンの思いは、回想によれば、エチオピアでムッソリーニを、満州で日本を阻止する最後のチャンスを逸したこと、フランスとイギリスがヒトラーのオーストリア、チェコへの侵入を容易に阻止し得たはずだったことに飛んだ。かれの胸のうちでは、ソ連は北朝鮮の越境を後押しした――いやおそらく命じた。そして、ロシア人が理解する唯一の言語は武力である。

「われわれはそれを基にかれらに対処する必要があった」とトルーマンは後に書いている[(2)]。トルーマンらが重視したのは朝鮮というより、アメリカが共産主義者の挑発にどう対応するかということだった。侵犯が発生したとき、ただちに問われたのはアメリカの威信であった。北朝鮮の越境を耳にしたとき、威信は「大国がさしかける傘であり、それは重要な抑止力である」とアチソンは考えた[(3)]。

互いを見誤る

トルーマンはすでに強硬派に転じていた。第二次世界大戦の終結から五年。この間はむずかしい歳月だった。

極端に疑心暗鬼におちいっている強力な両大国が対峙していた。双方は大国としての新しい役割にまだなじんでいなかった。基本的にはそれぞれの流儀で孤立主義的でもあった。双方が相手を不倶戴天の敵と見なす経済体制によって統治されていた。双方が、相手側はこちらを滅ぼそうとしているという黙示録的ビジョンを持ち、恐ろしい核新時代の新たな役割に震え上がり、不安におののいていた。それぞれがそれぞれの心配の種を抱えていた、それは偏執狂的ともいえるものだった。

驚くほど楽天家だったトルーマンはヨーロッパで連合国が勝利した後の一九四五年七月下旬、ドイツのポツダムで開かれたスターリンとの初会談でスターリンを甘く見誤り、かれの暗い側面を過小評価した。トルーマンはスターリンの政治権力観をいくらかは理解していたが、スターリンと取引ができると勘違いしてしまった。「スターリンはわたしが知っているだれよりもトム・ペンダガストによく似ている[(4)]」。トルーマンは会談直後、自分を政界入りさせたカンザスシティの政治ボスを引き合いに出して語っている。「わたしはあのろくでなしが気に入ったよ[(5)]」。

トルーマンは、いわば手の内のカードを全部見せ合うアメリカ中西部風実直さが、戦後期に向けたまずまずの適度の折り合い、とげとげしさはあっても戦時中の関係のそこそこの継続に道を開くものと期待した。ところが最初の働きかけはスターリンには通じなかった。スターリンは自分のカードを決して見せなかった。とりわけ世界最強の資本主義国家の大統領が相手の場合には。トルーマンの実直さは、もちろん本人が思っていたほどおおらかなものではなかった。ポツダムではすでに最初の原爆実験に成功していたが、これには触れようとはしなかった。しかし、スターリンはソ連のスパイを通じて多くをつかんでいたのである。

スターリンは人民のツァーという新種のロシア皇帝であった。西側との取引では相変わらず年季の入った偏執症に突き動かされ、戦後の同盟には関心もなければその有効性を信じてもいない男だった。トルーマンの最初のスターリン観は一九五〇年にはとっくに姿を消していた。安閑とポツダムに乗りこんだ自分自身を〝お人よしの理想主義者[6]〟だったと考える。スターリンのほうも、トルーマンがかれを誤解したのに負けず劣らずトルーマンを誤解していた。二人がポツダムで会談した後、スターリンはこの新アメリカ大統領を著しく、また危険なまでに軽く見て、当時ソ連官僚社会の新星だったニキータ・フルシチョフにトルーマンはくだらないやつともらしていた[7]。

クレムリンは何を考えているのか

戦争の終結につづいて起きたのはチェスゲームに似た覇権争いである。イギリス、フランス、ドイツ、日本の崩壊とその帝国の瓦解に伴って生じた世界の真空状況を考えれば、当然の成りゆきだった。北朝鮮の侵攻のころには、冷戦はもっとも緊迫した水準に達していた。冷戦期を通じてこのとき以上の危機は、核戦争一歩手前までいった十二年後のキューバ・ミサイル危機をおいて他にない。六月二十五日の侵攻はチャーチルの鉄のカーテン演説から四年後、ソ連のベルリン封鎖とアメリカの空輸補給作戦から二年後であった。一九五〇年までには、西側同盟諸国はマーシャル・プランの完了に近づき、やがて北大西洋条約機構（ＮＡＴＯ）の創設を見た。アメリカは同機構を戦争で荒廃し、依然不安定なヨーロッパ諸国を強化する手段と見なしたが、共産側は自身を包囲する敵対諸国の巨大な壁を作る陰謀の一環と見なした。

トルーマン政府の最高首脳らは六月二十五日の会議で、朝鮮の半分が他の半分を攻撃した侵攻の意図を探ろうとしたが、事実上、暗闇のなかをのぞいているようなものだった。ソ連の行動は何ごとも極秘の闇に包まれ、モスクワの電話帳でさえ秘密文書の時代だった。ワシントンで大統領を囲んだ首脳らが当時信じたのは、侵攻はスターリンが命じ、北朝鮮の代理人らが従ったモスクワじきじきの動きだということだった。しかし、それは事実ではなかった。ずっと後年になって、侵攻の推進力は自信過剰の若造の金日成《キムイルソン》で、用心深いスターリンはいくらかしぶしぶ同調していたことがモスクワの公文書館資料の公開で明るみに出た。その当時、米政府のソ連専門家は北朝鮮を何でもクレムリンのいいなりになるソ連の衛星国にすぎないと考えていた。ほぼその通りだったが、この場合はスターリンは主唱者というよりも調停者だった。ワシントンの当初の懸念は、侵攻はただの見せかけで、実はソ連の大規模な侵略計画の初めの一手ではないか、ということだった。そうであれば、スターリンのつぎの手は何か。スターリンはひそかにヨーロッパか中東の目標に狙いを定めているのではないか。アチソンは侵攻は見せかけで、つぎにくるのはソ連の支援を受けた中国軍による台湾の蔣介石攻撃、あるいは、同じように危険なのは、蔣による挑発の後の共産側の反撃だと考えた。

トルーマンは対照的に、つぎの矛先はイランと予想した。トルーマンとは何かにつけめったに意見が合わないマッカーサーも同意見だった。六月二十六日、トルーマンは腹心の幕僚数人とともに地球儀に歩み寄り、中東のところに回してイランを指差した。「われわれが用心しなければ、奴らがトラブルを起こすのはここだ。韓国は極東のギリシャだ。もし、いま、われわれが三年前のギリシャのように奴らに立ち向かえば、奴らも次の手はくださないだろう。だが、もしわれわれがただ手をこまねいて傍観するなら、奴らはイランに攻めこみ、中東全体を乗っ取るだろう。いま戦わなければ、奴らが何をするか分かったものではない(8)」。

異なった種類の共産主義

大統領が二十五日夕、ワシントンに到着したとき、アチソンのほかルイス・ジョンソン国防長官、ジェームズ・ウェブ国務次官が空港に出迎えた。三人と大統領が車に同乗した瞬間から、どうすべきかは、わかっていた。「よし、奴らをやっつけてやるぞ」とトルーマン(9)。ジョンソンはすかさずトルーマンと同意見だと応じた。ウェブは大統領に、国務省がまとめたいくつかの原案に目を通していただきたい、とだけ述べた。朝鮮から届く依然断片的な報告への当面の対応として多様な勧告案が作成されていた。断片報告は悪い状況を伝えるものばかりだった。国務省が大統領に要請したマッカーサーへの権限付与は、韓国軍が必要とする兵器の引き渡し、在韓米人引き揚げを掩護するためのアメリカ空海軍の投入および韓国内の港湾の確保である。これは引き揚げ中に在韓米人が北の手に落ちるのを阻止するためだ。同時に、大統領の今後の決定に基き、統合参謀本部は北朝鮮軍を阻止するために必要な軍事計画を立案する、第七艦隊を台湾海峡に移動させ共産中国の台湾攻撃を阻止する（同時に蔣介石による中国本土の新政権への挑発行動も阻止する）。さらに、アメリカはインドシナのフランス軍を支援する軍事援助計画を開始し、ビルマ、タイに軍事援助を提供する必要がある、などだった。大統領が当時使っていたブレアハウスに専用車が到着したとき、ウェブは大統領と二人きりになったわずかな時間にもう一つ提案をした。それは、ワシントンは北朝鮮の侵攻問題を国連に持ちこむ意向なので国務省としては台湾と朝鮮とを分ける決定を検討すべきだ、というものだった。

あの日、三十八度線という一本のラインが踏み越えられていなくても、ラインは確実に不鮮明になりつつあり、それはかならずしも朝鮮半島に限らなかった。第二次世界大戦直後の時期、戦争がもたらした旧秩序の崩壊とその他の混乱に対処しようとしたワシントンの政策立案者が直面した主要課題はおそらくつぎの二つだろう。

まず、ヨーロッパでのソ連の拡張主義に一線を画すこと。もっとも差し迫った明白な課題だったが、これについては巧みな技量とビジョンとをもって実行された。だが、不幸なことに、もう一つの大きな課題を不公平にも犠牲にした。緊急度と影響力の点で重要性をやや欠く課題、すなわち、アメリカ最大の同盟諸国の植民地時代の終焉にどう対処するか、ということである。これらの国々は、植民地として支配していた地域で、政治的、またときには軍事的に独立を希求する勢力の挑戦を受けていた。同盟諸国の旧植民地をめぐっては、ワシントンの姿勢は著しく一貫性を欠いていた。二種類のまったく異なる共産主義がまったく異なる脅威を突きつけていた。ヨーロッパで赤軍が推し進める堅苦しい共産主義と第三世界で叫ばれている共産主義である。後者のほうは反植民地勢力の便利な道具になっていた。（インドシナのように）支援をワシントンに拒否された後、モスクワを頼っていくことが多かった。今回の北朝鮮の南進は、誰がなんと言おうと、これまで侵略と呼ばれてきたものに違いない。だが、インドシナでは、状況が違った。アメリカはインドシナを、朝鮮およびヨーロッパでの共産主義勢力との対決とリンクさせ始めていたが、しかしインドシナは純然たる植民地戦争だった。

ケナンの忠告

その夜、制服組と文官の最高首脳全員がブレアハウスで食事をともにした。食事の後、侵攻問題が取り上げられた。いくつかのことがすでに明らかになりつつあった。すなわち、北朝鮮軍はどこまで深く浸透したのかはだれもわからなかったものの明々白々で大規模な侵攻であること、韓国軍は苦戦しており、自力ではこの先持ちこたえられないこと、などである。食事後、ブラドレー統合参謀本部議長が口火を切った。ブラドレーは一年前には、朝鮮半島を戦略的価値が低い、戦闘に不向きの地域だとして、在韓米軍の引き揚げを支持していた。しかし、この夜は、共産主義者にきびしい一線を画すべきで、そうするのに朝鮮ほどふさわしいところはないと主張した。韓国の価値は一晩で逆転した。全面的に賛成だ、とトルーマンが口をはさんだ。その瞬間にサイは投げられた。攻撃の規模を考えるとソ連が背後にいるに違いない、とブラドレーはつづけた。海軍トップのフォレスト・シャーマン海軍作戦部長とホイト・ヴァンデンバーグ空軍参謀総長が発言した。各発言はアメリカ人が空と海の優越に抱いている楽観論――と依存心――および、それぞれの軍の特異な威力への確信を語った。いずれも北朝鮮軍の戦闘能力をあまり重視せず、空軍力と海軍力とで北朝鮮軍を撃退できると自信をみせた。しかし、ジョー・コリンズ陸軍参謀総長は入手中の報告を基にすれば、米地上軍も必要になりそうだ、と述べた。地上軍の参戦となると事情は違って、いちだんと深刻な対応になる。ブラドレー、コリンズとフランク・ペイス陸軍長官は、それについてはアメリカは急いで結論を出すべきではないと主張した。しかし、ブラドレーは北朝鮮軍の戦力と能力を過小評価していたことに間もなく気づく。「北朝鮮軍があれほど強いとはだれも思わなかった」とかれは後に証言している。(10)

コンセンサスが少しずつ形成されていった――空軍は北朝鮮軍の進撃を鈍らせるために直ちに必要、問題を国連に持ちこんで支持を求める、必要ならアメリカは侵攻阻止のため単独行動も辞さない。夕食会の終わり近く、ウェブは大統領に情勢の政治的側面を討論するよう求めた。しかし、トルーマンは「政治の話はしない」と鋭くこれを拒否する。「政治の問題は私が引き受ける」(11)。それから、トルーマンは在留米人家族引き揚げを保護するためと、韓国上空で北朝鮮空軍と交戦するため空軍の投入を命じた。また、ペイスに対しマッカーサーに調査団を韓国に派遣させ軍事的に何が必要かを調べさせるよう求め、シャーマンに対しては第七艦隊をフィリピンから台湾海峡に回す命令を伝えた。艦隊が現実に配置につくまでは公表を控えたい、と語ったが、この命令は決定的に重大であった。

地上部隊をめぐる決定は依然、あたかも嵐を含んだ頭上の黒雲のようだった。大統領の幕僚のだれ一人韓国軍に踏みとどまる能力があるとは信じていなかった。翌日、大統領はベス夫人（まだインデペンデンスにいた）に手紙を書いた。ひとたび離陸したら、申し分ない旅だったよ。ブレアハウスの会合は大成功だったが、朝鮮問題は難題だ。「これほどの騒ぎはギリシャとトルコがわがほうに転りこんできて以来なかったことだ。私たちにとって最善の結果になることを祈ることにしよう」[12]。スターリンは侵攻を黙認したが、決してけしかけたのではないという見方をとる者はいなかった。そういうことなら話は大いに違っていただろうというわけではなく、どのみち同じことだと見なされた。有力紙ニューヨーク・ヘラルド・トリビューンの見出しは「ロシア人が侵略のうわさ。赤軍戦車部隊、ソウルに迫る」だった。

国家安全保障を担う一部首脳にとり、たとえばアチソンにとって、今回の不気味なニュースは、たなぼたと言っていいものだった。というのも、防衛予算の大幅増額を熱望していたのに、見通しは暗かったからだ。かれらは事実上、このような事態が起これればいいと待ち望んでいた。変事の発生を恐れるいっぽうで確信もしていた。そうなれば、降りかかってきた新たな挑戦に国を目覚めさせる一助になるかもしれない。

アメリカのソ連問題の第一人者ジョージ・ケナンはブレアハウスの会には出番がなくひどく不満だった。（「夕食会は、いわば社交的招待状の形で、爾後、国務省の政策決定に関与する責任者グループを決める効用があった」とケナンは後に書いている。）ケナン自身のことばによれば、かれは干されていた。すでに国務省政策企画局長のポストを捨ててプリンストン大学に移ろうとしていた。現在や未来ではなく過去をじっくり考えるためにである。とはいえ、朝鮮は単なる陽動作戦かもしれないと懸念したアチソンはつぎの数日間、ケナンにソ連の意図について詳細に質問した。ケナンの見解は、この攻撃はより大きな戦争を意味するものではない。ソ連は対米戦争へ拡大することを望んではいないが、アメリカが〝無益で不名誉な戦争〟で身動きが取れなくなるか、北朝鮮が朝鮮半島を征服するのをアメリカが手をこまねいて傍観する（その結果、この地域での信頼を失う）のを喜ぶだろう、とアチソンに書き送った。[13] アメリカにとって大きな危険はヨーロッパではなくアジアにある、そこでは、ロシア人は中国人を代理人に巻きこもうとする可能性がある、とケナンはコメントする。このことはとりもなおさず、ケナンが戦争拡大を望まず、戦争を限定的にするために慎重のうえにも慎重であるべきだ、と考えていたということだ。後に分かったことだが、これはわが国一流のクレムリノロジストから発せられた冷静できわめて予言的な忠告であった。

国民党軍を投入すべきか

翌日、首脳らはブレアハウスで再び会合し、朝鮮問題の中心的存在になっていたアチソンが、第七艦隊が配置につき、艦隊に台湾防衛令を発令するときになったと発表した。同時に蔣に対しては本土へのすべての敵対行動を中止するようきわめて無遠慮に要請、第七艦隊の士官らは蔣に要請を順守させるよう命令された。さらに、アチソンは韓国だけでなくアジア全域に向けた勧告の概略を語り始めた。アメリカは共産ゲリラ「フク団」との戦闘に巻きこまれているフィリピン政府に援助を拡大する、インドシナの植民地戦争で共産主義・民族主義のベトミンと戦っているフランスにも同様に援助を増やす、とした。インドシナについては重大なエスカレーションであった。アメリカはもともとフランスの植民地支配の復活に反対だったが、パリからの圧力でしぶしぶ同調し、開戦から四年が経ち、フランス世論に厭戦の色が見え始めたいまになって、アメリカは戦費の大幅な肩代わりを覚悟した。やがてアメリカはフランスの主要な後ろ盾、スポンサーになる。インドシナに大型軍事使節団を派遣したことは、アメリカが苦い植民地戦争という新領域に手を染めつつあることを意味した。しかし、だれもその重大な結果を想像もせず、大して気にもかけなかった。即座にそれは実行されたのである。北朝鮮の越境から四日後の六月二十九日、フランス軍向けの資材を積んだC－47輸送機八機が太平洋を渡った。大規模な軍事援助と、いずれはアメリカの深刻な憂鬱の種となっていく危険な行動の始まりであった。

月曜夜の会議で、ワシントンの政策立案者らは蔣介石の軍隊の朝鮮戦争投入の可能性も討論した。蔣総統はすでに一部の精鋭部隊の提供を申し出ていた。トルーマンはこの申し出に興味を持ち、最初は受け入れに傾いたが、アチソンが強硬に反対した。かれは朝鮮危機が始まった瞬間からいわゆる蔣問題について検討をつづけていたので、蔣の申し出には驚かなかった。蔣の思惑（なんとかして中共軍を引きこむ戦争の拡大）とアメリカの思惑（中国を介入させない限定戦争）は相容れないことをアチソンは理解していた。両国は依然同盟国かもしれないが、望むものはまったく異なっていた。アチソンはこの点については自分は正しいと確信していた。いずれにしろ、かれは蔣の軍隊の大陸本土でのふがいない戦いぶりをたっぷり見せつけられていたので、この戦争でかれらに頼ろうとは思わなかった。まして、相手は蔣の軍隊を打ち負かしたばかりの精鋭軍である。右派陣営には、蔣の軍隊を使うアイデアに魅了された人たちはマッカーサーを含め大勢いた。しかし、アチソンはその仲間に加わらなかったし、純粋に軍事的側面から警戒感を持つ統合参謀本部の多数派も結局は加わらなかった。

しかし、政権の政敵たちは蔣の軍隊の使用を要求し、朝鮮戦争の開戦を大統領と国務長官攻撃の材料と見立て、朝鮮問題をすでに俎上に載せている中国の喪失と結びつけようとした。政敵たちの反応は直感的で早かった。いわゆる台湾《チャイナ》ロビーの顔役スタイルズ・ブリッジズ上院議員は同月二十六日、上院の議場で質問に立ち、「わが国は宥和政策をつづけるのか。ほこりが収まるのを待つのか〔アチソンのせりふのもじり。かれは先に、ロシアと中国を引き離すチャンスが訪れる日のくることを信じて中国でほこりが収まるのを待つ、といった〕。いまや、一線を画すときだ」と主張した。カリフォルニア選出のビル・ノーランド上院議員は台湾《チャイナ》ロビーべったりで台湾選出議員で通っていたほどだが、「かりにわが国がこの種のむき出しの侵略にひざを屈するのを許すならば、共産主義を阻止するチャンスはアジア大陸のどこにもない」と演説した。そして最後にネバダ州選出のジョージ・マローン上院議員が状況をヒス事件に結びつけた。国務省職員アルジャー・ヒスがソ連スパイ容疑にからむ偽証罪で告発されたばかりだった。中国で起こったことがいま朝鮮で起きている、国務省に影響を持つ複数の左派分子がこの事態をもたらしたのだ、とマローンは非難した。

北朝鮮の侵攻に伴う事態へのトルーマン自身の対応は自動的で、まったく非政治的だったが、最初から政治がからんでいたのも事実だった。蔣の問題、蔣と台湾防衛の是非をめぐり政権内には若干の亀裂があった。蔣援助の継続は政権の政敵のなかでも最強硬派が持ち出す主要テーマであるばかりでなく、政権内のごく内輪の集まりでもくすぶっていた。アチソンの意見では、蔣は文字通り過去の人で、蔣支援は疑問の多い政策であり、アジアの変容ただならぬ風向きや政治の様相を考慮すれば、長期的にはアメリカの利益に反する。しかし、アチソンの政敵のジョンソン国防長官は公然たる蔣支持派だった。ジョンソンは大統領選の民主党候補としてトルーマンの後継をねらっていた。トルーマンのグループの一部中枢メンバーは、ジョンソンを反政権の台湾《チャイナ》ロビーとみていた。ワシントンの国民党政府（国府）大使館の蔣派にアチソンを無力化して政府から追い出してやると約束したとまでこれらの人々は考えていたのである。（実際、ジョンソンの最高顧問ポール・グリフィンは台湾《チャイナ》ロビーの中心人物である国府大使顧維鈞《クーウエイチュン》（欧名はウェリントン・クー）と絶えず接触していただけではなかった。顧《クー》は政権に知られないまま、ニューヨーク・リバーデールでマダム蔣《チアン》こと宋美齢とジョンソンの晩餐会をセットしていた。九か月ほど前のできごとだった）[14]。ジョンソンと中国国民党とのつながりは政権の公然の事実で、共和党側から絶えずなされる中国政策批判は政権内部でも持ち出され、最高レベル会議での発言は国民党側に筒抜けだった。

それは気まずい内紛をもたらす。中国問題がすべての決定に影を落とした朝鮮戦争の初期、政権につきまとった内紛だった。ジョンソンが勝てる勝負ではなかった。政治的にはトルーマンはジョンソンよりもアチソンにきわめて近かった。アチソンを高く評価し信頼もし、かれの政治的判断を信頼して戦争拡大の恐れのあることには結局は慎重だった。だが、トルーマンはジョンソンに借りがあった。一九四八年の党大会の後、トルーマンが自力で大統領選に勝てるとはだれも予想しなかった最悪期に大きなカネづるをにぎる人びとのなかで、ほとんどジョンソンだけがトルーマンを支援した。ジョンソンは民主党の金庫がカラのときにトルーマンの資金調達責任者となった。その功により、国防長官の座を射止めていた。

トルーマンが政府要人たちをブレアハウスに集めた瞬間から、アチソンとジョンソンは台湾をめぐりはげしい対立の火花を散らした。争点はジョンソンが持ち出した。ほかの出席者は朝鮮問題に集中したがったが、大統領とアチソンの意向に逆らってアジアのアメリカ防衛線に台湾を含めようとするジョンソンはこの機会を逃さず、アメリカの安全保障は韓国よりも台湾のほうが影響が大きいと論陣を張った。片や、アチソンは議題を朝鮮問題に戻そうとした。とうとう、トルーマンが割って入り、

食事にしようといった。食事の後、ジョンソンは再び台湾問題を持ち出し、トルーマンは再度口をはさんで止めさせた。(15)

ブレアハウス会議では、蔣の軍隊の件は棚上げされ、さっそく現地情勢をめぐるいちだんと深刻な討議に入った。コリンズが韓国軍は壊滅しつつあると報告、韓国軍参謀総長は「戦意がまったく残っていない」と語った。出席者全員がその意味を理解した。アメリカの戦闘部隊の投入が必要である、ということだ。しかし、第二次世界大戦でさえ、アジア本土への戦闘部隊投入は避けるのがアメリカの政策だった。ブラドレーは大統領にそのような重大な決定は数日待ってからするべきではないかと提案し、トルーマンは統合参謀本部に問題の検討を求めた。その場の重苦しい雰囲気を反映してトルーマンはふと周囲を見渡し「わたしは参戦したくない」と重々しい声で漏らした。しかし、トルーマンは一方で参戦の最終決断にぐいぐい吸い寄せられていることに気づいてもいた。

議会の決議をえず

六月二十七日、トルーマンとアチソンは議会指導者らと会い、それまでに下したもろもろの決定事項の説明をおこなった。議会側の反応は総じて好意的だった。ニュージャージー州選出の共和党アレクザンダー・スミス上院議員は、大統領は議会に対し朝鮮半島での軍事行動に関する合同決議の可決を要請する用意はあるかと質問した。それはよい質問だった。驚いたことに、丸々二日にわたる会議で、政権のだれ一人、そのことはまったく念頭になかった。かれらの頭のなかでは、議会は配慮の外と思っていたし、少なくとも配慮しなかった。トルーマンはよく検討しましょう、とスミス議員に答えた。その日遅く、トルーマンはその件をアチソンとハリマンに持ち出した。ハリマンは侵攻の数時間後に最高レベルの特別顧問に就任していた。アチソンとは違って大富豪の出のハリマンはアメリカ政治につねに敏感だった。かれはトルーマンに議会の議決を求めるよう強く助言した。アチソンは事態はスピードを要求している、といって反対した。議会の子であるトルーマンは、戦争と平和の問題をほかの大統領がかれの頭越しにやっていたら、激怒したに違いなかったが、アチソンの意見に傾いた。かれは参戦準備を遅らせたくなかったのと、蔣の問題でしょっちゅう議会といがみ合っていたので、上院の政敵らと交渉することには慎重だった。三日後の六月三十日朝、トルーマンは再び議会指導者らと会った。今回はネブラスカ州選出のケネス・ウェリー上院議員が議会承認についてぶっきらぼうに質問した。かれは政権に好意的な上院議員ではなかった（アチソンは以前、聴聞会でウェリーの鼻面にパンチを食らわそうとして自分の側近に羽交いじめにされたことがあった。トルーマン自身はウェリーのことを「ネブラスカから出てきたれんが頭の葬儀屋[16]」と好んで呼んだ）。トルーマンは「議会の助けが必要になれば、きみのところにいくよ。しかし、朝鮮の追いはぎどもは議会の手を借りずとも押さえこめると思う[17]」とはぐらかすようなことをいった。

ある種の決議を得るにはよい潮時だったが、その瞬間はすぐに過ぎ去り、侵攻のときには存在した議会の全会一致は雲散霧消した。戦争がもともと想定していたよりも旗色が悪くなってくると、戦争をめぐる政治の舵とりもむずかしくなって、支持はばらばらになり始めた。トルーマンが議会の支持を求めなかったため、野党はアメリカの参戦の責任を引き受ける必要がなくなった。フランク・ペイス陸軍長官がそれでも議決を求めるべきだ、と助言したところ、トルーマンは「フランク、それは必要ない。議会は全員、わたしの味方だよ」と答えた。「イエス、大統領閣下。ですが、いつまで閣下の味方でいるのか、われわれは確信が持てません」とペイスは答えた[18]。しばらくの間は全員が呉越同舟の様相だった。大統領が韓国に兵器を送る決定を下したとの報が下院に届くと、ほぼ全員が立ち上がって歓声を上げた。クリスチャン・サイエンス・モニター紙のジョセフ・ハーシュ記者といえばワシントンで経験豊かな敏腕記者だったが、かれは「わたしはこれほどの安堵と団結感がワシントン中にゆき渡るのを感じたことはなかった」と書いた(19)。

地上軍投入の要請

その週には、地上軍の投入がいよいよ近づいていることを大統領の側近たちは理解した。文官、制服組を問わずだれも望んでいない事態だった。それは日を追ってますます重圧となっていった。アメリカの空海兵力は戦争を終わらせそうになかった。マッカーサーは朝鮮へ行って戦線を持ちこたえるために何が必要か報告するよう命じられていた――マッカーサーが〝命令された〟と言えればの話だが。六月三十日早朝には東京からの返事がくることになっていたが、情勢が思わしくないことはすでに周知の事実となっていた。ワシントン時間の午前一時三十分ごろ、ジョン・ムチオはアチソンにマッカーサーは兵力増強を要請する構えだと知らせてきた。半島の事態は絶望的だ、とムチオは報告した。軍隊派遣を要求するマッカーサー電報の舞台は整った。

その一時間半後、韓国訪問から戻ったばかりのマッカーサーは統合参謀本部にアメリカは在韓兵力の抜本的増強が必要だ、と報告した。以下はかれの決定的なことばである。

「現在の戦線維持の保証および失地回復能力はアメリカ地上兵力の朝鮮戦闘地域への投入を通じてのみ得られる。地上部隊の効果的な投入なしに空海軍を利用したとしても、決定力たりえない」

マッカーサーはいう。すでに交戦中の地帯での戦闘に向け一個連隊規模の戦闘部隊をただちに投入し、しかる後に反攻を実施するため在日米軍から最大二個師団を可及的速やかに手配したい。われわれが以上の措置を取らなければ、「われわれの任務は人命、資金、名誉の面でよくいっても無用な多くの犠牲を伴い、悪くすれば失敗は不可避となる公算がある」。

ワシントンでは国務省極東担当次官補ディーン・ラスク、陸軍参謀総長ジョー・コリンズが午前三時から四時ごろまで、このマッカーサーの電信に対応した。しかし、二人はどちらかといえばワンランク下の当局者だったのと、時刻も早かったので、対応は遅々として進まず、やりにくくもあった。上司の裁可がつねに必要だった。東京が持ち出してきたのは小さな問題ではなく、実に戦争と平和の問題にほかならない。答えはすぐには出なかった。多くの項目で手間どり、マッカーサーの不興を買った。「けしからん！　わしが参謀総長のときはハーバート・フーヴァーをトイレから引っぱり出してわしと話をさせたもんだ。ところがどうだ、手間取るのは陸軍参謀総長だけではない、陸軍長官と国防長官もだ。連中はやいのやいのと急かしたくせに。許しがたい」(20)。

ワシントン時間の午前四時三十分ごろ、マッカーサーはコリンズに地上部隊の要請の念押しをした。コリンズはペイスに電話を入れ、ペイスはトルーマンに電話した。トルーマンはいつも早起きだった。農場で働いていた若いころの習慣は決して消えなかった。ペイスの電話を受けた時刻にはひげそりを済ませていた。矢は弦を離れた。一九五〇年六月三十日午前五時前、トルーマンはアメリカ地上部隊の朝鮮派遣を承認した。ごく初めのうち、マッカーサーはワシントンが自分を放っておいてくれさえすれば、侵攻をいとも容易に処理してみせると豪語していた。ところが、いまでは二個師団が必要だという。マッカーサーはそれでもまだ敵を過小評価し、米軍部隊を含む指揮下の戦力を過大評価していた。そのことは後に判明するのだが。

トルーマンは蔣の軍隊の提供に利点はないか、まだ思案していた。そこで、アチソン、ハリマン、ジョンソン、統合参謀本部を召集して蔣軍使用をめぐる最後の検討会を開いた。韓国軍の崩壊で、大統領には蔣提案は一時しのぎの措置として多少の意義はあった。アチソンは中共軍の介入を招くと確信していた。統合参謀本部はどちらの意見にも加担しなかった。

暗い雰囲気のなかで唯一元気づけられたのは、アメリカ軍が今後、国連の旗の下に戦うことだった。トルーマンは米地上軍の使用を承認するに先立ち、国連のお墨付きをすでに得ていた――当時はその後のどの時代よりも承認取りつけは容易だった。一九五〇年の国連はまだ欧米の利害を色濃く反映していて、唯一大きな反対勢力はソ連とその衛星国家群だけだった。国連はある意味で白人世界の最後の名残りとも言えた。朝鮮における武力行使を承認する安全保障理事会の投票で、わずか二票の棄権票は非白人国家のインド、エジプトが投じた。一九五〇年代後半に始まり一九六〇年代に加速した植民地時代の終わりの到来によって、新たに独立したアフリカ、アジア、中東諸国が加盟、国連の構成が劇的に変化して欧米の影響力が著しく減退、アメリカと西欧諸国の政界保守派が徹底的にないがしろにする組織へと国連が転換するのは後の話である。

ソ連は朝鮮問題をめぐる安全保障理事会の会議を愚かにもボイコットしていた（その理由は皮肉なことに中国国民党政府が同理事会に居座っていることへの抗議だった）。ソ連の拒否権が消えたことにより、アメリカ側は六月二十七日火曜日、希望した決議を手に入れ、最終的にはアメリカ軍主導の軍隊に国連旗が与えられ、その旗の下で戦うことになったのである。

第７章　父の怨念を受け継いだ男

アンタッチャブル・マッカーサー

アメリカは朝鮮半島での戦争へと突き進んでいった。トルーマンはいやいやながら最高司令官の責務を担うことになる。そもそも、政権の安全保障スタッフがたいして重要ではないと考えていた地域なのだ。しかも、自分の嫌いな現地司令官に最初から頼らざるをえず、その現地司令官も自分を尊敬していない。舞台の役者たちは出だしから息が合わなかった。

朝鮮戦争勃発から三日後、当時コロンビア大学総長をしていたドワイト・アイゼンハワーはペンタゴンに立ち寄り、副参謀総長マット・リッジウェイ中将と戦闘指揮官の問題を話し合った。リッジウェイは新世代の高級将官のなかでもっとも高い評価を集め、多数の高級士官からマッカーサー麾下の戦場指揮官の理想的候補と目されていた。いっぽう、アイゼンハワーほどマッカーサーの手の内を知悉している軍人はいなかった。かれはワシントンとマニラでマッカーサーの副官を務めたことがあり、マッカーサーがワシントンの背広組と制服組に報告を上げるさいに抜け目なく真実をより分ける手口を詳しく知っていた。アイゼンハワーは、ホワイトハウスが喉から手が出るほど求めているのは若い将軍であり、あの「アンタッチャブル」ではないと、リッジウェイに言った。その「アンタッチャブル」の行動は予測不可能、ワシントンにあげる情報は、自分が聞かせたい情報だけ、だ。(1) 軍事と政治との間に明確な一線が引かれ、高級将官たちは一線の順守に細心の注意を払っていたが、「マッカーサー将軍は一線の存在を認識していても、恒常的にわざと無視した(2)」とアイゼンハワーは後年書いている。マックス・ヘイスティングズがかつて書いたことだが、マッカーサーは生涯を通じ「自分より劣る人間がつくったルールは自分には適用されないという前提で」行動した。(3)

北朝鮮が開戦したとき、ダレスとアチソンが目撃したあの数日間のマッカーサーの人を不安にさせる振る舞いは、一般のアメリカ人の目に触れることは決してなかった。マッカーサーにまつわる世間的な神秘性はメディア界幹部、とりわけ、かれが長い歳月をかけて媚びてきた出版業者や編集者の間ではシミ一つついていなかった。侵攻開始から四日後のニューヨーク・タイムズ紙がその典型で、マッカーサーがその場に居合わせてくれた〝国民の幸運〟を歌いあげる絶賛の社説を掲載した。「天命はわが国民の限りない信頼の念をこれほど惹起できる人物を二度と選べるものではあるまい。卓越した戦略家にしてすばらしい指導者、逆境の下にあっても底知れぬ忍耐と落ち着き払った安定感の男、同時に大胆で断固とした行動ができる男」。

かれは七十歳だった。アメリカ陸軍の上級将官。マッカーサーよりも「上級」なのは、神のみ。ウエストポイントの年老いた神童といわれていた。青年時代はウエストポイントの四年間で98・14点という最高級の学業成績をひっさげて任官、学業成績が約束した以上の軍人人生を送った。かれが就任したいずれの地位も最年少士官の肩書きがついて回った——第一次世界大戦のフランスで最年少師団長、ウエストポイントの最年少校長（母校では旧弊打破の近代化派だった）、最年少陸軍参謀総長、最年少少将で、大将になったのも最年少というぐあい。かれのメディア受けのよさは偶然の賜物ではなかった。たぐいまれな軍歴やその長さだけでもなかった。自らの印象が適切であるか気を配り、勝利は最大限自分の手柄とし、部下の手柄はできる限り小さくするようつねに注入された厖大な量のエネルギーからも生み出されたものだった。これほど芝居がかった人物もいなかった。ただ単に将軍をやっているだけでなく、できるだけドラマチックにやるのに終始忙しかった。まさに歴史という劇場で、まるで人生はつねにステージ、世界はかれの観客であるかのごとく偉大なるマッカーリーを演じた。

マッカーサーは語る。だが聞かない

中道リベラルの社説を掲げ、マッカーサー賞賛に熱心なタイムズ紙だったが、タイム誌の度を超した将軍賛美にはかなわなかった。同誌の創業者で発行人のヘンリー・ルースの中国と蔣介石への思い入れを考えると、タイム誌はこのときすでに売り出し中のチャイナロビーと密接に結びついていた。チャイナロビーとは蔣と中国を同一視し、米政権の対蔣援助の規模は不十分と考えているアメリカ人たちの圧力団体であった。一九四〇年代末から五〇年代にかけて政治的、社会的影響力のピークにあったタイム誌は、同時代のほとんどの同業他誌よりも世界観の面で際立ったアジア優先主義を標榜していた。その原因にルース自身が中国で伝道に携わった宣教師の息子、いわゆる〝ミシュ・キッド〟だったことが少なからず影を落としていた。蔣はたぶんウィンストン・チャーチル以外では、ルースお気に入りの世界的指導者だっただろう。いっぽう、マッカーサーがルースのお気に入りの将軍だったのは、アジア最重視の信念とほかの国際主義者がそこに少しも振り向いてくれない不満とを共有していたからであった。タイム誌は北朝鮮軍侵攻直後の一九五〇年七月十日号の表紙をマッカーサーで飾った――その時代は表紙に登場するのはきわめて重要だった。かれが表紙を飾るのはそれが七度目、蔣とデッドヒートを演じていた。大のお気に入りの将軍にしてさえ、この特集号の記事はジャーナリズムの聖人伝に新しい規範を作った。「かつては日本の生命保険帝国の心臓部だった第一生命ビルのなかで、疲れた目をした幕僚たちが書類の束から顔を上げて誇らしげに『本当に、あの方は偉大だ』とつぶやいた。参謀長アーモンド将軍はずばり『あの方はこの世で最大の人物だ』といった。敬虔なジョージ・ストラトメイヤー空軍司令官は思い切り強い調子でいった。『あの人は史上最高のお方』……」(4)。

もちろん、みんながみんな同じ意見ではなかった。マッカーサーは出版人や編集者へのへつらいはうまくやったが、一線の記者たちはかれの仰々しさやうぬぼれにはしばしば閉口させられ、多くは幕僚たちのこびへつらう雰囲気を軽蔑するようになった。マッカーサーとの面会はただのブリーフィングではなかった——訪問者の重要度に合わせて注がれるエネルギーと気配りは舞台の演技のようでもあった。マッカーサーの問題は、「将軍を長くやりすぎたこと」とジョセフ・スティルウェル将軍は最高副官の一人フランク・ドーンに語っている(5)。スティルウェルが語ったのは一九四四年で、マッカーサーが占領国日本のアメリカ公認の皇帝になる前だった。「かれが最初の星（准将のこと）を得たのは一九一八年。ということは将軍を三十年近くもやっていることになる。三十年も人におもねられ、お追従をいわれ、何でも望み通りになる。これはだれにとってもよくない」とスティルウェルは評した。

マッカーサーは一九五〇年には大御所になっていたので、だれもがいや応なしにかれの規則に従って行動した。事実上、かれは軍のなかに、かれだけが指揮を許される軍を作ったばかりか、かれだけが統治できる小世界を作った。ワシントンからの指示や命令、提案はたびたび無視された。まるで発信者は将軍の名目上の上官たちで、つまり、かれ独自の官僚組織観によれば上官ではなく、したがって自分に質問したり、命令を与える権利はないかのようだった。かれは危険なほど閉鎖的な小世界を作っていた。社会的、政治的、軍事的にすべての人、すべての物から全面的に隔離され、そこではだれもあえて異を唱えない。かれをとり巻く人びと全員がかれを畏敬した。畏敬しない者は総司令部にえてして長くとどまれなかった。第一生命ビルの総司令部にやってきた訪問客はかれへの謁見を賜る値打ちありと見なされたら、必ず演技鑑賞の栄に浴した。マッカーサーはその日の朝、鏡の前でバスローブを着たままよく演技の練習をした。そんな演技のなかでかれは未来の出来事を大いなる自信と確信とをもって語った。たいていの人は、どんなに事情通でも未来については、歴史が仕掛けるトリックを意識して、ある程度用心しながら語るものであるが、マッカーサーには関係がなかった。演技は往々にしてまばゆいばかりだった。念入りにリハーサルをしていながら、あたかも即席劇のように演じられた。かれは天性の独白役者で、外の世界では、そこには寸分の乱れもなかった。実際の世界は、管理もおぜん立てもまったく不能だった。外の世界では、世紀の初頭とはまったく様変わりした新たな勢力が、敵意をむきだしにしていた。にもかかわらず、マッカーサーの小世界では、何から何まであまりに見事に管理され、慎重に計算され、統御され尽くされていたのである。

マッカーサーが語り、聞き手はもっぱら拝聴する。これが、ＧＨＱのある第一生命ビルの非公式ルールだった。世界でいま何が起こっているか、ソ連や中国は何をしているのか、そしてアメリカでは何か起こっているのかを、雄弁に語った。そしてこの自称予言者に誰も異をとなえなかったのである。実際には、アメリカについてですら、マッカーサーは遠く離れて疎くなっており、けっしてすべてを理解しているわけではなかったのだ。残念ながら、将校として成功するのに不可欠な資質をマッカーサーは欠いていた。それは人の話を聞くということである。聞こうとする気持ちすらなかったのである。

一九四八年、ジョージ・ケナンが日本の政治改革と経済復興の問題に携わるためワシントンから派遣されたときほど、それがくっきりと露呈したことはなかった。そのころ、古参の司令官とか上級外交官、とくにソ連と国境を接する区域で活動している者なら、たとえ、短期間でもケナンが身辺にいることが、いかに貴重なことか、理解しない人間はいなかった。それは、ケナンの意見に同意するしないにかかわらず真理だった。ケナンは新たな名声の頂点にあった。ソ連とその意図をめぐる課題で政府部内の第一級の専門家と目されていた。ケナンの知性と明晰な頭脳は疑いの余地がなかった。ロシア、ソ連邦、中国、およびその歴史と政治に関するかれの知識が抜群であることも疑いなかった。まだ比較的若く、官歴の半ばにさしかかったばかりだったが、実務的な知性を持つずば抜けた存在だったのだ。だが、ケナンはマッカーサーとの間に横たわる溝をうめることはできなかった。ケナンはマッカーサーが毛嫌いする人物たちに近すぎた。ギブ・アンド・テークの関係もなかった。事実、ケナンは東京で見たことにショックを受ける。マッカーサーは、現政権に「たいへん距離を置き、不信に凝り固まっている」ので、自分の仕事は「敵対し疑い深い外国政府と交信手段を開設し、外交関係樹立の取り決めを担う使節の任務そのもののようだった」とケナンは書いている。(6)

父、アーサー・マッカーサー

ハリー・トルーマンはものの弾みでなった大統領だったが、ダグラス・マッカーサーは決してものの弾みでなった将軍ではなかった。ダグラス・マッカーサーは、将軍になるべく育てられた男だった。それは父親アーサー・マッカーサーに始まる。アーサーは南北戦争で北軍についた英雄的な士官で、後のフィリピン反乱事件では一方の立役者となった手ごわい男だった。さらに重要なのは、この老マッカーサーは息子の目に高くそびえ立つ神話的人物だったことだ。神話はアーサーの妻でダグラスの母ピンキー・マッカーサーが抜け目なく、また絶えず創作し、編集したものだった。夫の死と夫の軍歴の終わり方をめぐる怨念の結果として彼女は息子の経歴、およびその並外れた揺るぎない野心、ほとんど特異な自己陶酔の主任設計者となった。

ダグラス・マッカーサーが見せた衝動の大半の源泉は母親だったが、父親も、内気とか謙虚とかいった言葉には無縁の人物だった。父親のアーサー・マッカーサーは、どんなときでも正しくありたいという、不幸な欲求にしばられていた男だった。

アーサー・マッカーサー自身の見解によれば、軍事技術の面のみならず、政治的判断の面でも、事実上自分に並ぶ人間はいないと考えていた。アーサー・マッカーサーの副官だったイノック・クラウダー大佐はアーサーを評して「かつて自分がみたなかで、もっともエゴイスティックな人間。かれ以上にエゴイスティックな人間は彼の息子しかいなかった」と評した。アーサー・マッカーサーの軍歴は輝かしいときもあれば、きわめて苦しいときもあった。華々しいとき、意気消沈の様子のときもあった。退役までに、かれが就かなかった顕職はなく、到達しなかった階級もなく、国家が提供する軍功章で獲得しなかったものはなかった。かれは当時の最高位である三つ星将軍（中将）で軍歴を終え、名誉章（議会が軍人に授与する国家最高の勲章）受章者となった。しかし、彼自身は、軍歴にも、陸軍にも、自分が長年にわたって抵抗してきたこの国の政治構造にもひどく失望していた。本来ならアーリントン国立墓地に埋葬されるところだったが、政治的な怨念はひどく、また、かれが死を迎えたとき国を動かしていた人びとからひどく疎んじられてもいたので、同墓地へ自分が埋葬されることを拒否した。

偉大な愛国者であったはずのアーサー・マッカーサーは結局、奇妙にねじれ曲がった道筋をたどって、事実上の反米主義者になっていた。彼自身の魂が闇に囚《とら》われていたかのようだった。偉大な理想と主義のために己を捨て、危険をおかし犠牲を払わなければならないはずの職業にありながら、利己心に深く囚われてしまった男の心の闇だった。山のような成功と褒賞も決して彼を癒しはしなかった。アーサー・マッカーサーが最後に思い出せたのは達成できなかったことだけであった。かれの息子にも多くの同じことがいえるだろう。たとえば、支配できなければ、思い通りにならなければ、かれは結局、進んで壊してしまう。困難な状況のなかで文民当局との交渉を担当する高級軍人たちはたいてい政治家嫌いになったり、少なくとも不信感を持つようになる。二つの文化の溝は大きい。わが国最高の軍人たちは政治家とは異なり状況に流されないから立派なのである。しかし、アーサー・マッカーサーの場合は、通常の用心深さと不信感をはるかに超えてまさに病気であった。文官の要望が何であろうと、どんな人物であろうと、アーサー・マッカーサーは抵抗の衝動に駆られた。ワシントンがかれをどう処遇するかが問題のすべてであった。かれは晩年、政治家の悪を絶えず語り、その姿勢は息子に伝わった。

ダグラス・マッカーサーは自分の軍歴を始めるに当たって、二重にきびしいレースに臨む課題を背負っていた。すなわち、父親のすばらしい業績に将来は並ばなければならないばかりでなく、父親の生涯が残したすべての失望に復讐を果たさなければならない。少なくとも父親を傷つけ、軽んじた相手には借りを返さなければならない。しかし、それはどんな人間も勝利を収めることはけっしてできないレースだったのである。アメリカ社会を舞台にした父と子の人生と軍歴は一世紀余に及んだ。国の規模が軍事力、経済力、政治力とともに幾何級数的に拡大をつづけた重要な時期に当たっていた。

アーサー・マッカーサーは一八四五年に生まれ、十八歳のとき、南北戦争で英雄になった。ダグラスは一八八〇年に生まれ、つぎの世紀の三つの大規模戦争、すなわち第一次、第二次世界大戦と朝鮮戦争で現役司令官を務め一九六四年に物故した。父親の初手柄からまるまる一世紀が経っていた。父と子はともに退役を政治ドラマで迎えた。当時少将だったアーサー・マッカーサーはフィリピンで軍隊の指揮に手腕を発揮していたが、必要もないのに文官当局ともめ、とうとう本国に召還された。その半世紀後、また、父親の生誕からおよそ百五年後、ダグラス・マッカーサーはアメリカ合衆国大統領によって朝鮮戦争の司令官を解任された。解任の理由は軍人の分限を絶えず逸脱して、政治に深入りしたことであった。

辺境の指揮官

アーサー・マッカーサーはほどほどの野心を持つミルウォーキーの著名な判事の息子だった。南北戦争が勃発すると、判事は息子をウエストポイントに入れようとした。かれはウィスコンシンの上院議員に頼んで息子をホワイトハウスに連れていってもらいエブラハム・リンカーン大統領に面会させた。しかし、大統領枠はすべて埋まっていた。そこで、判事は自分の政界人脈を使って息子を第二四ウィスコンシン連隊の連隊付き副官の地位につけた。アーサー・マッカーサーは十八歳にして士官になった。もっとも、当初はこの少年士官に誰もが注目したわけではない。かれが頭角を現したのは、一八六三年十一月、チャタヌーガ近郊のミッショナリーリッジの戦いだった。南軍兵士らは高地に拠って、丘のふもとに集結した北軍の大軍にほとんど一方的に打撃を与えていた。ふもとの北軍は、高地からの攻撃にさらされ、指揮官が命じた牽制攻撃も死傷者を増やすいっぽうだった。しかしとうとう、北軍の兵士たちは被った重大な損害に怒りを爆発させたかのように、固く立てこもる南軍兵士らに正面突撃し敗走させた。

後に判明したことだが、北軍兵士の先頭に立っていたのは第二四ウィスコンシン連隊で、ついに高地の頂上に立ったとき、連隊旗を担いでいた男、というか少年がアーサー・マッカーサーだった。おそらく、ほかの兵士が撃たれたあと、旗を拾い上げた三人目か四人目の兵士だったのだろう。北軍司令官フィル・シェリダン将軍はこの思いがけない勝利に感激してあの旗を持っていた若者の面倒をよく見るがよい、名誉章を受けたばかりだからな、と後で語ったといわれる。もっともアーサー・マッカーサーが実際にメダルを手にするのはそれから二十七年も後のことであった。(7) 北軍のシャーマン将軍がジョージア州を横断するシャーマンズ・マーチで十三回の戦闘に参加、四回負傷した。この奮戦により十九歳で大佐になった。その階級に昇進した北軍最年少の兵士で、南北戦争の〝少年大佐〟で有名になった。勇敢なうえに頭の回転が速く、持って生まれた戦闘本能があった。南北戦争後は軍を離れたが、民間人の暮らしにすぐに飽き、軍隊に戻った。もっとも、戦時中の階級は返上を余儀なくされた。

かれはすぐに大尉になったが、それからの二十三年間、昇進はなかった。この時代は表面的な報いのないきびしい時代だった。おそらく例外は経験自体を積むことだったろう。国は西へ拡大をつづけており、かれはしばしば辺境で指揮した。条件はつねに劣悪、作戦を展開したのは無法同然の地帯、もっと正確にいえば、唯一の法はかれのツルの一声だった。文民の行政官は往々にして微々たる存在だったから、指揮官への制約も小さかった。制約はあるにはあったが、それらはワシントンの政治家が、実際の戦場にいる軍人にかけるものだ。ワシントンの政治家は遠方にいるばかりか無知で、軍が国家の汚れ仕事をしている現実世界が少しも分かっていないと見なされていた。戦場にいる男たちにとって、かれらが相手にする政治家は屈辱的な存在、彼らに屈辱をあたえる存在でしかなかった。

アーサー・マッカーサーはこの辺境の地で成功を収めた。用兵では並外れた自信を持っていた。正式の教育はほとんど受けていなかったが、驚くほど博識で、自らの知的能力に非常な自負があった。この時代、文民の横やりを受けずに作戦を展開できた能力がもともと横柄なかれをさらに増長させ、文民政府をことのほか軽蔑するようになった、と、息子ダグラスの伝記作家ウィリアム・マンチェスターは書いている。この態度はアーサーをフィリピンでトラブルに巻きこみ、父から子に引き継がれ、マッカーサー家――父、母、息子――はすべての政治家に敵意を強めていった。だが、そのいっぽうで、ほとんど無意識のうちに政治に傾斜していったのは奇妙でもあり、ほろ苦いアイロニーだった。

一八八九年、アーサーはついに少佐に昇進、ワシントンに出て高級副官補佐になった。米西戦争前夜の一八九七年、中佐に昇進、戦争が始まった一八九八年には、キューバでスペイン軍と戦う軍隊を指揮するため大佐昇進を希望した。キューバでの戦いは、主要工業大国として新しい経済力を実感し始めたアメリカと、世紀の大半で没落の一途をたどった斜陽帝国スペインとの対決の天王山と見られていた。アーサーは大佐に昇る代わりに二段階昇進して准将となり、キューバで軍隊を指揮する代わりにフィリピンに派遣された。

最初の植民地戦争

大統領はウィリアム・マッキンリーだった。オハイオ州出身の共和党員で、アメリカが太平洋における帝国主義的大国として新たな役割に突き進むことに複雑な矛盾する感情を抱いていた。スペインのキューバに対する統治に、反乱がおこり、そこにアメリカは介入したわけだが、それがやすやすと成功したために、アメリカがもっと複雑な役割を太平洋で負うことになったのを、大統領は、なにより驚いた。アジアの反植民地的気運にアメリカの意思を押しつけるというはるかに困難な任務に直面した。フィリピンで現地の民族的指導者らが求めたのはただ一つ、スペイン帝国主義者の退去だった。民族主義者は当初、アメリカの支援を歓迎したが、アメリカの意図はアメリカの利益第一、フィリピンの利益は第二であることに気づく。つまり、フィリピンの人々のために新たな政治秩序を創設するものの、それはアメリカの支配と主権の範囲内においてであった。

　それはアメリカ初の本物の植民地経験であり、幸せな経験ではなかった。アメリカ軍とフィリピン反乱軍が最初に銃火を交えたのは、一八九九年二月のことらしい。アメリカの力と野心の点で、アメリカがフィリピンで実施した残忍な反乱鎮圧作戦は次世紀に発生する大半の事件の先駆けになるものだった。

　アメリカ軍はフィリピン群島にキューバの戦争の付録のつもりでほとんど気楽に進攻した。キューバで戦いが始まったとき、太平洋艦隊司令官ジョージ・デューイ提督はアメリカ艦隊をマニラ湾に入れ、時代物のスペイン艦隊を撃破した。かれが実際に発見したのはスペイン帝国のいまにも壊れそうな廃墟だった。後で分かったことだが、フィリピンのスペイン植民地は取ってくださいといわぬばかりの存在だった。そこでアメリカが取ったのだった。

　マッキンリー大統領はフィリピンが格別欲しかったわけではなかった。かれは「このいまいましい島々が二千マイル以内のどこにあるのか知らなかった」とある友人に漏らしている。[(8)] しかし、十九世紀的感覚のアメリカ人の天命論〝自明の運命説〟の延長線上にあったある種の領土拡張、アメリカが新たに手に入れた経済力を世界に誇示したい国内の圧力には独自の勢いがあった。この時代のアメリカが盛り上がる力の証明を必要とするなら、それを植民地領有から得ることができた。軍事的、政治的抑制とその逆の軍事的征服欲、このアメリカの二つの矛盾する本能が衝突したのは初めてではなかったが、しだいに、拡張的征服欲の本能が凌駕するようになってくる。ワシントン・ポスト紙はこう指摘した。「力の自覚という新しい意識がわれわれに芽生えてきたようだ。それとともに新たな食欲、すなわち、われわれの……野心、利害、領土への飢え、プライド、単なる戦いの喜びを顕示する欲望など、それがなんであれ、われわれは新しい知覚に活気づいている……帝国の味はジャングルの中の血の味のように人々の口中にある。それを帝国主義的政策という」[9]。

アメリカはフィリピン経営の当初は、スペイン人の植民地政府に挑戦しスペイン後の独立を目指して戦った反乱勢力の同盟者――ほとんど戦友――だった。アメリカは本来、非植民地国家だとかれらに保証していた。だが、時の経過とともに、アメリカは結局は残忍で醜い弾圧戦争に手を染めてしまう。ここで再び二つの強いアメリカの本能が顕在化する。つまり、白人キリスト教徒の責務として土着の民を文明化するためアメリカはこの群島に植民者的責任を負うべきだとする伝道者的衝動と、反乱ゲリラを〝黒んぼ〟とか〝グーグーズ〟（東洋人の蔑称）と見下す毒性の強い人種差別である。後者のネーミングは現地女性が髪を洗うときに使う木の皮からきている。このことばはついにはアジア人を指す多目的語の〝グークス〟に変化して、アメリカ兵によって第二次世界大戦から朝鮮、ベトナム戦争を通じて使われることになる[10]。

軍隊を送るべきか送らざるべきかで、マッキンリーは苦悩した。周囲の圧力は一貫して大統領自身の意思よりも強かった。マッキンリーはこの問題に強い信念で立ち向かったようには見えなかった。最終的に軍隊を送ることになるのだが、宣教師の一行に、ほかに受け入れられる選択肢がなかったから軍隊を送った、との趣旨の発言をした。将来の紛争だったら、相当な反響を呼びそうな発言であった。「つらい決断だった。ホワイトハウスでひざまずき全能の神に光と導きを求めた」、とマッキンリーは語っている。結局のところ、フィリピン群島をスペイン人に返すことはできない。そんなことをするのは憶病でもあり不名誉でもあろう。かといって、フランス、ドイツという虎視眈々と後釜をねらう猛獣に明け渡すこともできない。また、子ども同然のフィリピン人に自治をやらせることは絶対にできない。従って、唯一の選択はフィリピンをアメリカと見なすことだ。そうすれば、アメリカ人は「フィリピン人を教育し、向上させ、キリスト教徒化し、キリストがいのちを捧げた同胞としてかれらを処遇するのにわれわれは神の恵みによって最善を尽くすことができる」[11]。

　戦争自体は大統領の利他主義的な言葉とは、ひどく異なるものになった。フィリピン人たちはアメリカが与えようとした好意に気づかなかった。アメリカ軍は当初、フィリピン人反乱軍を過小評価しがちだったが、かれらはアメリカ軍よりも国のことをはるかによく知っていたし、広く住民の支援を得ていた。やがて、かれらは正規歩兵ではなくゲリラとして外国人に対し武器を取って立ち上がり、驚くほど善戦した。アメリカ軍はクラーグ‐ヨルゲンセンというノルウェー製ライフル銃のおかげで兵器でわずかに優位に立った。クラーグ‐ヨルゲンセン銃は五発の挿弾子を持ち、無煙火薬を使用した。発射したとき煙があまり立たず、敵の銃手が発砲した銃に的を絞るのをむずかしくした。「星条旗の下／クラーグでやつらを文明開化する」とはアメリカ兵に歌われた歌の一つだった。そのとき起きたことは将来のアジアでの数多くの戦闘の先触れだった。つまり、アメリカ軍は敵が白人ではないと最初は軽く見るが、はげしい抵抗に遭って驚き、憤慨する。最初の数発が発射されたとき、あるアメリカ軍少佐は上司のフレデリック・ファンストンに電話して「大佐殿、ここにさあ早く。舞踏会が始まりましたよ」といった[12]。とんだ舞踏会だった。

　戦争はだれが予想したよりも非常にきびしく、熾烈《しれつ》だった。米兵の多くはアーサー・マッカーサーのように辺境とインディアン戦争から直接やってきていた。辺境ではフィリピンと同じように敵に対する伝統的な憎悪に人種的恐怖と憎しみとが混ざり合っていた。「土人どもをインディアンのように殺し尽くさなければ、この国は平定されない」とある兵士は記者に語った。「唯一よいフィリピン人は死んだやつさ」と別の兵士[13]。アメリカ軍の指揮官のなかには、アメリカ軍が視認できる開けた場所や日中は、敵はめったに戦わないことに大いにいらだつ者もいた。六十年後のベトナムの米軍にそっくりである。敵はずる賢かった。夜戦い、待ち伏せ戦法を使った。ゲリラたちは土着民のなかに潜んだので、アメリカ軍は住民への暴力をエスカレートさせた。このような戦争では民間人の中立はあり得なかった。与《くみ》しやすく、すぐに終えるとされた戦闘は延々とつづいた。戦いが終わるころには、在比駐留米兵はおよそ十二万二千人に上った。うち、正規兵六万二千人、義勇兵五万人だった。

暴力はエスカレートしたばかりか、次第に凶暴になっていった。アメリカ軍の通称〝大音声のジェイクス〟ことジェイコブ・スミス准将は部下に「捕虜はいらない。殺して焼いてしまえ。おまえたちが殺せば殺すほど、焼けば焼くほど、おまえたちはわしを喜ばせてくれるのだ。実戦で武器を持てる捕虜は全員殺せ」と命じた。部下の一人がスミスに年齢制限を設けるよう求めたところ、「十歳だ」とスミスはいった。「十歳ですか。十歳の子がアメリカに刃向かえますか？」と部下は聞き返した。「そうだ」とスミスは答えた。戦争は三年半つづきアメリカ本国では日に日に人気がなくなっていった。戦争の終結を促進させたのは一九〇一年、ファンストン将軍による大胆な急襲とアギナルド反乱軍司令官の逮捕だった。結局、フィリピンで四千二百人のアメリカ兵が死に、二千八百人が負傷した。この戦闘でフィリピン側は二万人の兵士、二十五万人もの民間人が死亡した。「デューイ老があのスペイン艦隊を殲滅した後、ただちに帆を揚げて立ち去ってくれていたら、われわれはどれはどの面倒を免れていたことか」とマッキンリーは後に友人に嘆いた。(14)

文官タフトを寄せつけず

アーサー・マッカーサー少将が在比米軍司令官に就任したのは一九〇〇年五月だった。かれは前任のエルウェル・オーチス将軍をひどく軽蔑していてオーチスのことを「線路の上に逆さまにひっくり返って車輪を全速力で回転させている蒸気機関車」と評した。アーサーはオーチスよりも積極的だった。政治改革を推し進めるかたわら、ゲリラ殲滅に極端な武力行使を辞さなかった。かれの任務遂行に対する絶対の確信と、それに劣らないワシントンの迷いの深さを考えると、両者の間の緊張はいずれは避けられなかった。

マッキンリーは終わりの見えない、消耗を強いられる、不人気になるいっぽうの戦争に引きずられるのを嫌った。そこで、すべてを現地の軍に任せるのではなく、政治的解決の道を探った。一九〇一年、ついにかれは五人委員会をフィリピンに派遣することにして親友のオハイオ州の敏腕法律家ウィリアム・タフト判事を委員長に選んだ。タフトはフィリピンに関わりたくなかった。かれの強い願いは最高裁判事のイスだった。しかし、前者を断れば、後者は手に入らないかもしれないと恐れた。体重およそ百四十五キロの大男のタフトはマニラ行きには熱がなかった。二人が会ったとき、タフトは「しかし、大統領閣下、わが国がフィリピンを領有したのは遺憾です。わたしはフィリピンなど要らないし、情勢にもっと共鳴している人物にするべきです」と具申した。タフトによれば、マッキンリーは「要らないのはわたしも同じだ」と答え、要るのはかの地でわたしの代わりをしてくれる信頼のおける人物なのだ、と強い調子でいった(15)。

マッカーサーはそのころ、フィリピンの軍政府長官をしていたが、自分の絶対支配へのこの潜在的挑戦に激怒し、タフトにチャンスを与えなかった。タフトにも会わず、マニラに着任したほかの弁務官たちには儀礼通りに出迎えるかわりに代理を港に派遣した。外交官で歴史家のウォーレン・チマーマンによれば、事態をいっそうこじらせたのは、弁務官たちを酷暑のなかに一日じゅう待たせて侮辱したあげくアジアの専制君主のように接見したためだった(16)。アーサー・マッカーサーは弁務官らに会うのさえ屈辱に当たるとうそぶいた。タフトにもマッカーサーにも生やさしい仕事ではなかったし、文官と軍人との権限の分割は必ずしも明確ではなかった。しかし、マッカーサー父はタフトを軽蔑して事態をいっそう悪くした。タフトは有能で公平だと一般に評価されていた。タフトに軽蔑をもって接するのは大統領に軽蔑をもって接することである。だが、マッカーサーは意に介さなかった。かれの闘争は常識に対するエゴの勝利だった。真っ逆さまの転落を用意したのはマッカーサー自身であって、タフトではなかった。

タフトの使命は政治的なものだった。つまり、何はさておきアメリカの将来の利益を擁護し、ある程度のフィリピン独立の産婆役を務めることだった。タフトはときどき「フィリピン人のためのフィリピン」などのフレーズを使った。また、折に触れ、当時の当世流にフィリピン人を指して「薄褐色の兄弟たち」と呼んだ。だが、マッカーサーの下で戦う兵士たちは敵兵を将来の兄弟とは考えなかった。兵士たちの間にこんなバラードが流行った。「あいつはウィリアム・ハワード・タフトの兄弟かもしれないよ／だがね、おいらの兄弟じゃない」。

将軍と首席弁務官との間には非公式な接触も皆無に等しかった。タフトはマッカーサーと意思の疎通を図るためやむなく手紙を書いた。タフトはアメリカ政界でもっとも有能な人物たちと長くつき合ってきたので、マッカーサーの膨れ上がったエゴに白けてしまい、イライヒュー・ルート陸軍長官ら要人にかれが敬服していない一将軍の資質について手紙を書き送った。半世紀後だったら一風変わった反響を呼んだであろう内容だった。アーサー・マッカーサーはユーモアのセンスに欠け、「むしろ人びとの心理状態をどこまでも一般化することを深く好む。文官でしかも当地に比較的短い期間しか勤務していない人物が実際の状況についてなにか考えたとしても、そのような見解にはいんぎんな態度をとりながらも、あまり考慮を払わないのである」[17]。マッカーサーはお説教はすぐに垂れるが、聞く耳は遠い、とタフトは思っていた。

タフトはアメリカ大統領じきじきの印綬を帯びていただけでなく、大統領の親友でもあった。マッカーサーの振る舞いは短気というにとどまらず、先見性に欠け、無鉄砲なまでに自滅的だった。文官対軍人の二人だけの権力闘争でどちらが重要かをタフトに証明してみせる過程で、マッカーサーはマッキンリー、ルート、テディ・ルーズヴェルト、それにタフト自身というこの時代の共和党の最重要人物四人を必要もないのに怒らせてしまった。ルーズヴェルトは一九〇〇年の大統領選でマッキンリーと正副大統領候補を組んだ（マッキンリーが暗殺された翌年、跡を継いだ）。タフトは一九〇二年にフィリピン政府長官、ついで陸軍長官となり、一九〇八年には大統領に当選した。マッカーサーが本国に召還されるまでに要したかれのタフトへの執拗な抵抗は十三か月だった。マッカーサーのマニラ勤務は結局、かれの経歴の最高到達点だった。かれが召還された時点からタフトが大統領に就任した時点までに八年の歳月が流れていた。タフトが大統領になると、マッカーサーはただちに軍務を辞退した。だが、そのずっと前にかれは過去の人になっていた。当時の最高位の中将になっていたが、喉から手が出るほど欲しがった陸軍参謀総長のポストは提供されなかった。数々の赫々たる手柄にもかかわらず、アーサー・マッカーサーは自らの怨念に囚われつつ軍歴と生涯を終えた。絶えることのない怒りの炎はまるで自家中毒のウイルスのようであった。

かれはこの時期、文官当局と軍当局との間の衝突の恐ろしい種子を自らの息子に植えつけた。「種子は半世紀という長い時間をかけて花開いた。だが、結局、その果実は異常だった」とウィリアム・マンチェスターは書く。アーサー・マッカーサーの物語とかれがタフト（したがってその大統領）をひどく乱暴にあつかった出来事に少々遅まきながら出会った者には、ダグラス・マッカーサーがかれの大統領ハリー・トルーマンと衝突した事件をよく知っているだけに、これは将来の出来事への気味の悪い脚注——歴史はくり返すというより先例にならう——になるだろう、と考えた。

アーサー・マッカーサーは一九〇九年に辞任した後三年生きた。炎の真の保管者、つまり、かれの神話を生かしつづけた人物はピンキー・マッカーサー夫人だった。彼女の念頭にあったのは一家の名誉のあだ討ちは若き息子ダグラスにさせることだった。「あなたは大きくなったら父上のように、また、ロバート・E・リーのように偉大な人になるのですよ」と絶えず諭した。(18)ダグラスの任務は父親に追いつくだけでなく、その功労を超え、彼女を母の鑑とすることだった。ダグラスがついに、父親には閉ざされた陸軍参謀総長の職に指名されたとき、母はこう言ったものだった。

「ああ、あなたのお父上が生きていてくださったら……。ダグラス、あなたはお父上のお望みをかなえたんですよ(19)」

第8章　母親がマッカーサーを彫刻する

いつもそこに彼女がいた

考えてみると、二十世紀の半ばにおきたその戦争に彼女がこれほど深刻な影響を与えたのは非常に奇妙なことである。その女性は、朝鮮戦争の開戦からさかのぼること九十八年前の一九世紀に生まれた。朝鮮戦争開戦時の一九五〇年には、彼女が亡くなってから十五年がたっていた。にもかかわらず、ダグラス・マッカーサーを理解するには、自己中心的な父親だけではだめなのである。彼の母親を理解することなしに、ダグラス・マッカーサーは理解できない。あの時代のどんな人物よりもダグラス・マッカーサーはマザコンであった。それは支配的な母親を持ったことで有名なフランクリン・ルーズヴェルトをしのいでいた。そう、国家最高の栄誉である名誉章受章者になろうと、敵の銃砲火の前でときに自殺的といえるほど勇猛果敢であろうと、マッカーサーは、ママの子だったのだ。

アメリカの軍事的英雄のなかで陸軍士官学校《ウエストポイント》に入るため家郷を離れたとき、母親も家をたたんで学校のあるハドソン川沿いの小さな町に転居した例はそう多くはない。ピンキー・マッカーサーはこの町最高のホテル、クレイニーズに部屋をとった。学校在学中の四年間、ダグラスが彼女の期待に背かないよう、堕落して凡夫にならないよう見張るためである。ウエストポイントはむかしはアメリカでもっとも厳格な教育を施す四年制教育機関だったかもしれないが、学校の当時の管理人らがこっそり物を与えたり、彼女が託した若者がどれほどすばらしいか気がつかない場合に備えて、ピンキー・マッカーサーはとにかく乗りこんだのだ。

ピンキー・マッカーサーはダグラス・マッカーサーの経歴の重要な造形者にとどまらず、さらに重要なのは、かれの精神の鋳型師、せっかくの偉大な才能を覆い隠し、ときには目減りさせたユニークともいえる自己陶酔の創造者であった。彼女が鍛造した作品に、他のあらゆる種類の有能で献身的な男たちが四十年にわたって抗い、戦った。いま風のいい方をすれば、彼女はステージ・ママで知られていただろう。つまり、途方もなく野心的でやる気満々の女性で、自らの野心のはけ口を欠いて野心を息子に移し、息子の成功に寄り添って生きた。

世界クラスの立身出世主義者の彼女の成功の道は息子であった。マッカーサーが出世すると、ピンキーも出世した。かれが目先のさまざまな挑戦を征服すると、彼女も征服した。かれが栄誉に浴すると、彼女も浴した。かれはただ成功するだけではない、ほかのすべての人間の才能を犠牲にして成功するよう育てられた。成功するためには他人のことを考えている余裕はない。そんなことをすれば、奴らに引き倒されてしまう。

マッカーサーの母はマッカーサーを限りなく自己中心的な、したがって自閉的な人間に育てた。初めから、マッカーサーは同級生のなかで孤立していた。マッカーサーの最初の結婚式に友人や同僚の姿がほとんどなかったのは注目に値する。ウエストポイント卒業生の結婚式といえば花婿とクラスメートの固い絆《きずな》を反映して華やかな社交の場となるのが普通であるが、出席したのはただ一人の友人だけであった。後年、マッカーサーはごますりで知られたかれの幕僚一人を除き、ほかの将官とは遠く

自身のなかに、友人といえるものは必要なかったからだ。

ピンキー・マッカーサーが息子を送り出した意図にこめたのは父親に加えられたもろもろの悪に復讐すること、さらに父親を凌駕することであった。彼女が育てようとしたのは知能の高い、才能に恵まれ、ほとんど他のだれとも隔絶した才人——決して誤ることのない一種の軍事的天才／人間の形をしたモンスターだった。決してなのだ。決して間違わず、決して失敗しない。ほとんど誰も気がついていなかったが、かれはすばらしい才能にもかかわらず、恐ろしくもある意味で未完成な男だった。朝鮮戦争が始まったとき、最大の闘争はおそらくマッカーサー対トルーマンでもマッカーサー対中国人でもなく、マッカーサー対マッカーサーだっただろう。知的、独創的で大胆不敵というかれのよいほうの自我と、うぬぼれでわがままで横柄な部分とのせめぎ合いである。ウエストポイントで軍史を教えたコール・キングシード教授はかつてつぎのように語っている。善人か悪人かを判断しようとする場合、十七世紀の清教徒革命の指導者オリバー・クロムウェルの人物描写がマッカーサーに当てはまる。かれは「偉大なる悪人(1)」だった。

その大半はピンキー・マッカーサーからきている。弱点とかひ弱さの兆候を隠すために完璧ないし完璧に見せかける必要をかれは母親から学んだ。というより、母親は、マッカーサーを間違いを認めることができない男に追い込んだ。完璧である必要から被害妄想が生まれるのは避けられない。マッカーサーは心のなかでいつもこう考えていた。世間の人間はつねに自分を陥れようとしている。よくもやつらはこんなひどいことを自分にできたものだ。若かったころのフランスの司令部で、また、古参になったワシントンで、存在するのはつねに〝やつら〟だった。マッカーサーが住んだ世界には、自らの成功と行為の完全無欠さをめぐる自分と自分の幕僚の記憶だけが存在した。事がうまくいかなかったら、それは他者、そう、まさに敵のせいであって自らの欠点のためではなかった。初動の米軍部隊に朝鮮参戦の準備が欠けていた問題で、かれは後年つぎのように書いている。「アメリカはどうしてかくも嘆かわしい状況を放置できたのであろうかと、わたしは自問した。わたしの思いはわが国がこの地球上で軍事的にどの国よりも強力であった、ごくわずか前の時代に飛んだ。だが、五年という短時日のうちに、長期目標に向けた積極的、勇敢な指導は破綻し、その力はどこかへ行ってしまったのだ」。

しかし、ここで彼があえてふれていないのは次のようなことである。まず、マッカーサー自身、当初予定されていた在日米軍の兵員配置の予定に、その半分も必要ないと宣言して、動員解除の勢いを加速させていたこと。さらに、ひどい準備不足のまま先陣を切って韓国に出兵した在日米兵は、自らの直接指揮下にあったこと。また配下の兵士に関心があったのは、彼らが、軍内対抗のアメリカン・フットボール試合にでていたときぐらいで、無関心であったこと。そして、軍備を平時体制に組み換えることを彼自身支持していたことについては一切触れていないのである。

息子を売り込む

メアリー・ピンクニー・ハーディは南部美人だった。美人であることは、当時はたいそう重要だった。バージニア州の綿花仲買人の娘で、ニューオーリンズでマルディグラの祭り（謝肉祭の最終日、仮装行列や山車が出る同地のものがもっとも有名）のさいにアーサー・マッカーサーと出会い、一八七三年に結婚した。南北戦争というアメリカ史上最悪の血なまぐさい戦争の終結から八年しか経っておらず、戦争が生んだはげしい敵意と偏見はまだ去っていなかった。南軍で戦った彼女の兄二人は結婚式への出席を拒んだ。結婚生活は安楽なものではなかった。比較的裕福で社会的地位もある家に生まれ、その時代の社交界の花形だったが、あえてきびしい人生を選んだとも言えた。駐屯地から駐屯地に移動し、西部と南西部のわびしい土地で知らず知らずのうちに開拓地の女になっていった。待っていたのは最低限の衣食住だった。恵まれた家庭の出だったことを考えると、彼女が耐え抜いたことは驚くばかりだ。ウィリアム・マンチェスターはそうした彼女のがんばりを「勇気と当時の社会的規範の強さのためだったろう」と考える(2)。

長男、アーサー・マッカーサー三世は海軍に入り、一九二三年、比較的早く亡くなった。次男マルコムは五歳の時はしかで早世した。ダグラスは一八八〇年、アーカンソー州フォート・リッジで生まれた。現在のリトルロックである。次男の死が情の強いピンキー・マッカーサーにどれだけ影響して三子目の末子に関心を集中させたか、それはだれにも分からない。だが、精神的にかなりの打撃を受けたのは確かだった。疑いないのは、ダグラスは彼女が大きな精力を注いだ息子、最後にして最大の希望の星であったことだ。ダグラスが生まれる十七年前に国民的英雄になった父親は、ダグラスにとって追いつくべき最高の理想、常住坐臥、ほとんど神秘的な存在だった。一方の母親は、ダグラスにとっていわば鬼軍曹、父親に到達するにはまだまだ遥かな道をいかなければならないことを思い知らされる教育係だった。後にマッカーサーが日本の事実上の支配者になり、日本の国会が農地解放の法律を通過させた日のことである。マッカーサーは天を仰ぐようにいすにもたれかかり、実際にはそこに掲げてあった父親の写真に語りかけた。「どんなもんです、父さん(3)」。父親はフィリピン時代に土地改革を推進しようとして果たせなかったのだ。

ピンキー・マッカーサーは息子をウエストポイントに入れたがった。驚いたことに、一家の政治人脈にもかかわらず、コネをえるのはむずかしかった。とうとう彼女はダグラスの祖父の友人が下院議員をしている地域に一家を転居させた。それでも入学には問題があって、背骨の湾曲のために第一次身体検査に不合格になった。彼女は医者を探して矯正した。下院議員はコネに甲乙をつけがたい応募者の多さに閉口し、特別試験を計画したところ、彼女はただちに高校の校長を雇ってダグラスの家庭教師につけた。試験の前夜、かれは緊張し不安になり、眠ることができなかった。彼女はそんな息子を叱咤激励した。

「ダグラス。大丈夫、あがらなければ、絶対に合格します。自分を信じなさい。あなたがやらなくて、誰がやるの。万一合格できなくても、あなたは最善を尽くしたじゃない。さあ行くのよ」

その試験には一三人が挑戦し、マッカーサーは99・3点の最高得点を上げた。マッカーサーの次の順位の生徒の点数は77・9点だった。

ウエストポイントでは抜群の成績だった。もちろん、クラスで一番。それは予想通りだった。かれの成績は長年月の記録のなかで過去三番目、かれより成績がよかった二人のなかの一人はピンキーのもう一人の英雄、ロバート・Ｅ・リーだった。第一次大戦中のダグラスの戦歴はすばらしく、上官からもそう認められた（銀星章七個、もう少しで名誉章に手が届くところだった）。レインボー師団、つまり第四二師団のかれの巧みな指揮は大いに認められ、最後は同師団の師団長、第一次世界大戦の最年少師団長になった。そうそれは、彗星のように輝かしいキャリアだったが、それでもまだ十分ではない。ピンキー・マッカーサーは、いつもそばにいて、息子にさらに高みをめざすよう叱咤した。ほかの者が息子のすぐれた能力に気づかない場合には、必ず出ていってＰＲした。息子の上官への彼女の手紙はしとやかさを装い小細工を弄し、相手へのお世辞もたっぷり盛りこんで、息子のフランスでの実績のみならず、もちろんウエストポイントの成績も思い出させるしかけ。かつての南部美人の面目躍如であった。

第一次世界大戦中、彼女はダグラスが大佐を長くやりすぎていると思い、ニュートン・ベーカー陸軍長官あてに息子を将官に昇進させるべきだとほのめかす手紙を送った。

「当士官は閣下が適任と見なされますならば、いつでも大事のために手渡せる道具です……この者は忠実にして献身的な士官です。わたしはその名前を提出して閣下のご検討に供します。わたしはこの者の昇進が――士官本人の利益に益するのみならず――はるかに大きな規模でこの大いなる試練のときにあるわが愛する祖国の利益にも貢献すると信じるからであります」

ベーカーは返事を出さなかった。しかし、ピンキーはひるまなかった。八か月後、ピンキーは再び長官に手紙を書いた。

「息子ダグラスに関してカリフォルニアからあなたさまと心と心を通わせた筆のすさびに失礼を顧みず一筆啓上つかまつります。わたくしの心からなる願いは、あなたさまが息子に星一つを賜るめどをつけて下さることであります。……息子が大いなる誇りと情熱とをもってなし遂げましたすばらしい業績、実戦で獲得した卓越さを考えますならば、陸軍全体が、いささかの例外もなしに息子をあなたさまの将星の列に選抜されますことに喝采するでありましょう」(4)

ベーカーはただちに彼女をジョン・J・パーシング将軍に引き渡した。彼女は今度はパーシングにねらいをつけた。かれはフィリピンで若い大尉だったころ、当時少将だったアーサー・マッカーサーが面倒を見たことがあった。パーシングは早速、彼女のいわゆる「心と心の手紙」を受けとる。「あなたのご家族との旧き友情を思い、亡き夫のあなたへの大いなる賞賛を承知しておりますがゆえに勇気づけられ……わたしは陸軍長官とご家族を親しく存じ上げ、長官はマッカーサー大佐に深く好意を寄せられ、よく知っておられます」(5)。マッカーサーが一九一七年、ついに将軍に昇進してもレター作戦は終わらなかった。むろん、この顚末はピンキーに圧力は効くことを教えた。准将になって五年が経ったころ――彼女の見解では長すぎる――こんどはダグラスを少将にする新作戦を始め、これには最初の妻ルイーズも加わった。ルイーズは、レインボー師団の元将校で当時のワシントンで顔が広かった弁護士を雇いロビー活動をさせた（「費用はいくらかかっても構わない。どんどんやって。勘定書は直接わたしに送ってちょうだい。ダグラスにはいわないで」）。弁護士は第一次世界大戦時フランスでマッカーサーの師団にいた元大佐グループに工作してジョン・ウイークス陸軍長官に面会させた。ウイークスはマッカーサーは若すぎるといった。若すぎるか、マッカーサーは後でウイークスの発言を聞いてつぶやいた。なぜだ、ジンギスカンが軍勢を指揮したのは十三歳、ナポレオンが人軍を指揮したのは二十六歳のときだ。(6)

マッカーサーがウエストポイントの校長だったころは母は接待役だった。息子の初婚のときは――相手は魅力的な離婚経験者だった――彼女はこれを認めず、すぐに寝こんでしまった。それまでにはなかったことで、息子が仕えるべきは母第一、嫁は二番目だとの警告だった。この行動はその後、かれが母親の支配から抜け出す素振りをするたびにくり返された。もちろん、彼女は結婚式には出なかった。マッカーサーの最初の結婚生活が長続きしなかったのはだれにとっても驚きではなかった。かれが陸軍参謀総長になったころには、ピンキー・マッカーサーは息子の公式接待役に復帰していて、かれは毎日、昼食に帰宅した。二番目の結婚はうまくいった。うまくいったのは一つにはピンキーがジーン・フェアクロス嬢を自分で選んだこと、また、二番目のマッカーサー夫人となった彼女も相当な南部美人で、夫を敬い崇拝もし、将軍夫人の役目を大切にしたからだった。夫人は外ではかれのことを〝将軍〟と呼び、内では〝上官殿《サー、ボス》〟と呼んだ。

ピンキー・マッカーサーが最優先して教えたのは成功することの重要さだった。成功はほかの犠牲、とくに彼女の犠牲を正当化するものであること、個人レベルの成功は国にとってもつねに善であると見なしうること、すなわち、ダグラス・マッカーサーの利益とアメリカ合衆国の利益はまったく同じもの――これはピンキーが息子の上官に書いたこびへつらう手紙に埋めこまれた彼女の呪文だった。彼女の創作品たるダグラス・マッカーサーはかれの時代のほかの将軍とは異色だった。がりがりの利己主義者ジョージ・パットン将軍とさえ異なっていた。ともあれ、平和時も戦時も大きな難題を抱える陸軍は、若かったころ、また長く苦しい、ときには不遇な時代をともに耐えた仲間の間では友情の絆《きずな》はそれゆえに異常なほど強い。しかし、マッカーサーはこのような絆、生涯つづくすばらしい友情にはまったく無縁だった。かれはオーラに包まれた男として軍人人生を渡ったが、真の友情には恵まれなかった。陸軍では私欲は義務感、忠誠心、組織重視、命令順守義務とつねにバランスをとるものとされている。

忠誠心は二通りに働く。忠誠心のおかげで、部下は自分の命令を守ってくれる。しかし一方で忠誠心は、自分自身も上官に対して負わなければならないものである。

ダグラス・マッカーサーは父親と同様に、後者の忠誠心の重大なテストに失敗したのである。

第９章　政治への野心

ダリウス大王以来の名将

朝鮮戦争の開戦時、マッカーサーは軍人として、また政治家としてまだそびえ立つような大物だった。また、ワシントンが好むと好まざるとにかかわらず、両大戦に係わった最後の現役軍人として国民的英雄でもあった。第二次世界大戦中の太平洋地域における司令官としての戦績はきらめくばかりのものと評価されていた。

ただ、そのマッカーサーも、空母航空戦力と日本の歩兵およびパイロットの資質について、大戦の当初、多少理解が遅れていた。戦争の初期、日本軍の戦闘機が指揮下の戦闘機を圧倒的な強みをもって撃墜したとき、日本の戦闘機は白人が操縦しているに違いないと本気で信じた。[1]これは個人的にも国民的にも人種差別意識の反映のたまものであった。また、開戦の十二月七日（アメリカの開戦記念日は十二月七日）以前は、日本軍の無能力ぶりを自信たっぷりに語っていた。たとえば、当時、タイム誌の有能な若手記者だったジョン・ハーシーに日本軍が参戦したら、イギリス、オランダ、アメリカ軍は太平洋にすでに割り当てられている兵力の半分で阻止できる、日本艦隊を封じこめるのは容易だと語っていた(2)。

そうしたマッカーサーも戦争の比較的早い時期に、日本軍の弱点を文化と軍事の両面でつかんだ。日本軍は行動計画を管理しその統率下にあるとき、また、すべてがあらかじめ決められた通りに遂行されるときは強力で、その厳格な指揮系統は一見、無敵である。すべては計画通りに動き、すべての兵士は厳格きわまりない命令に忠実に従い、無謬である。しかし、日本軍にとって戦闘の潮目が暗転した場合や主導権が失われた場合、この長所がそのまま短所になる。驚くばかりに柔軟性を失い、うまく戦えるのは日本軍と同じような動きをする敵だけということだ。日本の社会はきわめて階級的専制主義的で個人の創意には大きな価値を置いていないため、その軍隊は堂々とした軍にはほど遠く、戦場で要求される死活的重要な資質である未知のものへの対応能力を欠いた。そんなわけで、日本は軍事的には早々と硬直化した。「ジャップに攻撃させるな。日本兵は攻撃の連携計画を持っているときは、スムーズに動く。だが、日本兵は攻撃されて、つぎになにが始まるのか見当がつかないときは、事情は違ってくる(3)」とマッカーサーは部下の士官に語っている。

かれはまた、新しい種類の戦争に迅速に適応した。近代戦の空軍力の可能性を理解せず、十二月八日にはクラーク空軍基地の自軍機が地上で急襲されてしまったものの、ただちに教訓をくみとり、修正した。ジョージ・ケニーという剛直な若手空軍士官がマッカーサーとこわもてで鳴るサザランド参謀長にねじこみ、それがきっかけで広大な戦域で空軍は何ができるかをマッカーサーに講義した。広大な海洋に島々が点在し、そのなかに一定数の日本軍の陣地が置かれている戦域である。空軍に関するケニーのきわめて実践的な知識とマッカーサーの創意工夫の精神とが相まって日本軍から戦力を奪う戦争プランが形作られた。当初、マッカーサーのジレンマははっきりしていた。手持ちの地上兵力は限られている。日本軍はアメリカの技術的優位性を生かすのがむずかしい環礁の島々で善戦できる。

このジレンマへの巧妙な答えは、日本軍が最強のところでは対決を避け、そのかわり、もっとも弱い島々に攻撃を集中、その上でほかの環礁に飛行場を建設した。飛行場はさらに深く日本が押さえる領土への攻撃を可能にし、じわじわと、しかし着実に日本側の交通線を遮断し、兵士たちを飢餓に追いこんだ。強力な敵の陣地を攻撃するよりも、これを無視し避けた。日本軍はソロモン群島のラバウルに十万人以上の兵力を擁し、対決を熱望していた。マッカーサーはこれを避け「ラバウルを飢えさせよ！　ジャングルだ！　飢餓だ！　みんなわたしの味方だ！」と叫んだ。[4] 軍事上、傑作といっていいほどの作戦だった。当時の著名ジャーナリスト、ジョン・ガンサーはマッカーサーの影の部分に不満を持っていたが、その作戦のかれについて「マッカーサーはダリウス大王以来のどの司令官よりも少ない人命の損失で、より多くの領土を獲得した」と書いた。[5]

忠誠心の二重基準

しかし、一方で、マッカーサーの欠点も姿をあらわしつつあった。第一次世界大戦のときでさえ、途方もないエゴの危険の兆候があった。だがこのときマッカーサーはまだ若く、出世の途上にあった。たいていの場合はこの影の部分を隠すだけの利口さがあり、指揮官として大胆不敵、兵士との関係はよく、率直な関係を結んだ。第二次世界大戦では事情は違った。そのころまでには名声が確立していた。政治に興味を持つようになり、かれのエゴは自身の純軍事的欲求と絶えず正面衝突した。いまや敵が増えた。敵は必ずしも戦場の敵侵略者だけではなくワシントンの文官と軍当局者だった。功名欲、実は名声中毒はいよいよ膨らんだ。それに加えて、そうした負の部分を抑制していたかつての障害は少なくなっていた。大戦の終わりごろには、かれのなかの有能な部分と破壊的な部分とのもろいバランスはますます危うくなっていた。

部下たちには絶対の忠誠を求めながら、部下と手柄を分かち合うという認識にはまったく無縁だった。部下たちがいくらでも名声を得るのにまかせたアイゼンハワータイプの人物を軽蔑した。マッカーサー司令部から発せられる至急報はすべてマッカーサーの名前が冠せられることになっていて、太平洋地域から送られる記事冒頭の発信地はいつも「マッカーサー司令部」だった。それは、マッカーサーひとりだけが決断し、戦っている前線の司令部からの至急報というふくみだった。戦時中の太平洋地域の勝報の発表はすべてかれの名前でおこなわれることとされていた。ウィリアム・マンチェスターは同戦域からの初期の至急報を調べて、開戦から三か月間に出された百四十二本の報道機関向け公報のうち百九本が、マッカーサー以外の士官の名前を一切つかっていなかった。マッカーサー麾下の古参軍司令官の一人、ロバート・アイケルバーガー将軍は、至急報に自分の名前が目立つくらいならポケットに生きたガラガラヘビを入れてもらったほうがましだと、部下の広報担当士官に語ったことがある。アイケルバーガーはマッカーサー麾下の第八軍を指揮した有能な勇将で、当時の有力雑誌サタデー・イブニング・ポストとライフにとり上げられたことがあった。これがマッカーサーの不興を買った。かれはアイケルバーガーを呼び出し、「わたしはきみをあすにも大佐に落として帰国させることができる。分かっているのかね？」と叱責した。[(6)] 忠誠心というものは、マッカーサーにとって一方通行のものだった。自分にむけられるものはよし。しかし、自らが仕えているはずの歴代大統領とワシントンの軍首脳には適用されない。年を追って政治に深入りしていき、共和党人脈に絶えず働きかけた。一九四四年、大戦の最中でさえ、マッカーサーは情け容赦ない野心とフランクリン・ルーズヴェルト嫌いにあおられて大統領の政敵中の政敵たちと手を結んでいたようだ。さらに、一九四八年には共和党の大統領候補指名獲得の画策に関与したが、これはひどい失敗に終わった。マッカーサーがまだ朝鮮半島で部隊を指揮していた一九五〇年、ホワイトハウスと共和党の複数の大統領候補の間では、マッカーサーが大統領選出馬を考えていると一般的に信じられていた。朝鮮戦争の最中、かれは依然出馬を熱望していたのだ。

ボーナス軍弾圧

共和党保守派はマッカーサーを同志の一人と見なしていた。日本では驚くばかりにリベラルな総督となったが、本来の政治的立場は保守的だとみられたのだ。アメリカ政治の二十世紀中葉のリトマス紙ではかると、マッカーサーはリベラルというより保守色がはるかに濃厚だった。政見も政治姿勢もまったく異なる時代に形成されていた。だが、マッカーサーをよく知る者の見方は、かれの政治はイデオロギーはつねに二の次で、何よりもまず自己中心の王国に住み、その政治の中心にあるのは自己だった。

かれが政治に強い関心を持ち、国政現場のプレーヤーたらんとする欲求がいかに強かったか、一九三〇年代初期のボーナス軍弾圧に見せたかれの役割ほどそれが顕著に現れたものはない。大恐慌はアメリカ社会の深い亀裂を顕在化させ、政治、経済、社会の各分野に深刻な疎外が発生していた。当時陸軍参謀総長だったマッカーサーは、フーヴァー政権のみならず、多くの分野できびしい試練にさらされていた既存の政治経済秩序に熱心に肩入れした。かれがこの危機に政権の側についたことは驚きではないし、たぶん避けられなかっただろう。だが、震源地に自ら割りこんでいったそのやり方はあきらかに権限を逸脱していた。それは名声と栄光への欲求の表れであった。

ボーナス軍は困窮した第一次世界大戦の退役軍人らのグループで、戦時中の兵役に対しボーナスの形である種の救済を必死に求めてワシントンに集まってきた。大恐慌が頂点に達した一九三二年のことである。それは政治家マッカーサーが正体をあらわした決定的瞬間だった。というのも、第二次世界大戦の将軍としてどんなに有名になっても、あのときのかれの行為の汚名はこの時代に成人になっていた多くのアメリカ人の心中から必ずしもきれいさっぱり消えることはなかったからだ。

当時、おびただしい数のアメリカ人が失業していた。ボーナス軍、仲間内の呼び方にしたがえばボーナス海外派遣軍はテキサス州選出のライト・パットマン下院議員が提出者となった法案のロビー活動に立ち上がろうとした退役軍人の寄せ集め集団だった。法案は各人に一人当たりおよそ一千ドルをボーナスとして即時支給するというもので、当時としては大金だった。第一次世界大戦の兵役には同規模のボーナスが兵士の死亡時か終戦からおよそ二十七年後の一九四五年のいずれかに支給されるとされていた。パットマン法案はこの手続きを前倒しするねらいがあった。

三万人もの人びとが首都の公有地を不法占拠して即席の村を作った。段ボールの小屋とテントの哀れな野営地。多くは退役軍人だったが、妻や子ども連れもいた。その多くは市南部を流れるアナコスチャ川対岸のアナコスチャ・フラッツと呼ばれる地域に住んだ。特別過激な者はいなかった。もっとも、過激派は若干はいたが、節度を失った従来の資本主義経済に信頼を失う一般市民が急増していた時代にこれは驚きではなかった。マッカーサーの側近中の側近で、マッカーサーをたびたび弁護したコートニー・ホイットニーは、ボーナス軍のデモ隊は「殺人、過失致死、強姦、追いはぎ、押しこみ強盗、恐喝、暴行の犯罪で服役歴を持つ犯罪者が大きな比率」を占めていた、と後に書いた。(7) マッカーサーにとって、かれらは危険な反米暴徒にほかならなかった。詳細な記録を保管していた退役軍人管理局は後年、かれらの九四％は実際の退役軍人で、そのうちの六七％が海外で兵役についていた、と報告した。アイゼンハワーは当時少佐でマッカーサーの有能な若手副官だったが、デモ隊のやっていることは間違っているかもしれないが、かれらとその要求には痛ましさがある――「ボロをまとい、栄養不良で、ひどく裏切られたと思っている」と考えた。

議会でパットマン法案をめぐる政治闘争が熱を帯びるにしたがい、ボーナス軍のデモ隊参加者は膨らみつづけた。夏までには、デモ隊を規制する地元警察の能力に黄信号がともった。大恐慌に気が動転していたフーヴァー大統領は人気が低迷しデモ隊が与える脅威にますますいらだちを高めた。その夏、パットマン法案は下院を通過、上院で否決された。同時にボーナス軍と地元警察の間で小競り合いが数件発生した。フーヴァーは退役軍人を町から排除する時期だと感じ、陸軍に肩代わりを求めた。文官とマッカーサーを含む武官首脳との会談で、ボーナス軍指導者らは、もし陸軍が野営地に入ってくるなら、整然と隊伍を組み、ある程度の威厳をもって退去する許可を求めた。「イエスだよ、きみ、もちろんだ！」とマッカーサーは答えた(8)。七月二十八日、数件の小競り合いの後、事態は緊迫した。抗議行動中止命令はフーヴァー自身から降りてきた。アイゼンハワーは、マッカーサーを少し後方に待機させようとした。どんなにうまくいっても、不快な政治的行為になることが目に見えている事態に陸軍が深く関与するのは得策ではないと考えたのだ。部隊はペリー・ミルズという相当にやり手の准将が率いることになっていた。ジョージ・パットン・ジュニアという名前の若い装甲部隊の少佐が戦車の指揮をとる。これはボーナス軍が抵抗を試みたらどうなるかを警告するためだった。

アイゼンハワーは、マッカーサーが自ら現場に出て鎮圧軍の指揮をとるつもりでいると知って仰天した。かれもマッカーサーもその朝は庁舎には私服できていた。マッカーサーは早速アイゼンハワーに軍服を取りに帰らせ、自分の分——勲章で飾られた軍服——は当番兵に宿舎に取りにやらせた。アイゼンハワーは勇敢にもマッカーサーに、これは間違っている、と主張した。将来、恐ろしい悪臭が立ちのぼる。民主党議員の不興を買い、陸軍は議会でロビー活動をやりにくくなる。（「わしはあのくそいまいましい野郎に、あんたはあそこに用はない。参謀総長の出る幕ではない、と言ってやったんだ」とかれは後年語っている(9)。これに対して参謀総長は答えた。「マッカーサーは現場に出て指揮をとると決めた。革命初期の気配がある」[10]。かれは自分のことをよく三人称で語った。アイゼンハワーは二人が現場を訪ねるのなら、少なくとも軍服を脱いでいくべきだと提案したが、マッカーサーは拒否した。

そこでかれらは完全軍装でボーナス軍に会いにいった。陸軍長官からの命令はきわめて具体的だった。フーヴァーの希望はデモ隊をおとなしくさせることで、暴動になるのを嫌い、抗議行動の弾圧はできるだけ抑制的であることを望んだ。陸軍部隊は川を越えたり、川向こうにある退役軍人たちの最大の野営地には近づかないこととされた。アイゼンハワーはマッカーサーに大統領の命令を携えた使者がきている、と告げたときの模様を後に詳しく語っている。「命令など聞きたくも見たくもない。使者を追い払え」とマッカーサーは答えた。かれは命令を受けとらなければ、命令通りに行動する必要はない、だから、行動に制限は加えられないと決めていた。麾下の部隊は川を渡り、野営地を破壊した。

四囲の光景はまたたく間に醜く変わっていった。退役軍人の哀れな小屋はたちまち炎上した。アイゼンハワーは、事件は新聞に大きく扱われ必ず悲哀に満ちた記事になると気づき、マッカーサーを現場から出そうとした。これは文官の管轄であり、命じたのは文官だ、責任はかれらに取らせ、怒りはかれらになだめさせようとアイゼンハワーは考えた。ところが、それは、蛾に炎に近づくなと言うようなものだった。マッカーサーはまるで報道の中心にいなければならないという風情であった。かれはわざと夜遅くに記者会見を開いた。席上、フーヴァーの断固とした姿勢を賞賛し、「もう一週間待っていたら、わが国政府の諸制度は脅かされていたであろう、とわたしは確信する」と語った[11]。これはフーヴァーの命令を逸脱するもので、政治的危機を生み出し、次期大統領選で民主党候補フランクリン・ルーズヴェルトを大いに助けた。このように、マッカーサーはフーヴァーに既成事実を差し出した。大統領は外見上自分の命令で実行された事件に背を向けることはできなかった。フーヴァーにとっては政治的な破滅の瞬間だった。フランクリン・ルーズヴェルトほど明確にそのことを理解した者はいなかった。かれは自分の選挙にお墨つきを得たと確信する。

苦しい時代にあってデモ隊に同情的だった大勢の一般アメリカ人に、それは決定的瞬間だったのだ。マッカーサーは一般国民の権利を侵害するタイプの軍人、政治的に信用できず、あまりにも軍国主義的な男だと、国民の心中に永遠に刻まれた。しかしながら、ある意味で、それはまさにマッカーサーの望み通りであった。というのも、ボーナス軍への弾圧は、ボーナス軍を資本主義への増大する脅威の一部と見る右派陣営の人びととマッカーサーを強く結びつける要因となったからである。ニューディール期に採られたほとんどすべての計画を憎悪し欲求不満を募らせる強力なこれら右派にとって、マッカーサーはお気に入りの将軍となった。かれはどの将軍よりも政治にコミットしたが、しかし政治的に上り坂にある人たちとは交際を絶ち、刻々と没落の道を歩む者たちと結びついた。

マッカーサーは使え、だが信用するな

この日のできごとは、アメリカの将来に中心的な役割を演じることになる二人の陸軍士官を深く理解するすばらしい機会を提供している。アイゼンハワーは、政治的影響に対ししなやかな感性をみせ、天性の巧みさをもってこれを理解し、一般庶民の困窮に同情心をよせた。一方のマッカーサーは、退役軍人の要求活動を経済秩序全体を脅かす過激行動と断ずる声明をだし、さらに重要なのは、勲章で飾り立てた軍服を着用し、事件の渦中にいて報道機関の注目を一身に浴びようとした。

国の現状（および国家像）に対するマッカーサーの認識は、かれの加齢とこの国が広範な技術革新に促されて加速的に変貌を遂げるともに、ひどく歪められたように見える。かれはまぎれもなく十九

世紀の人間であり、新しい政治勢力によって形成されつつあった時代、劇的な経済的変化と通信手段の変化によって変貌し民主化された時代の人びとよりも、遠ざかりつつある時代の人びとといるほうが居心地がよかった。マッカーサーがワシントンで起きていた政治的変化の多くに背を向けたのは驚きではなかった。マッカーサーにとって、すべては私的な理由からくることだった。ニューディールを引っ提げて登場した人びとは、先人たちとは毛色が変わっているだけでなく、敵であり政権簒奪者であった。その少なくない理由は、以前とは違ってマッカーサー自身が影響力を行使できないからだった。

マッカーサーが結果的に仕えた二人の民主党大統領への見解はまさに毒そのものだった。これはルーズヴェルト大統領にとくに当てはまる。ルーズヴェルトは抜け目がなくて悪知恵が働いた。マッカーサーを抜群の凄腕で翻弄《ほんろう》し、かれを大いにいらつかせた。いらいらのあげく、凄腕ではもう一枚上手の策士の懐に飛びこむことになったのだが。（ルーズヴェルトの皮肉なマッカーサー観は独特だった。マッカーサーは使うべきで信頼すべきではない、だった。大統領は顧問のレクスフォード・タグウェルにヒューイ・ロング〈ルイジアナ州知事。「富の分配」運動を起こし、暗殺された〉はわが国で最危険人物二人の中の一人だと語った。もう一人はだれですか、コグリン師ですか、とタグウェルが聞いた。コグリン師は当時、猛烈な毒舌を吐き散らしていたラジオ布教師。大統領は「いや、違う。もう一人はダグラス・マッカーサーだ」と答えた。[12]）

第二次世界大戦中、マッカーサーとルーズヴェルトはひどくこみ入ったやり取りをした。最高に有能な政治家と最高に有能だが敵対的な将軍との対局であった。ルーズヴェルトはかつてマッカーサーに「ダグラス、きみはわが国最高の将軍だが、わが国最悪の政治家になると思うよ」と語った。[13]マッカーサーはこのことばを政治的野心はないことを示す素振りに好んで引用した。貴族的で一癖も二癖もあるルーズヴェルトはマッカーサーをタカのように観察していた。ルーズヴェルトのマッカーサー理解はマッカーサーのルーズヴェルト理解をはるかに上回り、マッカーサーの大統領の椅子への燃えるような野心もよく分かっていた。大統領は将軍を深刻な政治的脅威だとは考えなかった——かれは一般の有権者とはつながりがなかった。だが、マッカーサーが第二次世界大戦の勃発直前に提出した一本の報告書のコピーは、万一に備えて保管していた。報告書のなかで、マッカーサーはフィリピンと太平洋の重要拠点は「わが国の敵がわが島嶼への空襲能力を欠くため」保持できると主張していた。さらに、マッカーサーのフィリピン駐屯部隊が日本軍の真珠湾攻撃を知ってから九時間も指揮下の航空機をクラーク空軍基地に駐機させたままにして攻撃され、日本軍機のえじきになったなどに関する資料も保存していた。

　相互信頼は二人の関係の核心ではなかった。つねに借りを記録したマッカーサーは好敵手に遭遇したことを感じとり、ルーズヴェルトをひどく嫌った。一九四五年四月、ヨーロッパでの勝利前夜、ルーズヴェルトが現職のまま亡くなった。国民のほとんどは悲しんだ。しかし、マッカーサーは明らかにそうではなかった。かれはニュースを聞くと、幕僚のボニー・フェラーズに向かい、「そうかい、ルーズヴェルトは死んだか。うそが自分に役立つときは真実は決して話さない男だった」[14]。この発言を聞いた部外者たちは仰天した。司令官が亡くなったばかりの最高司令官のことをこんな風に話す司令部はマッカーサー司令部以外では想像もできなかった。

　マッカーサーがルーズヴェルトとのかかわりで記憶にあったのはつねに負の側面、数々の不平不満ばかりだった。さまざまな成功事例でも、一九四二年初頭にルーズヴェルトが命じたマッカーサー救出作戦でもなかった。ルーズヴェルトは、日本軍がフィリピンでマッカーサーの部隊の大半を捕虜にしたとき捕らえられそうになったマッカーサーの救助作戦を命じていたのだ。またルーズヴェルトは、太平洋における作戦や日本本土への接近をめぐる海軍との深刻な争いにマッカーサーの肩をもった事実もあった。しかしこれらのことは、マッカーサーの記憶にはないのである。重要なのは、ルーズヴェルトがマッカーサーのために何をしたかではなくて、何をしなかったかであった。

マッカーサーのフィリピン脱出行ほどかれの神話に彩りを添えたものはなかった。それはマッカーサーと国家のPRの勝利だった。マッカーサーはオーストラリアに到着すると、有名な「アイ・シャル・リターン」の声明を発表した。ワシントンは「ウイ・シャル・リターン」に変えるよう望んでいたが、マッカーサーは受け入れなかった。これはさまざまな誓いや使命のなかでもっとも個に属するものであるというわけで、かれの演出通りになった。[15] あの暗い時期は英雄が必要だった。マッカーサーは辛くも脱出したということでもてはやされた。政府もその演出に参加したのである。開戦時のマッカーサーの大誤算は位の低い将軍だったら軍歴に終止符を打ちかねないほどの誤りだったが、隠蔽され、代わってマッカーサーは雄々しくやり抜いた、他日の戦いを期して生き抜いたとの物語が登場したのである。

そのころ、大きな影響力を持っていた〝荒くれビル〟ことウィリアム・ドノヴァンほどこのアイデアを鮮明に表現した人はいない。大きな野心を燃やすウォール街の弁護士で、そのうちに戦略事務局（OSS）、その後身の中央情報局（CIA）を率いた。「マッカーサー将軍は――兵力で圧倒され、武器で圧倒され――四囲の海、頭上の空を敵に支配されながら自由のために戦うわが国のシンボル[16]」と謳い上げた。このおべんちゃらはカラ振りに終わる。マッカーサーは第二次世界大戦でも朝鮮戦争でもOSSとCIAに自分の指揮エリアへの立ち入りを許さなかった。

第二次世界大戦中のヨーロッパでは、アイゼンハワーの下で本領を発揮した有能な若手士官は、戦闘、参謀畑の双方にいくらでもいた。だが、それは太平洋地域のマッカーサーの部隊には当てはまらなかった。マッカーサー以外の士官は独自に名を挙げるのは許されなかったし、戦争の初めからマッカーサーの東京離任まで参謀の入れ替えはほとんどなかった。「マッカーサーの周囲には新しい血が必要だ。だが、かれは自分の近くにいる者が大物になるのを我慢できないだろう。伍聞だが、マッカーサーの部下は何人も一流になる危険を冒せない、と聞いた[17]」とジョン・ガンサーは一九五〇年十一月に書いている。

バターン・ギャング

バターン組《ギャング》とかれらは呼ばれた。名称そのものは一種の忠誠度テストを反映していた。マッカーサーが最悪の状態のとき、日本軍が迫ってきて将軍がオーストラリアへ脱出を余儀なくされたとき、きみはフィリピンにいたか？　あの昔の決定的瞬間にさかのぼれないでマッカーサーの取り巻きの一角を占めた者は多くはない。マッカーサーの東京時代の参謀長ネド・アーモンドは珍しい例外だった。一九三〇年代からマッカーサーと行動をともにした最高幹部は、朝鮮戦争の開戦時、不釣り合いな数にのぼっていた。他に例を見ない排他的集団で、内輪の者でなければ疑われた。戦争中、ルーズヴェルトの非公式な代理人だった著名な作家で脚本家のロバート・シャーウッドはマッカーサー司令部で遭遇した敵意、ほかのすべての戦争機関とほかの戦域に燃やすはげしい怒りに仰天した。シャーウッドが司令部を訪ねたのは一九四四年で、ドイツ進撃の重要局面となった連合軍のレマゲン橋渡橋のニュースを携えていた。かれはこのニュースをチャールズ・ウィロビーに伝えたが、ウィロビーは「ヨーロッパで起こったことなんかどうでもよい」とぴしゃりとはねつけた。シャーウッドは大統領に書き送った。「重度の被害妄想がなせるまぎれもない証拠です。ここの一部の幕僚の話を聞いていると、戦争省（国防総省の前々身）、国務省が――おそらく、ホワイトハウス自体も――〝共産主義者とイギリス帝国主義者〟の支配下にあるかのように思えてきます」[18]。

ルーズヴェルトは、マッカーサーはアメリカの国内政治にまったく不案内で、国内の変化をつづける政治、経済の現実よりも自らの夢に囚われていると考えていた。マッカーサーは一九三六年にカンザス州出身のアルフ・ランドン（同年の大統領選の共和党候補）がルーズヴェルトを負かすと確信していて、ランドンに勝ち目はないと信じるおなじカンザス生まれのアイゼンハワー参謀長に怒りをぶつけた。アイゼンハワーはマッカーサーにアビリーン（テキサス州の都市）の友人から届いた一通の手紙を見せた。手紙はランドンは自分の州でさえ勝てないだろうと書いてあった。マッカーサーはアイゼンハワーとランドンの当選を疑問視していたもう一人の参僚を「手元の証拠から明らかになっている判断を口にするのを恐れる怖がりの小心者」[19]と十把一からげに断じた。ランドンが勝ったのは二つの州だけで、四十六州で負けた。そのなかにはカンザス州もあった。

太平洋戦争最中の一九四四年、マッカーサーがルーズヴェルトに対抗して立候補するとのうわさはすでにあった。共和党右派の熱烈なルーズヴェルト嫌いの一派がマッカーサーに出馬を働きかけていた。そのなかの一人、ネブラスカ州選出のA・L・ミラー下院議員はマッカーサーの立候補を国家を救う一筋の希望と見てかれに書簡を送った。

「この任期切れにニューディールを中止できなければ、われらがアメリカ的生活様式は永久に滅びると確信しています」

ミラーの手紙――数通あった――に盛られたことの多くはこの時代のほとんどの政治家、軍人にとって、傍流イデオローグの戯言《ざれごと》にすぎなかった。しかし、マッカーサーはミラーと書簡の交換をつづけた。「わが国の現下の混乱と紛糾の不吉なドラマ」に暗く言及しながら「わたしは貴殿のご意見の英知と政治的見識に無条件に同意します」と議員に書き送った。たまたまその時期は国家は戦時下の国にしてはきわめてうまく運営されており、あらゆる身分の人が戦時の犠牲を大きな好意と決意とで引き受けていた。それでもミラー・マッカーサー往復書簡は止まらなかった。「アメリカに創設されつつある君主政体は庶民の諸権利を破壊するでしょう」と議員が書けば、マッカーサーは「アメリカの諸条件についての貴殿の記述は人を真摯に考えさせるものがあります。それはすべての真の愛国者の思慮深い考察を惹起するよう意図されています」と返書した。[20] マッカーサーに損害を与えたのはお世辞の魔力だった。尊敬されたい欲求は抗しがたいほど大きかった。それがかれのよろいのすき間となり、つけこまれた。偉大な愛国者のものの見方が自分とぴたり一致するらしいことに感動したミラーは戦争の最中にとうとう書簡を公表して、マッカーサーを大いに困惑させた。かれはそこで、書簡は私的なものだと述べた。その点はその通りだったが、いかなることがあろうとも、いかなる政治指導者、いかなる政治哲学を批判したものでは決してないというくだりは、もちろん真実ではなかった。

しかし、書簡はすべてをぶち壊した。自らの友人で支持者でもあったアーサー・ヴァンデンバーグ上院議員にうながされて、マッカーサーは共和党大会で大統領候補者指名をうけるつもりはないと公表した。ヴァンデンバーグは、もし党大会でマッカーサーの名が投票リストにあれば、結果はマッカーサーにとって屈辱的なものになると、おもんばかったのだった。だが、党大会で一人の代議員が網の目をすり抜けた。党大会ではトム・デューイが一〇五六票を獲得、マッカーサーは一票。確かに、一九四四年はマッカーサーにとって政治的に幸せな年ではなかった。しかし一方でマッカーサー自身の出馬意欲はまったく衰えていなかった。

＊　＊　＊

大統領選出馬に意欲

一九四六年五月、当時陸軍参謀総長だったアイゼンハワーは東京のマッカーサーを訪ね、大統領選問題を話し合った。マッカーサーはアイゼンハワーに出馬を強く勧め、アイクはマッカーサーが出馬すべきだと応じた。マッカーサーは自分は大統領選に出るには歳をとりすぎていると明言した。しかし、アイゼンハワーはマッカーサーの異常な野心と虚栄心を本人以上に分かっていて、ワシントンに戻ると、トルーマンに「一九四八年の選挙ではマッカーサーの出馬に直面するかもしれませんよ」と告げた。(21) 事実、戦争は終わり日本の民主化はきわめてうまく進んでいたから、マッカーサーは一九四七年には自分のファンに共和党の指名を求めるつもりはないが、お呼びがあれば受けるつもりだと知らせていた。これは自分の責務にほかならない、と強調した。本音は四八年選出馬に並々ならぬ期待を寄せていたのだ。だが、かれは祖国の実情にうとかった――十年以上も国を離れていた。また、たとえ米大陸を離れていなくても、もともと人々の心を理解していなかったのである。

当時、大勢のアメリカ人が中産階級への道を歩んでいた。それがやがて両党に重大な政治的影響をおよぼすことになる。かつての民主党支持者は裕福になり、無党派志向を強め、保守的な投票行動をとり始めていた。しかし、いっぽう、基本的な経済格差を基にしたニューディール路線は国政選挙でまだ通用した。マッカーサーの出馬を後押しした人々はニューディールは共産主義への長く危険な道のりの第一歩にすぎないと信じた。マッカーサー支持は中西部、とくにシカゴ・トリビューン紙のオーナーでこの時代の大物孤立主義者だったロバート・マコーミック大佐の地盤でもっとも強かった。マッカーサーの熱烈な支持者は孤立主義者――かれ自身は孤立主義者ではなかったが、よろこんで歩調を合わせた――、移民排斥論者、人種差別主義者、反ユダヤ主義者、労働組合嫌いらだった。かれらはいわゆるアメリカ中心主義の中核的代弁者だと固く信じた。マッカーサーの親友ジョージ・ヴァン・ホーン・モーズリー少将はかれらの姿勢を代弁して、四八年選挙戦の前夜、マッカーサーに書簡を寄せた。「われわれの垣根の内側にはおびただしい敵がいる。連中はＣＩＯ（産業別組合会議）のメンバー、共産主義者、ユダヤ人、それにウォルター・ウィンチェル（ゴシップ兼政治コラムニスト）、ドルー・ピアソン（昔マッカーサーとやり合ったリベラル派コラムニスト）のようなスカンク野郎どもで……あなたを恐れています……(22)」。この時代の著名な評論家ジョン・マカートンはアメリカン・マーキュリー誌につぎのように書いた。「かれの責任ではないかもしれないが、露骨な狂信的分派を含む政治的右翼の最悪の分子がマッカーサーのためにはしゃぎ回っているのは間違いなくかれにとっての不幸だ(23)」。

大統領選出馬をかれらに後押しされたマッカーサーは回答を寄せた。「わたしはここに謹んで申し上げたい。わたしがアメリカ国民から委嘱されるかもしれない公的義務の受諾に伴うさまざまな危険、および責任のゆえに万が一にもたじろくことがありますならば、善良な市民たらんとするわたしの観念に悖《もと》るでありましょう(24)」。典型的なマッカーサー節、これ以上の高雅は余人には望めない。

マッカーサーに一九四八年大統領選出馬を働きかけた人々は、はげしい信念、廉直感と怒りをたぎらせた政治的にはずぶの素人集団だった。全員が知り合いで政見を同じくした。職場でもかれらのたまり場でも、その世界は反対意見のない場所だった。足元の政治装置の動かし方は知らないも同然だった。

マッカーサー出馬のテストケースにウィスコンシン州が予定された。かれは同州に少年時代の一時期住んだことがあり、一家の土地との結びつきも軍人家族並みにはあった。中西部の心臓部であり、シカゴ・トリビューン紙の勢力圏だった。孤立主義者のアメリカ優先委員会《アメリカ・ファースト・コミティー》。そこの筋金入りの委員長でかれの旧友ロバート・ウッドはマッカーサーの中心的な支持者でその音頭をとった。ウッドは、マッカーサーはウィスコンシン選出の代議員二十七票のうち少なくとも二十票は獲れると自信を持っていた。マッカーサーは不在候補者だったから、陣営では愛国英雄は国家へのご奉公に忙殺され資格十分の大統領職に立候補できないという筋書きの売りこみに期待した。ウィスコンシンでは選挙運動ができない、まさにそのゆえに善戦するだろうと陣営は読んで大々的な候補者不在キャンペーンに乗り出した。しかし、何もかもうまくいかなかった――元兵士にさえうまくいかなった。マッカーサーはたたき上げの将軍ではなかったし、世論調査によれば、退役軍人でさえも支持していなかった。事実、マッカーサーの下で働いた経験のある人びとはかなりの差でマッカーサーが嫌っているかつての部下の一人、アイゼンハワーを支持していた。

ウィスコンシンは選挙運動に乗り出す前に事実上終わっていた。隣のミネソタ州の元知事ハロルド・スタッセンが大勝して四〇パーセントの票を獲得、十九人の党大会代議員を得た。党大会で指名を獲得することになるトーマス・デューイは二四パーセントにとどまり、代議員は獲得できなかった。マッカーサーはウィスコンシンは票田とされながら得票率は三六パーセント、獲得した代議員はわずか八人だった。

翌日、東京でのことである。上級外交官のＧＨＱ外交局長ウィリアム（ビル）・シーボルド（後の初代駐日大使）は第一生命ビルでマッカーサーとの面会に訪れた。マッカーサーの参謀長ポール・ミューラー少将はすぐに片手を挙げて、シーボルドによせ、と警告し、「将軍は落ちこんでいる。ひどく失望しておられる」と告げた。(25) シーボルドは他日を期すことにした。だが、一九四八年の指名争いが惨敗だったにしろ、明らかになったことが一つあった。それは、マッカーサーは晩年になってもまだ大統領への望みを捨てていなかったことである。

大統領と将軍

トルーマン大統領とマッカーサー将軍の仲は初めから破局する運命にあった。将軍は大統領を軽蔑し、大統領は本能的に将軍を嫌い、信用しなかった。一九四五年、就任間もないトルーマン大統領は日記にこう記した。

「あのプリマドンナの高級将校、ミスター五つ星（元帥）のマッカーサーをどうするか。かれはキャボット家とロッジ家（ともにマサチューセッツ州の名家）よりも始末が悪い――両家は神様に相談する前に少なくともお互いに話し合った。マックは神様に文句をいう。あのうぬぼれ屋を、あのような重要な地位につけていなくてはならないとは。いったいなぜルーズヴェルトは一九四二年にウェーンライトをコレヒドールからひかせなかったのか。そしてマッカーサーをみすみす救国のヒーローにしたてあげたのか。わたしには分からない（マッカーサーは、コレヒドール陥落の前に、オーストラリアに配置替えになり、残ったウェーンライトは、コレヒドールで降伏、日本の捕虜となった）。もしもわれわれにいまのような役者兼ペテン師ではなく、ウェーンライトがいたならば。彼こそが真の将軍、戦う男だった。アメリカはどうしてロバート・リー、ジョン・Ｊ・パーシング、アイゼンハワー、ブラドレーのような名将を輩出しながら、一方でカスター、パットン、マッカーサーのような手合いを生むのか、分からない」(26)

いっぽう、マッカーサーは、トルーマンほど大統領としての適性を欠くものはいないと考えていた。トルーマンは御用聞きの政治家だ。それだけでもよろしくないのに、もっと悪いのは民主党員、しかもリベラルな民主党員で憎きフランクリン・ルーズヴェルトの指定相続人だ。第一次世界大戦では一介の州兵大尉にすぎず、その後は薄才の政治家、従って生涯にこれといった実績もない吹けば飛ぶような小物が、なんでまた指揮命令系統上このマッカーサーの上にいるのか。

これは、マッカーサーの心中にわだかまる疑問だった。それぞれが相手にとってはほとんど宇宙人だった。それぞれの経歴はひどく異なっていたし、忠誠、義務の概念もぜんぜんかみ合わなかった。一九四五年四月、トルーマンが大統領に就任したほとんど直後から二人の間にはいろいろ問題があった。テキサス州選出上院議員のトム・コナリー上院外交委員長はトルーマンに、マッカーサーには日本の降伏文書を受け取らせるな、と警告さえしていた。トルーマンは日記に書いた。「(コナリーは)わたしがダグをもてはやすようなことをしたら、かれは四八年の選挙にわたしの対抗馬で出るだろうといった。わたしはトムにいってやった。次の選挙にわたしは出たくない。だから、ダグはその点でわたしを悩ますことはない[27]」。

大統領と軍首脳は、太平洋の戦争が終わるとほとんど同時にマッカーサーの問題行動が始まったと考えていた。両者を分けた最初の問題は、部隊規模についてだった。平和が到来したばかりの時期、大統領と政府高官らは戦争直後の急激な陸軍の規模縮小のスピードを落とそうとして、一般家庭から当然のようにわきあがる肉親の復員と退役の要請に抵抗していた。マッカーサーは一九四五年九月十七日、東京から声明を出し、日本の占領はきわめて順調に推移しているので、必要な兵員は二十万人でよいとした。これは占領任務にもともと割り振られていた五十万人弱よりはるかに少ない数字である。大統領と軍首脳にはマッカーサーの派手なスタンドプレーと映った。強まるいっぽうの動員解除の圧力に大統領らが四面楚歌の状態になっているときに故意にやったとワシントンでは受け止められた。マッカーサーの声明は、政権批判の格好の材料を提供したのである。

ブラドレーとアイゼンハワーの目には、これは将軍の最悪の一事例に映った。決して自制せず、政治的に派手に振る舞い、自らとその政治的利益をきわめて重大な国の安全保障に優先させてしまう。

ほかの高級将官がこのような大事をしでかしたら、ただちに解任されるか、少なくともきびしい叱責を受けるところだが、何人もマッカーサーに逆らうことは許されなかった。かれはつねに別格だった。戦時中でさえ、ペンタゴンの最終決定プランはすべての司令部に自動的に命令として送られたのに、マッカーサーにだけは意見として送られた(28)。その当時でさえだれもかれの怒りを買おうとはしなかった。しかし、トルーマンはマッカーサーが動員解除をいっそうむずかしくしたのに激怒して、かれの解任を真剣に考えた。大統領補佐官の一人だったエバン・エアズはそのときの模様を日記に書いている。「大統領は、あいつを何とかしなくてはならん、ことを台なしにした、ばかなまねにはうんざりだ、とマックのことをまくし立てた(29)」。だが、当時でさえ、大物同士の対決がもたらす結果は深刻すぎた。とはいえ、これは二人の間にやがて募っていった衝突の最初のきざしだった。結局このときは、トルーマンに頼まれて、ジョージ・マーシャルがマッカーサーに電報を打ち、かれの声明は平時の選抜徴兵制度とアメリカの海外兵力の妥当な水準の維持を困難にした、将来、このような声明は戦争省とまず調整するべきだ、とマッカーサーをやんわり叱責するにとどめたのである(30)。

しかし、この事件が引き金になって、トルーマンは一九四五年九月と十月、マッカーサーに帰国を促す招請をつづけざまにおこなった。目的はトルーマンと相談すること、国家による授勲、たぶん殊勲十字章の再度の授章、およびそれに伴う両院議員総会での演説であった。戦時中の悲劇的な状況のなか新しく大統領職についた最高司令官の要請は実は要請ではなく、そのような仮面はかぶっていても基本的には命令だった。だが、マッカーサーは命令ととらず、二度とも断った。かれが四つ星の大将だろうが、古参のアメリカ軍士官だろうが、これは士官たるものがやるべき行為ではなかった。大統領が招請すれば、出頭しなければならない。

このように、マッカーサーはトルーマンを初めから軽蔑し、二人は対等（せいぜいのところ）で指揮命令系統はないかのように振る舞った。東京では多忙で、「当地に存在するきわめて危険かつ固有の不安定な情勢」にかんがみ留守にする危険は大きすぎる、とマッカーサーは述べた。トルーマンはかんかんに怒った――事態はたいへん順調に推移しているから割り当てた兵員の半分を必要とするだけとごく最近いったばかりの人物の何というい草か。

マッカーサーは自分がやっていることをはっきり自覚していた。かれは副官に語った。「私は（大統領の帰国要請を）断ったわが国史上初の人物になるつもりだ。かれらにいってやりたい。私にはやらねばならぬ仕事がある。そんなことには時間が割けないとな(31)」。マッカーサーが部下に内輪でしゃべったことはもっと仰々しかった。自分がもしいま日本を離れたら、見捨てられたと感じた日本とアジア地域に動揺が走るだろう、また、帰国の時期は自分自身が決めることで、自分にとってベストのタイミングをはかる、とも副官らに語っている。それはたぶん共和党大会とタイアップした感動的な凱旋になるだろう。ある友人がマッカーサーに帰国の潮時かもしれぬと忠告したところ、怒りと偏執症が一気に燃え上がった。

「私がいま帰国するなど一瞬たりとも考えるな。私自身、帰国しようかと考えていた時期もあった。しかし、大統領、国務省、マーシャル（第二次大戦中の陸軍参謀総長、戦後はヨーロッパ援助のマーシャル・プランなどを推進）がこぞって攻撃してきた。正直かなわないと思った。だが、アカがやってきた。共産主義者どもが私を攻撃し、そのことで私を天の高みまで持ち上げてくれた。このことがなかったら、連中はわしを叩きのめしていたに違いない。ソ連のおかげで私は勝ったんだ。勲章の一つもつけてやりたいくらいだ(32)」

互いが互いを傷つけた

大統領と将軍。二人が刻んだ経歴ほど対照的なものはあるまい。トルーマンが失敗につぐ失敗を重ねていた第二次世界大戦前の苦節時代、マッカーサーはすでに偉大な国民的英雄だった。マッカーサーが命令を逸脱してボーナス軍を粉砕した一九三〇年代の初頭、当時不遇をかこっていたハリー・トルーマンは同軍の一員だった。この時点では、第一次世界大戦の在仏アメリカ海外派遣軍にミズーリ州兵大尉として参加したのがかれの経歴の頂点だったが、マッカーサーが同じ戦争であげた数々の大殊勲に比べたら足元にもおよばない。だが、一九四五年以降はそんなことは大した問題ではなかった。いっぽうは大統領、他方は一将軍である。

初めからトルーマンは一司令官が自分の影響圏外にいると考えると落ちつかなかった。かれがひんぱんにマッカーサーの解任を考えたのは疑いない。しかし、マッカーサーが割り振られた部隊は必要ないと主張したとき、いまこそ解任のチャンスだと言われると、トルーマンは「ちょっと待て。ちょーっと待て」と答えた[33]。マッカーサーを解任したらその政治的余波は非常に大きいという事実がマッカーサーの切り札だった。かれは手塩にかけて形成した強力な政治的支持団体を擁していた。

朝鮮戦争初期の暗い日々のことである。ジョン・フォスター・ダレスはマッカーサーと会談してワシントンに戻り、トルーマンに司令官の交代を勧めた。マッカーサーは歳をとり過ぎている、注意力が続かず不安定で正直いって困惑したとダレスは訴えた。しかし、トルーマンは身動きがとれないと感じていた。両手を縛られている、マッカーサーはこの国で長期にわたって政治的に活発に動き、共和党の大統領候補の下馬評にさえのぼっている、とトルーマンはダレスに打ち明けた。「マッカーサーを更迭すれば、必ず国内で途方もない反動がおきる。やつは英雄像を築き上げているからな[34]」とトルーマンはつけ加えた。これは注目すべき告白だった。合衆国大統領は遠く離れた地で戦争をしようとしている。その軍隊を指揮する将軍を、嫌いなだけではなく信頼すらしていないのに政治的理由から交代もできないのである。

マッカーサーは壮大なアメリカの過去の偉大なる直系を自任していた。ワシントンとリンカーンだけが同輩だった（かれはかつてこう語ったことがある。「いまや、わたしの主たる助言者は、一人はアメリカの建国者、もう一人はアメリカの救国者だ。この二人の人生を振り返れば、すべての答えが得られる」[35]。）マッカーサーが太平洋地域の最高司令官に就任したとき、まずやったことの一つは机の背後にワシントンの肖像をかけることだった。マッカーサーの情報担当官だったシドニー・マシュバーによると、戦争が終わったとき、マッカーサーはワシントンの肖像に向かって「閣下、かれらは赤い服（米独立戦争時のイギリス兵の制服）は着ていませんでしたが、われわれはまったく同じようにむち打ってやりました」といいつつ敬礼した[36]。この時代、かれの議会嫌い、議会を牛耳る人びと嫌いは大っぴらだった。マッカーサーの東京時代の軍事担当秘書だったフォービアン・バワーズはマッカーサーが乗用車のなかでひんぱんにつぶやく独りごとからマッカーサーの本音に通じていた。マッカーサーはすべての大統領が嫌いなのだとバワーズは感じた。マッカーサーにとってルーズヴェルトはローゼンフェルトだった（ルーズヴェルトのドイツ語風読み。ユダヤ人を連想）。またトルーマンを指して「あのホワイトハウスのユダヤ人」といった。キョトンとしたバワーズは「ホワイトハウスのどのユダヤ人ですか」と聞き返すと、マッカーサーは「トルーマン。名前からしてユダヤ人だ。奴の顔を見ろ」。それからある日、マッカーサーはすべての大統領を嫌いだと思いこんでいたバワーズの誤解をとくこんな一言を。「フーヴァーはまずまずだったよ」[37]。

ともかく、マッカーサーは偏執症にとりつかれていた。たいていの偏執症患者のつねで、かれはすぐに必要以上の敵を作った。一九四八年春ごろ、国務、国防両省はマッカーサーの日本での大幅な権限を事実上減らす計画を練っていた。計画はアチソンが背後で糸を引いていたらしい。東京での政治と軍事を分離する構想だった。マッカーサーはそのうちに大きな歓呼に迎えられて帰国させる、そこでイデオロギー色のない大物二人が任務をそれぞれ引き継ぎ、軍事部門は第二次世界大戦の陸軍の新星マクスウェル・テーラーが継ぐ計画だった。しかし、マッカーサーはこの動きをかぎつけてワシントンのかれの有力な盟友らと連絡、オマー・ブラドレー統合参謀本部議長に書面で注意を喚起した。「かつて読んだこともないものすごい非難」の書面だったとブラドレーはその語調のはげしさに驚く。かれは「マッカーサー将軍がわが国務省全般、とりわけディーン・アチソンに注ぐ深い不信の目」にはまったく気づいていなかった。実際、マッカーサーはブラドレーもまたこの問題を国務省に売りこんだ謀反人と見なしていたに違いない、とブラドレー本人は書いている。(38)

事態は好転しなかった。トルーマンとマッカーサーとは同床異夢の関係だった。二人は参戦しようとしている戦争を別々の文脈で見ていた。やがて分かることだが、受諾可能な勝利の構成要素と勝利達成のため投じうる国家資源の量をめぐってもまったく異なる考えを持っていた。だが、一九五〇年六月二十五日からは二人の人生は将軍と大統領として一つにからみ合うことになる。

それはアメリカ史上稀有な関係だった。トルーマンはマッカーサーを抑えられなかったために大統領職をひどく傷つけ、将軍は大統領に敬意を払わず、大統領を見損なったために自らの歴史的地位をひどく傷つけた。

第10章　緒戦の敗北

貧弱な戦後の軍隊

アメリカはまったく準備不足のまま参戦した。戦闘に投入された米軍の最初の部隊は装備は貧弱、隊員の体格も悪く、指揮もひどいことが多かった。ヨーロッパと太平洋の二大戦域でわずか五年前に勝利した強大な軍はもぬけの殻だった。軍事的には、アメリカは安上がりにしのごうとする国柄で、それが朝鮮でさっそく現れた。陸軍を貧弱な状態にした責任はすべての人にあった。まず、大統領。増税の抑制、先の大戦の債務の返済と国防予算のぎりぎりまでのカットを望んだ。つぎに議会。予算のいちだんの削減を志向した。さらに戦域司令官。マッカーサーの保護の下で兵士の練度は低く、かれはわずか五年前にはワシントンが割り当てた兵士の全部は必要ないと発表していた。しかし、もっとも責任があるのはトルーマンだった。大統領はこのような問題に全責任を負わねばならない。すなわち、まだ貧しく戦争で荒廃した世界で栄華をきわめる豊かな国の陸軍が素寒貧で、食料は制限され、ひどい資金不足から弾薬不足の砲兵部隊は適切な訓練ができない、装甲集団は実地作戦用のガソリン不足から一種の擬似訓練でお茶を濁していた。フォートルイスなど名を知られた基地でも兵士はトイレの使用一回につきトイレットペーパー二枚と命じられていた。(1) 車両のスペアパーツが底をついているため、ＧＩたちは町に出て戦争余剰物資を自腹を切って低価で買った。(2) ばらして部品を取るためである。兵器の性能向上があっても、ほとんど例外なしに航空機か空軍向けに設計された兵器で、歩兵が使う兵器ではなかった。

第二次世界大戦は眠けまなこの孤立主義国家を超大国の地位に引っ張り上げた。敵の空襲範囲の外にあったアメリカは民主主義国の巨大な兵器庫になった。そのすばらしい工場群、その近代性は先進諸国の羨望の的であり、驚くべき速度で強力な兵器を生産した。第二次世界大戦の開戦時、論をなす者は、アメリカ人はよい兵士にはならない、国の物質的成功のために軟弱になっている、と心配した。悪くすると、アメリカはあまりに民主的なために、兵士はドイツ、日本のような強大な全体主義国の兵士に立ち向かえるだろうかという懸念もあった。しかし、アメリカ兵は第一級の兵士であることを証明した。国家は民主社会から羨むべき軍隊を生み出していた。何よりも先ず下士官の強靭さ、抜け目のなさ、技量を核に作られた軍隊、民主的手続きをよく反映した軍隊だった。そこでは自立した思考能力、責任を引き受ける能力に高い価値が置かれていた。ヨーロッパ戦域では一般アメリカ人家庭出身の若者が、成長するアメリカの技術的優位性と相まって強力なドイツ軍と渡り合った。加えて東部戦線でドイツ軍にはげしい攻撃をかけた赤軍が第三帝国の運命を決めた。太平洋では日本軍が執拗に戦っていたが、ここでも兵力とアメリカの卓越した技術力、敵の最強拠点と対決するのではなく、これを孤立させるマッカーサーの抜け目ない作戦との組み合わせ、そして最後は日本の限られた資源が日本の命運を絶った。

しかし、いまではほとんど毎日、米軍部隊の退却と北朝鮮軍の一方的な前進のニュースばかりである。新たな戦後の時代のアメリカ人は、米軍兵士の能力を不用意に過大評価していた。アメリカが一九四四年初頭までに生み出した戦闘能力はとにかく恒久不変の状態だと、また、アメリカは強力な超大国だからつねによりよい兵器、より強靭な兵士を生み出すと過信していた。また、他国もアメリカのことをそう見て恐れており、それが抑止力となっていると信じていた。朝鮮戦争の当初は、陸軍が貧弱でよい状況にないことをわかっている高級軍人でさえそうだった。陸軍の戦いぶりへの期待はその戦力を大幅に上回った。アメリカ人は北朝鮮軍が越境してきたとき、陸軍にどんなに大きな欠陥があるにしろ、侵略を終わらせるのに大して手間は取るまいと予想していた。北朝鮮軍は戦っている相手がアメリカ軍だと知れば、たちまち戦争は急転して、前線からの悪いニュースはよいニュースに取って代わるだろう。北朝鮮軍とは限られた数の部隊で戦えると考えたのは独りマッカーサーだけではなく、軍、政界の最高首脳、残念ながら絶対多数の兵士自身も同様だった。

そのほとんどはある種の人種差別、戦場での白人のアジア人に対する優越信仰を映し出していた。これは太平洋戦争初期に勝利を重ねた日本人を除外した判断だった。日本人の緒戦の勝利はアジア人だからではなく、狂信者だからといいわけされた。相手はたかが朝鮮人である。いったい朝鮮人がアメリカ人を負かすなどということがあるだろうか。しかし、真相は緒戦時の指揮官らを非常に困惑させるものだった。

北朝鮮軍は死を恐れない

ビル・ディーン少将は七月末、大田《テジョン》防衛を自ら指揮した後、行方不明が報じられ、結局北朝鮮軍の捕虜になった。捕虜になる数日前、シカゴ・デーリー・ニューズ紙のキーズ・ビーチ記者は小さな滑走路でディーンとばったり出会った。ディーンはビーチに「正直に認めよう。敵はわが軍の兵が持っていないものを持っている。それは死を厭《いと》わないことだ」と語った。ビーチはディーンに同意した。

第二次世界大戦の海兵隊退役軍人でもあったビーチは、最初に韓国に派遣された兵士は「精神、心理、士気、肉体の面で戦争の準備ができていなかった」と後に書いた(3)。一般兵士は日本のすこぶる快適な平和時の暮らしから引っ張り出されたのである。国元では貧しかった若者が使用人つきの生活を送り、最低限の訓練しか受けないまま戦闘に投入された。彼らは、戦いはやすやすと片づさすぐに日本に戻ると豪語した。それからほとんど一夜にして最大級の災難に遭遇したというわけだ。アメリカ軍は要地を維持できなかった。北朝鮮軍の先鋒部隊は精鋭で武器もアメリカ軍より優れていた。アメリカ軍は退却を重ねた。七月末、アメリカは朝鮮向け追加部隊の編成を急いだ。航空機、戦車を供給し、敵のT－34戦車を阻止できるバズーカ砲の補給をスピードアップしているにもかかわらず、惨敗の色を濃くしていった。

開戦直後の数日間の最初の大きな驚きは、いかに北朝鮮軍が強く、いかに韓国軍が弱いかということだった。韓国軍はほとんどの前線でほぼ壊滅とみられる打撃を被った。つぎの大きな驚きは派遣されてきた先陣の米軍部隊が緒戦でみせたさんざんなていたらくだった。それは驚きどころの騒ぎではなかった。ブルーハーツ作戦と命名されていた最初の米軍部隊投入計画はマッカーサーの参謀長で側近のネド・アーモンド少将が立案したもので、米軍部隊の戦闘遂行はむやみに楽観的な見解を反映していた。それは仁川《インチョン》で北朝鮮軍前線の背後をいきなり突くマッカーサー好みの上陸作戦の特徴で、あたかも北朝鮮軍の攻撃など数匹の蚊が飛んできた程度のことで簡単に追い払えるといわぬばかりの立案であった。上陸作戦は米軍部隊の第一陣が不器用、ぶざまに朝鮮半島の土を踏んだときからわずか二週間後の七月十六日に決行されることになっていた。在日米軍の無残な状態を考えれば、生き残ることさえ大いに疑問視された時期に、まったく実行不可能な作戦だった。しかし、当時の在東京の司令部の極端ともいえる自信を反映し立案されたのである。

ブルーハーツ作戦はたちまち破棄された。北朝鮮軍に米軍が半島から追い落とされるというはるかに差し迫った課題に対応しなくてはならなくなったのである。初期の司令部の作戦は、北朝鮮軍と韓国軍というふたつの軍隊に司令部がいかに無知だったかということも表していた。東京でまとめられたその後のもろもろの計画も五十歩百歩、戦争初期の意思決定のほとんどはこの時期の本質的な人種差別意識を映し出していた。経験豊富な士官なら、北朝鮮軍と最初に接触する先陣の米軍部隊は、最良の状態でなくてはならないこと、強固な陣地で戦い、兵器の潜在的優位性を最大限に引き出さなくてはならないことを知っていたはずだ。ところが、目配りの利《き》いた計画作りが死活的に重要なときに、その計画はずさんでとりとめがなかった。

これは軍隊ではない

司令部が韓国に最初に派遣した第二四師団は衆目の一致するところ、在日四個師団中最弱で戦備は最低だった。派遣の理由は二四師が朝鮮半島にいちばん近い九州に駐屯していたからだった。同師団は、士官、兵、装備など何もかも国の残り物を受け入れていた。参戦数か月の部隊にもっとも重要な問題になる連隊、大隊配属の士官はたいてい二流クラス、三流クラスさえいた。二四師のある小隊長の評を借りれば、同師団は「文字通り補給線の末端」に位置していた(4)。第三四連隊のある作戦担当士官によれば、師団の装備は「国辱もの」だった。迫撃砲用の大量の砲弾は欠陥品で30ミリ機関銃は使い古しで正確さを欠いた。2・36インチ口径のバズーカ砲は旧式だった。後に同師団の士官の一人は「兵員は定数割れし、装備は劣悪、訓練は不足したあんな部隊が投入されたのは残念であり、犯罪に近い」と書いた(5)。

第二次世界大戦の古参兵は去った。代わりに登場したのは、朝鮮戦争で中隊長だったT・R・フェーレンバックによれば、自分たちが理解できない戦争を戦う兵士たちだった。兵士たちは敵も味方もわからず、朝鮮を忌み嫌った。第二次世界大戦直後に軍を志願した男たちは、フェーレンバックの言に従えば、「戦う以外のありとあらゆる動機から」入隊したのだった(6)。戦争の初期段階でアメリカが朝鮮に送った陸軍の実働兵力はおよそ四〇パーセントとはアーモンドの評価だが、クレイ・ブレアは甘すぎると評した(7)。在日米軍の大半の部隊の例にもれず、第二四師団は一個連隊につき三個大隊の編成ではなく、わずか二個大隊編成だった。さらに問題だったのは、師団長は敵を軽く見て初めはわずか二個連隊しか派遣しなかった。しかも、連隊は深刻な定員割れをしていた——三番目の連隊は日本国内のどこかで演習中だった。指揮下の全部隊を作戦能力と火力を集中できる地域に投入するのではなく、三つの小部隊に分割して配備したため、またたく間に兵力数で圧倒され、やすやすと包囲されて人民軍の強襲を防ぐことができなかった。米軍部隊が相手にした兵力を考えると、米軍側は例外的に若干の勇敢な戦闘行為はあったものの、敗北は必至だった。急激な負けいくさとなり、潰走もひんぱんに起きた。これが北朝鮮軍を勇気づけ、ちょうど到着し始めた米軍部隊の士気をくじいた。

これらの事態は、たまたま起こったわけではない。五年前に第二次世界大戦に勝利し、一夜にして兵員解除をしようとした当然の報いだった。ボブ・アイケルバーガーは第八軍をウォルトン・ウォーカーに引き継いださい、その弱点をよく承知していてこれらの軍隊は「すでに戦闘員のいない、幹部団だけの補給組織にすぎない(8)」ともらした。太平洋戦争中、日本軍と戦ってようやくかち得たアジア方面軍への尊敬は消えていた。東京勤務は歓迎された。勝利者の快楽、極貧のアジアの国での快適な暮らし、軍人としての責務はないに等しかった。アメリカからの新参者は歓迎され、日本はいいところだ、遊び方を知っていれば、女と手軽に安く寝られる、ヤミ市のサイドビジネスで結構な額の小遣いも稼げる、と教えられた。一人ひとりのＧＩは母国にいるよりもはるかによい暮らしができた。大半の者が、当時の隠語にしたがえば、〝現地妻《シャックガール》〟を抱えていた。荒廃し、衰弱し、打ちひしがれた日本では、最下級の兵卒でも軍服の世話をし軍靴を磨くハウスボーイを見つけることができると考えられていた。アメリカ軍兵卒や伍長は日本人の間で束の間の金持ちになったのだ。少なくとも故郷のオハイオやテネシーでは望むべくもないほど豊かになった。いっぽうの日本人は、いまでは物乞いになりさがっていた。そうした彼我の差は、白人世界はすべての面で優越しているという固有のアメリカ的な人種差別意識を強めた。白人の男たちは戦いに勝ち、非白人の男たちは白人の男たちの靴を磨き、非白人の女たちは白人の女になったというわけである。

この気楽な占領軍にあっては、兵士たちは必ずしも月曜日の点呼に顔を出すとは限らなかった。部隊が戦闘可能に見せかける手管を弄するのは往々にして中隊書記の仕事になっていた。これらの兵士が戦闘即応態勢にないことは公然のことだった。一九四五年のバルジの戦い（第二次世界大戦のベルギー戦線でドイツ軍が試みた最後の総反撃）のとき、バストーニュ地区司令官だったトニー・マコーリフ少将は一九四八年、南日本駐在部隊の指揮を任されたが、かれはこれがいやでいやでたまらなかった。ビーチ記者はマコーリフを訪ねて任務が嫌いなのか、と聞いたところ、とても好きだと答え、つぎのように語った。「しかし、かれら（兵士のこと）はわたしが好きではない。実のところ、わたしはここの兵士たちにとって口うるさいろくでなしだ。平和時にしろ戦時にしろ陸軍の唯一のよりどころは即戦態勢にあるということなのに、この陸軍は違う……実際にやつらを戦場に送り込んで目を覚まさせたい。地面に寝て夜露に足を濡らすということをさせなければ」。少将の在日勤務は長くは続かなかった。かれの精神は汚染されなかった、とビーチは評した。(9)

人民軍を手もなく撃ち破ると確信しつつ朝鮮半島に最初に足を踏み入れたのはこういう兵士たちだった。同地で部下をよく統率した連隊長のジョン・マイケイリス大佐は緒戦の数か月の兵士たちの行動に仰天した。十月初旬、サタデー・イブニング・ポスト誌のロバート・マーチン記者にこう語っている。

「兵たちは当初、銃を撃つことすらできなかった。自分の銃の操作の仕方を知らなかったのだ。ありふれた旧式の小銃射撃術の訓練さえ充分に受けてはいなかった。コミュニズムとアメリカニズムの違いに関する講義には多くの時間が割かれたが、実弾が頭上でうなる戦場で匍匐《ほふく》前進する充分な演習時間は割かれていなかった。大切にされ、甘やかされた。教えられたのは車の安全運転だの戦時国債の購入だの、赤十字への寄付、性病の回避だの、国元の母親に便りをするなどなど。せめて、機関銃が詰まったときに、どうやって修理するかぐらい教えておくべきだった」。さらに大佐は、兵士たちの多くは車に頼りきり二本の足を使って歩くことを忘れていると語り、こうつけ加えた。「偵察パトロールに出すと、兵たちはトラックに大勢で乗りこみ、街道を走り始める(10)」。

ロボットのようだった

このような兵士が国元の雰囲気を映す正確な鏡だとすれば、北朝鮮兵はかれらの国柄を映《うつ》す鏡だった――抑圧され、植民地化された社会からソ連モデルの粗雑なコピーを使って即席の近代に一晩で跳躍しようとした。かれらは頑強で、怒りに燃え、戦いに鍛えられた精鋭だった。余分な武器は持たず、アメリカ兵より引き締まった体をし、風土への順応能力も高かった。陸軍史研究家ロイ・アップルマンの見積もりでは、北朝鮮兵の三分の一近くが国共内戦時に共産側について困難な戦いを経験していた。士官と下士官ならほとんど全員になる。かれらの心中では、この戦争はかつての抗日戦争の延長だった。厳格に――実際、驚くばかりに――思想教育を施され、捕虜になったとき多くの者が政治信条を語るその確信的な語り口は、ロボットのようだった。筋金入りの中国の共産主義者の政治的信条をも凌ぐものがあった。[11]

農民出身の兵士たちは、日本の朝鮮植民地化を憎み、アメリカ人とソウルの手先どもは過去の代理人であり、未来をもたらす者ではないと信じた。アメリカ人はいまや日本人、旧朝鮮の支配階級の同盟者である。したがって、この戦争はずっとむかし、自分たちが祖国を離れるのを余儀なくされた闘争のつづきなのだ。かれらの心のなかでは韓国軍指導部は日本人とともに戦った朝鮮人と映った。上層部にはとくにそれがいえた。北朝鮮兵はきびしく鍛えられ、軍紀は厳正で士気は盛んだった。かれらがきわめて巧みで、アメリカ兵とは違い道路は避けて峻険な地勢をたびたび徒歩で移動した。偽装を訓練し、ともに戦った中共軍と同じように、全面的な正面対決は避ける傾向があった。かれらが好んだのはまず敵の韓国軍か米軍と接触し、その側面をすり抜け、数でひどく劣勢な敵を側面か背後から攻撃する。人民軍から逃げてきた農民に偽装した小人数の集団を先行させてアメリカ軍陣地を偵察させ、驚くばかりに正確な砲火を浴びせた。

かれらは戦う相手と戦う理由をまず最初にしっかりと頭にたたきこんでいた。かれらが戦っている相手は肌の色の白い外国人、帝国主義者、資本家、ウォール街の子どもたち、そしてもちろん、その同盟者の南の傀儡どもである。アメリカ兵らは共産主義の諸悪について、戦っている相手について、戦いの理由についての講義をときどき受けてはいたが、かれらほどの確信はなかった。朝鮮半島にきたアメリカ軍兵士たちは、そもそも日本に駐屯するつもりだったのである。戦争にいくとは、まして朝鮮とよばれる場所で戦うとは思いもかけなかった。第三四歩兵連隊の伍長だったラリー・バーネットはいう。

「あの日曜日、うわさがオレたちの部隊に流れたときの中隊の反応は〝朝鮮とはどこだ〟だった。つぎの反応は〝朝鮮人同士で殺し合いをやらせときゃいいんだ〟だったよ[12]」

打ち砕かれた信仰

まったくひどい反応だった。同連隊と、姉妹連隊の第二一連隊は朝鮮で戦う先陣部隊に予定されていたのだ。両連隊は不運な第二四師団所属だった。二四師は速やかに韓国に到り半島の西側を北上せよと命じられ、進撃してくる敵と遭遇した。その地点はソウル南方の水原《スウオン》の村落付近と想定された。しかし、このとき、師団長ウィリアム・ディーン少将は重大なミスを犯す。師団の限られた兵力を強固な陣地に集中して火力の最大化が可能になるようにはしないで、うかつにも部隊を分割することにした。ディーンの命令は新しい敵に対する米指揮官の無知を反映していた。

最初に日本を発ち戦闘に入ったのはブラッド・スミス中佐率いるスミス特殊任務部隊《タスクフォース》（通称スミス支隊）だった。輸送機が隊員を釜山《プサン》に運んだ。悪天候と利用できる輸送機の数に限りがあったので、空輸は二日がかりだった。スミス支隊の最後の隊員が釜山に到着したのは七月二日朝。同日夕には列車に乗り、翌三日朝、釜山と前線とみられる地点との中間点よりやや北寄りの大田《テジョン》に着いた。大田でスミス中佐はジョン・チャーチ准将に会った。チャーチはなにがどこに必要かを探るためマッカーサーが韓国に派遣した調査団の団長でもあった。年配の将官で馬力で知られるタイプではなかった。

すばらしくよく連携され結束も固い北朝鮮軍の攻撃と、混乱する韓国軍の大規模な退却を前に、チャーチの調査はうまくはいっていなかった。人民軍が間近に迫り司令部をただちに水原から約百四十キロも離れた大田に移さざるをえなかったにもかかわらず、チャーチの傲慢な見通しは変わらなかったのである。必要なものは若干の戦うＧＩ、戦車を恐れない兵だけだ、戦車に韓国兵はおびえている、とチャーチはスミスに語っている。チャーチは地図を指さして水原南方の烏山《オサン》付近で戦えとスミスに命じた。そこで、スミスは部下を率いて列車で安城《アンソン》に向け北上した。安城の駅で一行は民衆の歓呼に迎えられ、束の間、誇らしい気分になった。善玉の英雄がおびえた民を救いにやってきたあかしだったからだ。後になって同行のウィリアム・ワイリク中尉は、韓国の民衆――おびただしい数の人が南に避難していた――が歓呼したのはアメリカ兵の出現というよりも列車の到着に向かってだったと気がついた。民衆は釜山に折り返す列車にさっさと乗りこんだ(13)。

ほぼ同じころ、ディーン少将は大田に到着し、チャーチから在韓アメリカ軍の指揮を引き継いだ。かれはそこで第三四連隊をソウル・釜山街道上の烏山南西の平沢《ピョンテク》に配置した。これによって、同連隊は限られた兵力のまま、およそ十六キロ離れた第二一連隊から切り離された。兵を分けずに六十キロ南に集結させ、錦江《クムガン》の天然の要害を利用したほうが賢明だと考える者もいたが、ディーンは、任務は「短期で容易」だろうと考えた。また、北朝鮮軍はアメリカ軍との戦いを望んでいないと信じていた。そのためディーンは部隊を三グループに分割するという致命的な誤りを犯したのである。

日本では、韓国に向かう第三四連隊の隊員らが夏用の礼装を荷造りするよう命じられていた。ソウルでやがてやってくるはずの戦勝パレード用だった。同連隊の一個大隊を指揮したハロルド・エアズ中佐は部下に「われわれの北方には北朝鮮兵がいると思われる。兵らは訓練不足であり、およそ半数が武器を所持しているにすぎず、阻止するのは困難ではなかろう」と訓示した(14)。うぬぼれでは一般兵士もひけをとらなかった。かれらは朝鮮人どもに、当時のことばにしたがえば、一つ、二つ教訓を与えてやるための征戦の途中のつもりだった。終わったら東京の快適な生活に戻るのだ。当時、アーモンド少将の副官だったフレッド・ラッド大尉は、人種差別意識――「アジアの人間はアメリカ軍にはかなわないという信仰」――はアメリカ陸軍に深く、広く浸透していたと述懐している。

「この差別意識は上から下へ伝わったのか、下から上へ伝わったのか、それとも両方同時だったのかは分からない(15)」(ラッドは十三年後、ベトナムで師団顧問をしていたとき、ふたたびほとんどまったく同じ現象を目にしたと記している)。第三四連隊が平沢の持ち場に向かっていたとき、韓国軍の数名の工兵が橋を爆破しようとしているところに遭遇した。アメリカ兵らは工兵を意気地なしとののしり、爆発物をほうり捨てた。

アメリカ軍と北朝鮮軍が銃火を初めて交える時が迫っていた。やがて明らかになろうとしていたのは、第一級のマグニチュードをもったアメリカ軍の大惨敗だった。それは目いっぱい力におごる国民が新しい現実に出合ったとき、なにが起こるかの典型例であった。七月四日、スミスは烏山北方数キロを五百四十人の兵士を率いていた。実質的には定員不足の一個大隊——増補された二個中隊に近かった。砲兵の支援部隊の大半はまだ釜山にあった。スミス部隊が持ち場に着いたのは七月五日午前三時ごろだった。雨が降っていた。全員が疲れ、寒さにふるえていた。同じ未明の少し後、小隊長補佐ローレン・チェンバーズ軍曹は八両のT－34戦車が水原方面から道路を移動してくるのを視認した。小隊長フィリップ・デイ中尉はあれはなんだと聞いた。「T－34戦車です、隊長殿。味方ではなさそうです」とチェンバーズは答えた。

戦車はどんどん近づいてきた。後ろには歩兵の長い列がつづいた。そのときもっと恐ろしい光景が目に飛びこんできた。新手の二十五両の北朝鮮軍戦車だった。およそ十キロと見積もられる敵の隊列の先鋒が一マイル(約一・六キロ)以内に接近してきたとき、アメリカ軍は迫撃砲の砲撃を開始した。数両に命中したが、敵戦車はびくともしなかった。アメリカ軍は戦車が約六百メートルまで接近するのを待って無反動ライフルを発射した。数両に命中したが、戦車は依然前進を続けた。バズーカ砲は役に立たなかった。チェンバーズ軍曹は電話で60ミリ迫撃砲の攻撃を要請した。そんなに遠くまで届かないとの答えが返ってきた。「それじゃ、81ミリ迫撃砲はどうか」と問うと、「もってきていない」が答えだった。4・2インチ迫撃砲を要請すると、発射ができない、といわれた。「砲兵隊はどうか?」まだ砲兵隊は連絡がない。「空軍はどうか?」空軍はスミス支隊がどこにいるかを把握していない。とうとうチェンバーズはさじを投げ、それじゃ、カメラはどうか。この情景を少なくとも写真に撮っておける、といった。[16] スミス支隊は包囲される重大な危機のなかにある、とチェンバーズは警告し、アメリカ兵たちは可能な限り迅速に後退を始めた。多くの兵士は一目散に逃走、武器を捨てる者、軍靴を脱ぎ捨てる者もいた。はだしだと水田のなかを速く通り抜けられるからだった。

第三四連隊はスミス支隊の前進部隊からあまり遠くない地点に司令部を設けていた。いまや、北朝鮮軍は司令部に向け南下していた。ロンドンのテレグラフとメルボルンのヘラルド両紙の特派員をしていたオーストラリア人記者デニス・ワーナーは平沢の近くで第三四連隊第一大隊に随行していた。ハロルド・エアズ中佐が指揮する部隊である。七月五日朝、ワーナーがエアズと一緒にいるところにジョージ・バース准将が到着した。バースは師団付砲兵隊将官とされていたが、部隊は前線に大砲を持っていなかったので、ディーンはバースに前線一帯を担当させていた。ワーナーが見守っていると、バースはジープから降り、その場に集まっていた記者たちに向かって、「やあ、諸君、始まったぞ。本官はマッカーサー将軍のためにあっちで初弾を用意したぞ」といった。バースは北朝鮮軍が千三百メートル以内に接近したら発砲するよう命じたと語った。

ワーナーの回想によれば、まわりにいた米軍士官全員が、つぎに起こる事態にきわめて楽観的な様子だった。「アカのならず者どもは、相手になっているのがわが国の若人だと気づいたら、回れ右してとんずらするだろうよ。われわれは週末にはソウルに戻れるだろう」[17] とエアズは大口をたたいた。ワーナーはこのような状況下で目の前の多数の戦争報道特派員たちと同様、ここにとどまってこれから始まる作戦を待つべきか、大急ぎで戻って米軍が北朝鮮軍と戦闘状態に入った記事を送るべきか、迷った。

地図5.スミス支隊の位置、1950年7月5日

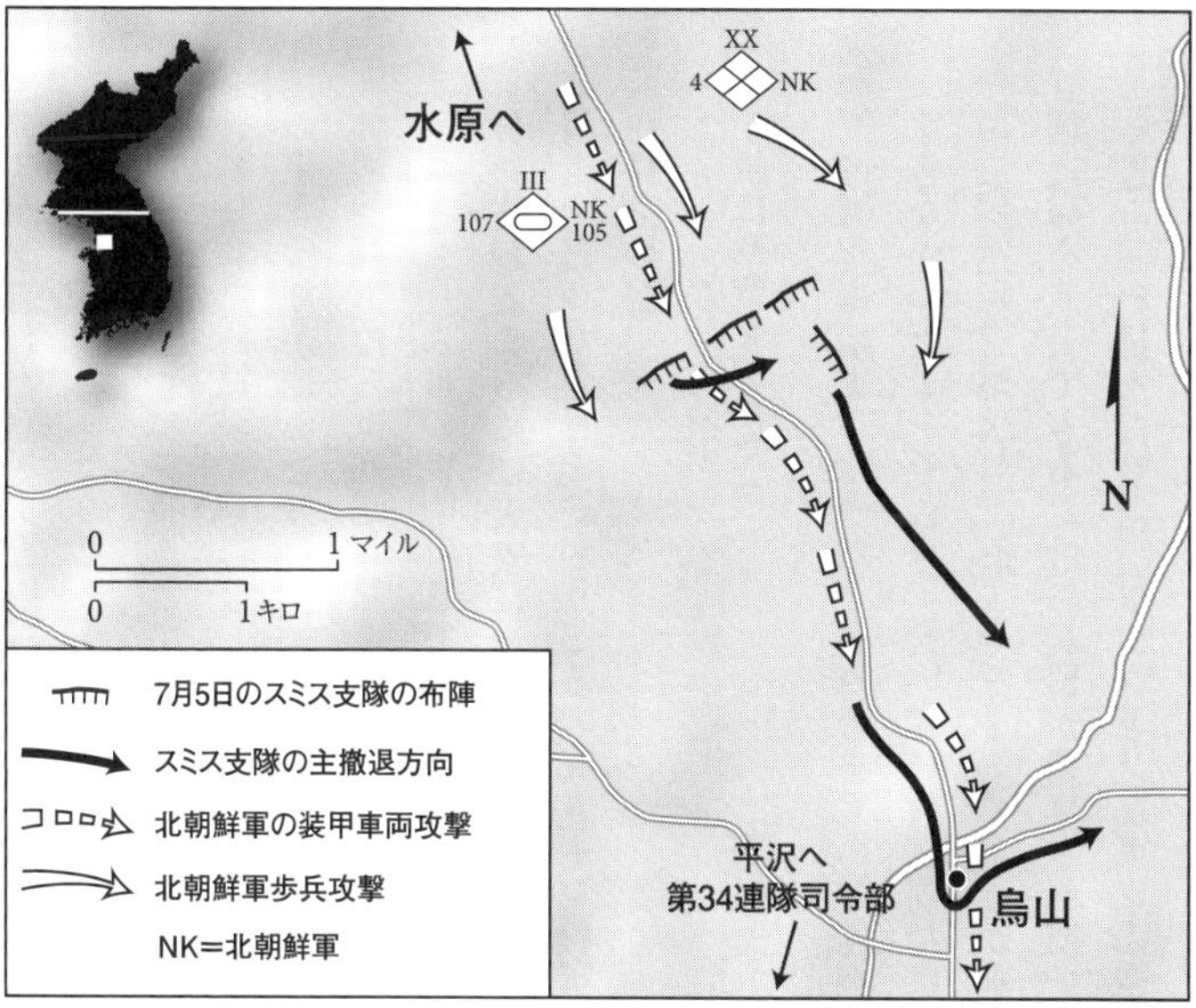

かれは作戦を待つためとどまることにしたが、そこで不吉な光景を目撃する。ほとんど古典的な警報のシグナル、混雑する道路を南に移動する農民の延々とつづく列、とるものもとりあえず人民軍を逃れる避難民たちである。南に逃れる農民の光景は戦闘のなんたるかを知る者には問わず語りの兆候、いわば風のなかのわら、小さな先触れだった。ワーナーを面食らわせたのは逃走する韓国軍兵士の数が農民をはるかに上回っていたことだった。かれは数人の特派員とともに北に向かって歩き出した。ところが、すぐに一人の韓国軍騎兵に出会った。またがっているのはワーナーにはシェットランド産のポニーに見えた。騎兵は韓国語で「タンクウ！　タンクウ！」と叫んだ。そのとき、ワーナーは初めて敵戦車を見た。「落ち着き払って、威風堂々と前進してきた」。かれはただちに回れ右してエアズの司令部に戻った。しかし、エアズはワーナーがたったいま自分の目で見てきたことを疑っている様子で、「われわれは戦車を持っておらん」といった。

「わが軍のじゃない。敵のだ」とワーナーは答えた。

「このあたりの橋はあのサイズの戦車を支えられない」とエアズはいい張った。そこでワーナーはエアズが派遣したバズーカ砲班とともにとって返した（「エアズはたぶん、わたしの言い分に調子を合わせたつもりだったのだろう」）。すぐに北朝鮮軍の戦車二両が現れた。アメリカ兵のバズーカ砲手らは戦車に目いっぱい接近して発砲した。しかし、砲弾は戦車に撥ね返された。この時点では、スミス特殊任務部隊壊滅の報はまだエアズの司令部に届いていなかった。そのときになって、ようやく数人の生き残りが迷いこみ、支隊のほとんどが失われたと報告した。ワーナーは書いた。「その直後にエアズと部下たちは逃走した。バースの司令部も夜のうちにつぶれた。戦車が突入する数分前のことだった。七月六日の夜明けまでには、戦車群は街道を九キロ下った平沢に入り、朝食までに成歓《ソンファン》、その日が終わるころには天安《チョナン》に進出した。三十六時間に五十八キロの快進撃だった」(18)。アメリカ兵が依然潰走《かいそう》中だった翌日の終わりごろ、ディーン将軍はバースの前線司令官の職を解き、連隊指揮官の一人も解任した。

核は戦争を変えたか

惨憺たる始まりだった。布陣のまずい準備不足の部隊は、北朝鮮軍の破竹の南進を少々遅らせたにすぎなかった――それも、せいぜい数日間だけだった。最初の週の戦闘で、北朝鮮軍は事実上、米軍の二個連隊を撃破し、およそ三千人の兵士が戦死か負傷、または行方不明となり、北朝鮮軍の一、二個連隊を武装できるだけの兵器が遺棄された。

恐ろしい日々だった。ワシントンと東京の空気は沈むいっぽうだ。限定戦争では米軍部隊は持ちこたえられないとの懸念が膨らみ、核兵器使用の圧力がじわじわと高まった。この空気はニューヨーク・タイムズ紙七月十六日付社説でうまく捉えられている。

「兵力で劣り、兵器で劣るわが国の在韓兵士を見守るわれわれの気持ちは同情と悲しみと賞賛が入り混じったものであらねばならない。これは、われわれが求めた犠牲なのだ。この犠牲を正当化できる唯一の理由は、兵士たちが戦っていればこそ、この戦争を小さな戦争に抑えているという観測である。少数者の死は数百万人の大量虐殺の防止につながるという希望である。この選択は恐ろしい選択だ。われわれは明るい気分にも穏やかな気持ちにもなれない。しかし、取り乱す必要はない。われわれは彼らのおかげで戦争の拡大や文明の崩壊を受け入れなくてもよいのだ」

朝鮮戦争の最初の数週間で消えたアメリカ人の多くの幻想のうち、もっとも重要なものは核爆弾を最終兵器、つまり、われわれが必要とする事実上唯一の兵器と見なす信仰だった。これは第二次世界大戦直後の国家安全保障体制に深く根を下ろした考え方だった。その理由は一つには強力な兵器であるためだが、防衛費が安上がりで済むためでもあった。オマー・ブラドレーはいつもはきわめて分別のある人物であるが、朝鮮戦争の一年前、陸海空合同の上陸作戦の時代は基本的に終わったと議会でつぎのように証言した。

「率直にいうと、原爆が適切に投下されるならば、〔陸海空合同上陸作戦の〕必要はほとんどなくなる」

緒戦の苦い敗北で、アメリカ国民はアメリカの防衛システム全体が幻想であったこと、原爆はいかなる種類の限定戦争でも使用がもっとも限定された兵器であること、ソ連との力の膠着状態は二大超大国がその周辺地域固有の緊張を管理しづらくなる地帯を生み出す恐れがあること、を学んだ。核兵器は強力で恐ろしい兵器ゆえに多くの場合、道徳的に嫌悪され、実際はほとんど使えない。しかしいかなる国も、軽々に核保有国を攻撃するわけにはいかないという究極の抑止力をもったおそるべき破壊兵器でもあった。これらもまた目新しい事実であった。

しかし、アメリカの初期の核独占、太平洋戦争を急速に終わらせたかにみえたその即効力は、話がアメリカ国防予算になると幻想を生んだ。矢は一種類だけで済むから兵器を安価に開発できるという幻想である。また、広島と長崎に投下された原爆が戦争の歴史に最新の一章を開き、ほかのすべての兵器を旧式化し、真の軍事力はもっとも豊かで技術的に進んだ国家だけにしか保有できないという幻想も生んだ。しかしこれらの幻想は、一九五〇年七月初旬の朝鮮半島の戦場で打ち砕かれたのである。軍事の世界は一九四五年八月に完全に変わった様相をみせたが、実はそれほど変わってはいなかったらしいことが明らかになった。

アメリカ国民が、核兵器の限界に気づくにつれて、朝鮮戦争とトルーマン政権の人気は着実に低落傾向に入っていった。まだ根づいていない新しい国際主義を旧来の孤立主義に戻すことを望んだのではなかったにしろ、しかしかといって、事態の進捗あるいはそれを仕切るワシントンの要人たちをアメリカ国民が気に入っているわけではなかった。これがアメリカ国民が直面したアメリカの新しい国際的宿命だったとしても、好きで選んだ宿命ではなかった。

＊　＊　＊

ウォーカーは解任されるべきだ

一九五〇年七月は米軍史上最悪の月の一つだった。長く不名誉な退却が続いた。数々の悲惨な戦いがあった。兵力、武力ともに劣る米軍部隊は時折奮戦したが基本的には、北朝鮮軍の兵力の規模と技量に圧倒された。米軍部隊は重要拠点にいつも薄くしか布陣できなかった。アメリカ本土で集結し、現地に振り向けられる部隊の到着まで、限られた兵員で北朝鮮の進撃をなんとか遅らせなければならなかった。そう、若者の命という貴重この上ない財貨でますます貴重となる時間を買おうとしていたのである。祖国アメリカでは、この新しい戦争に向け動員が始まったばかり。戦争前夜、日本に駐在していたアメリカ軍の人員では絶望的なまでに数が足りなかった。

戦争が勃発すると、比較的重い犯罪で告発され手錠をかけられてアメリカの営倉に護送中の在日駐屯兵には代わりの選択肢が与えられた――朝鮮で戦えば、犯罪記録は帳消しにする。[19] 第一騎兵師団司令官ハップ・ゲイ少将の副官だったウィリアム・ウエスト中尉によると、東京駐在の米軍師団の士官は、朝鮮戦争勃発前は、こうした犯罪を犯した兵士たちを軍法会議にかけるのに忙殺され、勤務時間の何割も食われたのだという。[20]

マッカーサーは七月初旬、統合参謀本部に前線の維持だけで十一個大隊が必要と報告した。アメリカ本国でなりふり構わぬ人員確保のための手段がとられた。祖国アメリカは朝鮮戦争にいま（緊急に）きみを必要としている、と。

第二次世界大戦から帰り、普通の市民生活を享受していた元海兵隊員らは、かつての契約にもとづいて、いまだに自分たちが海兵隊員として登録され召集可能だったことを知って愕然とする。予備役を志願せず、自分たちは一般市民だと考えていたのだが違ったのだ。かれらは十年もしないうちに二度目の海外派兵のため市民生活から追い立てられていった。そうこうするうちに陸軍向けの選抜徴兵制度復活の機運が高まってきた。真珠湾攻撃のあった一九四一年十二月のように多数の若者が志願センターに押しかけるというわけにはいかなかったからだ。すでに兵役についている男たちは戦闘部隊に編入され、ろくな訓練もないまま朝鮮に送られた。北朝鮮軍が攻撃してきたとき、「われわれは電気掃除機のスイッチを入れた。オフィスから、病院から、倉庫から、ありとあらゆるところから人を吸い上げ、なんとか人員をそろえた」[21]とは緒戦で一個中隊を指揮したフランク・ムニョス大尉という名の士官の言である。

初めのうちは派兵前に六週間の戦闘訓練があるという話だったのが、時間がないとなり、さらに、朝鮮に到着したら十日間の訓練があるとの話も破棄された。とうとう、釜山に着いたら三日間の特別訓練というところまで話はいったが、北朝鮮軍がどんどん接近してくるにしたがい、これも時間がないと沙汰やみになった。このため、兵士たちは米国本土から直接港に着くと、装備を受けとってただちに戦陣に送られる例が少なからずあった。ライフルの照準合わせや調整、迫撃砲の試射もなく、辛うじて50ミリ機関銃の銃身に塗られたワセリンを拭いとるだけで戦場に送られていったのである。[22]

ペンタゴンでは指導部の能力、とくに第八軍司令官ウォルトン・ウォーカー中将のそれに懸念が高まっていた。第八軍司令官はこの時期、在韓全米軍（やがて国連の全地上軍も）の司令官でもあった。そこで、惨憺たる日々がつづいていた八月初旬、陸軍は新星マシュー・リッジウェイ中将を三名からなる特別高級チームの一員として派遣、マッカーサーと会談して、話を聞き、その要求を調べるいっぽう、ワシントンの懸念、とくにマッカーサーと蔣介石との関係をめぐる懸念を伝えた。

チームの団長アヴェレル・ハリマンはマッカーサーの評価と、蔣と中国の問題をめぐるかれとトルーマン政権との溝を埋める試みに奔走した。いっぽう、リッジウェイの最重要任務はウォーカーおよび在韓司令部の査察だった。リッジウェイは第二次世界大戦の末期、意気上がる司令部を経験し、精鋭中の精鋭、空挺部隊を指揮したことがあるだけに、韓国で目撃した実情に愕然とする。リッジウェイの目には、ウォーカーの幹部士官らの多くは先の大戦で成績が振るわず、階級と給与水準を少し上げて退役できるよう最後の服務チャンスを与えられている連中だった。まるでワシントンと東京の要路の人たちが昔のよしみで一人前と認めているようなものだった。新世代の最優秀士官はそこにはいない。ウォーカーはさらなる受け入れには同意できなかったろうし、すでに受けとった士官の質にかんかんになっていた。優秀な士官がアジアに配置されると、戦場で戦闘中の部隊を指揮するよりも東京の司令部勤務に吸い上げられるのにも怒っていた。

ウォーカーは立派でまともな将官だとリッジウェイは判断した。かれに戦車部隊と具体的な命令を与えれば、余人はかなわないだろう。だが、それにもかかわらず、リッジウェイはウォーカーにはこの任務は荷が重過ぎ、かれを取り巻く第八軍の参謀たちは明らかに無力で、まとまりも悪いと思った。ウォーカーの参謀長のやる気のなさにリッジウェイはショックを受けた。連隊指揮官のなかには戦闘経験に欠ける年配者もいた。戦闘員自身も第二次世界大戦の兵士の水準には遠くおよばない、とかれは報告した。

リッジウェイ報告はほぼ何から何まで悲観的だった。兵士らは歩兵の基本に欠ける場合が多すぎ、積極果敢ではない。かれらはいわば機械の囚人である。ことに車両に縛られ、朝鮮半島の貧弱で限られた道路網に身動きがとれない。かれらは反撃しない。塹壕掘りのしかたは適切ではない。カムフラージュの試みはぞんざいである。射界の敷き方はまずく、部隊間の連絡は貧弱である。リッジウェイは衝撃を受ける。アメリカは若者を危機に陥れるやり方で戦闘に送り出している。これは歩兵指揮官操典の基本中の基本原則に違反している。

ウォーカーは解任されるべきだ、とリッジウェイは強く感じた。ウォーカーは大軍を指揮する技量にも事態の転換に必要なビジョンにも欠ける。しかし、リッジウェイはこの勧告をあまり強硬に推進することには慎重だった。指揮下の部隊が海に追い落とされそうになっている絶望的なまでの苦境にあえぐ司令官を解任することへの不安は当然ながらかれにはあった。そのような人事はただでさえもろい戦闘員の士気を損ないはしないだろうか。また機会便乗屋と見られることへの懸念もあった。ウォーカーに批判的なのは自分が司令官の座をねらっているからだ、と。リッジウェイはマッカーサーとウォーカーの間にすでに存在する深い溝を知らなかったので、ウォーカーの解任を提案した場合のマッカーサーの反応を心配した。ワシントンにつねに神経を尖らせているマッカーサーは自分をトルーマンの手下、ないしはただの機会便乗屋と見なしているのではないか。かれはハリマンに話すことにした。ハリマンは一九三〇年代から困難でやっかいな高水準の調停任務をとり仕切ってきた。ハリマンも、空軍士官でチームの第三のメンバー、ローリス・ノースタッド将軍もウォーカーの解任を考えていたが、マッカーサーが最後の会談でこの問題を自分から持ち出さなければ、こちらから口火を切ることには慎重だった。どんな討論も司令官が音頭をとるべきだというのがノースタッドの意見だった。三人はマッカーサーの采配を攻撃するためにワシントンからやってきたと受けとめられるのは避けたかった。(23)

ウォーカー問題はリッジウェイが大統領本人を含むワシントンの要人らと話し合い、しかる後にしかるべきチャンネルを通じて提案したらよい、とハリマンは提案した。クレイ・ブレアの指摘によると、マッカーサーはすでにウォーカーへの信頼を失い解任を考えているところで、リッジウェイが最適任と思っていた。この時点でリッジウェイが実際にウォーカーと交代していたら、「朝鮮の事態は様相を異にし、米陸軍にとってもっと有利なコースをたどっていた公算が高い」とブレアは記す。(24)その理由は、リッジウェイならマッカーサーに対抗でき、ウォーカーよりも東京から独立し、ワシントンでの人脈も厚く、三十八度線を越えた後の北進にはより慎重だったであろうからだ。

本当の攻撃はヨーロッパで始まる

ワシントンへの帰途、ノースタッドはリッジウェイに第八軍の指揮権問題を持ちかけ、「きみが指揮するべきだ」と主張した。しかし、リッジウェイは優位な役職とペンタゴンのテコを使って他人の指揮権を横どりしたと見られることに極端に神経質になっていて、抵抗した。「どうかその話はやめてほしい。それでは、まるでわたしが猟官運動にきたようではないですか。わたしにそんなつもりはない」[25]。リッジウェイはそれを口にするのを躊躇したが、もうひとつ、気がすすまない理由があった。それは生ずるであろうマッカーサーとの間の困難だった。マッカーサーがおこなった敵前線の背後の仁川《インチョン》上陸作戦計画のブリーフィングは、驚くべきものだった。なんといってもリッジウェイは空挺部隊の出身である。敵の主力から離れて奇襲をやるアイデアは好むところだった。しかし、かれが心配したのは、過酷で辛くなじみのない戦場から遠く離れたマッカーサーのような高齢士官とやりとりをしなくてはならないことだったのである。

実質上、この時点で指揮権はリッジウェイにほぼ引き渡されていた。ハリマンは強硬にかれを推した。ハリマンはトルーマン、ルイス・ジョンソン国防長官、オマー・ブラドレー統合参謀本部議長とジョー・コリンズ陸軍参謀総長にリッジウェイを推薦した。全員が理想的な人事だと賛成した。陸軍の最良の若手司令官を活用するということ以外に、マッカーサーに歯止めがかけられるというおまけも期待できるからだった――もっとも、この点はだれも表立っては口にしなかった。リッジウェイはたいへん強力な士官だからマッカーサーのような尊大な人物といえども、身の回りに不当な抜け道を設けるのはむずかしくなるだろう。しかし、一方でジョー・コリンズは朝鮮問題にリッジウェイが「深入りしすぎると、抜けられなくなる」ことを心配した。コリンズは、一九五一年にリッジウェイを副参謀総長に昇格させることを内定していたのである[26]。アメリカがその時点で唯一まきこまれている実戦の指揮権をコリンズがそのように考えていたとは、非常に興味深い。疑いもなくそれは、朝鮮戦争は前座にすぎず、本当の敵の攻撃はヨーロッパでたぶん間もなく始まるというワシントンに深く根づく確信を反映していた。この説を支持する要人のなかにリッジウェイ自身も含まれていたのである。

第11章　マッカーサーの玉座の下で

二線級を指揮しなければならなかった男

そういうわけで、ウォルトン・ウォーカー、通称ジョニー・ウォーカーは、ワシントンにも東京にも有力な後ろ楯はなかったものの、その時点では解任されなかった。かれは東京では重要な指揮に関する決定からたびたび外されていたし、マッカーサー側近からは陰で嘲笑されていた。ウォーカーの専属パイロットで、かれの一の腹心だったマイク・リンチにいわせれば、ウォーカーは北朝鮮軍と東京の上級司令部との二つの戦線で戦っていた。(1) ウォーカーは何がたくらまれているのか知っていたし、自分の解任が目の前に迫っていることも知っていた。だが、かれの限界が何であれ、かれにはリッジウェイも気づいた並外れた資質があった。ブルドッグのような粘り強さである。

ウォーカーの部隊がなだれを打つように洛東江《ナクトンガン》に押されていたとき、二人の将軍は話し合った。この暗い時期の大きな課題は釜山《プサン》橋頭堡を維持できるか、ということだった。さもなくば半島から追い落とされてしまう。会談でリッジウェイはウォーカーにこれ以上後退せざるをえなかったらどうするか、と質問した。ウォーカーはこれ以上は後退しない、と答えた。「それは貴官が兵に向かって話すこと。洛東江防衛線から退却を余儀なくされたら本当にどうするおつもりか」と重ねて問うと、ウォーカーは挑戦的にこう答えた。「洛東江防衛線は絶対に破らせません、将軍」(2)。

少なくともある意味でウォーカーに幸運だったのは、ワシントンと東京が自分の進退を考えているのではないかとよくよする時間的余裕はなかったことだ。北朝鮮軍の進撃を防ごうと部隊の運用に連日忙殺され、余計なことを考えているヒマなど少しもなかった。危機につぐ危機であった。師団長から連隊長、中隊長に至るまで指揮下の部隊が足りないという現実があった。七月には人民軍が連夜、米軍の防衛線を四、五か所で突破しようとした。ウォーカーの任務はいつも、つぎの漏れ口をふさぐこと、多くの箇所のどこがいちばん重要かを判断することだった。米軍司令官がこれほどひどい局面を相手にした例はまれだった。部隊が準備不足だったのはウォーカーにも責任があった。かれも六月二十五日の前は在京司令官の一人だったからだ。だが、いわば自分の裏庭で戦う敵に米軍は兵力面でもひどく劣勢だった。ウォーカーの補給線は絶望的なほど長く、はるかカリフォルニア州にまで延びていた。兵士、指揮官、ときにはいのちの綱の弾薬まで、何もかも足りなかった。ウォーカーは敵勢力下のまっただなかにいた。山地が国土の大半を占める場違いな国で戦う戦車指揮官。その戦車は質量ともに敵が味方を上回った。さらに状況を悪くしたのは、本来は彼に指揮権があるはずなのに、意思決定からかなりの部分外されていたことだった。マッカーサーと強い権限を持つアーモンド参謀長はあからさまな軽蔑ではなかったものの、ウォーカーを見下していた。ウォーカーには、自分が重要決定を極東で最後に耳にするアメリカ兵のようにときには思えた。マッカーサーとアーモンドの下にいる参謀たちは二人がウォーカーに示す軽蔑を知って、上官の態度をたびたび真似た。

ウォーカーはほしい佐官さえ得られなかった。ワシントンの要人も視察にきたリッジウェイもウォーカーの参謀たちの質の悪さをこぼしたが、輸送船が横浜に着くたびに、士官の記録審査が行われ、最優秀士官はマッカーサー司令部が掠めとり、残りが第八軍に下げ渡されていたのだ。(3)それは確かに一本のパイプラインではあったが、人材を間違った場所に送る腐ったパイプラインだった。ウォーカーは普段は苦情の多い男ではなかった。陸軍の気まぐれな意思決定をそんなものだといつも受け入れた。そのかれが親しい人物に、後にこんな不満をもらしている。司令部は自分の参謀や指揮官をあざ笑うが、こちらが求めた新進気鋭の者を派遣するのは許さなかったではないか。ウォーカーは第二次世界大戦で名を馳せた空挺指揮官スリム・ジム・ギャヴィンを要求した。(4)ギャヴィンは陸軍の逸材で、若手のカリスマ指揮官だったが、手に入らないと知ってウォーカーは腹を立てた。先の大戦中、ジョージ・マーシャルは麾下の連隊長が比較的年配の者が多いのに驚き、もっと若くて生きのいい人材を要求して四十五歳以上の連隊長は断っている。朝鮮半島ではきびしい気候と戦争の性格から、指揮には異常なほど体力を消耗する。事情はここも同じだった。

戦争前夜の時点で、九人の連隊長のうち、マーシャルの線引きテストに合格するのは三十七歳のマイク・マイケイリス一人だけで、ほかは五十五歳と五十歳が各一人、四十九歳が四人、四十七歳が二人だった。マイケイリスは緒戦の朝鮮戦線でたいへんな戦績をおさめた連隊長だった。かれが指揮する第二七連隊、通称ウルフハウンズは消防隊のようにほとんどすべての危機的状況に投入された。この時期、米軍部隊はたびたび北朝鮮軍に包囲されたが、マイケイリスは非常な成功を収めていた。それというのも、かれは空挺士官で、包囲されても気にするなと教えられていたからだ（とかれの一部同僚たちは考えた）。包囲下はいわばかれらの自然生息地で、空からの補給が常態だった。ほかの部隊の士官らは包囲されて外部と遮断されると、パニックを起こしてあわてて退却を急ぎ、隊の統制はばらばらになり、手ぐすねを引いていた北朝鮮軍の待ち伏せ攻撃に遭う事態がひんぱんに起きた。マイケイリスと部下たちが何よりもまず心がけたのは、隊の団結だった。兵士が互いを守り、兵器を駆

地図6.北朝鮮軍南侵の最高期、1950年8月下旬

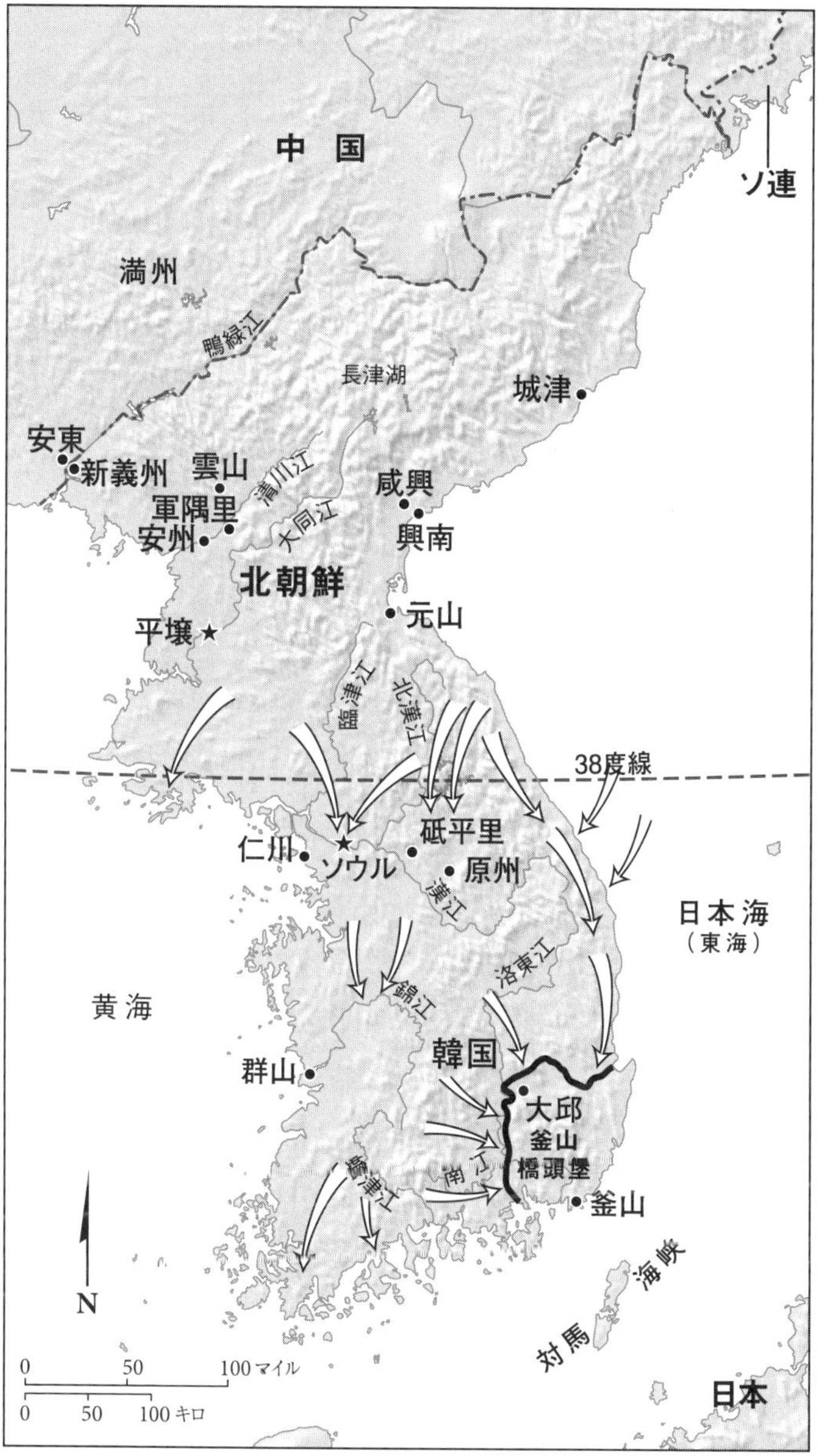

使して掩護用の射界を形成する能力が一時的に包囲されたかどうかよりも重視された。

カリスマとは無縁

ウォーカーにとり、この戦争はその輝かしい軍歴の苦い幕切れになりつつあった。才能に恵まれた士官の例にもれず、学歴も生まれも乗り越えた驚くばかりに豊かな軍歴だった。ウォーカーはテキサス州中部のベルトンで成長した。人生の選択肢が狭い時代にあって、軍人になることで小さな町から抜け出し、少しはましな人生にありつこうと決めた若者の一人だった。地元の幼年学校にいき、そこを卒業してウエストポイントを志望したが、十五歳では若すぎ、代わりにバージニア軍事学院（VMI）に入学した。学院ではぱっとしなかった――九十二人のクラス中五十二番――が、一九〇七年六月、ウエストポイントへの下院議員推薦をどうにか手に入れ、一九一一年組とともに入学した。しかし、テキサスは不況で、父親はかれに手紙を出し、帰郷して家族経営の乾物店の手伝いをするよう求めた。十月、かれはウエストポイントを離れ、翌年、一九一二年組とともに再入学した。ここでも、才気煥発というより、コツコツ努力するタイプだった。九十六人のクラス中七十一番の成績で卒業、小所帯の陸軍に入った。陸軍は第一次世界大戦のためまさに拡大しようとしているところだった。大戦前の数年間は第一九連隊に所属した。同連隊はもっぱらメキシコ国境の一連の小競り合いでパンチョ・ビラ（メキシコの将軍で革命家）とやり合い、わずかな戦果しか挙げられなかった。(5)

第一次世界大戦では、ウォーカーは若い大尉でドイツ軍相手に機関銃中隊を率い、ムーズ－アルゴンヌの戦闘で銀星章二個を獲得した。これが、それまでのごくありふれた軍歴にカツを入れた。ウォーカーは熱心で意欲的な兵科将校になった。上官らの覚えはめでたく、かれのことを決して期待を裏切らない男、優秀ではないが無類の好人物で、いつでも頼りにできると考えた。かれのような男たちがいれば、よい陸軍が建設できる。ウエストポイントでは非常に重要な学業成績の順位は戦場ではそれほど重視はされない。戦場で重要なのは、直感と勇気と義務感である。

同僚との関係はよかった。そのなかの一人にレナード・ジェローがいた。ジェロー自身はこの時代の新星ドワイト・アイゼンハワーの無二の親友だった。ウォーカーは一九二五年、選抜されてフォートレブンワースの参謀学校に入学した。同校は陸軍の将官選抜の便宜を図るとともに必要があれば昇進を早めるねらいで大戦後創設された。この時代は出世コースというようなものを話題にする人はいなかったが、かたつむりのようにゆっくりとした出世ペースの平時機構にそれがあったとすれば、レヴンワースを嚆矢とする。二百四十五人の同期生にジェローとアイゼンハワーがいた。アイゼンハワーは首席で、頭角を現し始めたところだった。ウォーカーは百十七番だったが、よい配属が約束されていた。陸軍が士官の間引きさえしていた一九三五年、ウォーカーは陸軍大学に入学した。一九三六年に卒業すると、ワシントン州バンクーバー兵営の第五歩兵旅団の副官というあまりぱっとしない地位に任命された。ところが、かれはついていた。旅団の指揮官は若い准将だったからだ。名前はジョージ・キャトレット・マーシャル。知的で飾らないマーシャルは一見、典型的な参謀タイプだったが、戦闘士官としても優秀だったかもしれない――機会が与えられなかったので、誰もわからなかっただけだ。マーシャルは、熱心で積極的、大胆不敵なウォーカーが気に入ったらしい。全陸軍切っての逸材として頭角を現わしかけていた一九三九年、戦争計画策定のトップとしての任務につくためワシントン入りしたさい、純然たる友情からウォーカーの家族と一時同居した。これはウォーカーにとってプラス面とマイナス面があった。ひとかどのマーシャル派だからということで軍歴にはプラスになったが、後に日本、韓国にくるとマイナスになった。第二次世界大戦から積み残されたマッカーサーのマーシャル嫌いのためである。

いずれにしろ、ジョニー・ウォーカーはカリスマ的ではなかった。身長一メートル六二センチと小柄でずんぐり、ある人がジョージ・パットンに「かれは少し太っちょでは？」と尋ねると、「ああ、そうだよ。だけど、やる気満々の突貫小僧だ」と答えた。(6) 第二次世界大戦中、パットンの下でウォーカーは殊勲の働きをした。あごは丸く、顔も体型も決して彫像のようではなかった。背は高くないのに、体重は太り気味の域を超える七四キロ。容貌はミシュラン・タイヤの広告の男にそっくり、とはあるイギリス人著述家の見立てである。(7) ハリウッド映画が役作りをするとしたら、かれの上背にもう数センチ上乗せするか、体型をスリムにして肩幅を広くしただろう。陸軍の好みは何だかんだといっても結局は大男の将軍である。采配を振るうのに役立つし、背丈が高いのは何かにつけよいことだと考えられていた。もし不幸にも背が低ければ、将軍たるもの元気のよいシャモとなり、かつて失敬にも威張り散らした大男連中に借りを返すべし。ウォーカーは完全武装すると指揮官には見えず、市井の暮らしからたったいま引っ張り出されてきて中隊のお荷物になること必定の人物の風体だった。

かれの前途をいっそうむずかしくしたのは、新聞記者を苦手としたことだ。ウォーカーに好意を持ち、ウォーカーが非常に困難な状況下で作戦をしていることを理解している記者たちにすら、その不信と警戒感はむけられた。それでも、タイム誌のフランク・ギブニーのように信頼したジャーナリストには時折、配下の兵士の質の悪さについて、「やつらが寄越すけんかの種」(8)といういい方で苦境を吐露した。だがほとんどの場合、ウォーカーは怒りと欲求不満を胸に収めた。かれはエゴを完璧に抑制した。この点について、子息のサム・ウィルソン・ウォーカー（朝鮮戦争に若い士官として従軍、銀星章を授与された）は「とても立派なことです。父は米陸軍史上最大の病的エゴイスト、ジョージ・パットンとダグラス・マッカーサーの二人に仕えたのですから」(9)と語った。ウォーカーは配られた持ち札を、戦場をそのまま受け入れ、文句はいわなかった。第二次世界大戦でパットン麾下の第三軍の師団長、ついで軍団長を務めた。――家を守る妻あての手紙にだけは「ジョージめが」と著名な上官を冷笑した。実は、パットン麾下の高級指揮官の任務はもともとチャーミングな逸材アイゼンハワーが欲しがった地位だったが、かれはマーシャルが取り仕切る計画立案に引っ張られ、垂涎《すいぜん》の的の機甲部隊の任務がウォーカーに回ってきた。

ウォーカーがパットンの大のお気に入りだったわけはその積極性にあった。過剰なお世辞には縁がなかったパットンがウォーカーにこんな手紙を書いたことがあった。「私が指揮した全軍団のなかで、君のところがつねにもっとも積極果敢だった」[10]。ウォーカーの指揮は怖いものも情けも知らず、作戦は上官パットンに負けず劣らず大胆不敵だったが、派手な振る舞いで注目されるとか、個人賛美を仕掛けたことはまったくなかった。かれは利口にもジョージ・スミス・パットン・ジュニアの世界にはただ一人のスーパースターしか入れる余地はないことが分かっていた。記者団が現れてウォーカーのことをパットン麾下のパットンだと少しもてはやそうとしても、かれは必ずこれを無視した。アイゼンハワーは同大戦ではウォーカーをリッジウェイや〝稲妻の〟ジョー・コリンズとほぼ同格に評価した[11]。戦争終了時には太平洋地域の主要な司令官ポストの候補になっていた。ウォーカーは自分自身に幻想を抱いてはいなかった。自分は、いわばやるべき仕事をした良き兵士であって、真に才能あふれる上官のもとで働いたからこそ、頭角をあらわすことができたのだと自覚していたのである。

朝鮮のポストはもともとジョン・ホッジに予定されていたが、ホッジは李承晩《イスンマン》ら韓国人の置かれた状況と日本占領時代をめぐる独特の無神経で韓国人たちを怒らせてしまった。一九四八年九月、代わりにウォーカーが第八軍司令官として東京に着任した。朝鮮戦争が始まる前でさえ、かれの東京での存在は一種の黙認状態に置かれた。マッカーサーとその幹部らはヨーロッパで指揮を執った将軍を敵と見なしたため（ヨーロッパ戦線の将官たちが受けとった兵員と物資は本来、太平洋地域に向けられるべきだったとマッカーサーらは思いこんでいた）、バターン組の間ではウォーカーの赴任に暗黙のマイナス点をつけていた。まず第一に、かれはマッカーサーの子飼いではない、つぎに戦った戦域が不適切。まだある。後ろ盾にマーシャル、同輩にジェローとアイゼンハワーとは、友人関係がよくない。ウォーカーは一九四七年、アイゼンハワーの息子ジョンの結婚式に招かれた数少ない軍人の一人だった。

ヨーロッパ戦線で失敗した司令官

ウォーカーは東京ではなじめず、受け入れられもしなかった。側近たちのなかの古株連中は、かれを重視するまでもないことを知っていた。マッカーサーの新参謀長エドワード（ネド）・アーモンドにとくにそれがいえた。アーモンドにとって第二次世界大戦でのポストはたいへんな失望に終わったし、いまの地位は疑いなく最後の任務だった。アーモンドは朝鮮戦争の立役者になるはずだった。ウォーカーとの奇妙にも不幸なライバル関係は現地のできごとにぬぐいがたい影響を与えた。アーモンドもまた、マッカーサーの子飼いではなかった。どちらかといえば、マーシャルのほうに近かった。軍歴の晩年になって、マッカーサーとその取り巻きに自分はこの上ないマッカーサーの忠臣であることを証明しようとした。それはちょうど改宗者がローマ法王よりも堅信者であることをローマ教会に見せようとするのに似ていた。やる気満々のところはウォーカーに負けず劣らずであり、駆け引きではウォーカーよりもはるかにうわ手だった。さらにアーモンドは、失われた時間を取り戻そうとしていた。かれはヨーロッパで、軍人たちのいい方にしたがえば、まずい戦争をした。というのも、第二次世界大戦でかれは第九二師団を指揮したが、この師団はまだ人種差別が残っていた陸軍にあって、兵士全員が黒人で士官全員が南部出身の白人の部隊だった（かれらは南部人自身がいうように、黒人のあつかい方を知っていると思われていたためだった）。これは近代的、平等主義的、民主的軍事組織に最後に残る時代遅れの封建的関係だった。陸軍内ではアーモンド師団の隊員たちは冷笑をこめて〝エレノア・ルーズヴェルトの同伴銃士〟と呼ばれた。黒人の福祉とその働きにことのほか関心を寄せた当時のファーストレディにちなんだものだが、士官たちはかれら黒人兵を二級市民あつかいし、黒人兵は黒人兵で士官を国元の諸悪の根源と見なし戦場では往々にして二級兵士の働きしかしなかった。

　アーモンドは一八九二年十二月生まれの南部出身者。地域といい時代といい、伝統的な偏見にどっぷりとつかっていた。戦争が始まったときよりも終わったときのほうが人種差別主義がひどくなっていた。後の朝鮮戦争の指揮でもあらゆる種類のいわれのない人種差別事例に彩られることになる。人種を統合しようとし始めた陸軍にあって、彼の政治的な立ち位置はいわば恐竜のようなものだった。先の大戦が始まる前、アーモンドの名前は皮肉にもマーシャルのもっとも信頼する上官たちのリストに入っていた。第九二師団長はかれへのマーシャルの信任のあかしであった――このむずしい任務を引き受け、遂行できる者がいるなら、それはネド・アーモンドだろう、と。かれは戦争開始時点では、ブラドレー、コリンズ、パットン、リッジウェイのような錚々たる顔ぶれと並んでいると、少なくとも胸のうちでは考えていた。戦争が終わったとき、運に見放されたと自らの行く末に苦い思いをもった。

　アーモンドのうぬぼれの強さは、友人たちによると、むかしからパットンといい勝負だった。事実、かれは自分よりすぐれた指揮官がいるなどとは思ったこともなかった。自分が、最高の中の最高だと考えていただけに、そのキャリアの重要な時期に、問題のある部隊をまかされ失敗に終わったことは、彼にとって深い失望となった。自分は騙されたと思い込んだ。アーモンドはかつてマッカーサーに東京か朝鮮半島で何が起きようが、不平は言わないと語ったことがあった。その理由は、陸軍のどの指揮官も経験したことがない最悪の事態に対処したから、つまり、第九二師団を指揮したことがあるからだという。陸軍内で超の字のつく野心家たち、つまり、ウエストポイント出身者、ないしアーモンドの場合ならバージニア軍事学院出はいつも同期の者と自分とを比べる。だれが真っ先に大佐に任官したか、だれが最初に大隊長になったか、だれが将官一番乗りを果たしたか、それから、もちろん、だれが最初に師団長を拝命したか、というぐあいだ。かれの同輩たちはあの大戦中に独り立ちし、大きな指揮権を得てみんなの期待通りの成績を上げて国家の栄えある勝利という共通の記憶の一隅を占めた。しかるに、かれは社会的実験の一環である部隊を指揮して、実験は惨めな失敗に終わり、苦い思いを味わわされた。兵士らは自らに責任があるとは思っていなかったが、アーモンドも同じだった。かれの考えでは罪はまったく兵らの側にあった。

アーモンドはストイックかつ過度の自信家だった。まったく恐れを知らず、ときには死をものともしない有様だった。事実、朝鮮戦争でかれに仕えた兵士らのなかにはアーモンドには死への願望があると考えた者もいた。アーモンドの友人によれば、東京の司令部に赴任したころ、何か深い憂いに沈んでいた、という。それは、先の大戦で押しも押されもせぬ指揮官になる大望がいわくつきの指揮権を与えられたせいで潰えたというだけではない、胸中深くに封印したもっと残酷なものだった。というのも、私的な面でかれは大戦中、恐ろしい代償を支払っていた。一九四四年のある日、かれは妻からの手紙で息子と義理の息子の二人を戦闘で失ったという恐ろしい知らせに接した。息子のネドはウエストポイントの一九四三年期生。イタリアのポー渓谷で第四五師団に所属していて戦死した。アーモンドのひとり娘と結婚していた戦闘機のパイロット、トーマス・ギャロウェイはウエストポイントの一九四二年期生。上陸作戦中のノルマンディー上空で行方不明になっていた。手紙はその死亡を確認するものだった。かれは息子をまずウエストポイントにいけと、ついで歩兵になれと無理強いしていただけに、凶報はかれにはいたたまれないものだった。ネド青年が戦闘地域に赴任したとき、アーモンドは息子の指揮官に書簡を送り、息子を参謀にするのではなく、ライフル中隊を与えるよう要請していた。

手紙が届いた夜、アーモンドの高級参謀の一人ビル・マカフリーは精神安定剤が要るかと尋ねた。マカフリーは以前にも同じような状況に対処したことがあった。かれが所属した軍団の司令官ウィリス・クリッテンバーガー中将の子息タウンゼンド・クリッテンバーガーがライン河渡河中に戦死したときのこと、クリッテンバーガーは私室に二日間閉じこもり、部下に部隊の指揮を任せた。たぶんネド・アーモンドも同様の休息と眠りを助ける薬が必要だろう、とマカフリーは考えた。「いや、精神安定剤はいい」とアーモンドは答え「ところで、ビル、わたしは明日は師団を指揮する」(12)。マカフリーは何があったかを軍団に絶対にもらしてはならないときつく口止めをされた。アーモンドは自分の師団を他のだれにもいじられたくはなかったし、同情も要らなかった。

ネド・アーモンドは終戦を二つ星（少将）で迎えた。かれが同輩と考えていた者たちの多くは三つ星（中将）か四つ星（大将）に昇進していた。しかし、アーモンドの軍歴がどん底の当時でさえ、かれに対応した者でかれを軽視した者はいなかった。アーモンドは好むと好まざるとにかかわらず、一つの力だった。アーモンドがやることは何ごとも素早くかつ完全でなければならなかった。かれの部下にとって、順守すべき命令、移動すべき分隊、タイプすべき書類はつねに一つ多かった。しかもタイプは完璧でなければならず、そうでなければ、やり直しだった。それぞれ遠くにいる分隊の各兵士は完璧に配置されなければならず、各指揮官は配下のすべてのＧＩの名前を、配属されたばかりであっても、知っていなければならなかった。だが、一九四五年にはその種の努力も野望もどうやらほとんど無意味になっていた。戦争は終わり、陸軍は縮小されて指揮官ポストは減り、たとえ敵の侵略者がアメリカを脅迫したところで、いざとなれば原子爆弾がある。大きなチャンスを逃したお古の二つ星にどんな用がある？

アーモンドはヨーロッパ戦線系の男だったが、一九四六年にはマッカーサー司令部に働き場所を求めた。ほかの選択肢はモスクワ大使館付武官だったが、かれには魅力はなかった。東京のポストはG－1、つまり人事局長で、通常は権力への跳躍台ではなかったが、哀れなほど弱体な司令部でアーモンドは着任早々から抜きん出た存在、いわば掃きだめのツルだった。かれがヨーロッパ戦線出だろうがなかろうが、マーシャルの配下だろうがなかろうが、ほかの取り巻きよりも有能なこと、また、かれが最後の昇進を熱望していることをマッカーサーが理解するのに時間はかからなかった。マッカーサーはアーモンドを労せずして自分のもの、バターン経験抜きでも自分の手下になり得る人材だと気づいた。マッカーサーの参謀長ポール・ミューラーが定期異動で帰国した一九四九年初頭、アーモンドは地位を継いだ。そのころまでにはアーモンドはマッカーサーにとって計り知れないほど貴重な存在になっていた。戦闘指揮官ではなかったものの、いずれはそれも回ってくるだろう。陸軍では参謀長の本当の仕事は司令官の汚れ役だった。司令官は接触できさえすれば、大小さまざまな問題に公平な（また有利な）判断を下す立派な人物だとだれにも思われなくてはならない。そこで大参謀長たる者の役目は、マッカーサーがしたくないこと、対応したくないことへの要求すべてにノーといい、みんなに悪人アーモンドのところを通り抜けさえすれば、心やさしいマッカーサーが要求を認めてくれたはずだと思わせることだった。

マッカーサーの代理人

アーモンドは、朝鮮戦争において主要なプレイヤーの一人になることを運命づけられていた。戦争遂行の努力と戦略が展開するにつれて司令部のなかでの政治はたいへん重要になった。東京対ワシントンのみならず、東京司令部内でも猛烈な駆け引き、つまり、気に入られる副官たらんとする恒常的な争いがあった。そして、アーモンドはウォルトン・ウォーカーよりも政治では一枚も二枚もうわ手の役者だった。アーモンドとウォーカーとの恒常的な角突き合いはある意味で、アメリカ陸軍対マッカーサーの陸軍という絶えることのなかったより大きな確執の縮図だった。アーモンドにつけられていた数々のあだ名（ビッグA、恐怖のネドなど）のなかで、東京の高級士官らの間でもっとも重要なものはたぶん、〝お墨つきのネド〟[13]だったろう。その意味するところは、マッカーリーの息がいつもかかっているマッカーサーの右腕であり、かれが決して上官マッカーサーに異を唱えないようにかれに決して異を唱えてはならないということである。アーモンドはつねにマッカーサーを代弁した――そうでないときを見つけるのは難しかった。アーモンドはやがてマッカーサーの下のマッカーサーになった。先行きの事態に関するマッカーサーの見通しを携えて直接朝鮮半島に持ちこみ、現地の現実に合おうが合うまいが、これを押しつけた。

アーモンドはウォーカーよりも抜け目がなく、限りなく政治的だった。ウォーカーはワシントンのオマー・ブラドレーが指揮する米軍の一代表だったが、アーモンドは東京でマッカーサーが指揮する事実上の自治軍たるもう一つの米軍のナンバー2に巧みにのし上がった。マッカーサーが高級参謀に有能な人材を欠いていたこと（陸軍のほかのところからは役立たずの寄り合い所帯と見られた）を考えれば、マッカーサーが司令部を円滑に動かすには少なくともハイレベルの専門家が一人は必要だとアーモンドは最初から見抜いていた。司令部は政治的情実とごますりの温床で、その中心にいるのはマッカーサー将軍自身だった。比較的古参の幕僚のなかには将軍との序列を指して文字通り〝玉座への近さ〟ということばを使う者もいた。アーモンドは東京に赴任して一年も経たないうちに玉座にいちばん近い側近になった(14)。

アーモンドは賢明にも、たくさんある派閥のいずれにも巻きこまれなかったし、争いの片方に肩入れすることもしなかった。何よりも重要なのは、マッカーサーとの本物のつながりは完璧な献身、忠誠、服従を通じてのみ得られることをアーモンドは気づいていたことだ。マッカーサーの敵はアーモンド自身の敵でなければならない。何ごとも逡巡は許されない。何ごともだ。そして、マッカーサーの措置はすべて正しくなくてはならない。マッカーサーの偉大さにいささかの疑念も顕わにしてはならない。かれはマッカーサー本人よりもマッカーサーの完璧な分身でなければならなかった。かれはテストに備えた。「アーモンドは人に取り入る本能的なコツを心得ていた」とかれに仕えたことがある元士官で歴史家のJ・D・コールマンは書いている(15)が、その意味するところは、マッカーサーが聞きたいことを聞かせるだけでなく、マッカーサーが気がつくより先にマッカーサーの望むことを予見するというすばらしい能力を備えていたことだ、とコールマンはいう。

ビル・マカフリーは、かつてのアーモンドの不遜さが好きだった。マッカーサーとの関係ではアーモンドはこれを捨ててしまった。第二次世界大戦中のこと、アーモンドは軍団長ウィリス・クリッテンバーガーに向かって電話越しにひどくぶっきらぼうな口をきいて、マカフリーはアーモンドの将来を心配したほどだった。上官にそんな口のきき方をするものではない(16)。マカフリーはアーモンドから受話器をひったくるように取り上げた。だが、今のアーモンドは、マッカーサーに恋に落ちたまったくの別人なのだ、とマカフリーは悟った。東京とその後の韓国でアーモンドに仕えた者たちを困惑させたのは、汚い駆け引き、同輩への慇懃《いんぎん》無礼《ぶれい》、部下へのきびしさと共存するマッカーサーへの全面的屈従だった。部下へのきびしさはひとにぎりの特別なお気に入り、つまり、マッカーサーの手の内の者である自分に似た者には別だった。そんな手の内の者――アーモンドの下でS－3から連隊長に昇進したジャック・チャイルズほどアーモンドの特別扱いの恩恵を被った者はいない――のなかでさえ、アーモンドがひどく気むずかしく、切れやすいことを承知していた。「アーモンドは、たとえ無人島ででさえ危機を起こせる男だ」とチャイルズは評している。[17] 中立をたもっているものですら、アーモンドを好きな者はいなかった。「卑屈で執念深く、才能にもそれほど恵まれていない――軍人、文民を問わず、わたしが出会った最大の下司野郎の一人」とは朝鮮戦争報道でピューリッツァー賞を受賞したキース・ビーチ記者のアーモンド評である。ビーチは概して軍人好きの記者だった。

マッカーサーに取り入ることの問題点はオール・オア・ナッシングであるということだった。[18] マッカーサーのチーム全体に取り入る必要があった。アーモンドはあっという間に自論を呑みこんだ。バターン組と折り合うためである。先の大戦前、かれはチャールズ・ウィロビーというラテン・アメリカ駐在武官のことをマカフリーにしきりにこぼし、マカフリーもすぐにウィロビーを軽蔑するようになった。大げさで尊大な愚か者、報告してくることはいつもみんな間違っている、とアーモンドはよく話したが、これはほかの多くの専門士官らの評価でもあった。ところがいまや、アーモンドは一夜にしてウィロビーをきわめて優秀だとほかの者に向かって弁護し始めた。マカフリーはこのリハビリ過程をつぶさに観察して首を横に振るしかなかった。

ウォーカーの弱点を知っているアーモンドは東京でのウォーカーの影響力を削ぐべく仕事にとりかかった。アーモンドは二つ星にすぎなかったが、三つ星（中将）のウォーカーに巧みに言外に匂わせた。自分はほかならぬマッカーサーの代理で話す事実上の五つ星（元帥）である、マッカーサーの星を背負っていると……。ウォーカー司令部の電話が鳴る。電話の主はアーモンドで有無をいわさぬ口調で話した。ウォーカーも最善を尽くして自分の領分を守ろうとし、「それはアーモンドがいっていることか、アーモンドがマッカーサーに代わっていっていることか」とよく聞いた。[19]だが、ウォーカーに勝ち目はなかった。ウォーカーはマッカーサーと独自に会う時間はないに等しく、いつもアーモンドを通さなければならなかった。ウォーカーはこんなことはマッカーサーが基本的に承認しなければ起こり得ないと気づいていたから、いらいらをできるだけ我慢した。かれはアーモンドに異議を唱えなかったし、自分の考えにもっと耳を傾けるよう要求もしなかった。裏ルート筋を通じてワシントンの友人たちにかれの置かれた状況のむずかしさをいい立てることもしなかった。

ネド・アーモンドという男は毎日手を変え品を変えしてウォルトン・ウォーカーの生活を一種の地獄にしようと画策している、とウォーカーの副官ジョー・タイナーは思った。ウォーカーはたいていはこれを受け入れたが、珍しく怒りが表に現れることがあった。タイナーの記憶によれば、ウォーカーがカンカンになったのは、戦争が始まる一年前のことで、アーモンド宅で晩餐会があった。食事が始まる直前、ウォーカーは食卓をさっと見て席順に冷笑が仕込まれているのに気づいた。軍の儀礼規定によれば、ウォーカーが座るべきは貴賓席である。アーモンドはその席を駐日イギリス大使アルヴァリー・ガスコイン伯に割り当てていた。ガスコイン伯はマッカーサーのお気に入りらしかった。ウォーカーはすぐさまタイナーをつかまえ、「車を呼べ。ここから出よう」といった。タイナーは自分の将軍の激怒の原因に気づき、すぐには修復できない深刻な不和の危機を見てとった。「閣下、運転手はもう帰しました」と答えて時間をかせぎ、大急ぎでアーモンドの副官を探して席順の問題を説明し、うちの将軍はたいへん怒っている、将軍は出ていこうとしている、と知らせた。席順はただちにやり直され、ウォーカーはそのままとどまった。負け戦のなかでの、ウォーカーのささやかな勝利だった。[20]

地図7.釜山橋頭堡攻防戦、1950年8月5日

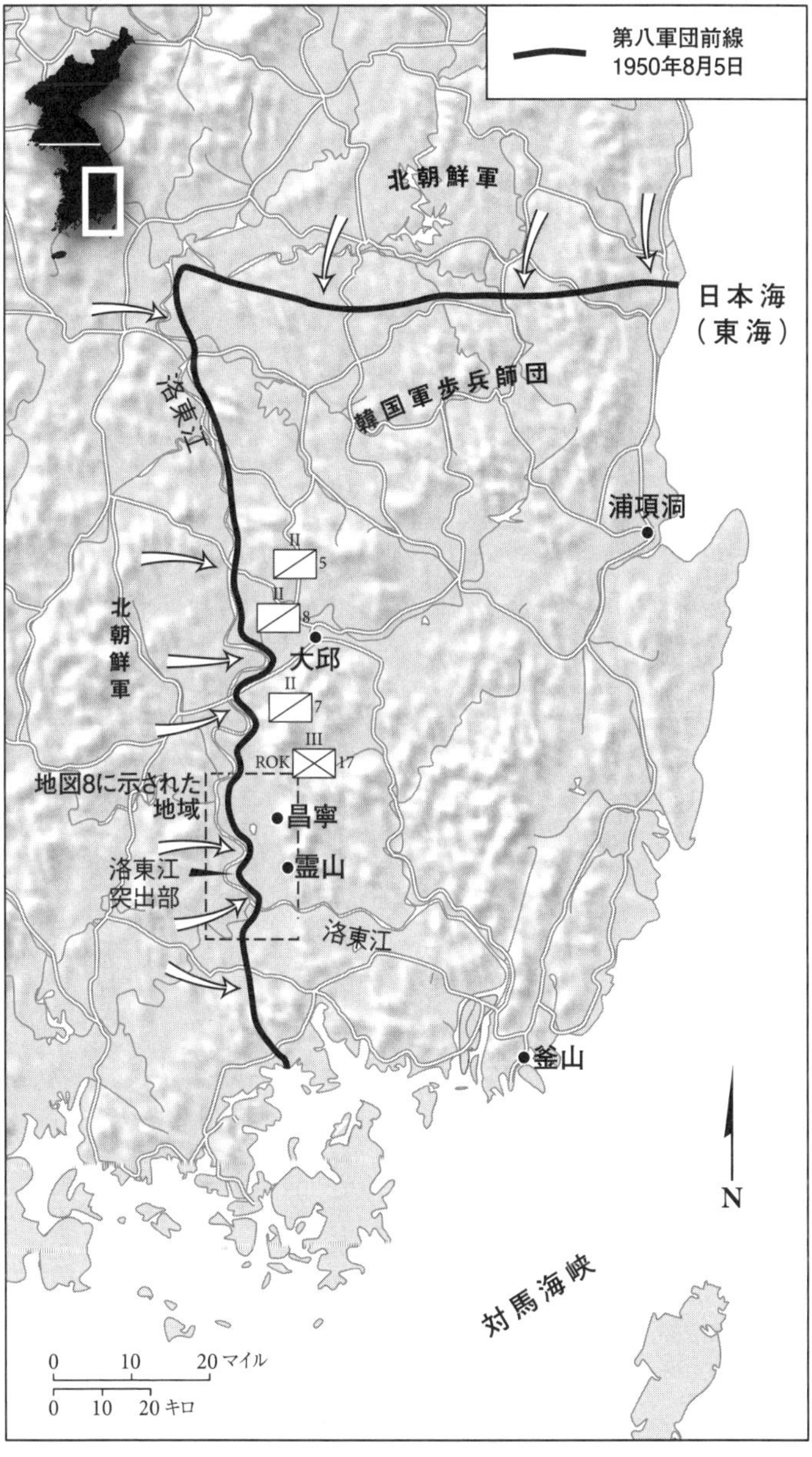

仁川上陸作戦への忠誠度が勝敗を分ける

さて、母国アメリカが大急ぎで兵力の拡充に取り組んでいたころ、ウォーカーは兵員不足の軍隊を指揮して強大な敵軍の進撃を阻もうと困難な試みをつづけていた。七月が八月になると、戦場に変化のきざしが現れ、戦線はウォーカーに有利になった。米軍と韓国軍は人民軍によって朝鮮半島の一隅に追いやられていたが、防衛線が大幅に減ったおかげで、通信、補給線はようやく安定し始めた。人民軍は度重なる勝利によってウォーカーに小ぶりな戦場を提供しつつあった。そこでは兵力の集中はいちだんと容易になり、優位にある軍事情報と米軍の火力を利用できる。同時に、北朝鮮軍の通信、補給線は打つ手がないほど延び切るいっぽう、米軍が戦闘に投入する航空機は増加して空からの攻撃をますます受けやすくなった。米空軍の絶え間ない空襲はすでに大きな損害を与えていた。捕らえられた共産軍側の兵士らは装備、弾薬、医療品の補給と歴戦の兵士の不足が拡大していると語った。北朝鮮軍の精鋭部隊ではごく最近まで古参兵が占めていた地位を新兵が埋めていた。その進撃はまだ日ごとつづいていたが、勝利するたびに多大の犠牲を余儀なくされる辛勝の色が濃くなっていく様相だった。

釜山《プサン》橋頭堡で知られる戦場に向かう途上にある米精鋭部隊とその他の国連軍の精鋭部隊は数を増していた。両側面に布陣しているのはどの部隊か初めて知ることができた。現実の戦いは時間かせぎに距離を差し出す戦いだ、とウォーカーは暗い日々のなかにいる配下の指揮官と兵士たちに語り、増援の米軍と同盟軍部隊の到着まで人民軍の進撃速度を鈍らせることに希望をつないだ。唯一問題だったのは、精鋭部隊の新鮮な兵士が到着するまで、また、かれは口には出さなかったが、マッカーサーが九月十五日に仁川《インチョン》で予定している乾坤一擲の大ばくちまで、動揺し、兵員不足の、疲労困憊した軍が狭くなった新たな戦場で持ちこたえられるだろうか、にあった。七月末、ウォーカーの最後の部隊が洛東江を渡り布陣を始めたさい、かれは一部の者にこう訓示した。「退却も撤収も戦線の収拾も、名称は何であれ、もうこれ以上はない。われわれの背後には退却していく戦線はないのだ。これから先にはダンケルクもバターンもない。釜山への退却は史上最大の殺戮場になるだろう。われわれは最後まで戦うのだ。一団となって戦うのだ。われわれのだれかが死ねば、われわれはともに戦って死ぬのだ(21)」。

ウォーカー自身は仁川を上陸地点にすることには反対だった。大きすぎる賭けであり、かれの兵員不足の防衛軍から多数の兵士を過度に抽出されると考えた。ウォーカーの反対はある意味でかれの上官との運命を決定づけた——仁川に公然と異を唱えることはマッカーサーへの不忠と見なされるべきものであり、さらに、マッカーサーのウォーカーへの軽蔑を増幅させた。何よりもウォーカーを困惑させたのは数字の大きさだった。死活的に重要な六週もの間、上陸作戦は半島から追い落とされまいと必死の枯渇した軍から貴重な二個師団と支援の空、海兵力の大半を奪いかねない。ウォーカーにとって不運だったのは、仁川は息をのむ水陸両用作戦計画というにとどまらず、マッカーサーの下で服務する全員が受けなければならない信頼と忠誠のテストだったことだ。中間はなかった。ウォーカーの立場——韓国海岸のあまり北寄りではない地点の水陸両用作戦を支持した——は合格点ではなかった。かれの異議はアーモンドの立場を強めた。アーモンドは司令部内の推進力となり、仁川上陸計画立案作業を組織し、必要とあれば水陸両用作戦の専門家を含む海軍の高級指揮官らを寄せつけなかった。海軍はきわめてむずかしい地点での危険きわまりない上陸作戦に独自の立場からかなりの疑問を呈していた。

あのときのネド・アーモンドほどマッカーサーの忠誠テストに大成功を収めた者も、ウォルトン・

ウォーカーほど完璧に失敗した者もいなかった。仁川でアーモンドはマッカーサーにいちだんと近づき、統合参謀本部の驚きと怒りをしり目に、なんと仁川水陸両用部隊の指揮官という陸軍ではほとんど聞いたこともない大役を渡された。アーモンドは二足のわらじを履いた。すなわち、仁川上陸部隊の第十軍団長と極東司令部参謀長である。ウォーカーは指揮権を分割され、その大きいほうを増長したライバルに手渡された。かれは指揮官の目で負けを悟り、「私は敗れた南軍の将さ」とつぶやいた。[22]

仁川作戦の立案作業が東京で大わらわで進んでいたころ、釜山橋頭堡の戦場はこの戦争ないし米軍が関与したそのほかの戦争のなかでも一、二を争う血なまぐさい戦いの様相を呈しつつあった。それは、南北戦争の最悪の戦いや太平洋の島々を舞台にした悲惨な飛び石作戦の戦闘にも匹敵した。八月に入ると、双方に勝利への圧力が高まっていった。米軍は縮小する激戦地に新戦力を急行させ、北朝鮮軍は金日成がスターリンに約束したように三週間で釜山までは攻めこめないことがわかり、米軍の兵力増強が充分な効果を現す前に最終的な勝利を得ようと焦っていた。米軍の参戦は金日成を驚かせたものの、かれは相変わらず自軍部隊の能力を過大に評価し、より優れた兵器が米軍に早晩もたらす優位と自軍部隊が被る困難を過小評価した。北朝鮮指導部が戦場の指揮官らに発した戦闘スローガンは戦争が重大局面に達したという金の見解を反映していた。「八月前に問題を解決せよ」「八月は勝利の月である」が最新の政治スローガンとなった。[23] 戦争は膠着状態に入るか、敗北するかもしれないとの北朝鮮側の懸念を映していた。金日成は依然楽観的だったが、中国人の同志たちの懸念ははるかに大きかった。かれらの目には、人民軍の南進は結局は失敗に終わり、戦闘の潮目は変わろうとしているると映った。金日成はまだ勝利を語っていたが、中国人たちは金日成はもはや負けたのだと確信していた。かれらはこういうことにかけてははるかに場数を踏んでおり、金日成の指導を最初から疑ってかかっていた。かれらの見解では、北朝鮮軍の進攻はすでに止まったばかりか、アメリカ軍はいちだんと強大になっており、増派される部隊と装備は急速に向上して攻勢に転じようとしている。もしそうなれば、戦争は何らかの形で中国を巻きこむだろう。いや必ずやそうなると中国人たちは確信していたのである。

第四部

欧州優先か、アジア優先か

PART FOUR

The Politics of Two Continents

©Bettmann/Corbis

1950年10月16日、ウェーク島で。トルーマン大統領とマッカーサー将軍

第12章　国務省の苦難

ルーズヴェルトの力

朝鮮戦争が始まる前からトルーマン政権の運営は二つの主要問題をめぐってかなりの危機的状況にあった。まず、政権首脳の念頭にあったのはきわめて不十分な国防予算の問題だった。アメリカが近年引き継いだ世界に対するさまざまな責任は、国の歳出予算規模よりもずっと大きく、国防予算を最低でも二倍、できれば三倍に増額する必要があった。ただ、この問題は政権を揺さぶる爆発の危険性は低かった。それまでのところ、財政保守主義の大統領は国防予算の増額に反対していた。もう一つの問題は、蔣介石の中国の没落と歩調を合わせた民主・共和両党の戦時超党派協調体制の急速な悪化。こちらのほうは一触即発のテーマで、当時はやったフレーズでいえば、国が失われることがあり得るとすれば、だれが中国を失ったのか、の問題だった。中国問題——民主党が中国を失ったのかどうか——はトルーマン政権に重くのしかかっただけでなく、政治的にはつぎの二世代にわたって民主党を苦しめることになる。

一九五〇年代と六〇年代にしぶとく生き残ったアメリカ政治の神話の一つに、まるである種の聖域のように政争は水際でストップした、というのがあった。アメリカの外交政策は国内の選挙区につきものの卑しさや衝突する利害関係、そこから生まれる憎悪から切り離され超越した場所に位置づけられていたという神話である。これくらい真相から遠いものはなかった。戦争中はそれでもかなりの超党派の提携が（ときには、しぶしぶながらも）あった。ドイツと日本がもたらした巨大な危機を前提にした、ある意味で心ならずもの超党派提携だったが、戦争が終わるとほとんど同時に解消が始まった。一世代にわたって政権の座から遠ざかっていた共和党は発言力も権力もないと感じていた。その抑圧された体質そのものが、党内に独自の政治勢力を生み出し、長期間政権の座にあった民主党に対する深刻な対抗勢力にとうとうつながっていった。

これが朝鮮戦争のきわめて重要な政治的背景を形成していたのである。すなわち、野党共和党の一派が、アメリカを勝利に導いた戦争遂行政策と戦後の外交政策は実は、アメリカの敵と示し合わせた策動だったと政権を批判したのだ。そこにはフランクリン・ルーズヴェルト（通称ＦＤＲ）が異例の四期におよんだ大統領任期の間に政治風景を様変わりさせたこと、その結果、経済的、社会的変革が国家を大きく変質させて、一時的にせよ共和党を窓際に追いやったという全体像の理解がまったく欠けていた。

共和党を多数党の座から引きずり下ろしたのは、一部ルーズヴェルト自身のカリスマ性とラジオという当時の最新技術製品を活用したかれの異才のなせる業だった。これはほかの主要な政治家のはるか先をいくもので、ルーズヴェルトはラジオの駆使、つまり、ラジオを活用して有権者にありったけ親密な態度で接する才覚が驚くべき政治資産であることを証明した。それとともに、かれは大衆と大統領との間にそれまでは知られていなかったじかに気持ちを通わせるつながりを作り出す手法によって大統領の性格そのものを一変させた。大統領はもはや超然とした人物でも、格式ばった、遠くの、無縁な存在でも、新聞紙上で時折見かける堅苦しい、不愉快なポーズをした写真のなかの男でもなかった。いまや斬新な一方通行の親しみが生まれた。大統領は市井の人びとの友達に変身し、電波に乗って家庭を訪ねてくる温か味のある気配りの政治家、アメリカ人の困窮や心配事に照準を合わせて家庭訪問するお気に入りのホームドクターさながらである。ルーズヴェルトは演説をする必要さえないように見え、その語りは炉辺談話と称された。かれはラジオトークの冒頭、マイフレンズ―お友達のみなさん、と呼びかけるのが慣わしだった。それによって、数多くの有権者と斬新な関係を築いた。かれは本質的に最初のメディア大統領、後にメディア政治と呼ばれるようになる現象の創始者だった。それは、そのおよそ三十年後、テレビによる大統領を生み出す。

この男の相乗効果――かれの声、たぐいまれな政治手腕、多くのアメリカ国民を貧困のどん底に突き落とし、かれを政権の座に一挙に押し上げた大恐慌、一見革命的なニューディール政策の経済、政治プログラム、それからもちろん、第二次世界大戦の覚醒効果――が、経済破綻の時代に大資産家勢力と組んだ共和党をあっさり圧倒した。アメリカ大統領を二期以上務めた大統領はいなかったが、フランクリン・ルーズヴェルトは四期立候補して勝利した。勝因は異質な諸勢力が結集したためだった。かれのニューディール政策は社会のなかの弱者を自立させ、職場では組合結成を容易にした。それによって、ルーズヴェルトはまだ肉体労働の色合いが濃かった経済の下で労働側の要求と権利に理解を示す政党の党首になった。一九四〇年の大統領選は、世界大戦の接近がもたらした政治的影響に助けられて三選を勝ちとり、一九四四年には、深刻な健康悪化にもかかわらず、戦時下の大統領として四選を果たした。健康悪化のほうは国民に注意深く隠された。大恐慌と戦争という二つの超大事件のおかげで、通常の時代なら政治的命運はとっくに衰えかけたはずの時期からずっと後まで政界を牛耳りつづけることができた。一九四四年ごろには、共和党員の目にルーズヴェルトはこれまでも、これからも延々と大統領の座に居座りつづけかねないと映った。三選出馬のさいは、世界大戦の接近で共和党は大打撃を被っただけでなく、党内が分裂した。何といっても、ルーズヴェルトは国際主義者であり、アメリカのもっとも密接な同盟国で苦境にあえぐイギリスの側に立って新しい世界規模の紛争に突入する方向に徐々に国民を備えさせていった。

分裂した共和党

共和党は、ひどく割れて四分五裂の状態になった。分裂のみぞは深く、修復は不能で、きわめて地理的な条件が左右した。指導部を握る派閥はエリートの伝統的な国際主義派を代表し、ウォール街とステート街の金融業者、ヨーロッパ重視派の見解を反映した。その見解とは、アメリカは好むと好まざるとにかかわらずこの戦争の傍観者であってはならず、必ずどちらに味方をするか選択をしなければならない——選択の先は西欧民主主義諸国の側でなければならない、だった。このため、共和党指導部の大半はルーズヴェルトの国際主義を擁護するか、さもなくばこの時代の主要問題では大統領自身と大差ない見解の持ち主と目されたやや保守的な人物を支持せざるを得ない立場に立たされた。しかし、共和党の別の一派はこれとはきわめて異質だった。この一派は基本的には草の根の民衆の不安によりそった。われわれは、腐敗したヨーロッパの絶え間ないいがみ合いと戦争に引きずりこまれ、悪くするとイギリス人の肩代わりをさせられるのではないか。田舎の小都市に住む孤立主義者の昔ながらの根強い不安を反映していた。これらの見解は主に中西部地方を基盤とした。中西部の多くの町の指導者たちは、ルーズヴェルトが国内政治でやることなすことのほとんどすべてが気にいらなかった。特にニューディールへの抜きがたい嫌悪があった。ニューディールは、反ルーズヴェルト派のお気に入りのことばにしたがえば、「社会主義的」であった。

この孤立主義派は党内では人数の上では国際主義派よりもたぶん大きかっただろうし、地方レベルでの影響力は間違いなく数段上だったが、一九四〇年の党大会では国際派の東部エリート集団に敗れた。その主因はヒトラーの台頭にあった。大統領候補指名を勝ちとったのはウォール街出身のはだしの弁護士と呼ばれたウェンデル・ウィルキーで、国際派の大勝利だった。それにはひどくがっかりだったが、地方の小都市が地盤の中西部派は真の共和党員はオレたちだ、党はオレたちのもの、オレたちの価値観こそよりアメリカ的価値観であるからより本当の価値観であると信じた。しかし、かれらは一九四四年の党大会でも再び敗れた。相手はニューヨーク州知事のトム・デューイ。結局、デューイには一九四八年の本選で敗北を喫する。中西部の中核的な共和党指導層の耳には、これらの選挙での自党大統領候補の政見は民主党と区別できないほど似かよい、最初はルーズヴェルトの、ついでトルーマンの弱いこだまにしか聞こえなかった。デューイは「シカゴ・トリビューン紙によれば、わたしはＦＤＲ（Franklin Delano Roosevelt＝ルーズヴェルトのこと）の直系後継者だということだ(1)」と語ったことがある。同紙は孤立主義派の中核的メディアで同派を代弁する新聞だった。

驚異的なルーズヴェルトの連続当選がつづくなか、共和党右派の怒りは空回りし、敗北のたびに大きくなった。毎回、同派の代表たちは真実の広がりを確信して全国党大会に臨むものの、ひとにぎりの強力な国際派出版人の支援を受けた大工業州のエリートに指名をさらわれるばかりだった。こうした国際派出版人のなかでもっとも著名だったのはタイム、ライフ両誌の社主ヘンリー・ルースで、そのころはメディア権力の絶頂にあった。一九四〇年と四四年の党大会からあふれ出た恨みつらみは真に迫るものがあり、右派が向けた怒りの矛先が向くのはＦＤＲなのか民主党なのか、自党の国際派なのか判然としなかった。かれらにとって、国際派はエセ共和党だった。東部のお高くとまった連中は、指名を盗み取る手管はあっても本選では絶対に勝てないのだった。

第二次世界大戦は終わり、ルーズヴェルトも亡くなって、右派は党と国家の両方の権力奪回のときがようやく近づきつつあると確信する。一九四六年の中間選挙は右派に反撃の最初の機会を与えた。右派の大義とは素朴なアメリカ主義、つまり、まさしくかれらのような人々を生み出した強固な昔ながらの価値観のアメリカ、そのアメリカをかれらの敵のアメリカから守ることにほかならない。右派の敵のアメリカが生み出したのは、かれらが目くじらを立てている社会主義ないしは共産主義にいい顔をする連中か、政府の手厚すぎる補助金で暮らす者たちである。「ことし、アメリカ人に突きつけられた選択は共産主義か共和党かである」とテネシー州選出下院議員で共和党委員長キャロル・リースは選挙を前に叫び、ネブラスカ州選出上院議員ケネス・ウェリーは「つぎの選挙戦は単なるもう一つの選挙ではない。十字軍である」[2]と補足した。ある意味で、また国の一部ではまさしくその通りだった。

たなぼた大統領のハリー・トルーマンは豪腕のルーズヴェルトの後継者に似つかわしくなかった。国を覆う不幸と表面下に横たわるさまざまな不安を考えると、一九四六年が大統領選挙の年ではなかったのはたぶん幸運であったろう。戦争で国土が荒廃した同盟諸国（そして敵国も）とは異なり、アメリカは戦後唯一、世界経済の牽引車として登場した。戦火で荒廃した世界に登場した豊かな国家。同盟国も敵国も二十五年間に二度の自殺行為的な戦争を戦って等しく傷ついていた。アメリカはその間に二つの大洋に守られて本土に敵の爆弾は届かず、参戦時よりも強国となって戦後の舞台に踊りでたのである。アメリカは、荒廃した諸外国が金切り声で叱咤激励し、盟主として国際的な舞台にひきずりだされたといっていい。しかし、国際主義のその表面下では積み重なった嫌悪とともに驚くほどの懸念が渦巻いた。とくに顕著だったのは一筋縄ではいかない平和への対処、平和がもたらした世界への責任の飛躍的増大の受容をめぐるものだった。ソ連共産主義の新たな脅威――同盟国が突如敵国になるという現実——がアメリカ政治にのしかかり始めていた。在野の一部勢力にとってはこのことは少しも驚きではなかった——そもそもソ連はふさわしからぬ同盟国であったし、戦争は初めから間違った戦争だった。わが国はイギリス人を助けるためにまたしても戦ったのだ。戦争が終わって多くのアメリカ人が望んだのは、超大国となってイギリス帝国に代わる西欧同盟の盟主の座につくことではない。それに伴う国際義務という大きくて新たな要らざるリスクを引き受けることでもない。また、ワシントンの外交政策立案者はヨーロッパの果てしない紛争に長期的に加担することを国民に求めているようだが、そんなことでもなかった。多くのアメリカ人が望んでいるのは、西欧民主主義諸国との関係を深めるのではなく、弱めることだ。

共和党右派がもりかえす

共和党は一九四六年の上下院選挙で善戦した。川の流れの途中で馬を乗り換えるな、とは戦時における現職大統領支持を訴える民主党のたいへん成功したスローガンだったが、その戦時圧力も消えた。共和党は二〇パーセントの一律減税計画を掲げて選挙戦を戦い、上院で十一議席、下院で五十四議席を獲得した。北部の労組、大都市の選挙マシーンと保守的な南部のボスたちのルーズヴェルト連合は解体の様相をみせ、共和党員が望むアメリカ主義回帰の流れが取って代わった。「アメリカはいまや共和党の国家だ」とニューハンプシャー州選出のスタイルズ・ブリッジズ上院議員(3)。かれはやがてチャイナ（国民党）ロビーの中心人物になる。新たに選出された共和党議員の一部は民主党に対抗して選挙戦を戦ったというよりも共産主義と暴力革命に対する戦いを宣言していた。この選挙で同党上院議員の隊列にウィスコンシン州選出のジョセフ・マッカーシー、インディアナ州選出ビル・ジェンナー、オハイオ州選出ジョン・ブリカー、ワシントン州選出ハリー・ケーン、ミズーリ州選出ジェームズ・ケムら新顔が加わった。かれらの一部はケネス・ウェリー議員ら上院保守派と連携してアメリカ政府内の共産主義者と体制破壊行為のテーマを執拗に取り上げた。それは経済分野のかれらの弱みを棚上げしてくれそうなすてきな新テーマだった。「諸君、気をつけたまえ。保守主義がアメリカを襲っている。国外の世界は左に動いているのにアメリカは右に動いている」とT・R・B（コラム筆者のペンネーム）は選挙の後、当時伝統リベラル派の雑誌だったニュー・リパブリック誌に書いた。(4)

背景にあるのは戦後世界におけるアメリカの役割の問題にほかならなかった。アメリカは西側民主主義諸国の盟主の地位を受け入れる用意はあるのか。それにはドルの大枚を、つまり税金をいくらはたけばいいのか。この課題では両党指導部ともに自信がなかった。どちらの党も西側世界を指導しようとする国家に求められる経済的代価を急いで支払うつもりはなかった。共和党は反共では民主党よりもはげしかったが、アメリカの核独占頼みの軍縮では民主党よりも熱心だった。ヨーロッパの復興にひと役買うことにも民主党よりは慎重だった。荒廃したヨーロッパは共産主義の内部からの破壊活動にさらされていると信じられていた。実のところ、朝鮮戦争前夜のアメリカの国防態勢はてんやわんやの状態だった。国防予算は切り詰められ、軍隊は極端に小さくなり、わずか五年前には世界の最先端だった兵器と装備は劣化が進んだ。国家安全保障に係わる首脳らは予算規模をめぐって割れていた。北朝鮮軍が三十八度線を越えた当時、アチソン国務長官は共和党右派から共産主義に弱腰だとはげしい攻撃にさらされていたが、劇的に増額された国防支出の新公約を何とか通そうと目いっぱいの手腕を振るっていた。アチソンは大統領の最高安全保障チームの最有力メンバーだったが、かれの努力が報いられる保証はまったくなかった。

その理由の一つはトルーマン自身にあった。トルーマンは冷戦関連の問題にはおおむねタカ派だったが、予算にも緊縮財政派で赤字財政を嫌った。保守的なウォール街の財政タカ派だったジェームズ・フォレスタルはトルーマンについて、「かれはわたしが知る限り健全財政主義者だ。いわゆる冷戦を戦っている過程でわが国経済を破綻させるわけにはいかないというわたしと同意見の持ち主」と評した。トルーマンは生来、疑い深い中西部固有の大衆政治家で、大きな肩書きを持つ人物や気どった男たちに警戒の目を向け、古参の軍人のなかにそんな手合いが山といる、と決めてかかっていた。軍人は納税者のカネを無駄遣いする異常な癖がある、とかれはいつも思っていた。第一次世界大戦中は砲兵大尉だった自分の経験から、将星、とりわけウエストポイント出身者を警戒した。彼らを大物気取りでいる連中と思っていた。トルーマンはきびしい不況のさなかに成長した田舎の青年だった。その境遇がカネは手に入らなければ使うなという根っからの財政保守主義者に育てた。この見解はトルーマン委員会を率いた上院議員時代にいちだんと凝り固まる。同委員会は第二次世界大戦の開戦時の軍の不正に焦点を当てた。「軍人はカネのことはまったく何も分かっていない。知っているのは使うことだけだ。それが使うのに価値あるものなのか、そうでないのかなどまったくわかっていない」と評したことがあった。トルーマンはやがてオマー・ブラドレーら少数の高級士官と親密になったが、軍に対するこの姿勢は変わらなかった。著述家マール・ミラーに語ったトルーマンの評語がある。「軍人は大多数の者が目隠しをつけた馬にそっくりだ。鼻の先端から先は何も見えない」[5]。

トルーマンの借金嫌いには私的執念がこもっていた。家族はかつてミズーリ州インディペンデンスで負債を背負い、それが一因となって家族農場を手放す羽目に陥った。終戦でかれが着手したかったことは国が過去四年間に作った二千五百億ドルという巨額の負債――少なくとも当時は巨額に映った――の支払いだった。戦争が終わると、かれはすかさず国防予算を年間九百十億ドルから百億ドルないし百十億ドルに削減し、間もなくさらに六十億ドルないし七十億ドルへ減額を希望した[6]。軍事予算を国家安全保障首脳らが望む新しい役割にふさわしいものにするべきであるというなら、トルーマンはたくさんの納得材料を必要としたのだ。確かに、マーシャルとアチソンは軍事予算の増額を望んだ。国防長官は普通だとこのような問題ではアチソンらと手を結ぶものだが、健康悪化で辞任したジェームズ・フォレスタル国防長官の後を継いだルイス・ジョンソン長官は例外だった。かれは公私の両面でアチソンの宿敵で、アチソンの権力とトルーマンへの影響力を妬み、たとえ自分が管轄する国防予算が犠牲になろうとも、アチソンを失脚させる決意だった。

この時点のジョンソンを理解するかぎはその政治的野心だった。かれはトルーマンの後を継いで一九五二年の大統領選の民主党候補になることを夢見ていて、軍事予算を抑制した国防長官を自ら演出することで後継の座を手に入れる目論見だった。一九五〇年の冬が終わるころには、アチソンは国防支出増額の尖兵になっていたが、政権の外交政策の失敗、とくに中国政策の失敗を大喜びで攻撃していた野党の反アチソン派はおいそれと譲歩するつもりはなかった。アメリカは世界中で敵に対して強くでるようになっていたが、しかしその裏付けとなる財政論議は深まらなかった。

アチソンは共産主義に弱腰と攻撃されながら、そのいっぽうでヨーロッパその他の共産主義の脅威防止に必要として要求した支出は削減されるという珍しい立場に置かれた。軍事費は政治的な地雷原だった——増税をともなうことは必至だから慎重にならざるをえない。アチソンの重要な補佐官はポール・ニッツという国家安全保障畑で頭角を現し始めたばかりの若手で、国務省のシンクタンク、政策企画局の局長ジョージ・ケナンと交代の途中にあった。ポール・ニッツはケナンよりも強硬派で自分の政策によく適合しているとアチソンには思えた（ニッツは実際には一九五〇年一月に政策企画局を引き継いだが、その数か月前、事実上の局長になっていた）。アチソンとニッツは国防政策の全面的見直し計画を持って官僚機構を打診して歩いていた。見直し計画は国家安全保障会議文件第68号ないしNSC68で知られ、アメリカの国防費を根底から再定義した画期的な文書だった。計画に盛られた大規模な変化、とりわけ予想される予算額を二人はジョンソンとその政治的盟友にはできるだけ長く伏せておこうとした。アチソンは予算額が検討課題になる前になるべく多くの当局者から防衛義務拡大の原則への支持取りつけを望み、用意ができるまではジョンソンとの会談には否定的だった。アチソンはそれなりにジョンソンの陰でうまく立ち回ろうとした。皮肉にも国務長官のアチソンは結局、予算の増額をねらう統合参謀本部のほぼ全面的な支持を得る――軍は五年つづいた窮乏予算にいら立っていた。安上がりな国防予算の根っこにあったのは、アメリカの核独占はほかのすべての国防問題の手抜きを可能にしたという信仰だった。アメリカの原爆独占は一九四九年秋に終わり、先送りされていた争点が浮上しつつあった。

急ぎ過ぎた動員解除

予算をめぐる軍人と文民のいさかいは一九四五年からつづいていた。第二次世界大戦が終わると、軍の削減に両政党が熱心に参入し国を挙げて常軌を逸した軍縮の大合唱が起こった。政界人は左右両派を問わず全員が動員解除に賛成し、明日といわずいますぐにも実施するのが望ましいとした。人類史上最強の軍事兵器をほとんど一夜で生み出した戦争状態のアメリカと動員解除のアメリカはそれぞれ別のアメリカを映し出した。ただ、それぞれのアメリカはまったく同じ国なのである。ジョージ・ケナンはかつてこう評した。アメリカのような図体の大きい民主主義国は周囲の環境に邪魔されずにほとんどいつも眠りこけているが、突然、遅まきに目覚めて目に止まったものにたけり狂い、荒々しく襲いかかる巨人に似ている、と。

一九四六年当時、陸軍参謀総長だったアイゼンハワーは議会議事堂に招かれた。J・パーネル・トーマスに会うためだった。トーマスはこの時代の議会ゴロの最たる者の一人で、そのころは下院軍事委の委員長をしていた。ニュージャージー州選出の共和党議員。その時代相を魅力たっぷりに映した人物だった。毒々しい反共主義者でルーズヴェルトとニューディールは資本主義制度を破壊したとよく非難していた。後に下院非米活動調査委員会の委員長として、ハリウッドのアカ狩りである程度の名を挙げたが、末路は早く訪れた。自分の事務所の架空職員を給料名簿に記載して給与を着服したかどでコネティカット州ダンベリーで入獄の身となるのである（トーマスの囚人仲間のうち二人はハリウッドの脚本家で、かれの委員会で証言を拒否したかどにより服役していた）。

さて、アイゼンハワーは議会議事堂でその下院の有力議員トーマスと、アメリカの動員解除をダメージを最小限にしていかになしとげるかについて、話しあうつもりだった。ところが、アイゼンハウアーはそこで、とんでもない奇襲攻撃をうけるのである。トーマスは魅力的な若い女性たちに囲まれていた。女性たちは夫の送還を切望する兵士の妻たちで、テーブルの上にはたくさんの幼児用の靴が置いてあった。早速カメラマンが現れ、妻たちと幼児の靴、笑顔のトーマス、かんかんに怒るアイゼンハワーの写真がとられ、通信社電にのって配信された(7)。

戦争終了時、アメリカは千二百万人の男女の兵士を擁していた。動員解除の進捗度《しんちょくど》は圧倒的な規模だった。一日に一万五千人の軍人が除隊手続きを受けた。海外から兵士を帰還させる兵站上の問題があれば、「船《ボート》がなければ、票《ヴォート》はない」の雄たけびが上がった(8)。一九四七年の年初には、兵十数は百五十万人にまで減少し、軍の年間予算は戦時のピークの九百九億ドルから一気に百三億ドルへ急落した。そのうえ、第二次世界大戦の兵器は近代化されず、数年のうちに旧式化し、一部は使い物にならなかった。陸軍の後年の調査によれば、北朝鮮軍が韓国になだれこんだ当時、極東軍司令部管轄下の下士官の四三パーセントは能力と知能の点で四級ないし五級に分類されていた。陸軍の一般分類テストの最低部類である。古参の軍人の目には、国は責任から逃れているようにみえた。「アメリカは［第二次世界大戦を」フットボール試合のように戦い、いまや勝者となってグラウンドを離れ、祝杯をあげている」とは復員ラッシュを見守ったアルバート・ウェデマイヤー将軍のことばである。[9]ジョージ・マーシャルは「あれは動員解除ではない、潰走だった[10]」と評した。オマー・ブラドレーは「戦闘即応態勢にあるとどうにかいえるのは一個師団、第八二空挺だけ」と語った。軍が急激に縮小した後、朝鮮戦争までの数年間にアメリカが保有していたのは、ブラドレーのことばに従えば、「へなちょこパンチしか打てない[11]」軍隊だった。

軍事予算書はますますひどい文書になっていった。ニューヨーク・タイムズ紙の国家安全保障担当記者キャベル・フィリプスによれば、削られているのは脂肪ではなく筋肉と骨だった。一九五〇会計年度に向けた準備が進んでいた一九四九年末、三軍は予算試案を提出した。総額は三百億ドル。初代国防長官ジェームズ・フォレスタルはさんざん苦心の末、これを百七十億ドルに減額した。しかし、軍事支出よりも国内経済に関心が向いていたトルーマンはこれを百五十億ドルを上限とすることにこだわり、とうとう百四十二億ドルまでさげさせた。トルーマンは、増税がもたらす悲惨な政治的結末を分かりすぎるほど分かっていたのである。使用可能な限られた資金をめぐる三軍間の争奪戦は熾烈をきわめた。海兵隊の任務は大幅に縮小された。ブラドレーら軍人は水陸両用作戦は将来は必要なくなると語っていた。そうなれば、海軍の役割も限られてくる。この時点で優遇されていると目されたのは、兵器庫に原爆を擁している空軍だった。それは、二つの大洋にこの国は守られているというこの民主社会固有の心理に根ざしたものだった。

第二次世界大戦の開戦時にアメリカの戦争態勢作りを推進した最重要人物ジョージ・マーシャルは、朝鮮戦争中でさえアメリカは大戦の教訓をまだ学んでいないと強く感じていた。トルーマンがマッカーサーと会った一九五〇年十月中旬のウェーク島会談にマーシャルは同行しなかったが、帰ってくる一行を包む根拠のない楽観ムードにショックを受けた。フランク・ペイス陸軍長官は、戦争は事実上終わり兵士はすぐにも帰還するというマッカーサーの楽観的な発言を熱心に語った。「マーシャル将軍、マッカーサー将軍は戦争は感謝祭までに終わり、クリスマスまでに兵士は帰還することになるといっています」と報告した。

ペイスが驚いたことに、マーシャルはにこりともせず、「ペイス君、それはやっかいだ」と答えた。ペイスはマーシャルが誤解したと思い、戦争終結は間近という吉報をくり返した。「聞いてるよ。しかし、戦争終結を急ぐあまり、この先、わが国が直面するさまざまな問題の十分な理解の妨げにならないかね」とマーシャルはいった。ペイスは意味が飲みこめず、マーシャルがいわんとしているのは、アメリカ国民は冷戦の十分な含意の理解を深める必要がある、ということかと聞いた。まさにその通り、とマーシャルは答えた。「マーシャル将軍、これはアメリカ国民の視点から見てはなはだ困難な大規模戦でした」とペイスは応じたが、マーシャルは受け入れなかった。かれは先の大戦終結の前からずっと考えつづけていたことがあった。それは戦争が終わったとたんに太平洋では戦車はさび、兵士たちは大急ぎで復員して民間の仕事に戻り、蓄積された軍事力はかれのことばによれば、消えゆくのみに任せた。

しかし、あのときはあのとき、いまはいま。「あれから実にさまざまなことがありました。アメリカ国民はそれらの教訓を学んだといえば、わたしは無邪気だとおっしゃいますか、将軍」とペイスは論じた。

マーシャルは答えた。「いや、ペイス君。わたしはきみを無邪気だとはいうまい。信じられないほど無邪気だといいたい」。

冷戦初期、官僚機構の上層部で、もっとも強く新しい変化への対応を推し進めようとしたのがフォレスタルだった。が、フォレスタルの精神はそのころ蝕まれ始めていた。予算削減に対するプレッシャーやソ連の本当の意図に対する不安も原因にかぞえられたが、フォレスタル自身の精神障害が要因となっていたのは間違いない。フォレスタルは、アイゼンハワーが「馬をも殺す」と呼んだほど殺人的に働いた。(12) フォレスタルはソ連に対して早い時期から、強硬派の立場をとっており、終戦前の一九四五年七月の時点で、アメリカが日本を完全に破壊することに疑問を投げかけていた。その時点では、支持はえられない考え方だったが、もし日本を徹底的に破壊してしまえば、北東アジアに政治的真空状態が生まれ、それを早々と埋めるのは、ソ連ばかりではなくおそらく中国共産党ではないかとフォレスタルは恐れたのだった。かれは中共の内戦勝利を確信していた。われわれは、主要な戦略家の多くが提案しているように、日本の産業基盤の破壊を本当に望んでいるのだろうか？(13) フォレスタルは、わが国の国防予算は現実的な対ソ観に相応していないし、わが国の勇ましいレトリックにも合致していない、つまり、わが国の軍事能力はいわれるほどではないとの確信からいよいよふさぎこんでいった。フォレスタルの政治的憂鬱は、精神衛生面の深刻な衰弱をもたらし、一九四八年末までには、親友たちが深く心配するほどになっていた。偏執症はひどくなり、げっそりとやつれて表情は何かにとりつかれたようだった。シャツの袖口のサイズはぶかぶかだった。眠られず、顔色は灰色だった。ロシア人が電話を盗聴していると固く信じた。在任最後の数週間、かれは日に何度もトルーマンに電話しては同じ問題を持ち出しトルーマンを困惑させた。彼の精神は崩壊寸前にあることは明らかだった。本人も気がついて四九年二月初旬、六月までに辞任する意向をトルーマンに伝えた。しかし、トルーマンはそこまでは持つまいと思った。同年三月一日、かれはフォレスタルを呼び、辞任を求めた。四週間後、ルイス・ジョンソンがフォレスタルの後任になった。ジョンソンは一九四八年の選挙でトルーマンの資金集めをした大切な人物だった。フォレスタルは入院し、五月末、ベセズダ海軍病院の十六階の窓から飛び降り自殺した。冷戦の重圧による初期の犠牲者の一人だった。ジョンソンの任命は最悪で、トルーマンの政治的任用の最たるものになった。ジョンソンは、ずばりいって確信にふくれ上がったお山の大将で、フォレスタルに負けず劣らず己の感情の抑制が利かなかった。ジョンソンは高級軍人らの消えることのない憎しみを買った。その理由は軍事予算を一貫して削っただけでなく、かれらを粗略に、また異常な軽蔑をこめて遇したからだった。

この時代を振りかえっていちだんと明らかになってくるのは、トルーマン政権の時代はアメリカ史上きわめて重要な時期にまたがっていたことである。アメリカは、好むと好まざるとにかかわらず、旧いアメリカからの変化の途上にあった。つまり、持てる力にまだ気づかず、産業の力強さを国際的に使うのをためらっていたアメリカから超大国たらんとするアメリカへの変貌である。将来をめぐって進行する論争、ＮＳＣ68をめぐる政権内部の確執、さらにマッカーシー時代の醜態自体さえ、ある意味でこの劇的変化の表白であった。また、それらは事実上、成長痛によって引き起こされたものだった。フランクリン・ルーズヴェルトは頂上へ登攀《はん》期の大統領であり、対独戦勝利という総仕上げの過渡期に亡くなった。トルーマンの時代は、国防支出をめぐる紛争、最初は比較的小規模のエリートが推進したにすぎなかった西側民主諸国との新種の軍事・経済同盟を推進する勢力と、その国際主義に反対して引き戻そうと勢いを増す国内の底流が激しくぶつかりあった時代だった。トルーマンは第二次世界大戦の大勝利の成果と矛盾、また勝利が国に残した力と責任に対処せざるを得なかった最初の大統領だった。かれは新種の国際主義に政府を結集しなくてはならなかったばかりでなく、その責任を徐々に受け入れる方向に傾斜しながらも不安定でときには牙をむく国内の政治的反動への対応を余儀なくされた。国際主義の拡大か孤立主義の継続か、選択は根源的なものだった――おそらく、同じくらい重要だったのは、国はいくら支払う用意があるかだったろう。これらの事情と、アメリカと同盟した強力で民主的なヨーロッパの実現を優先するトルーマンの信念。それらを背景に据えて、国民党中国の崩壊と毛沢東の登場、その後の朝鮮戦争、それらがアメリカ国内で解き放った政治勢力は検証されるべきである。

冷戦下の基本的戦略を創造する

アチソンはＮＳＣ68をめぐる論争の中心にいる主役だった。それは広く社会を巻きこむ論争では実はなく、官僚機構内部でせめぎ合うさまざまな勢力の葛藤の色合いが濃かった。論争のテーマは、戦後変身したアメリカがなすべきこと――アメリカはどこまで大国であるべきか、西欧の盟主という伝統的にイギリスのものだった役割をどこまで肩代わりするべきか、だった。アチソンは国務長官に就任する前から、この時代の国家安全保障政策の主要なイデオローグだった。おそらくつぎの五十年間その考えは影響力を持つだろうと思われた。アチソンは対ソ封じこめと共存、ならびに西側列強へのアメリカの覇権の核心となる諸政策の中心的な設計者だった。それからおよそ四十年後、ソ連が主として自らの重みと経済の近代的運用に失敗して崩壊したさい、メディアは直感的にその功をロナルド・レーガンに与えた。レーガンはほころびが出たこの敵国を経済崩壊の瀬戸際に追いこむのに一役買った。だが、その功はソ連の対欧進出を食い止めるのに貢献したアメリカの歴代政治指導者に帰すのが妥当である。その主要人物はアチソンであった。

アチソンが活躍した時代は冷戦の最盛期で、集団安全保障を求める強い要請に促されてアメリカの主な戦後同盟が形成された。この時代は誇張なしにアチソンの時代と記憶されていいだろう。大統領を除けば、かれほどこの時期のアメリカ外交政策の意思決定に君臨した者はいなかった。ジョージ・

マーシャルは男盛りを第二次世界大戦とともに終わった時代に捧げ、それにつづく歳月は疲れ果て健康は衰え始めていた。フォレスタルの死後、国防総省出身者で同様に大きな存在となった者はいなかった。アチソンは第一次世界大戦後の政策の大失敗をだれよりも肝に銘じた。西側を団結させる軍事・経済同盟創設に不可欠の存在となり、アメリカとヨーロッパをかつてないほど固く結びつけた。かれが自らの回顧録をいささか厚顔にも『創造に立合う』（Present at the Creation）と名づけたのは偶然ではなかった。

イギリス国旗が降ろされつつあるとき、アメリカの政策はどうあるべきか、アチソンほど明快なビジョンを持っていた者はいなかった。かれは究極のヨーロッパ優先主義者だった。そのためにこれに不満を持つ人びとからの集中砲火にさらされた。それは、ニューディールを毛嫌いするものたちであり、またイギリス人を嫌う者たちであった。筋金入りの孤立主義者も攻撃に加わったし、アジア（そして中国）優先主義者もその戦列に加わった。アチソンは根っからの支配エリート階級の人であった。自分こそが国の行く末を立案する権利があると信じていた。だが、アチソンとその仲間たちにとっては当たり前のビジョンは国内の幅広い階層、旧態依然を望む無数のアメリカ人には受け入れられなかった。それがアメリカ人の外部世界観に非常に多くの矛盾を生み出した。戦争直後のアメリカの外交政策について、アチソンはこう評したことがある。「三か条に要約できる。(14)1、若者を復員させよ。2、財政支出をしぼれ。3、東側におされるな。サンタクロースになるな」。

アチソンの活動の場は初めから政治闘争地帯だった。かれは一九四九年一月二十一日、国務長官に就任した。トルーマンの大統領就任の翌日である。アチソンは長官に指名される前から共和党には危険人物だった。国務次官に指名されたときの承認公聴会はいつになく難航し、はげしい論議が交わされた。政権と共和党右派との険悪化する対決の導火線の様相だった。中国優先主義者である共和党右派には、アチソンは自分たちを、そしてマッカーサーを痛めつけようとしている不倶戴天の敵だと映《うつ》っていた。アチソンがマッカーサーにタガをはめようとしていたのはおおむねその通りだった。（マッカーサーが東京の占領はこれほどの人員を要しないと発表した際、アチソンは占領当局は政策立案機関ではなく、「その道具にすぎない」と語ってマッカーサーを挑発した。この言明はマッカーサーを大いに怒らせた）[15]。そういうことがあって、最初の承認公聴会の論戦には驚くばかりの量の悪意がこめられていた。共和党保守派の多数はアチソンの次官指名に反対していた。理由はケネス・ウェリーの非難によれば、「マッカーサーの名前を損なった」からだった。十二人の上院議員がウェリーが提出した指名問題の委員会付託動議に賛成したが、ただちに否決され、六十九票対一票でアチソンは承認された。アチソンが後に語ったことだが、憎悪の核心にあったのはトルーマンとマッカーサーとの関係だった。「われわれが将来をのぞき見できていたら、この紛糾を一九五一年四月十一日のマッカーサー司令官解任に至る戦いの始まりと見なしただろう」とアチソンは二十四年後に記している[16]。

党派色が強まった新たな時代となり、アチソンは政権批判急先鋒の保守派にはまことにおあつらえ向きの標的になった。かれが保守派から左翼だと攻撃されたのは皮肉であり、時代相を反映していた。「粗野で相手を見下した用語を使えば〝見識ある保守主義者〟のアチソンが実像とは別の人物に映るのは、冷戦下のアメリカの熱でゆがんだ幻想の中でだけだ。アチソンが財務省でワシントンデビューしたさい、ニューディール派から、ウォール街のトロイの馬、大銀行家たちのための内なるキクイムシと非難されたのを、このマッカーシーの時代にはだれも思い出せないとは」とI・F・ストーンは左派の立場から評した[17]。

ヨーロッパ主義の男アチソン

アチソンは本人も自覚していたように、すばらしい知性の持ち主だった。知性にふさわしい強い廉直感を併《あわ》せ持ち、そのためにときどきかなり大きなトラブルに巻きこまれた。父親は聖公会牧師エドワード・カンピオン・アチソン。若いとき兵役に就き、カナダに移民してマニトバ州のインディアンと戦い、その後聖職に復帰してアメリカに移った。正義感と正義の名で進んで銃をとる意思とがほどよくアチソンの家庭で交じり合った。エドワードはカナダ時代に成功したウイスキー醸造業者で銀行頭取の娘エリノア・グダハムと結婚、やがてコネティカット州ミドルタウンに転居して土地の牧師からコネティカット主教に昇った。ディーン・G・アチソンは一八九三年に生まれた。アチソン家は筋金入りのイギリスびいきで、伝統を重んじるたいへん保守的な家庭だった。一家はささやかな成功を収め、豊富な人脈に恵まれたが、決して富裕ではなかった。ディーンはやがてグロトン校、ついでエール大に進んだ。エールでは気ままな学生だったが、ハーバード大のロースクールに進むと、初めて勉学に励んだ。法学の大物教授で後に最高裁判事になるフェリクス・フランクファーターの愛弟子となり、一時、最高裁判事ルイス・ブランダイスの個人秘書になった。フランクファーターはニューディールの人材発見に手腕を振るった情報通だった。かれの口利きで当時ワシントンで成功した企業弁護士だったルーズヴェルトにコネができ、一九三三年、ルーズヴェルトはアチソンを財務次官に任命した。フランクファーター人脈が力になったが、グロトン校人脈も役立った。ルーズヴェルトも同校の出身だったからだ。

アチソンは富裕ではなかったが、教養、身だしなみ、物腰とも秀で、恐れることなくそれを誇示した。知性と社交の両面で自明のことといわぬばかりのあからさまな優越感が、かれが劣等な人間と考える人たちには不快だった。かれは自信喪失とは無縁だった。目的とその取引相手さえ間違っていなければ、取引をするのは正しいこと、それは政治的であることを超えた高尚な行為なのだと信じた。

だが、彼の政敵が同じことをすると、よからぬ目的から発した不正直の現れであり、名誉をけがす行為なのだと軽蔑した。険悪な関係になった議員はあまりにも多すぎた。まるで政治的手続きそのものがかれらを汚染しているかのように扱かった。ともすれば議員を見下して話し、手に負えない六年生にくどくどと説教を垂れる教師の姿を髣髴《ほうふつ》させた。ミネソタ州選出の共和党下院議員ウォルター・ジャドは昔、中国で宣教師をしていたチャイナロビーの中心メンバーの一人だったが、かれによると、アチソンは「われわれを見下した態度であつかい、われわれ田舎者にはネコに小判とはお気の毒といわぬばかりだった」[18]。気どった物腰、イギリス仕立ての洋服、近衛兵風の口ひげを蓄えた。政敵らには、アチソンはワシントン、政府、ニューディールとかれらが大嫌いなものすべての化身だった。「アチソンのうぬぼれた物腰、イギリス製の洋服、それにあのニューディール主義……に接すると、わたしは怒鳴ってやりたくなる。出ていけ、出ていけ。貴様は長いことアメリカにふさわしくなかったものすべての象徴だった」とネブラスカ州選出上院議員ヒュー・バトラーはほえた[19]。口ひげはかなり支障になったらしい。アチソンの年来の友アヴェレル・ハリマンは、敵意をひどくかき立てるからとそり落とすよう勧め、「トルーマンのためにそうしたまえ」といった[20]。

アチソンは何よりも大西洋の男。第二次世界大戦時も早くから熱心な対欧干渉主義者だった。同世代人の多くが、ルーズヴェルトの三選は本来、非民主主義的だと考えていた一九四〇年、アチソンはルーズヴェルトを支持した。おそらく、政府要人のなかでルーズヴェルトからトルーマンへの移行をアチソンほど快く進めた者はいなかっただろう。かれは一九四五年に国務次官となったが、瞬く間に新大統領の大のお気に入りになった。アチソンは初めからトルーマンの力量、人格、決断力、そしてここぞというときの大胆不敵さを感じ取っていた。そこがほかの人とは違った。トルーマンが基本的にヨーロッパに求めたもの――第一世界大戦後、戦勝国が打ち立てることができなかった地域的安定

――はまさにアチソンが求めたものだった。外交政策にひどく不案内だったトルーマンはルーズヴェルトとは異なりアチソンを必要とした。いっぽう、アチソンのほうもトルーマンの正直なところが気に入っていた。絶えず策を弄していると思えたルーズヴェルトの後だけにほっとした気分だった。アチソンは国務省の中国担当最高幹部の一人、ジョン・カーター・ヴィンセントに「ジョン・カーター君、道向こうの小男はきみが思っている以上のものを持っているよ」といった。[21] そんなもののいい方には、相手を少し見下した態度以上のものがあったかもしれない。というのも、かれが事実上いっていることは、そんな小男でもかれらと一緒に働くにふさわしいということであった。もちろん、カーターにとって大統領をそんなふうに言うのはぞっとしないことだった。しかし、トルーマンとアチソンの肝胆相照らす関係は多くの点で見事なものがあり、大統領と国務長官との関係の鑑《かがみ》だった。「わたしは会員一人の支援団体を持っている」とアチソンはもらしたことがあった。[22]

西欧以外の世界を理解していない

この時代がアチソンの時代だとすれば、それはかれの強さとともに弱さも映し出した。かれがいちばんよく理解していた問題――ソ連の潜在的拡張主義を抑えるためには西欧民主主義諸国を安定させ、ヨーロッパに経済的に強固な世界を創設する必要性――では、アメリカは非常な成功を収めたが、かれの関心がそれほどでもなく、また、よく知らなかった世界の他の部分、さらに、反植民地時代が欧米に意味するものについての問題ではアメリカ外交政策は逆に失敗した。アチソンは真の保守主義者、古風な意味での保守主義者だった。かれは発展途上の世界で起こりつつあった旧秩序への深刻な挑戦に少しも関心を払わなかった。この挑戦はさまざまな形で、また勢いを増しながら、かれの後輩たちをその後三十年にわたって悩ませるのである。

発展途上の世界に対処したアチソンの問題点の一つに、この世界はかれが容易に交渉できる人材をまだ生み出していなかったことが挙げられる。つまり、イギリス人、すこし程度は落ちるがフランス人、さらに新参のドイツ人のようにかれ自身と同類の人物がいなかったことである。発展途上の世界にはアンソニー・イーデンもジャン・モネもコンラート・アデナウアーもいなかった。ホー・チ・ミンについてはアチソンは自分たちと対等の者とは決して見なさなかっただろう。たとえば、一九五二年、インドシナのフランスの軍事作戦がベトミンの巧みな軍事的、政治的技量のために失敗しかけたとき、アチソンはひどく鈍感だった。当時、フランス軍は必死だった。かれらはバオダイという気まぐれな王族のプレイボーイを合法的な現地人指導者として支えようと画策したが、バオダイは祖国で稲田の自国民の間を歩き回るよりも南フランスでの遊興にふけり、当時、革命戦争をやっていたベトナム人たちは案の定、バオダイを首班とすることに何の関心もなかった。アチソンの伝記作家デイヴィッド・マクレランはこの点について、国務長官は責任はベトナム国民自身にある、と判断したと述べている。「かれらの公的支援への関心のなさには典型的な東洋風の諦観があるようだ。われわれが見る限り、フランスはかれらに適当と判断している以上の自治をすでに与えている」とアチソンはコメントした[23]。だが、ベトミンを奮い立たせた動機は、まったくあべこべの、国土から植民地勢力を駆逐する情熱にほかならなかった。フランス軍の現地指揮官らは敵の消極的な諦観について語ったことはなく、使ったのは狂信ということばだった。

以上の事情の一部はまったく世代的なものだった。アチソンは時代と境遇の子だった。育ちのよい若者が国内の立派な大学に入り、講義で植民地時代の基礎を教えられる。教える教授はアングロサクソン系諸国民の優越性と非白人国民の弱さを力説した。世界は支配するにふさわしい者によって支配されるというのは授業のもっとも基本だった。エールもハーバードも、植民地化された被支配国民の自由への願望を教える大学ではなかった。学生たちが学んだのは、植民地化されることが幸運である人びとに植民地主義が提供する固有の寛大さだった。エセ科学講義は非白人の国々の国民の脳はコーカサス系諸国の国民よりも小さいと論じた。アチソンの世代とその階級からすれば、植民地政策において反植民地主義をとることは、左すぎる、あるいは軟弱すぎるとみられた。ディーン・アチソンはそのいずれでもなかった。

かれが描く自画像は冷徹な現実主義者だった。かれにとって、蔣介石の中国は現実に力尽き、くたばっていたということだ。毛沢東の共産党が大陸を制覇する形勢になったとき、アチソンは当初、毛らはソ連の傀儡ではなく、いずれアメリカはかれらと取り引きできるだろうとの見方を受け入れたようだった。一九四九年二月には、内戦は終わり蔣への支援の継続は「中国国民を中国共産勢力支持に団結させ、中国の利害はソ連邦次第という幻想を恒久化するだろう」と見た。この見解は旧い中国通の大多数とジョージ・ケナンらに支持された。しかし、この時代の政治は変わりつつあった。ほぼ同じころ、ヴァンデンバーグ上院議員はホワイトハウスを訪ね対蔣援助中止に反対する警鐘を鳴らした。その数日後、五十一人の下院議員がアメリカの対中政策の見直しを要求した。二月下旬、アチソンは中国をめぐって議会指導者らと会談した。時間稼ぎと歩み寄りをねらったもので、かれは蔣支援継続の危険を語りながら、事態収拾をはかる声明を出した。翌日、ネバダ州選出の民主党下院議員で、チャイナロビー指導者の一人パット・マキャランは議員たちがアチソンを窮地に追いこんだと知って十五億ドルの対蔣援助パッケージを要求した。

アチソン国務長官の登場は歴代長官が味わったことのない波乱の多い時期に当たった。おそらく外交政策の分野ではアメリカ史上もっとも問題山積の四年の任期だったかもしれない。蔣総統の政府が本土で崩壊し、蔣自身が台湾に逃走したのはアチソンの就任時だった（蔣が中国大陸を離れ、台湾に新たな居場所を求めたちょうど同じ日にアチソンは就任の宣誓をした。「わたしは入り、蔣は出ていく。われわれはすれ違ったのだ」(24)と後に痛烈なユーモアをこめて語っている)。その年の秋、事態はいちだんと悪化した。わずか数週間のうちに、ソ連が最初の原爆実験をおこない、中国では共産主義者が北京で権力を掌握して新政府樹立を発表した。多くのアメリカ人にとっては悪夢だった。両事件とも地球規模の安全保障バランスの変化ののろしになったばかりか、アメリカの政治体制全体に心理的な衝撃波を送りつけた。アメリカは最早、原爆クラブの唯一のメンバーではなくなり、ほぼ時を同じくしてアジアの偉大な同盟国と思われていた中国、宣教師たちが布教活動をし、多数のアメリカ人に愛された国は共産化した。

ソ連の核実験成功ほどアメリカの国防観を変えたものはなかった。一九四九年九月三日、ソ連の核実験の動向を探るために定期的に成層圏を調べていたアメリカの長距離偵察機が帰還して異常に高レベルの放射能を報告した。偵察機に搭載した濾過装置は毎分当たり八五カウントの放射能を計測した。通常活動なら大気中の放射能はおよそ五〇カウントだった。二つ目の濾過装置は毎分当たり一五三カウントを計測、二日後、グアムから東京に飛行中の別の航空機は一〇〇〇カウント余を記録した。アメリカの核専門家はソ連がひそかに原爆を爆発させた、その時期はおそらく八月二十六日から二十九日の間、場所はソ連国内のアジア側のどこかと断定した。原爆はヨセフ・スターリンに敬意を表してただちにジョー・ワンと呼ばれるようになった。イギリスのポンドが平価切り下げになったばかりで、トルーマンはこの二つのニュースが世界の金融市場にパニックを引き起こす事態を恐れて原爆実験の公表を九月二十三日まで抑えた。トルーマンはわざと爆弾よりも爆発について語ったが、衝撃は即座に現れ、政治的にはぞっとするものだった。アメリカの原爆の父ロバート・オッペンハイマーはその直後、下院で証言したとき、アーサー・ヴァンデンバーグ議員がいらいらしながら「博士、いまわれわれは何をなすべきですか」と質問すると、こう答えた。「動揺せず、われわれの友人を頼りなさい」[25]。だが、このときまでに、オッペンハイマー自身が要注意人物としてマークされていた。オッペンハイマーはマンハッタン計画の長として全盛だった時期には、絶えず行われていたセキュリティ・チェックをくぐり抜けていたが、状況は変わっていた。自らが創り出したものが広島、長崎の人びとにもたらした惨禍をまのあたりにして、オッペンハイマーは迷い、水爆製造計画推進に消極的になっていた。そのことで、オッペンハイマーはスパイの疑いをかけられるようになるのである。

ヒス事件

ジョー・ワンの実験と蔣の大陸逃亡だけでも困った事態なのに、一九五〇年一月末にはアチソンは自分で自分の首を絞めることをした。元国務省職員で二度目の偽証罪に問われたばかりのアルジャー・ヒスに手を差し伸べ、かれの友情と信義を強調したのが原因だった。しかも、事件の背景にはヒスが第二次世界大戦中、ソ連のスパイだったかどうかというもっと深刻な疑惑があった。それはアチソンの側の大いなるおごりだった。重大犯罪で有罪になった人物のための、まったく必要のない声明で、かれ個人にとって政治的に破滅的だっただけでなく政権にも損害を与えた。ヒス事件は当時すでにほぼ二年にわたって全国的なスポットライトが当たっていた。

事件は、大恐慌とファシズムの台頭で資本主義制度に失望したリベラル左派の一部が共産党員か少なくともその同調者になった世代の分裂を反映していると、後年になっていわれたが、それはかなり誇張だったことは確かだ。この時期の民主主義のさまざまな失敗がどうであれ、大半のリベラル左派の人びとは国家に忠実な市民にとどまって共産党に加入したり、その工作員になったりはしなかった。ヒスとヒスの告発者ウィティカ・チェンバーズとの直接対決ではヒス擁護派が大勢なようにみえた。

告発した元共産党員のタイム誌ベテラン記者チェンバーズよりヒスのほうがはるかに魅力的な人物に映ったことや国内の各地で勢いを増していた赤狩りへの嫌悪感から、人々はヒスを支持したようにみえた。アリステア・クックは洞察力に富むアメリカ報道をしたイギリスのジャーナリストだが、ヒスについて「ヘンリー・ジェームズ向きの素材。穏やかなうちにも芯の強い態度、気安い思いやり。イギリスではこうした人物はえてして、辛辣でけだるげ、不遜かつすれた感じがするものだが、ヒスは、明るく、ピュア、新世界の謙虚さをもっている」と書いた。(26)

理屈の上では、ヒスは有望株であり、少々面白みに欠けるとしても一分の隙もない挙措動作といい、東部支配階級のまじめな一員たる候補者の模範そのものだった。かれは初めから支配階級の出世街道を約束されていたようだ。すなわち、ハーバード大ロースクール、フェリクス・フランクファーターが斡旋したオリバー・ウェンデル・ホームズ（最高裁判事）の書記、ニューディール期のきわめて重要ではないまでも、そこそこの政府の職。だが、かれは一九三〇年代から共産主義者のスパイだったこと、第二次世界大戦中もスパイをつづけたことはほぼ確かで、徐々に証拠が明らかになっていった。ヒスは外見は上品そのもの、チェンバーズはその反対だった。チェンバーズは、陰険で、服装はだらしなく、被害妄想だった。ひどい子ども時代と青年時代を経験した――アルコール依存症の父親はかれの子ども時代にゲイの恋人のために家を出てしまっていた。チェンバーズは絶対主義の男だった。党にいたときは心底からの信奉者、ひどく幻滅して党を出たときもおそらく信奉の度合いは濃くなっていただろう。若いころ、すべての偉大な真理は党によって説かれると信じた。歳を重ねて幻滅したとき、世界のすべての大うそは同じ党によって説かれると信じるようになった。

かれはタイム誌のベテラン記者として同僚のなかで有能でもっとも気むずかしい記者と見なされた。チェンバーズは党員だったころ西側を敵にまわした戦争を戦っていたという意識があった。だから、脱党したあとも、戦時下であるという意識は逆の意味で変わらず、世界規模の闘争が起こるという深い予感、いやそれは不可避であると考えていた。だからそうした問題意識を共有しない同僚は全員が共産主義者の同伴者かもしれない、と思っていた。西欧の没落について好んで定期的に警告をしていた陰気な雑誌にはうってつけの記者だった。この時代とヒス事件の関係で優れた仕事をした評論家マレー・ケンプトンは「チェンバーズのように西洋文明の終焉に警鐘を乱打できる者はいなかった」と述べたことがある。(27)

チェンバーズは党にいるときのヒスをよく知っていたと主張した。ヒスは否定したが、間もなく、ヒスのいい分には一定の矛盾点と事実のいくつかの部分が欠けていることが明らかになる。これを取り上げたのはカリフォルニア州選出の若手下院議員だったリチャード・ニクソンで、Ｊ・エドガー・フーヴァーＦＢＩ長官の支援をひそかに受けていた。ヒスの主張には、ニューヨーク・ヘラルド・トリビューン紙のホーマー・ビガート記者が書いているように、小さなほころび、つじつまの合わない話が多すぎた。(28)ヒスを偽証罪に問えるかどうかを判断する陪審は偽証罪に問えるとする意見が八人、問えないとする意見が四人で割れた。その後の一九五〇年一月二十二日、二回目の陪審はヒスを偽証罪で有罪の判決を下した。このころ、アチソンは国務長官に就任して一年が経っていた。ここで問題になってくるのはヒスとアチソンの過去のリンクだった、とくにヒスの兄ドナルドとの関係だ。ヒス兄弟に関しては十年以上も前に当時国務省のセキュリティの責任者だったアドルフ・バールから警告が出ていた。チェンバーズは一九三九年、バールにヒス兄弟のアルジャーとドナルドは共産主義者だと通報していた。

アルジャー・ヒスは戦時中、国務省に勤務した。ポストは同省特別政務部長。主として連合国関連の事案をあつかった。ドナルド・ヒスは戦時中はアチソンの助手でその後は法律事務所の共同経営者だった。バールによると、ヒス兄弟の問題が持ち上がったとき、アチソンは「一家と二人の兄弟を子どものころからよく知っており、人柄は絶対に請け合う」と答えたという。[29]戦後、ヒスとチェンバーズが最初の対決をしたとき、アチソンはヒスが下院非米活動調査委員会で使う公式声明の準備をするのをひそかに助けた。この事実は当時は知られていなかった。その後、アチソンが国務長官に指名されたさい、上院外交委員会に出席した。同委は基本的にアチソンに好意的だったが、ヒスとの関係には少々困惑していた。委員会の一部委員はアチソン自身が自らの反共主義を反映する声明を起草することを提案し、支援さえした。アチソンがヒスの助言をしていたことを共和党委員が知っていたら、これほど友好的ではなかっただろう。

アチソンの大失言

陪審がヒスの有罪判決を下した三日後の一月二十五日、アチソンは記者会見を予定していた。記者は奇襲攻撃をしたわけではなかった。アチソンは何が起こるかを正確に知っていた。その日の朝、アチソンはアリス夫人にヒスの件を質問されるのは確実で、この先かれを見捨てないというつもりだと語った。「ほかに何がいえるの」と夫人がいうと、アチソンは「これは軽い問題ではない。嵐になるかもしれん。ぼくは面倒に巻きこまれるかもしれないのだよ」と答えた。そこで夫人が、正しいことをしている確信はあるのか、と質問すると、「それこそ、ぼくがやらなければならないことだ」といった。[30]アチソンのスタッフたちはもう窮地に立たされていた。かれの私的顧問ルーシャス・バトルと、そのころ国務省内でアチソンにもっとも近かったポール・ニッツはヒスに関する質問ははぐらかすよう懇願した。バトルがとくに恐れたのはアチソンの頑固さ——右派から飛んでくる非難のすべてに怒りがむらむらとこみ上げていた——これがかれの強い正義感と結びついたとき、不用意などじを踏みかねなかった。アチソンは二人に山上の垂訓《すいくん》を引くつもりだと語った。「山上の垂訓」とは新約聖書聖マタイによる福音書の中にあるイエス・キリストが山上で弟子たちと群衆に語った教えのことだ。それはかならずしもよい兆候ではなかった。アチソンはけんかを買って出ようとしている。そんな気がした、とバトルは後年回想している。(31)その日の朝のスタッフ会議で、ジェームズ・ウェブ次官はアチソンに何をしゃべるつもりか質問し、慎重にやるよう助言した。アチソンは、それは聖マタイの福音書二十五章三十六節だとまた答えた。国務省高官カーリス・ハメルシンスは、その節は人によって受け取る意味が違うと忠告した。

質問はヘラルド・トリビューン紙のホーマー・ビガートが「長官閣下、アルジャー・ヒスの件について何かコメントはありますか」と持ち出した。アチソンはまず、事件はまだ裁判中であり、コメントするのは適当でないと答えた。列席者らがうまく切り抜けたとほっとしたのも束の間、アチソンはさらに一歩踏みこんでいい放った。「きみの質問の目的はわたしから何か別のことを引き出したいんだろう。このさいはっきりしておきたい。ヒス氏と弁護人がこの事件で行うであろう控訴の結果がどうであれ、わたしはアルジャー・ヒスに背を向けるつもりはない」。事実はその通りだった。ほとんどの国民がヒスのことを偽証者であるばかりでなくスパイでもあると見なしていた。そのヒスにアチソンは背を向けなかった。しかしアチソンは、スパイ容疑の偽証罪で有罪になった男に背を向けなかったのだ。しかも、その人物のことをアチソンはとくだん目をかけてやっていたわけでもなかった。すでにさまざまな方面から攻撃されている政治家がそのような行動に出るとは、傲慢の極みとも言えた。ついで、かれは記者たちに聖書のマタイ伝二十五章三十六節を読めと告げた。この節はキリストが信者たちに、困っている者に背を向ける者はだれでもキリストに背を向けることだと理解せよと諭すくだりである。「われ裸のとき汝らわれに服を与え、われ病いのとき、また、牢につながれしとき汝らわれを見舞えり」。

アチソンがこのコメントを出したとき上院は開会中だった。サウスダコタ州選出の共和党保守派カール・ムント議員はヒスとそのハーバードなまりが中国の没落をもたらしたと演説していた（実際は中国政策にヒスは何の影響ももっていなかった）。ちょうどそのとき、ジョセフ・マッカシーが議場に駆けこんできてムントの演説をさえぎり、「先生、国務長官がいましがた素晴らしいコメントを出しましたよ。ご存じですか」といった。アチソンの親友、ニューヨーク・タイムズ紙のワシントン担当コラムニスト、ジェームズ・レストンはアチソンの愚かしさに天を仰いだ。普通のアメリカ人ならそれくらいは理解するだろう、と思った。[32]それは「トルーマン政権の外交政策は共産主義に甘い者たちが作っていると主張している連中へのとんでもない、まったく必要のない贈り物」と歴史家エリック・ゴールドマンは記した。[33]

アチソンの答えは勇気があったかもしれないが、驚くばかりに傲岸《ごうがん》であり、トルーマン政権には政治的な災難だった。トルーマン自身はヒスは有罪だと思っていた。二回目の審理が始まろうとしていたとき、トルーマンはお気に入りの大統領警護官ハリー・ニコルソンに「ディーン・アチソンはわたしにアルジャー・ヒスは無罪だといっているがね。裁判資料の証拠を読んで、わたしはあのろくでなしは有罪だと思う。ヒスをしばり首にしたらいい」と語った。[34]

安全保障の問題は当時、政治色が強くなって論争はますます党派性を帯び、共和党右派の面々は、民主党は売国奴政党だと声高に非難した。アチソンは国内で大いに書きたてられたスパイ事件を擁護し、自分自身とアメリカ政府の心臓部に結びつけた。これに勝る共和党への政治的贈り物を考えようとしてもむずかしかっただろう。ニクソンは例によって「わが国政府上層部の売国奴どもは外交交渉のテーブルでソ連側に必ず有利になるよう不正な工作をしている」と早速、一席ぶった[35]。政争の初期、ある記者がトルーマンにヒスの事件の共和党の狙いは政権自身かと質問したところ、トルーマンはそうだと答えた。ロバート・ドノヴァンは大統領の立場についてこのように論評している。「トルーマン自身は多くを語らなかったものの、困りはてていた。(アチソンの不用意な答弁で)トルーマンはやっかいなお荷物を背負いこんだ[36]」。

マッカーシズムという毒性の強い新型の政治ウイルスが生まれようとしていた。それだけにやっかいだった。アチソンの記者会見から半月後、北朝鮮軍の侵攻の約五か月前の一九五〇年二月九日、ウィスコンシン州選出の若手上院議員ジョセフ・マッカーシーはウエストバージニア州ウィーリングの討論会で、国務省で働いている共産党員二百五人の名簿を持っていると主張した。マッカーシーは政争のネタを探していて、政府部内の共産主義者が世間の関心を呼ぶテーマになると入れ知恵されていた。マッカーシーは、国務省は警告を受けたにもかかわらず、何もしなかった、と告発した。主として中国の崩壊のため、過去六年間共産主義の下で暮らす人口がいかに増えたかを詳しく語った後、ヒスからアチソンへという竜の目に最後の黒点を入れた。「ご承知のように、国務長官はごく最近、一人の男への信義を表明した。あらゆる犯罪のなかでもっとも忌まわしいとされる犯罪、すなわち、大いなる信任の地位を与えた国民への裏切り者になるという国家反逆罪を犯した男にだ」。マッカーシズムの非難は極右が過去数年間使ってきたさまざまな要素の寄せ集めだった。中国の没落はわれわれに覆すだけの力がない圧倒的な歴史的趨勢のためではなく、ワシントンの高官レベルの裏切りのためである。そこへはアルジャー・ヒスにつながる国務省内の不忠な(あるいはナイーブな)中国専門家たちの線をたどれば到達することができる、というわけだった。

第13章　冷戦を決定づけた政策NSC68

ケナンの敗北

アメリカは孤立主義の大国から国際主義の超大国へとしぶしぶ移行しつつあった。ディーン・アチソンは、怒りと疎外感を募らせる右派からの攻撃の主目標になりながらも、国防予算の大規模な増額になりふりかまわず、突き進んでいった。この構図ほどアメリカの抱える矛盾を露呈したものはない。アチソンは、一九五〇年の初めまでに、後にNSC68で知られるようになる基本文書の作成とその官僚相手の根回し工作の担当にポール・ニッツを当てる。この人選は驚きではなかった。ニッツは売り出し中の新星官僚であり、アチソン自身のほとんど分身だった――ニッツの考えは国務長官ときわめてよく似ていた。

ニッツはもともとフォレスタルの配下だった。駆け出しのころのもっとも重要な後援者の中にジョージ・ケナンがいて、ニッツの知性にほれこみ、自分が局長を務める国務省のシンクタンク、政策企画局の副局長に据えたがった。政策企画局はその時代、大きな影響力があった。まだものごとの結果が重視された時代で、同局は国務省の最高の頭脳ができごとの結果をじっくり考え、すぐに焦眉の急となるような問題も長期的観点で考えることができるところだった。しかし、アチソンはニッツの人事を拒否した。アチソンは当初、（フォレスタルのように）もともとウォール街の大手投資会社のディロン・リード社で働いていたニッツをウォール街の投機家色が濃すぎると考えていたからだ。しかし、一九四九年夏、ケナンが再度ニッツの就任を求めたときには、考えを変えて許可を出した。ケナンが遠ざけられる一方で、ニッツはアチソンと公私の両面で親しくなっていった。

ケナンはちょうど四年前、ソ連の意図をめぐる優れた分析で国務省のスーパースターになった。しかし、いま、冷戦が深まり、対外路線も国内政治の路線も硬化するにつれ、ケナンは国務省で疎んじられ影響力は着実に衰えていった。かれがスタープレーヤーの座から外れたということ自体、論争の中身が変わってしまったことを意味した。ケナンの異論は考え抜かれた価値あるものであったにしろ、そのややこしい論旨にアチソンは耳を傾ける興味を失っていた。政府は自覚していたかどうかは別にして、情勢に引きずられて気づかないままブレーキが効く地点を越えつつあった。政界の右派が勢いを増し、政府は批判の四面楚歌にさらされていると自己認識するにつれて、ケナンの価値は急速に下落していった。一九四九年秋、かれの直属の上司はアチソン本人ではなく同省の地域担当次官補に変えられた。それは長官に接触する機会が断たれようとしているということで、省内のだれもがそのことを知ることになる。これを機にケナンの力も影響力も断たれていった。かれはアチソンにできるだけ早く政策企画局勤務を辞めたいと申し出て、無期限の休暇を求めた。

ニッツがケナンの後任になったのは正式には一九五〇年一月だったが、前年の十一月には事実上、交代していた。ニッツはほぼすべての問題でケナンよりもタカ派色が強く、ケナンの影響はますます薄れていった。きわだった例外は朝鮮問題で、両者とも一九五〇年十月、三十八度線を越えて北進するマッカーサーの決断に、得るものが少ない割りにリスクが大きすぎると考えて反対した。ほかの面ではニッツはすべての点でケナンよりもはるかにアチソンの好みにかなう人物だった。ニッツはつぎの数十年間、アチソンの信条の根っからの信徒になった。NSC68の基本問題——アチソンは国防費の実質三倍増を要求——でニッツは長官を支持したのに対し、ケナンは強硬に反対した。それはソ連の意図をまったく読み違えたもので、アメリカの外交政策を軍事優先化し、二大国間に絶え間ない軍拡競争をもたらすとケナンは考えた。

こんなことがみんな、ただでさえひどく悲観的になるケナンの鬱病をいっそうひどくし、ワシントンを離れてプリンストン大行きを願うようになった。大学では知的成果がそれ自体目的としてあつかわれ、著述にも専念できる。かれはそれでもなお、自分の見解に対する評価の下降に不満を募らせていた。ケナンは上司らが間違った政治路線の選択を決断したと見た。かれの見解では、それは敵方に対する単純すぎる見方、すなわち、共産世界全体を四分五裂し多数の亀裂が錯綜する複雑な世界と見るのではなく、モスクワが牛耳る一枚岩に括ってしまう見方であって、すべての亀裂はナショナリズムを基盤としていずれは表面化してくると確信していた。ケナンの見解は共産主義一枚岩説に反対するこの時代のもっとも重要な声だったが、耳を貸す者はいなかった。ケナンは一九四九年夏には、こんな自虐的な自己評価をしている。かれの身分は「宮廷の道化師。期待されたのは議論を活性化すること。ショッキングなことをいう特権を与えられ、おっとりした同僚らの肌に止まる知的アブとしては評価される。しかし、責任の重い最終政策決定の段になると、まともにはあつかわれない(1)」。

世界を歴史の力から見る

ジョージ・ケナンとつき合いのあった政府部内の誰もがかれを一緒に働きやすい人物とは思っていなかった。複雑で気むずかしく、影響力をしきりに求めるくせに、ひとたび手に入ってしまうと、それに伴う重荷で落ち着かない。内気で引っこみ思案、外交官よりも歴史家。繊細すぎて政策決定は通常、ある程度の拙速を基本とする国務省のようなところの勤務には向かなかった。いつもおそろしく緊迫したなかで決定がおこなわれ、たいがいはそれが不完全なものになるような世界に、かれはある種の政治的完璧さを求めたのである。アメリカの主要な知識人としてのキャリアをとおして、ケナンは一連の複雑な論争をしてきたようにみえた。議論の相手は安全保障畑の同僚や上司、かれよりもタカ派や反対意見の持ち主だけでなく、かれ自身だった。それはまるで自分が提起した政策のニュアンスや抽象性がときには自分自身にとってさえあまりに微妙すぎてわからなくなったかのようだった。政策の穴を自らみつけだし、それに対して対論を併記しなくてはならないという強迫観念にかられているかのようでもあった。かれは相手が耳を貸してくれた場合も少なからず不安になることがときどきにあり、耳を貸してもらえないときはまったくみじめになった。アメリカ民主主義のなかで戦わされる品のない政策論争にケナンはひどく不満そうで、その点はかれの時代のどの有名人をも上回り、アチソンさえ顔負けだった。こんな手に負えない民主主義大国に考え抜かれた賢明な外交政策を策定するのは絶望的な任務であるとケナンは考えた。精神文化はあまりに粗野で無神経、議会の議員たちはあまりに幼稚だと憂慮した。

ケナンはベトナム戦争反対の主要人物に名前を連ねたが、そのおよそ十五年前には朝鮮戦争で三十八度線を越えて北を目指すのに慎重だった。そのことから、かれを尊敬する人のなかにも、かれはハト派というだけでなく、単純な外交政策用語でいう「軟弱」という印象があった。だが、ケナンは冷徹な究極の現実政策の人だった。ベトナムで米軍の使用を望まなかったのは、反植民地主義の時代にアメリカの政策に戦場で挑んでくる土着武装勢力に共感したからではなく、かれら（かれらの国といってもいい）は世界の枠組みのなかでアメリカ人の生命と資金を費やす価値があるほどの重要性はない、ましてやこれは負けることはほぼ確実な戦争である、と考えたからだった。

かれは、わが国が武力を使えそうにないところに使おうとすれば、ろくなことは起きないと確信していた。ベトナムや中国のようなところはわが国の圏（権益）外であり、それはちょうどわが国に近いところ、なじみのあるところほどソ連の圏外であるのと同じである。かれの見解によると、現に二大国の派手な言辞にもかかわらず世界は知らず知らずのうちに力の均衡が形成されている。それは長期的にはアメリカに有利である。ケナンにとって力とは（皮肉にも、スターリンにとっても同様に）必要があればただちに軍事力に転用できる工業力のことである。わが国に大いに影響する唯一の世界は工業諸大国の世界である――それはもちろん、主として北の、白人の世界であり、日本はアジアで事実上唯一の重要な国である。ケナンが北朝鮮の侵攻に対処することに賛成した理由は唯一、世界の枠組みのなかでかれが日本に与えた重要度のためで、共産化された統一朝鮮の出現はアメリカ軍がわざわざこれを阻止するまでもないが、日本人を不安にするだろうと信じたからであった。北朝鮮軍の越境の二日後、かれは駐米イギリス大使に韓国は戦略的に重要ではないが、「その保護の象徴的な意義はとくに日本には非常に大きい」と語っている。[(2)] ジョージ・ケナンの実像は世界を非情きわまりない目で見た冷徹な男だった。

ケナンは憂鬱の人でもあった。政治的できごとにはひどい悲観論に陥った。賢人にしては自分の周りの人たちの気分や感情には往々にして驚くほど鈍感だった。若いノルウェー人女性と結婚することにしたとき実父にあてた手紙では、若者らしいロマンチックな衝動を記す段になると、見たことも聞いたこともないほど感情を抑えた調子で書きつづった。いわく、「彼女は本当のスカンジナビア的素朴さを備え、無駄口をたたきません。優雅に沈黙を守るまれな能力の持ち主です。不機嫌に似た感情によって気持ちをかき乱されるのをぼくは見たことがない。ぼくは彼女をいらいらさせることすらないのです」(3)。同時代の上級政策立案者の大半がアメリカ特権エリート階級出身であったのとは違い、かれの出自はアメリカ中部のごく質素な中産階級のミルウォーキーの税理士の息子だった。だが、かれなりに相当な気どり屋で、本人にいわせれば、民主主義国でエリートの決断能力を阻害しかねないアメリカ下層民は不愉快そのものだった。

ケナンの気分に非常に敏感だった著名なソ連研究家チップ・ボーレンのような年来の友人たちもかれと仲良くやっていくのは骨が折れると思っていた。ケナンは二十七年勤務した後とうとう国務省を去ったとき、別れの挨拶をする相手が一人もいないのに気づき驚いてしまった。ほとんど友を作らず、私的な考えを語り合わず、一緒に働く人たちにわざわざ興味を示すこともなかった。しかし、外交政策アナリストとしてのかれの独創性に疑問の余地はなかった。歴史学がケナンの本当の情熱の対象だった。ケナンは世界を深い歴史の力が突き動かしていると考え、その視点から見定めようとした。その力は、国民をつかの間治める支配者らの意識をほとんど超えた形で国民性を形成する。支配者もかれらが認識している以上にそうした力に実は突き動かされており、かれらの行動も実はその国の遺伝子からくるものなのだと考えた。ケナンにとってソ連はロシアそのものであって、新しい支配者は平等主義の言辞を身にまとったロシア皇帝の現代の生まれ変わりにすぎず、恐怖と被害妄想、ロシアの過去に深く組みこまれた隣国からの孤立を当然反映している。ケナンの見解によれば、第二次世界大戦後に起きていることは、ひどく攻撃的なマルクス主義国家の地球規模の野心の反映と見るよりも伝統的なロシア的衝動と恐怖を反映したものと見なすことが重要である。

ケナンがまだ若かった一九三〇年代末、ロシア的性格は「外国からの侵略の絶えざる恐怖、他国民へのヒステリックな猜疑心によって形成された」と書いた。また、ロシア正教会の影響、「その不寛容、陰謀うずまく専制政治体制」も過小評価できない、と指摘した。ワシントン官僚の大半がアメリカは戦後、ソ連と共存していけると非常に楽観視していた一九四三年、ケナンは突如、ほとんどの上司のいまの姿勢を考えれば、先行き厳しい時代がくる、戦争が終われば、ソ連は歴史的理由から対応がむずかしい相手になるだろうと論じた。だが、大戦の真っ最中にそのような主張に耳を貸そうとする者はいなかった。例外はおそらくアヴェレル・ハリマン一人だっただろう。鉄道財閥の子息のハリマンは一九四〇年代の国際政治の重要人物で、チャーチルとスターリンへのルーズヴェルトの特別密使だった。ハリマン自身は大知識人ではなかったが、偉大な聞き上手、他人のさまざまなアイデアをとりいれる優れた統合者だった。この時代のおそらくもっとも有能な著名人二、三人のなかの一人で、ハリマンの場合、活躍はおよそ四十年間にわたった。

ケナンは当時、モスクワ大使館のどちらかといえば若輩だったが、ハリマンはケナンに強い印象を受けた。ケナンは一九四六年、ワシントンに例の有名な長文電報を打った。八千字からなるすばらしく分析的な電報で、ロシアの先例、国民の悲惨な歴史を博引傍証して対ソ対応のむずかしさを主張、説得力があった。電報の打電はぴたりのタイミングにぴたりの主張だった。モスクワがきわめて対処しにくいのはなぜかをワシントンに説明した形となり、また、チャーチルがミズーリ州フルトンでおこなった、鉄のカーテンがヨーロッパの半分に降ろされたとの演説の時期ともたまたま重なった。ケナンが求めた対ソ政策は、まもなく〝封じこめ〟と呼ばれるようになる。電文は外交専門の名門誌『フォーリン・アフェアーズ』に掲載された。筆者名は「ミスターX」とだけ。論文は、まずワシントンでセンセーションを引き起こし、さらに全国に広がった。ケナンは突然、外交官のスターになった。「わたしの声望は作られ、わたしの意見は広められた」とかれは後年記している。(4) 封じこめ理論は一時、ワシントンの対ソ政策の基本となり、かれの電文は戦時同盟の将来をめぐりなお存在していた大理想主義の終わりを告げるものだった。

政治的要求にそぐわず

しかし、ケナンのスターリン時代は長くはつづかなかった。孤高にすぎ、変化する政治の潮流からはひどく切り離されていた。一九四八年には、ケナンは外交政策の緊張を歴史的根源にまでさかのぼった。この方法論によって、ケナンは、ワシントンの対ソ反応は行きすぎで赤軍は巨体ではあるが他国への侵略の意図はないと考えた。スターリンは一九三九年、フィンランドに侵攻して痛い目に遭っていた。ケナンはまた、中国とソ連とは両者の歴史の巨大な違いからくる関係緊張化は避けられないと予想した。革命を勝ちとったばかりの誇り高い新中国は共産主義政府であろうとなかろうと、ソ連の衛星国にそう長くはとどまろうとはしないと確信していた。この問題でケナンを支持したのはジョン・デーヴィスら国務省の専門家たちだった。デーヴィスの中国観はケナンのロシア観にウリ二つだった。スターリンがロシア皇帝の恐怖と野望を抱いている事実上の皇帝なら、毛沢東は恐怖と野望を抱いた歴代中国皇帝の系譜に連なる現代の帝《みかど》である。ロシア皇帝と中国皇帝との仲がうまくいくわけがない、とケナンは固く信じた。「クレムリンの要人たちは、かれらの掌の上に掌握していると思っていたこの液体のように捕らえどころのない東洋的政治運動がひそかに指の間からもれ出していって、儀礼的な中国人のお辞儀とお世辞笑い以外に何も残っていないことに突然気づくだろう」とケナンは書いた。(5)

政府部内であまり早く正しさが証明されるのは、とりわけハト派寄りと見なされていたら割に合わない。ケナンは将来をいい当ててしまう。一九六〇年代初頭、中ソ両大国間の緊張がエスカレートして国境沿いで小競り合いが頻発、驚くほど早々とかれの発言の正しさが証明された。しかし、一九四九年～五〇年、四面楚歌の色を濃くするなか、ソ連の核実験成功と蔣介石の本土脱出というショッキングなニュースの後始末に追われていた政権にあって、中ソ間の緊張の到来をめぐってケナンが傾けた蘊蓄《うんちく》は必ずしもアチソンが聞きたいことではなかった。国務省の輝けるもう一人の新星だったデイヴィッド・ブルースは一九四九年ごろ、友人アチソンはケナンの電文を辛抱して読む気になれない、電文は長すぎ、回りくどく、それに文学的すぎると思っている、と述べている。タイミングも長文電報のときほどよくなかった。しかし、ケナンがわずか三年でスーパースターから局外者に転落した事実ほど冷戦の激化と政権の諸政策への国内の攻撃が増加していった速さを物語るものはなかった。ケナンがアチソンに提起した問題は単に冗長で議論好きだというにとどまらなかった。ケナンが述べたことはほとんどすべて正しかった、ということである。つまり、異なった政治条件の下でなら、アチソンは喜んでケナンの提案を追求したであろうが、時代の政治の変化のためにそれができなかったのである。誇り高いアチソンはその当時も後年の回顧録のなかでもそのことを認めなかった。しかし、ケナンが、政治情勢の変化に敢えて歩調を合わせようとはしなかった裏には、公然と非難されたり政策を曲げられたことを認めたがらない国務長官への言外のかなりの抗議が含まれていた。

ケナンの異論はソ連と中国に関してだけではなかった。アチソンとケナンが袂《たもと》を分かったその他の問題のなかに、水爆計画推進の是非をめぐる問題があった。水爆はスーパーの名で知られ、元マンハッタン計画の科学者エドワード・テラーが推進していた。テラーは当時、ロバート・オッペンハイマーをはげしく攻撃していた。トルーマンがスーパー問題を研究する特別委員会の設置を希望したとき、アチソンはテラー支持者のニッツを委員長に選んだ。ということは特別委が水爆推進に賛成するのはほぼ確実だった。ニッツにとってスーパー問題は実務的な問題だった。つまり、水爆は作動するのか、だった。かれは作動するというテラーの説明に納得していた。一方のオッペンハイマーは自分が造った兵器が広島、長崎にもたらした惨禍に苦悩していた。オッペンハイマーと親密になっていたケナンにとって、水爆問題は実務や科学の問題にとどまらなかった。それは倫理の問題でもあった。かれは、スーパーは倫理の潜在的な大崩壊にほかならないと考えた。オッペンハイマーとケナンは、水爆開発の決定によって超大国の無制限の軍拡競争が始まり、それは、結局、地球規模の危機を計り知れないほど増大させるいっぽう、安全保障にはなんの貢献もしないと確信した。その競争に勝者はないと見抜いていたのである。

ニッツ委員会は、予想通りアメリカはスーパー計画を推進すべきであると報告、そのさい、国家安全保障全体の見取り図の大幅見直しも提言した。ここにもアチソンの意向が強く働いていた。これは待望久しい国家安全保障政策の全面見直しに着手するため、かれが望んだ研究だった。ニッツが研究を誘導した。ヒスをめぐるアチソン発言から六日後の一九五〇年一月三十一日、トルーマンは包括的な見直しにゴーサインを出した。

ケナンは、スターリンのロシアは根の深い国民的パラノイアを抱えているとはいえ、基本的には防衛型だと考えていた。ニッツの見解はそれとはひどく異なる。「全体として、最近のソ連の動向は好戦性の増大を反映しているのみならず、基本的に新しい、無謀とは紙一重の大胆さを示している」とニッツは当時書いた(6)。事実上、ニッツがいわんとしたのは、アメリカは大国としてその政策の基礎を帝政ロシアをめぐるケナンの仮説に置くことは、その仮説の論者がいかに優れていても、できないということだった。仮にケナンが間違っていたらどうなる？　ケナンは何といっても外交官であり歴史家であって情報部員ではない。かれのロシア観が間違っていて、アメリカが安全保障体制全体を歴史的真実の仮説を前提にしていたら、敵の攻撃にひどく脆弱になってしまうかもしれない。

朝鮮戦争が正当化した政策

アチソンとその同調者にとって、ニッツのＮＳＣ文件はアメリカの軍事力をそのレトリックと戦後の役割像に見合ったものにするプロセスにようやく着手するものであった。つまり、アメリカはひきつづき偉そうな口はきくが、この先、携えるのはわずか一本の大きな杖――潜在的に使えない原子爆弾の杖――だけではない。いまやアメリカはもっと柔軟な軍事対応力を保有するだろう。いっぽう、ケナンにとっては、ニッツ（とアチソン）が提唱しているのはアメリカの政策の軍事化、事実上の国家安全保障国家の創設であって、国の財政資源の深刻な枯渇を招き、ライバルのソ連を同様の軍事防衛国家にするのは避けられない。ソ連の原爆は力の均衡をまったく変えていない、というのがケナンの考えだった。「現時点でわが国が高度の困難にはまりこんでいるとの思いは主としてわれわれが自ら作り出したものである」とケナンは論じた。

政府部内でも深刻きわまる全面的な論争が持ち上がっていた。アチソンとニッツはできるだけ隠密にことを進めた。その企てで二人が外そうとした主要人物はルイス・ジョンソン国防長官だった。統合参謀本部はひそかに軍の要求をニッツに伝えている間、アチソンはジョンソン迂回策を講じた。オマー・ブラドレーの回顧録によれば、アチソンとジョンソンの衝突は「三軍の参謀総長〔海兵隊司令官はまだ参謀総長ではなかった〕と本部議長は国防長官よりも国務長官と密接に提携しているという、まれな、ばつの悪い、皮肉な状況を生んだ」[(7)]。参謀総長らは、ジョンソンよりもアチソン（そしてニッツ）のほうが軍の問題にずっと共感してくれている、と思っていた。アメリカの国防体制を求められる水準に引き上げる最低限の経費は毎年およそ四百億ドルから五百億ドルあたりとニッツは考えた。さもなければ、アメリカは軍事、国防政策の遂行は不可能となってソ連が世界を制覇しかねない、というのがニッツら強硬派の考えだった。

アチソンが五百億ドルという推定額を聞いたとき、数字はごく大雑把な積算だったので、ニッツに「ポール、その数字は報告書には記載しないように。私はいま聞いた。そして大統領にも言っておく。

だが、報告書には数字は入れるな」と命じた。[8] 二人は一九五〇年三月二十二日、ニッツのオフィスで報告書の草案を検討するためジョンソンや参謀総長らと会談した。会談の滑り出しはなごやかだった。ジョンソンはアチソンに、草案に目を通したか、と聞いた。アチソンは通したと答えた。ジョンソンはもちろん目を通していなかった。事実、かれはようやくその日の朝聞いたばかりだった。かれは自分がまったくカヤの外に置かれ、完全に不意打ちに遇っていることに突然気づいた。アチソンと配下のニッツが管轄しているのは明白、参謀総長らと明らかに緊密に連絡を取り合っている。さらに、かれらが制服組に与えようとしているものの多くは自分が予算案から削ったものばかりである。それだけではない。自分が想像したこともなかったようなものまで与えようとしている。ジョンソンは完全に疎外されたことを悟った。突然、「かれは椅子《いす》をバタンと倒して突進し、テーブルの上にこぶしをにぎりしめてわたしたちを震えあがらせた」とアチソンは後に書いている。[9] アチソンとニッツはわたしに知らせずに置こうとした、許せない、このような屈辱に屈するわけにはいかない、とジョンソンは大声を上げた。「これはわたしの政策を覆すためにわたしの背後で企まれた陰謀である。わたしと参謀総長諸君はただちに出ていく」。その直後にも、ジョンソンはアチソンのオフィスにやってきて自説をくり返したうえ、侮辱されたと大声を上げ始めた。アチソンはかれを追い払い、ほかの者たちに命じてトルーマンに電話で事情を報告させた。一時間後、トルーマンは返電してきてアチソンに報告書作成をつづけるよう指示した。大統領はNSC68の承認は依然与えなかったが——この問題はその後、朝鮮の事変が解決する——アチソンとニッツはひきつづき担当した。半年後、トルーマンはジョンソンを解任し、ジョージ・マーシャルに代えた。ジョンソンは当時、情緒不安定だったとアチソンは考えている。

NSC68は決定的な文書だった。冷戦のきびしさへのアメリカの対応、ソ連の対米不信に見合うアメリカの対ソ不信を確認するものだった。その結果、双方の側に不信と国防支出の際限ない拡大という悪循環を生んだ。ＮＳＣ68はほとんど純粋なイデオロギー用語で世界規模の紛争を規定した。国の最高幹部だけが閲覧する極秘文書のなかだけに目立った。「ソ同盟をつき動かしているのは、かつてのロシア帝国の覇権への野望とは異なる。それはわが国とは相容れない狂信的な信念であり、全世界にその絶対的権威を押しつけようとしている」。トルーマンは最初のうちは、ＮＳＣ68に曖昧な態度で終始し、避けてはとおれないコスト問題を気にしていた。そこへ、朝鮮戦争が始まり、冷たい戦争は熱い戦争にエスカレートし、情勢の赴くところ独自の予算措置が必要になった。ＮＳＣ68をめぐる論争は学術的なものとなり、争点は事態に凌駕された。ＮＳＣ68が提案した必要予算は三倍増だったが、戦争ではや三倍増になった。トルーマン自身がＮＳＣ68に判断を下す必要はなくなった。事実、一九五二会計年度国防予算案の編成準備がおこなわれていた一九五一年の晩秋には、予算額は朝鮮戦争前の百三十億ドルから五百五十億ドルに四倍増した。アチソンは後年、プリンストン大のセミナーで「朝鮮がわれわれを救った」と語ることになる。(10)

第14章　遅咲きの大統領トルーマン

偉大なるルーズヴェルトの陰から

ハリー・トルーマンは、なにはともあれ、決断力のある男だった。大統領に就任した直後は、ルーズヴェルト派の人々のなかには、みるからにぱっとしない男だとトルーマンを見下す者もいたが、いまでは違った。ルーズヴェルトの一部側近はトルーマンに忠誠は捧げられないと考えてただちに去ったが、ほかの一派はかれに一目置き、献身は職務にであって人物に対してではない、トルーマンはそれなりに非凡な男だと考えるようになった。トルーマンは大卒の学歴のない最後のアメリカ大統領になったが、子どものころは本の虫だったし、すばらしい物知りでアマチュアとはいえ、ひとかどの歴史家だった。おそらく何よりも重要だったのは、大統領に就任した後は、自信喪失の回り道はしなかったことだろう。そもそもかれは大統領の椅子《いす》に食指を動かしたことはなく、まったく望んでもいなかった形で向こうからやってきたのだが、全力で職責を果たし、決断した。

一九四八年、大統領選挙の洗礼をうけて選出される前でさえ、トルーマンは国の最高統治者たらんとする意思はなかった。まるでかれはその職位にふさわしくなく、歴代の副大統領が押しこめられる小部屋のオフィスに逼塞しているほうが分相応であるかのようだった。自分は国家にとってふさわしくない。それに、かれは分かっていた。偉大な人物の一種の代役で統治すれば、自らの敵のいいカモになるということを。ホワイトハウスの敵対勢力、イデオロギー上の敵、そしてその両方の特質を兼ね備える敵、これらに滅ぼされることになる。歴史は食いものにされた者をひどく厳しく裁く。トルーマンは、よいときも悪いときも多くの市井の人々とつきあった。その経験のなかで他人の腹のうちを読み取り、信頼できる者とできない者とをかぎ分ける術を会得した。かれが人生から教わったものはまだある。できるかぎり最高の人物をそろえ、最高の情報を集め、考えられるかぎり最高の質問を発し、確率の高い結果を予測し、しかる後に決断し、敢然と実行することだった。北朝鮮が三十八度線を越えて南侵してきた翌朝、飛行機でワシントンに戻る際、トルーマンにはよくわかっていた。この数日で彼が下す決断は、戦争か平和かの二者択一なのだということを。朝鮮問題は自分の大統領任期中のもっともむずかしい判断になるだろう。

一九五〇年六月の時点で、トルーマンはすでに大統領職を五年務め、二つの勝利を挙げていた。この二つの勝利で、トルーマンは自信を深めたが、これらの勝利はいわば互いにからみ合っていた。第一の勝利――一九四八年の大統領選でトム・デューイ相手に驚異の逆転勝利をおさめたこと――のほうはより目覚ましかった。予想外だったとはいえ、この選挙の勝利はトルーマンのもう一つの勝利に道を開いた。まだ強烈だったフランクリン・ルーズヴェルトの残像に対する勝利である。これで、かれはついに自前の大統領になった（ほかの政治家、報道機関、歴史家、それに歴代大統領の月旦で暮らしを立てている人びとの尊敬度も上がった）。ルーズヴェルトの後継者、何かの間違いで大統領になった男という重荷を免れたことの意味は強調してしすぎることはない。事実、トルーマンは上院ではどちらかといえば小物だったし、副大統領としては影が薄かったものの、自分の先任者の偉大さの重荷に決して押しつぶされはしなかった。ケネディ大統領の死去で跡を継いだ副大統領リンドン・ジョンソンが、前任者と比べられる情緒的、心理的重荷、ないし大統領に就任した一期目の経緯の重荷から完全には逃れられなかったのとは対照的だった。

ケネディの大統領在任期間はわずか三年、ルーズヴェルトは十二年であったにもかかわらずにである。しかも、ジョンソンは、副大統領になる前は、上院の大物議員だった。

トルーマンは過小評価されやすい男だった。ルーズヴェルトの人格の偉大な強さの一つを欠いた。それは、温かく、自信に満ち、貴族的で、それでいて明らかに魅力的だった前大統領の声だった。ルーズヴェルトに慣れ親しんだ国民は、トルーマンの声にひどく落胆した。単調で、かん高く、情緒的な親しみが少しもなかった。演説に人を奮い立たせるものがなく、そっけなくて微妙な陰影を欠いた。顧問のなかには努めてルーズヴェルト風に話し、演説は会話調にするよう助言する者もいたが、トルーマンは賢明にもそれは間違った道で巨匠の真似ごとはできないことを知っていた。トルーマンにできることは、ただトルーマン自身になり切ること、アメリカ国民はトルーマンにないものでトルーマンを判断しないでほしいと望んだ。ルーズヴェルトと比較されるのは当初は不利だと気づいていた。その通りだった。初めのうち、トルーマンは政治ジョークの標的になりやすかった。残酷な刃がついたものも珍しくなかった。「過ちを犯すはトルーマン」（過ちを犯すは人《ヒューマン》の常という格言のヒューマンとトルーマンをかけた）は共和党大物上院議員ロバート・タフトの夫人で辛口のマーリ・タフトの作。「わたしはハリーにマイルド[(1)]（熱がない）」（選挙運動で、ハリーに夢中《ワイルド》と歌わせたのをもじった）というのもあった。この時期の喝采を浴びたものにコラムニスト、ドリス・フリーソンのジョーク「トルーマンが生きていたら、かれはどうしただろうか」があり、リチャード・ストラウトは「かわいそうなハリー・トルーマン、かわいそうなアメリカ国民」とニュー・リパブリック誌に書いた[(2)]。

庶民的な人柄

トルーマンが大統領になったのは六十歳のとき。分をわきまえ、適度な野心をもつ遅咲きの人物だった。トルーマンの支持者は農民層で、かれ自身も少年のころ農業を手伝っていた。トルーマンは一九四八年の大統領選挙の際、百六十エーカー（約六十五ヘクタール）の小麦畑に「小うねの一つも残さず」タネをまけると語って中西部の大衆を喜ばせた。同地の支持が驚異の大統領選勝利のカギの一つだった。わしの耕し方は旧式でな、使ったのは四頭立てのミズーリ産ラバだ、高級なトラクターなどではなかった、といい添えた。(3) 高校の最上級生のとき、一家のせいではなかったが、トルーマン家の農場は失敗し、大学進学の機会は消えてしまった。唯一学費のいらないウエストポイントを受験したが、視力不足で入学を断られた（かれは後年、視力はもぐら同然だったと記している）。商売に手を染めたものの、小間物屋経営は三年しかつづかず失敗に終わった。トルーマンは、かれに疑わしげな目を向けるアメリカ建国時の名家の出である義母マッジ・ゲイツ・ウォーレスにさんざん時間をかけて彼女の娘ベスの婿にふさわしいこと、ベスは身分の低い者に嫁いだのではないことを立証しようとした。ここでも成功はかれから逃げていった。かれは義母よりも大勢のアメリカ人同胞相手に己の真価を立証するほうが結局は上手だった。

一九三四年、五十歳のときに上院議員になった。年齢的には比較的遅いほうだ。腐敗しきった政治利益団体の親玉、ボス・トム・ペンダガストのキラキラ輝くようなプリンスだった。まるでペンダガスト組織内部のトルーマンの特別任務は組織にある程度の名誉と合法性をもたらすことにあるかのようだった。トルーマンは田舎町の価値観を持った田舎町の男だった。第一次世界大戦の従軍を示す三重に巻いた黄金製のメイソンの指輪と折りえりの小さなボタンをほぼ生涯を通じて身に着けていた。

田舎町のロッジの世界がかれには心地よかった。アメリカ在郷軍人会、海外戦争復員兵協会、ムース友愛組合、エルクス慈善協会の会員だった。

しかし、失望と小さな成功（少なくとも大統領という頂点をきわめた人物たちの物差しでは）が奇妙に混じり合った人生は独自の力を生み出した。「わたしは見たままの人柄が気に入った。単刀直入で、飾らず、思考は明快、いうことに説得力がある」。オマー・ブラドレー将軍はトルーマンと初めて会った後そう語っている[(4)]。トルーマンは自分をごまかす癖はなかったし、少しもブラドレーに策を用いなかった。トルーマンは勤勉で、いつも備えがよくできていた。他人の時間を浪費せず、他人にも自分の時間を浪費するのを許さなかった。必要もないのに他人に思わせぶりをするのが好きだったルーズヴェルトとは対照的にトルーマンはかなり素朴で、ごまかしが一切なかった。概して、ご覧の通りタネも仕掛けもありませんというわけだ。軍人のジョージ・マーシャルはルーズヴェルトがホワイトハウス内で閣僚とかわす冗談がいつも気にかかっていた。マーシャルにも大統領は親しげな口をきく場面があったが、マーシャルはあまり好きになれなかった。マーシャルは、軍人と政治家との関係はフォーマルであればあるほど率直になると考えていた。ルーズヴェルトはマーシャルをファーストト・ネームで呼んだ。明らかに人を誘いこむ最初の布石である。呼びかけにその場の空気が白けた。ルーズヴェルトは誤りにすぐに気づき、その後は、呼びかけは将軍かマーシャル将軍となり、ジョージは影を潜めた。マーシャルが明らかにトルーマンのほうを好んだのはそんな理由からだった。少なくともトルーマンの場合、政治的地雷を踏むという間違いは犯さなくてすむ。

トルーマンは上院では自分の限界を痛切にわきまえていた。同僚議員の大多数はかれよりも教育程度が高く、富裕で、成功していた。かれらは、トルーマンが推測するしかない特権に守られた洗練された世界を持っていた。トルーマンの高校時代の友人チャーリー・ロスは後にセントルス・ポスト・

ディスパッチ紙のスター記者となり、最後はトルーマンの大統領報道官に就いた人物だが、かれはトルーマンについて「上院議員になったとき、ある程度の劣等感を持っていたと思う。かれは本人が自覚している以上に好人物だった」と語っている。トルーマンが大統領にのぼりつめた時期、アメリカは急激な変化の途上にあった。第二次世界大戦が解き放った力強い平等主義の勢い、それと並行する、兵役を経験した者にはだれでも大学進学を可能にした復員兵援護法《GIビル》のような新しい政治的支援制度に促された実力本位主義の流れが加速した。対照的にトルーマンは平等主義の色合いがはるかに薄かったアメリカの所産だった。世紀の変わり目に存在したアメリカは、有能な男女に能力と野心を反映した出世が必ずしもかなわない社会だった。

トルーマンは優れて自身の時代と場所の人だった。かれの伝記作家デイヴィッド・マカラクはつぎのように書いている。「かれは一言しゃべるだけで出自が分かった。ある特定の地方の出身者というだけではなくて、アメリカ的経験の特定の部分、すなわち、本物の開拓者の背景とアメリカ人の想像力をかきたてるミズーリ人としての背景である。かれのミズーリは、本人が好んで吹聴したように、マーク・トウェインの、ジェシー・ジェームズ（ミズーリのロビンフッドと称された南北戦争期の無法者）のミズーリであった」。マカラクにいわせれば、フランクリン・ルーズヴェルトが洗練された上流階級の美を描いたイーディス・ホートンの小説から抜け出したような人物なら、ハリー・トルーマンはアメリカの労働者階級の粗野なたくましさを描いたシンクレア・ルイスの作品のなかからやってきた人物だった。(5)

ホワイトハウスは嫌いだ

一九四四年の民主党副大統領候補にトルーマンを据えた人たちでさえ、人物についてはよく知らなかった。ほかの候補者とりわけ現職副大統領のヘンリー・ウォーレスを彼らが嫌ったため消去法で残ったにすぎなかった。南部出身の編集者ジョナサン・ダニエルズが述べたように、かれらは「自分たちにとっての理想の副大統領候補についてのイメージはあったが、トルーマンがどういう人物なのか皆目わかっていなかった」(6)。おそらくトルーマンは国家が生み出した近代大統領のなかでだれよりも忠実に市井の人々を反映していただろう。「民主主義が正常に機能するとすれば、何たる民主主義のテストか！」。カンザスシティ・スター紙の論説委員で共和党の黒幕らの取り巻きの一人だったロイ・ロバーツはトルーマンが大統領になったばかりのころ、意地悪く書いた(7)。民主主義のテスト。まさにその通りだった。かれはまた、たいへん役に立つ政治家だった。普通の人々の心配や要求、そして不安に敏感だった。それは、トルーマン自身の背景がごくありふれており、かれの人生は長期にわたってかれら庶民と似たり寄ったりだったからだ。

急遽大統領に押し上げられた当初、トルーマンは友人たちにホワイトハウスは嫌いだとよく不満を語り、ホワイトハウスのことを〝グレート・ホワイト・プリズン〟と呼んだ。かれは一時、アイゼンハワーの民主党入りを条件に一九四八年の大統領選ではこれを支持する用意があったらしい。かれは徐々にしか気持ちが変わらなかった。大統領職は私生活を束縛し、家族――ベスと娘マーガレットはいつもインディペンデンスに引きこもっていたようで、かれはしきりに一緒にいたがった――から引き離したが、きびしい任務から手を引く男ではなかった。かれにとって代わるべしと思う人たちに出会えば出会うほど、ホワイトハウスに自分がいるほうが国事に貢献できるといよいよ自信を深めた。自らの政策を弁護するために一九四八年の大統領選に出馬することが必要とあらば出馬に踏み切る――といってそれはたいした犠牲的行為ではなかった。トルーマンは闘いから決して逃げなかった。やがて、アメリカ国民はそれを感じ取り、かれに報いた。

トルーマンの田舎町のルーツは、不倶戴天の政敵となった共和党の多数とそれほどの違いはなかった。しかし、トールマン個人の人生の遍歴は往々にして政敵たちよりもずっときびしかったから、政敵たちが無条件に信じる田舎町の真実のいくつかには深い疑念を抱いていた。この時期、国民はまだかれらの金主に投票した。民主党はニューディールのおかげで、国の心臓部とされた中西部でさえ経済的に支配していた。人口八千人の小さな町は一つの工場に千人のブルーカラー労働者を抱え、ほとんど全員が民主党員で、ひとにぎりの町の住民——工場経営者、支配人、そのほか銀行家、弁護士、医師のような付随的な職業の人びと——はほぼ確実に共和党に投票した。ほとんどのアメリカ人はむかしと比べてかなりよい暮らしをしていた。民主党が実現した富は、共和党がいうように社会主義的だとは思わなかった。当時の労働者は共和党政権下で経済的繁栄を謳歌できるとは考えなかった。「労働者は毎日働いている／新車を転がして働きに／オレたちの車を取りあげるな」とはこの時期の民主党のテーマソングだった。ブルーカラー労働者やヨーロッパからの大量移民の子どもたち、黒人、南部民主党の白人政治家らからなる民主党の同盟軍は強固だった。この同盟が様々な文化的要因から引き裂かれていくのは六〇年代半ば以降のことである。労働者階級は組合化されたばかりでまだきわめて強力で、最近の経済的利益を享受していた。

大統領選の準備を始めたころ、トルーマンはそうした時代の変化に気がついていなかった。かれは兎にも角にも財政保守派で、大統領任期の最初の三年間は増税を最小限に抑えるのに細心の注意を払った。さらにかれは共和党の断層につけ入る第六感を備えていた。すなわち、同党が全国大会で国中の有権者に訴える党の政策と連邦議会のはるかに保守的な党指導部の信じるところとの相違である。議会の共和党議員は郊外の、それもますます影響が大きくなっている大都市郊外の平均的アメリカ人とは接触がない党になっていると判断した。共和党はトルーマンが提案した住宅、教育補助、健保をめぐるリベラルな項目を片っ端から否決した。それでいながら、全国大会ではこうした施策を要求したのである。トルーマンはその分裂体質に照明を当てることにして、一九四八年、大統領候補の指名を受けると、早速、議会の再開を求めるつもりだと発表した。ねらいは共和党が政党綱領で支持した項目を通すことである。見事な措置であり、決定的な対応になった。共和党は議会召集が面白くなかった。「オザク山脈（ミズーリ州にある）の短気なアイアスめ（ギリシャ神話の英雄）」。スタイルズ・ブリッジズ上院議員はトルーマンをそう呼ぶしかなかった。(8)

ぼろぼろの民主党

一九四八年の大統領選の選挙キャンペーンが始まった当初、トルーマンの前に横たわる任務は八方ふさがりの有様だった。大都市の有力者らもトルーマンに反対した。アイゼンハワーが民主党の指名に興味がないと聞いたジャージーシティ（ニュージャージー州）の有力者フランク・ヘイグは「トルーマン、ハリー・トルーマン。さあ、困ったぞ」といった。(9)トルーマンに不利な材料が山積の有様だった。多くの人の目に、かれは政治的にも一人の人間としても前任者が残した広大な空間で縮こまっているように見えた。さらに、民主党は長く政権の座にとどまりすぎていた。スキャンダルも避けられなかった。かれが信頼した親友の一部が案の定、多額の公金を食い荒らしていた。スキャンダルはトルーマン本人には関わりはなかったものの、ペンダガスト・マシーンの臭気をよみがえらせた。故大統領のもっともリベラルな子息、ジミー・ルーズヴェルトが率いる民主党リベラル派は、アイゼンハワー自身がはっきり出馬を拒否しているのに懸命にアイゼンハワーの呼びこみを図った。もっとも、アイク好きでさえ、かれの政治姿勢をまったく知らない人が多かった。トルーマンと正副大統領候補のコンビを組もうという者はいそうになく、アーカンソー州のベン・レイニー知事などは「われわれ

は死に体のミズーリ産ラバとは選挙をしたくない」といい放つ始末だった。(10)

一九四八年選挙は、当時はだれも理解していなかった意味できわめて重要であり、五回連続で敗北を喫した党に生まれた怨念ゆえに宿命的な選挙となった。共和党は絶対的な本命馬だった。アメリカで最大の影響力を誇った出版人の妻クレア・ブース・ルースは共和党全国大会で、トルーマンは〝死んだガチョウ〟であるとからかった。大会は夏が終わる前なのに秋の選挙の祝勝会だった。情報通の政治専門家はこぞって選挙はトム・デューイに圧倒的に有利だと認めた。デューイは魅力はないにしろ、立派な人物と見られていた。選挙戦の初期、共和党の選対本部は結果がはっきりしているのに、世論調査をつづけるのは党のカネの無駄遣いだと決めつけさえした。大物世論調査員エルモ・ローパーは九月初旬、選挙結果は初めから決まっているとして調査の中止を発表したのである。「トーマス・デューイはほぼ選出されたも同然である……接戦のレースを見ているふりをしなければならないスポーツアナのように振る舞うことほど退屈で知的に不毛なことを私は知らない」(11)。

これらのことはことごとくデューイ本人を慢心させた。別の共和党員がデューイをニューヨーク州ポーリンのかれの農場に訪ねたとき、デューイはローパーの声明書を見せ、「わたしの仕事は波風が起きるのを防ぐことだ」と語った。(12)選挙運動の目的は、世紀中葉に共和党が勝つということは何を意味するのかを定義することではなく、できるだけミスを犯さないことととされた。それ自体が大きな誤りだった。

民主党は三派に割れ、少なくとも理屈の上では一見、非常にもろかった。最左派はヘンリー・ウォーレスにいき、南部民主党、いわゆる州権党はサウス・カロライナのストロム・サーモンドについた。トルーマンにとっては大きな障害ではなかったが、確かに情勢はむずかしくなった。党分裂の象徴は分裂自体よりもドラマチックだった。(同年一月、ワシントンで開かれたジェファソン・ジャクソン記念日の晩餐会でサウス・カロライナ州選出のオリン・ジョンストン上院議員は大きなテーブル席を買い占めた。かれの妻が会場整理委のメンバーだったことから、トルーマンが演説する演壇の真正面のテーブルを確保した。晩餐会は黒人も参加できる晩餐会だったが、人種隔離主義者のジョンストンは〔抗議の意味もこめて〕テーブルを押さえながら、だれも出席させなかった。現職大統領への故意の侮辱だった。[13]「そのテーブルを空席にしておくために千百ドルを払ったんだ」と南部民主党陣営の一人は語っている。）

秋の選挙運動が近づくにつれ、トルーマンを困惑させたのは、民主党は十六年間も与党でありながら、まったくカネがなかったことで、財務委員会の委員長を買って出る者はいなかった。これもまた、民主党が勝つチャンスは薄いことをいやでも思い起こさせた。選挙戦が二週間後に迫った同年九月一日、トルーマンは財政問題を話し合うため党の有力者八十人をホワイトハウスに招集した。影響力とカネづるのある人たちだったが、出てきたのは五十人だけだった。大統領はそこで財政委員会を仕切る有志一名を求めたが、だれも名乗り出なかった。トルーマンは翌日、ルイス・ジョンソンに電話して任務を引き受けるよう懇請、ジョンソンは承諾した。かれはある種のワシントン政界人の典型だった。たたき上げの策士で自分の政治的能力と可能性に過剰な自信を持っていた。自らの能力の限界をわきまえなかったので、ジョンソンはややもすればどんな権力の真空にも積極的に首を突っこんだ。かれはトルーマンの大統領任期が終わったら、自分が大統領選に出馬するつもりだった。ジョンソンの政治基盤はアメリカ在郷軍人会との人脈でかれは同会の幹部、会の外交政策に関する見解を代表していた。「あの男はギャンブラーよ」。その年の夏、民主党全国委員会で働いたジーン・カーニーは評した。彼女によれば、ジョンソンがトルーマンの資金集めの仕事に乗り出したのは、「冷血に計算高くそろばんをはじいたから――トルーマンが勝つかもしれない。かれのためにカネ集めをやっておけば、ワシントンの弁護士として、また全国的人物として一皮むけるバクチに賭けた」[14]のだ。

この時期のトルーマンの支持率はきわめて低く、表から消えてしまうほどだった。民主党はカネがなく負債の重荷にあえいでいたが、ジョンソンが参入して十万ドルの個人手形にサインした。これで党は負債から解放され、また、全国を列車遊説のため九月十七日にユニオン駅を出発予定のトルーマン列車も時刻通りの発車とペンシルベニアから先の遊説が可能になった。一時は遊説は同地が終着地になりそうな雲行きだったのだ。ジョンソンは財務委員長としてすばらしい仕事をして二か月で二百万ドル余を集めた。選挙運動が終わったとき、トルーマンはジョンソンに大きな借りをつくった。これらの事情が、ジェームズ・フォレスタルが精神的に参ったとき、ジョンソンが国防長官ポストを手に入れた理由だった。[15]

一九四八年の選挙運動を始めたさいの資金払底は、党内の思想面の分裂よりも重大だった。左からのウォーレスの選挙運動は、実際にはトルーマンは過度に左傾しているという非難からかれを守る盾になった。共産主義者とその同調者ほどトルーマンをはげしく攻撃する者はいなかったからだ。州権党の場合は、勝ったのは四つの州だけで、獲得した選挙人数は全部で三十九人にすぎなかった。その年のトルーマンの強みは決して自分自身とアメリカ国民への信頼を失わなかったことで、ぶっきらぼうで簡潔なことばで精力的に運動を展開した。経済の問題はまだまだ重要だった。トルーマンが運動を開始する前、副大統領のアルベン・バークレーが「出かけていってやつらをなぎ倒してしまいましょう」と声をかけると、「やつらをなぎ倒してやるぞ、アルベン。一発かましてやる」とトルーマンは応じたという。[16]この、一発かましてやる、の部分がなぜか外にもれ、大衆に受けた。列車が止まる先々でだれかが必ず「一発かましてやれ、ハリー」と大声でけしかけた。かれがその通りにやると、大衆は熱狂的に応じた。かれはルーズヴェルトにはなれなくても、生意気な小さな挑戦者、背水の陣をしきながら敢然と大物たちに向かっていくという打ってつけの役を見つけたのだった。必ずしもそのようなイメージを探していたわけではなかったが、その役柄はかれと時代にぴたりとはまった。

デューイの氷のような流儀

トルーマンはもう終わりだと、だれもが確信していたが、候補者本人はそうは思わなかった。一九四八年の選挙運動で、かれはそれまでの三年半の任期の間にできなかったやり方で自らの像を同胞市民の目に焼きつけた。それは列車の上から展開された最後の選挙運動だった。各駅停車で小さな町々のアメリカ国民を訪ね歩く。トルーマンは列車の展望台の周囲に集まった群集にくつろいだ親しみを感じた。それは実に心地よいイメージ作りだったが、まったくの実像だった。「列車の後部デッキにいるトルーマンはすばらしい。なぜか。かれは世間の人びとの一人であり、人びとと共にほほえみ、笑う。かれらに向かってではない」と民主党同僚議員のサム・レイバーン下院議長は鋭く評した。(17)

トルーマンのほこりまみれの陽気な選挙運動は有権者の間近で展開されたので、メディアと共和党幹部の情勢観測のレーダー・スクリーンには映らなかった（民主党の多数にも同じことがいえた）。共和党は、一九四六年の中間選挙の民主党の不振ぶりから、すでに自信過剰の状態にあり、トルーマンは能なしという神話を信じていた。トルーマンは、デューイのぶち壊しにも助けられた。「デューイの選挙運動は独りよがりで横柄、人を見下していた」とアリゾナ選出の共和党全国大会委員クラレンス・バディントン・ケランドは評した。(18)というのは、デューイの選挙運動はまるで自分が現職で、トルーマンが挑戦者、民主党は少数党のようだったのである。演説は退屈で分かりきったことばかり。ハーバート・ブラウネルら一部側近は、デューイ夫人が夫をできるだけ汚い政争から超然とした大統領らしく見せようと党派的な攻撃をやらせなかったと非難した。それが事実だったとしても、夫人がデューイのイメージ作りに決定的な力を持ったのはこれが初めてではなかった。ほかの側近たちはデューイのトレードマークの口ひげをそり落とすよう何年も主張していた。口ひげはかれが冷酷非情な地方検事だったころは財産だったが、大統領候補としては冷たく怖い印象を与えた。「小づくりの顔に口ひげは大きすぎた」とブラウネルは後年になって嘆いた。[19] しかし、デューイ夫人はその口ひげが好きで、そのままになった。

デューイは実はきわめて有能な男だった。六年間ニューヨーク市長を務めた後で、大統領選に万全の構えだった。かれは結局、同市長に三期選出された。基本的にはルーズヴェルトが国の最高ポストに上りつめたのと同じ階段を踏んだ。四十六歳と若く、外見はモダンだった――二十世紀生まれの初の大統領候補だった。かれは〝ミスター・クリーン〟で売り出した。ニューヨークの犯罪者集団を追いかける検事だったが、それがたぶん問題だったろうと批判者はいう。検事は目から鼻にぬける氷のような印象が求められる役どころで、その冷たさは、陪審団の前の検事には貴重な流儀ではあるが、大統領候補としては必ずしも魅力のある資質ではなかった。そこでは天性の人間味の感触が欠かせない。かれは「ウェディングケーキの上の小人のようだ」とは辛口で鳴るアリス・ルーズヴェルト・ロングワースの軽口だが、この軽口はかれから離れなかったらしい。デューイは「冷たかった。二月のつららのように冷たかった」とある長年の同僚はいった。遊説中の選挙列車のなかで共和党の政治家らに囲まれていたにもかかわらず、中座したデューイは、ひとりで昼食をとったものだった。選挙運動中、「笑ってください、知事」とカメラマンが呼びかけた。「笑っているつもりだが」とデューイ。[20]

デューイの氷のような流儀、その裏返しの親しみやすさの欠如だけが問題ではなかった。いま一つの問題は共和党のひどい断層だった。孤立主義者にとってはデューイは党の間違いのすべての象徴だった。ロバート・マコーミック大佐のシカゴ・トリビューン紙がデューイを嫌ったのは、かれの国際主義と一九四四年の敗北のせいで、たえずかれをけなした。選挙運動のもっとも重要なデューイの決断となったのは、右派や孤立主義者らが熱狂したはずの唯一のイシュー、すなわち、体制破壊行為の問題をとり上げるのを抑え、選挙運動の核心部分に据えるのを拒んだことだった。実際、オレゴン予備選中のハロルド・スタッセンとの論争の山場で、かれは共産党の非合法化に反対した。法と秩序の人であるデューイにいわせれば、それは共産主義者を地下に追いやるだけであった。共和党有力者らは民主党に勝てるとすればこの問題しかないと考えていた。経済論争では勝てない。そこで彼らは、ワシントンに共産主義者がいるとの非難を使えとデューイに圧力をかけた。ニューハンプシャー州の右翼出版人ウィリアム・ローブとかれの上院の配下で、共和党全国選挙キャンペーン・マネジャーのスタイルズ・ブリッジズ上院議員は、トルーマンと民主党に体制破壊問題をぶつけるようデューイに懇請した。デューイは注意深く聴いていたが、キャンペーンの側近の一人ヒュー・スコットによれば、かれは「軽くあつかい」、アメリカ合衆国大統領が共産主義に弱腰だと非難するようなことは私の自尊心を傷つける、「ベッドの下をのぞく」ような真似はしたくない、とブリッジズ議員に答えた。[21]

デューイの選挙運動はひどく淡白だった。トルーマンがますます大勢の聴衆を引きつけているときでさえ、デューイは変わり映えしない妙に味気ない、熱意に欠ける演説をつづけた。ケンタッキー州のルイビル・クーリエ・ジャーナル紙は、デューイの選挙キャンペーンを評してこう書いた。「せんじ詰めれば歴史的に著名なつぎの四つのフレーズに要約される。農業は重要である。わが国の河川には魚があふれている。自由がなければ政治的独立はない。未来が待ちうけている」。

それでも、勝利はまず間違いなさそうだった。メディアは、といってもテレビが出現する前のこの時代、まだ新聞記者団のことだったが、トルーマンの勝利を大きな驚きにするのに一役買った。記者たちは互いをインタビューすることに大半の時間を費やして、目の前に起こりつつある事態を無視した。たとえば、有力紙ニューヨーク・ヘラルド・トリビューン紙を本拠にしていた大物シンジケート・コラムニスト、ジョセフ・オルソップは九月中旬、二つのイベントを目撃した。アイオワ州の全国農耕コンテスト会場で七万五千人の熱狂的な聴衆を前におこなったトルーマンの演説――舌鋒鋭く、焦点をしぼり、おそろしく攻撃的だった――、その直後、同じアイオワのドレーク大学でおよそ八千人のがっかりするほど少ない聴衆の前でのデューイの演説。現場の微妙な異変の影に反応しようとする記者なら、何かが起こりつつあることをかぎつけただろうが、オルソップはそうではなかった。「ここアイオワでの両者のキャンペーン・デビューのコントラストには何か悲しげなものがあった。トルーマンは陳腐で、明らかに失敗していた――それに対してデューイは華やかである。最後のフィナーレにいたるまで組織され、自信があふれていた。両者は拮抗しているどころではない。演説が終わったあと、執拗なまでに困難と闘う大統領に、人々はある種の同情を感じたほどである」とオルソップは書いた。(22)

ニューズウイーク誌は十月中旬、全国に散らばる五十人の政治記者に世論調査を実施したところ、全員がデューイの勝利を予想した。トルーマン陣営は記事が出ることを知っていたが、それでも「政治専門家五十人、デューイの勝利予想」の見出しにはがっかりした。だが、一人だけは記事にも平気な様子だった。候補者本人である。「ああ、くそいまいましいやつらめ。連中はどのみち、いつも間違っている。諸君、さあ、そんなことは忘れて仕事をつづけよう」とトルーマンはいった。(23) 投票日前夜も報道機関はまだ間違いつづけた。マンチェスター・ガーディアン紙のアリステア・クックは最後の投票前の原稿に「ハリー・トルーマン――失敗の研究」と表題をつけた。当時有力だったキプリンガー・ニューズレターを発行していた編集者たちは投票前号に「デューイは大統領として何をするのか」という特集を組んだ。

追い詰められた共和党

ふたを開けてみると、トルーマンの比較的楽勝だった。トルーマンは二千四百十万票を獲得。対するデューイは二千百九十万票だった。トルーマンは二十八州で勝ち、三百三人の選挙人を獲得、デューイは十六州で勝利して百八十九人の選挙人を得た。ウォーレスが左派票を吸い上げなかったら、トルーマンはデューイの本拠地ニューヨーク州でも勝利していただろう。アメリカ政治史上特筆すべき逆転劇の一つだった。再選されたばかりの大統領は、「デューイ、トルーマンを負かす」の見出しのついたシカゴ・トリビューン紙をカメラマンに高々と掲げて再選を祝ったのは有名な話である。コメディアンたちこの事態をおおいにネタにした。「共和党員がホワイトハウス入りできるたった一つの道はマーガレット・トルーマンと結婚することさ」とグルーチョ・マルクスは冗談を飛ばした。

共和党にとっては大破局だった。ルーズヴェルトは去った。だが、かれらがあれほど軽蔑していた小物の小間物屋に率いられた民主党がそれでも勝った。おまけに、民主党は上院で九議席を得た。民主党は奇跡的な勝利を収めた。しかしいっぽうでこの勝利は厳しい代償を支払わねばならないことを意味した。外交政策、もっと正確にいえば外交政策を策定する際の忠誠心と思想問題が行く手に待ち受けていた。その分野こそ、共和党の主戦場とするところだったからである。

トルーマンが練達の優れた政治家だったこと、伝統的な民主党グループを巧みに最大限活用するいっぽう、農業州の共和党の地盤にも食いこんだことに政敵の多くは長い間、気づかなかった――政敵の多くがトルーマンは実は有能であったと気づいたのはかれがホワイトハウスを去った後だった。「わたしはそれがどう説明されようと気にしない。あの粗野な町の政治屋をホワイトハウスに送り返すのは常識を無視している」と語ったボブ・タフトのことば(24)はトルーマンの勝因を説明する助けになる。著名な政治コラムニスト、ウォルター・リップマンは、トルーマンは本物のニューディール論者の心、精神、確信のいずれも持っていなかったが、ルーズヴェルトの政治同盟を抜け目なく束ねた、と評した。共和党保守派にとっては、勝利は自分たちの番であることがはっきりしているときに、トルーマンが勝つなどとは考えられないことだった（この選挙をめぐって書かれた最高の本の書名の一つは「手中の勝利をとり逃がす」だった）。後に共和党右派は対立候補の物まね選挙戦をまたやったとデューイと党のリベラル派を非難した。もっとも、あの時期の情勢のなかで、共和党右派のお気に入りロバート・タフトが対抗馬として立候補していたら、差はもっと広がっていたかもしれない。

振り返ってみると、トルーマンの勝利が共和党に与えた衝撃ははかりしれないものがあった。この衝撃から立ち直るべく共和党側は必死の争点さがしをした。その結果浮上してきたのが、国民党中国の崩壊、あるいは、もっと広い意味で政府機関内のスパイ疑惑だったのである。

デューイが勝っていたら、何が起きていただろうか。それ以前ほぼ十年間存在した基本的な民主、共和の挙国一致体制は微調整だけで存続しただろうか。マッカーシズムのなかでやってきた公務員に対するアカ狩りは大幅に緩和されただろうか。これらは魅力ある疑問として残る。かりにデューイが大統領で、ジョン・フォスター・ダレスが国務長官だったら、共和党右派はトルーマンとアチソンを追及したのと変わらぬ酷薄さで彼らを追及しただろうか。アメリカはマッカーシー時代で知られた醜い同胞殺しの告発を免れることができただろうか。かれらの告発はマッカーシー本人が発したものよりも広範囲にわたっていたのだ。最高司令官となったデューイは、共和党の英雄である頑固なマッカーサーへの対応（必要なら解任）ではるかに広い自由裁量を有しただろうか。あるいは、マッカーサーはデューイの下では、トルーマンの下ほど政治的影響力はないと気づいて上官にもっと敬意をもって行動しただろうか。

民主党がトルーマンの勝利を祝っているとき、連続五回の大統領選敗北が少数党に意味するものにわざわざ思いをめぐらす者はいなかった。共和党の大物らは万年野党の党員になるのではないかと憂慮していたのだ。共和党にとって敗北の意味は、お人よしはもうたくさん、であった。もしも、かれらがブルーカラーのアメリカ経済と組織労働者の勃興――とその政治的腕力――に政治的に阻まれるなら、体制破壊行為の問題を軽々しくあつかうわけにはいかない。国家への忠誠と反共はかれらの新テーマ、選挙キャンペーンの中核に据えられる攻撃のスローガンとなった。この目的のために、かれらはだれの手もおよばない情勢に大いに助けられる。とくに蔣介石政権の内部崩壊である。これがついにかれらに輪郭のはっきりした争点を与えた。国内の政争は一段と厳しくなろうとしていた。民主党に対する罪状は二十年にわたる国家反逆罪である。

第15章　朝鮮半島と中国大陸のリンク

マッカーサーの台湾視察

共産主義中国の勃興がアメリカ国内の政治的問題になっていたことや、アメリカ外交政策をめぐって国内を二分する論争がくりひろげられていたこと、民主党政権は左派の観点からはどんなに強硬路線であろうと、軟弱だと非難されていた事実、これらすべてのことは、朝鮮戦争が、切り離された小さな国の小さな争いとはみられないということを意味した。戦争は非常に大きな争点、つまり、国内で激烈な政治論争を刺激する国——中国に一貫してつながっていた。トルーマン政権が朝鮮に派兵したとき、政権につきまとった答えのない暗い疑問は、中共軍参戦の恐れだった。大統領と側近らはそれを大いに懸念した。いっぽう、マッカーサーとその支持者の一部はこれを歓迎する構えをちらつかせた。このように大統領は両手を縛られて困難な戦争に国を導いたのだった。だれも認めたがらなかったが、大統領は政治的に守勢にあり、それが理由で、指揮する将軍の人選に選択の余地がなかった。

政権内部でさえ、ルイス・ジョンソンが登場してアチソンに挑戦してきたときから中国をめぐって口論が絶えなかった。ジョンソンが閣僚になると早速台湾援助をめぐり二人の論争が始まった。北朝鮮軍が越境した四日後、共和党指導者ロバート・タフト上院議員は議場の演説でトルーマンが参戦に議会の承認を求めなかったと感情をむき出しにしてかみついた。タフトはまた、北朝鮮軍の侵攻によって、アチソンのアジア政策に重大な欠陥があったこと、政権が共産主義に弱腰だったことが明らかになったとして、アチソンの辞任を要求した。

タフトの演説から数時間後、アヴェレル・ハリマンはたまたまジョンソンのオフィスにいた。ハリマンは、アチソンを補佐するためトルーマンによってヨーロッパから呼び戻されていた。電話が鳴った。ジョンソンが電話に出ると、タフトからだった。ジョンソンはそこで演説を絶賛した。とりわけアチソンの辞任要求部分を「あれはぜひともいわなければならなかったことだ」といった。ハリマンは仰天した。前線の背後で敵の指揮官の会話を盗み聞きしたような気分だった。ハリマンがさらに驚いたのは、ジョンソンはハリマンがかれと組むなら、かれを国務長官にすると持ちかけたことだった。ハリマンはただちにことの次第をトルーマンに報告した。ジョンソン国防長官の終わりの始まりだった。

蔣介石支持者で、政権の基本政策に強く反対するジョンソンはあつかいやすかった。かれは政治的に自分を買いかぶり制服組の高官たちからバカにされていた。しかし、現地司令官のマッカーサーとなると話はまったく別だった。マッカーサーは、政権との対決を望んでいるかのようだった。マッカーサーとトルーマンの一回目のはげしい応酬があったのは朝鮮戦争が始まる前の一九四八年十二月末、ライフ誌上でだった。同誌は中国優先論者で政権の中国政策批判の先頭に立つヘンリー・ルースが発行する有力誌で、「マッカーサー、中国の崩壊はアメリカを危険にさらすと語る」と大きな見出しがついた。記事によると、マッカーサーは統合参謀本部に十六ページからなる電文を送り、「わが国の軍首脳に歴史的衝撃を与えた」。ソ連はいまや日本を奪取できる立場にある、とマッカーサーは報告した。「これほど明確な事実を前に、ワシントンは中国における共産主義者の勝利の結果によくもこれほど自己満足していられたものである」。興味をそそる記事だった。政権の在アジア最高軍首脳がもっとも微妙な政治争点で政権の大敵と歩調をそろえたのである。よい兆しではなかった。[(1)]

二回目の応酬は一九五〇年七月末だった。朝鮮戦争が始まって統合参謀本部は台湾――中国本土から最短で百余キロ沖――の存在価値について意見を変え始め、政権内ではげしいやりとりがあった。情報筋からおよそ四千隻からなる中共の大艦隊が本土に集められている、たぶん、台湾攻撃の一部だろうとの情報がもたらされた――後でまったくの誤報とわかった。それがより大きな懸念の引き金を引いた。アチソンは、朝鮮半島でのアメリカの戦争遂行と蔣介石を結びつけて戦争を拡大しかねないどんな行動も警戒していた。かれは蔣に援助を与えることには依然反対だった。その見解によれば、台湾への支援は蔣への支援にほかならず、アメリカのとり返しのつかない政策変更になる。しかし、トルーマンは独自の政治的調整を始めていて、将来の台湾防衛の値踏みに向けた調査団の派遣を提案した。統合参謀本部は提案をマッカーサーに伝え、マッカーサーは調査団を率いることを決めた。国務、国防両省はまだ調査のための基本原則を策定中だったため、この時点では統合参謀本部は少し神経質になって予備調査に別の人物を出してはどうかとマッカーサーに打診した。そうしないと、調査団派遣は実務よりも公式訪問の色合いがかなり濃くなりそうだった。

だが、マッカーサーは待つつもりも国務省に一役買わせるつもりもなかった。かれはほとんどただちに出発した。国務省の首席代表ビル・シーボルドは東京に残し、自分のところの高級軍人の大集団を従えた。メンバーが多すぎ、大型のC－54輸送機二機が必要になったほどだった。途中、マッカーサーはペンタゴンに無電連絡し、中国が侵攻してくるなら、F－80戦闘機三個中隊を投入して撃退するつもりだ、と伝えた。無電はワシントンの要路の人たちの緊張を高めた。とりわけ、アチソンだった。かれは、マッカーサーが三個飛行中隊を台湾に派遣ずみで、指揮権の範囲を大きく逸脱したと思いこんだ。アチソンは激怒したが、マッカーサーのこの行動はまた統合参謀本部にも警戒のシグナルを送った。統合参謀本部は、蔣にではないにしろ台湾への介入について前向きだったが、今回の件は、他の戦域司令官のようにはマッカーサーを管理できてないということを意味した。オマー・ブラドレーは、トルーマン本人がマッカーサーに訪問延期を命じていればよかった、と後に書いている。

マッカーサーは七月二十九日、台湾に到着した。朝鮮戦争開戦から一か月と一週間が経っていた。蔣側は感激した。マッカーサーは国家元首級の出迎えを受け、マッカーサーと蔣はそれにふさわしく振る舞った。蔣夫人の手に丁重にキスし、蔣をわたしの〝古い戦友〟と呼んだ。もっとも、二人は以前に会ったことはなかった。厳密には政策変更は何もなかったが、訪問自体が政策変更の体裁、あるいは少なくとも別の政策が出現した体裁を作った。ここが肝心なところで、蔣のPR機関には恵みの雨だった。アメリカと中華民国は〝共通の敵〟に対して提携しようとしている、と蔣はぶち上げた。「国民党の宣伝の実質的な効果は、アメリカは極東での反共の闘いで軍事的に蔣と密接に同盟しているか、同盟しようとしている。〝大陸反攻〟のためアメリカは蔣を武装させる公算があるとの印象を与えることだった」とオマー・ブラドレーは回顧している(2)。

トルーマンとアチソンは案の定、かんかんに怒った。ダグラス・マッカーサーは単に政策を実行するだけではない。政策を策定する資格があると少なくとも思っている。つねに自前の行動計画を持ち、それは必ずしも大統領と同じではない、などこれから続々出てくる事態の最初の兆しだった。マッカーサーは訪問を使ってチャイナロビーを励まし、右から圧力をかけてきたと大統領は確信した。マッカーサーは大統領がひどく怒っていると報道で知ると、「過去、太平洋地域で敗北主義と融和政策を相も変わらず宣伝してきた者たちによって、私の訪問は悪意をもって大衆に誤り伝えられた」と語って大統領の怒りの火に油を注いだ。発言はアチソンに見舞ったもう一発のビンタでもあった。

ハリマンを派遣

ワシントンが事態を重く見たことは明らかだった。トルーマンはただちに三人からなるチームを東京と韓国に派遣して再発防止の措置をとり、合わせて戦況と司令部が必要とする戦費を調査させた。これはリッジウェイがウォルトン・ウォーカーの査定をしたときに加わっていたチームで、中心人物はトルーマンの最高紛争調停者アヴェレル・ハリマンだった。基本的な任務はワシントンとマッカーサーとの関係の改善、兵員と資材の両面でかれが必要とするものを調査すること、および大統領の二本のメッセージの伝達だった。ハリマンが後に書いたものによると、一本目は「わたしは支援の面でかれが望むものを提供するため、できることは何でもするつもりだ。二本目は、わたしはかれが中共との戦争にわれわれを巻きこむのを望まないと伝えてほしい」だった。ハリマンはまた、マッカーサーが蔣に何を約束したのか調査し、蔣に近づかないよう警告する目的があった(3)。ところが、ハリマンがまだ東京に向かっている途中なのに、マッカーサー司令部から出た報道が信頼できる筋からの引用として流れた。マッカーサーはハリマンに、アメリカはアジアで共産主義が台頭しているところはどこででも戦わなければ、朝鮮の戦争は無意味だ、と伝えるつもりだという。

ハリマン・マッカーサー会談は見るべき成果はそれほどなかった。ハリマンが後で大統領に報告したところによると、マッカーサーは大統領の指示に従うようだが、著しく熱意を欠く。一兵士として服従するが、「充分な信念をもってではない」。ハリマンの人の心を読む洞察力からすると、それはよい兆候ではなかった。ハリマンはマッカーサーに負けない大物であり、主役として活躍した期間も同じ。決してマッカーサーに気後れするところはなかった。到着すると、マッカーサーは「アヴェレル、会えてうれしいよ」とファースト・ネームで呼んだ。ハリマンは、こちらがアヴェレルなら、そちらはダグラスだね、とファースト・ネームでマッカーサーに返事した。

マッカーサーは口にこそ出さなかったが、毛沢東の中国とのいかなる形での調停も宥和政策だと考えていることはハリマンには明らかだった。それは後に分かる。マッカーサーはまた、ハリマンにアメリカは蔣に強硬すぎると思う、「こづき回すのは止めるべきだ」と苦言を呈した。[4] 蔣の軍隊は評価しなかった——その点は両者は一致した——が、政治的にワシントンを悩まし始めた中国の一般問題では基本的に大統領とは反対の立場だった。ハリマンはワシントンに戻るとこうトルーマンに報告した。

「説明するのはなかなか難しいのですが、台湾と蔣総統にいかにアメリカが対処すべきかという点についてマッカーサーと全面合意したとは思えません。マッカーサーは大統領の立場を受け入れ、そのように行動すると言いましたが、充分な信念をもってではありません。マッカーサーは、共産主義と戦う者はだれでも支援すべきだという奇妙な考えを持っています。もっとも、総統が共産主義者と戦うことが、なぜ中国の共産党主義者に有効に対処するのに役立つかという点については、かれも論拠を示すことはできませんでしたが[5]」

ワシントンから飛来した調査団とマッカーサーとの最後の会談は、戦況が依然振るわなかった八月八日に開かれた。当時、北朝鮮軍は釜山《プサン》橋頭堡に向けて進撃していた。この会談ではマッカーサーは驚くほど楽天的で、北朝鮮軍前線の後方、韓国西海岸のかなり北寄りに位置する仁川《インチョン》港に奇襲上陸をする計画を披露した。マッカーサーが戦争の最初期に温めていたブルーハーツ計画だが、規模を大幅に広げ、質も格上げしたものだった。九月十五日を決行日とした仁川上陸作戦は厳選された戦闘計画というよりもかれの執念になっていた。北朝鮮軍が越境して南進してきたその瞬間から、マッカーサーはこの計画を考えていた。

天才的作戦

七月初旬には参謀会議があり、多数の部下が水陸両用上陸作戦の視点から考えるよう指示された。多数の地点が提案された。ある参謀士官は北朝鮮軍前線のすぐ背後の港湾を選び、別の士官はアメリカ軍砲兵隊の射程範囲のおよそ十キロ北の地点を提案、エド・ローニーという若手の少佐はもっとも大胆で、東海岸の二十五キロ北の地点を提案した。マッカーサーは感心しなかった。「きみたちはみんな小心者だ」とけなし、黒板に近寄ってフランス語で「ド・キ・オブジェ？」、標的は何か？　と書いた。それから大きな油性ペンをとって仁川を丸で囲んだ。仁川はソウルの外港。みんなが提案した地点よりもはるか北だった——ローニーはずっと後年になってもその場面をはっきり記憶していた。何しろ相手は偉大なマッカーサー、すばらしい演技、思いがけずフランス語が飛び出したので効果はいちだんと上がった。「ここがわれわれが上陸すべき地点、仁川だ。のど元を襲うのだ」。若い部下たちが潮の干満のむずかしさに触れ、港には機雷が敷設されている恐れがあると指摘したが、マッカーサーは反対意見を退けた。「きみたちの臆病神に相談するな。これは根性と勇気の問題にすぎない」[(6)]。それから、マッカーサーは仁川上陸作戦の計画立案を命じた。

マッカーサーはこんどはハリマンとリッジウェイを相手に上陸作戦を売りこんだ。このような作戦には通常四個師団が必要だが、アメリカの兵力は戦後の動員解除に手足を縛られているので、第七歩兵師団と第一海兵師団の二個師団で決行する。リッジウェイは、マッカーサーの案を非常に独創的な優れた案だと考え、またそのプレゼンの仕方にも感心し、熱心に支持した。リッジウェイはワシントンの国家安全保障チームの幹部の中で仁川計画に最初に乗った人物になった。リッジウェイはまた、近づく朝鮮の冬が兵士たちを待ち受けている苦難をマッカーサーが懸念していることに強い印象を受けた。マッカーサーによれば、冬はドイツで遭遇したどの冬よりもはるかにひどいことは間違いないという。仁川攻撃は早ければ早いほどよい、とマッカーサーはいった。ひとたび冬が到来すると、きびしく残酷なものになり、戦闘によらない死傷者は戦闘による死傷者を上回るかもしれない、とかれは示唆した。(7)マッカーサーがその後の十一月下旬、第八軍と第十軍団を殺人的な寒気のなかを多くは夏装備のまま鴨緑江まで送るのをためらわなかった事実を考えれば、マッカーサーが当時このようなことを言ったのは大いに皮肉であると、ハリマンもリッジウェイも後《のち》に気がつくことになる。マッカーサーは問題の是非を目先の目的にかなっているかどうか次第でどちらの側からでも熱弁を振るえる、ということだ。

ハリマンは、仁川上陸作戦はその独創性ゆえに、文官たちを大いに困惑させていると考えた。マッカーサーは二つのエゴをもっているといえた。あれほど有能で創造性に富みながら文民の上司にはきわめてあつかいにくく、上司といつも対立する課題を持ち、絶えず不服従すれすれのところにいる軍人。重要情報を抑えるのはマッカーサーの反射的行動とも言えた。自分の政治的な潮流を絶えず作ろうと画策している男。他の高級軍人が使う物差しはあっさり無視し、腹を割って話す素振りも見せない男。そうした男からいかに最上のものを引き出すか？　マッカーサーの貢献を享受しつつ、マッカーサーをどう管理するのか。あれだけの才能がありながら、最終的に味方についてくれるのだろうか？　ハリマンとリッジウェイの調査旅行はマッカーサー問題を完全に浮かび上がらせた。

かれが蔣との間に作り出した混乱と仁川計画のすばらしさ。マッカーサーが文民の上司に日常的に生み出していたジレンマを際立たせる何気ない発言がある。ハリマンがリッジウェイに語ったもので、「諸般の事情はわきに置いて、わが政府はマッカーサー将軍を偉大な国家の宝という最高度のレベルで対応するのが非常に重要である。かれは国の宝だ」[8]。とはいえ、会談は楽観的な気分で進んでいるときでも、先行きの悶着の兆しにあふれていた。共産世界の星座のなかで兄弟的同盟で結ばれたモスクワと北京との間がやがて異常なまでにぎくしゃくした関係になったとすれば、東京の米軍司令官とワシントンの軍事、政治両分野の上司らとのとげとげしい関係は確かにそれに相当しただろう。

演説を取り消せ！

文民指導者らはマッカーサーとのつぎのいざこざがいつか必ずあると考えていたが、わずか三週間後にそれは訪れた。いざこざの原因は海外戦争復員兵協会（ＶＦＷ）でのスピーチだった。将軍は同協会の年次大会での演説を頼まれた。もし出席が不可能なら、代読用の演説原稿を送ってくれるだけでもいいと言われた。同協会はアメリカ在郷軍人会と同様、ハト派の支持団体ではない。演説の中身はまたまた台湾問題だった。その軍事的価値は過小評価すべきではない、とマッカーサーは強調した。アメリカは台湾から「空軍力をもってウラジオストクからシンガポールまですべてのアジアの港湾を威圧でき、太平洋へのいかなる敵対行動も阻止できる」。このような微妙な問題をこれほど明け透けに公表するとは、まるでアメリカの敵方に塩を送るようなものだった。台湾は米軍にとって大軍事基地であるということは、まさしくソ連が自国と共産中国のために国連でおこなっている主張そのままであった。ワシントンは、朝鮮戦争の範囲を限定しておくため、台湾をそのようには見られたくなかったにもかかわらずである。マッカーサーはさらに一歩踏みこんで、政権をいま一度チクリとやった。いわく、「太平洋戦場の現地司令官の発言というよりも本国の有力な政治評論家の発言のようであった。太平洋で宥和政策と敗北主義を提唱する者たちは、アメリカが台湾を防衛すれば、アジア大陸を遠ざけてしまうと主張している。しかしこれほど誤った陳腐な議論はない。……このような論をなす者は東洋が分かっていない。攻撃的で、断固たる、ダイナミックな指導層を敬い従うのが東洋的心理のひな形であることがわかっていないのだ」。これがトルーマン本人への攻撃でなければ、徹底的なアチソンへの平手打ちであることはだれの目にも明らかだった。

トルーマンは再び激怒した。演説はすでに公表され、通信社が配信していたが、まだVFWの大会で代読されていなかった。トルーマンは協会幹部とルイス・ジョンソンを呼び、マッカーサーに演説の撤回を指示するよう命じた。

「これは、大統領命令だ。わかったか」。「イエス、閣下、分かっています」とジョンソン。大統領は「やってくれ。以上」ときっぱりといった（大統領はジョンソンにも怒っていた。かなりの共謀者と疑っていた）。しかし、ジョンソンはオフィスに戻ると、ためらった。ジョンソンはこのテーマでマッカーサーに賛同していた。マッカーサーに演説を取り消せとはいいたくなかった。かれはアチソンに電話してトルーマンの命令をやわらげる方法をあれこれ持ちかけた――マッカーサーのいったことは個人的見解にすぎず、だれでも自分の意見をいう権利があるといわぬばかりだった。アチソンはジョンソンに、これは大統領命令だと指摘した。電話のやりとりは、トルーマンを除くさまざまな首脳の間で一日中つづいた。とうとう大統領は昼下がり、ジョンソンに電話してマッカーサーへのメッセージを指示した。「合衆国大統領は指示する。貴職が海外戦争復員兵協会に宛てたメッセージはこれを撤回すること。演説の台湾にかかわるさまざまな言及が合衆国の政策および国連におけるその立場と矛盾するからである(9)」。結局、演説は撤回され、今度はマッカーサーがかんかんになった。演説は公表され、撤回されて、事態は一件落着とはならなかった。マッカーサーとトルーマンが最後に衝突して、マッカーサーを罷免した後のこと、トルーマンはもっと早くVFWの演説のときにやっておくべきだった、と時折もらすことになる。

ルイス・ジョンソン更迭

事件はルイス・ジョンソンの弔《とむら》いの鐘となった。かれはおよそ二週間後、大統領に辞任を命じられた。トルーマンがジョンソンに辞表にサインするようくり返し催促したとき、かれは涙に暮れた。ジョンソンは「おそらくトルーマンが行なった最悪の人事だったろう」とトルーマンの伝記作者デイヴィッド・マカラクは書いた(10)。アチソンはジョンソンについて「頭がどうかしていた」と評した。かれは短い任期の間に、大統領、国務長官、ほとんどの閣僚、かれが出会ったほぼすべての軍首脳を含む政権のほとんど全員を怒らせた。軍首脳たちは戦後の軍の役割をめぐって互いによくいがみ合っていたが、その期間は全員がジョンソン嫌いという共通の感情で一本にまとまった。かれらにはジョンソンは文民政治家の最悪の悪夢が戯画化した人物と映った。ジョンソンはいつも決まってかれらの技量と任務に必要な要求をくさした。一九四九年十二月には、原爆を念頭にある先任提督に書簡を送った。「提督、海軍は退場の途上にある……海軍や海兵隊を抱えている理由はありません。わが国はこの先、水陸両用作戦はもうやらないのです。海兵隊は用済みになりました。海軍が今日やれることは何でも空軍でやれるでしょう。だから海軍も要りません(11)」。

かれは大幅に削減された陸軍をさらに縮小しようと圧力をかけつづけ、陸軍首脳陣にひどく嫌われた。朝鮮戦争が三か月目に入っていた一九五〇年九月、ジョンソンがクビになったころ、辛辣なジョークがペンタゴンに出回った。いわく、「統合参謀本部はジョンソンに通告した。朝鮮で兵が毎日殺された結果、陸軍の兵力は望ましい水準に落ち、貴職の情け無用の軍削減要求はついに撤回可能になった」。かれは職務上関係のあったほとんどすべての人から軽蔑された。「トルーマンは知らず知らずのうちに一人の精神病患者を別の患者にとり替えた」とブラドレーは回顧録のなかでジョンソンの自殺した前任者フォレスタルに関連して書いている(12)。

事件がジョンソンの離任を早めたという事実はVFW・マッカーサー事件の核心部分ではなかった。ジョンソンはどのみち年内の辞任は確実視されていた。事件は大統領と将軍との関係を悪化させたのである。将軍は譲歩と大統領命令の尊重を余儀なくされた。マッカーサーには不愉快であり相容れないことでもあって、後を引くに決まっていた。事件はまた、台湾訪問と同様、マッカーサーは階級を無視し、政治的にも政権に弓を引く者というホワイトハウスへの明確な警報になった。演説問題はマッカーサーが現在戦っている戦争のまだ顕在化していない目的を含め、決して政権のアジア政策に同意していないことを示した。しかも、かれは中国問題という政権につきまとう争点に関して重大な障害になる気配が濃厚だった。これは小さくない断層だった。大統領と国務長官は朝鮮を中国というより大きな争点からできることなら切り離しておきたかった。将軍は、実は二つの問題を結びつけるつもりはなかったとしても、中国参戦の展望に決して困惑していなかった——かれの発言には、朝鮮と中国を結びつけることを望んだ多くの証拠、また、中国が参戦するよう毎夜ひざを折って神に祈りを捧げたというかなりの証拠があった。

ジョンソンを交代させるため、トルーマンはマーシャルに白羽の矢を立てた。かれは先の欧州訪問に疲れ果て、健康もいくぶん思わしくなかった。あとわずか数か月で七十歳の誕生日を迎えるところで、名誉職的な赤十字総裁として半ば引退へ横すべりを希望した。ジョンソンの命運を感知したトルーマンは、マーシャルの再登板の意思の有無を知るため打診の使者を派遣した。かれは就任の意思はあるが、期間は半年だけ。ボブ・ラヴェットをナンバー2に迎え半年後はかれと代わるなら、と答えた。ラヴェットは国家安全保障畑で重きをなしている人物だった。本当にわたしが欲しいのか、とマーシャルは大統領に質し、「わたしの任命があなたと政権にはね返るおそれのある事実をよく考えたほうがよい。蔣の中国政府の没落でわたしはまだ責められている。わたしはあなたを支援したいのであって、傷つけたくはない」といった。後にトルーマンは夫人への手紙でこの折の会話に触れ、「ほかにあんなことをいう人を考えられるかね。わたしにはできない。かれは偉大なる人物のひとりだ」としたためている。(13)

ふたつの中国

朝鮮戦争が始まったときも、一つの中国の死ともう一つの中国の誕生がアメリカ政府に重くのしかかった。そこから政権内部の抗争は始まった。共和党が一九四八年に争点探しに入っていたのなら、翌年には祈りはかなえられた。蔣政権の崩壊は、結局はわずか二十か月後、アメリカと中国との恐ろしい軍事衝突に発展した事態の重要な第一歩となった。大統領選前日の一九四八年十一月三日、国民党政府軍（国府軍）は満州最大の都市瀋陽から退却した。毛沢東の中共軍に放棄した初の大都市（および大半の周辺地域の支配権）だった。大敗走が始まった。蔣介石の軍隊はおどろくべき崩壊の過程にあった。新たな敗走は確実につぎの敗走の規模をさらに大きくさらに早める様相を呈した。国府軍はまるまる師団ごと降伏し、毛沢東の新手の軍の一翼に早変わりする現象もしばしば起きた。ほかの師団はあっさり雲散霧消し、敵の共産軍のために数百万ドル分相当のアメリカ製軍需品を遺棄した。

そのときからアメリカと新革命中国は、ときには互いの政治的軍事的衝動にうわべは無頓着を装いつつ、ぎこちないスローモーション・ダンスを踊りながら望まざる軍事衝突に巻きこまれていった。

過去四年間、蔣の衰退の兆候はふんだんにあった。しかし、蔣政権に好意的なおびただしい数のジャーナリストがくり広げた宣伝のために、蔣支配の終焉は多くのアメリカ人には衝撃的なニュースとなった。かわいい中国。勤勉で従順で信頼できるよきアジアの民が住む国。第二次世界大戦中、そう教えられた国（日本の場合はごく最近まで、ずるくて卑劣、信用ならない悪いアジア人が住んでいると考えられた）が突然、共産主義者になったのだ。先の大戦中、同盟国だったソ連がまず敵となった。こんどは中国も敵となりソ連の同盟国になった。今回のほうが衝撃が大きかったろう。

多数のアメリカ人は裏切られた思いだった。しかも不吉な裏切りである。というのも、中国の広大な国土と人口がソ連の巨大な領土と人口に加わって、世界は限りなく危険な様相を呈したからだ。世界の大地政学地図に両国をピンクに色づけすれば、政治的理由からそうしている場合が多いのだが、地図は突然、不気味さがいっそう際立った。中国の陥落の政治的影響が驚くべきものであったのは、中国が多くのアメリカ人にもたらした感情がどこの国よりも大きかったこと、民主党が五回連続で選挙に勝ち、共和党ははげしい議論を呼ぶ新たな争点探しをしていたためだった。浮かび上がった争点は非常に党派的で、だれが中国を失ったのか、だった。その裏には、深層に中国はわれわれのものだった、もっといえば、われわれのものを失ったとする前提——大きな歴史的誤認——があった。当時は理解した——ないし理解しようとした——人はいなかったが、蔣の中国の崩壊は六年におよんだ全面戦争の間に発生した世界の権力構造の劇的な変化の代償の一部だった。第二次世界大戦は連合国と枢軸国双方の間の破滅的な闘争にとどまらず、第一次世界大戦のように全面的な地球規模の影響をもたらした。

宣教師たちの中国

多くのアメリカ人の心のなかに存在した中国は、アメリカとアメリカ人を愛し、何よりもアメリカ人のようでありたいと願う礼儀正しい従順な農民たちが満ちあふれる、幻想のなかの国だった。普通の農民がキリスト教徒になるのを望んでいるとされ、途中に横たわる数々の障害にもかかわらず、異教徒の過去から立ち上がろうと熱望する国であった。多くのアメリカ人は中国と中国人を愛し（理解し）ているだけでなく、中国人をアメリカ化するのが義務だと信じた。「神の助けにより、われわれは上海を高く、高く、高く持ち上げて、カンザスシティのようにしたい」とはネブラスカ選出のケネス・ウェリー上院議員の言である。かれはその後、政府の対華政策のとくに辛辣な批判者となる（このご仁はかつて仏領インドシナのことをインディゴ・チャイナと呼んでいた(14)）。

蔣介石が台湾に去って現地にやや私的な中国を建国するはるか前から、二つの中国が存在した。アメリカ大衆の心のなかの中国、アメリカ人がかくあれかしと望んだ中国ともう一つの中国、つまり、現実の中国である。こちらはばらばらになり、現地のアメリカ人の嘆かわしい日々の現実であった。幻想のなかの中国は英雄的な同盟国であり、支配するのは勇敢で勤勉でキリスト教徒で、親米家の蔣介石とその美人妻宋美齢。彼女は中国最大の大金持ちに数えられた一族の出で、キリスト教徒。アメリカで教育を受け、大PR作戦向けに直接キャスティングの声がかかったような人物である。総統と夫人の目標はアメリカの目標とぴたり同じ、価値観もわれわれのものと同じ。つねにそう映った。

現実はもちろんまったく違っていた。ある意味で、大戦後起こったことは残酷すぎるジョークだった。一世紀にわたり誠実に中国につくした数千人ものアメリカ人宣教師たちの影響は、中国に対してよりも、母国の政治に対するほうが大きかった。かれらが変えようと望んだ国、その文化と政治にかれらはわずかな足跡を残したにすぎなかった。中国の戦時中の臨時首都重慶のアメリカ大使館の有能な館員の一人だったジョン・メルビーが後に書いているところによると、おびただしい数のアメリカの子どもたちは中国の貧しい下層民たちに与えるわずかな小銭を忠実に日曜学校に持ち寄った。子どもの親たちが耳を傾けたのは、休暇帰国中の宣教師たちが教会で語り描く中国と中国人の魅力的で不

思議な世界だけでなく、神の仕事を望む人たちの前途につねに待ち受ける巨大なやりがいのある任務だった。(15)

現実に存在した中国は、政治的、地理的に四分五裂した封建的国家で、耐えがたいほど貧しく、往々にして残酷きわまりない地方軍閥の支配を受けた国だった。人口およそ五億人。国を統治するのは、統治ということばさえ問題だが、不安定な国民党政府、ハゲタカのような外国利益集団、無数の軍閥、政府を兼ねるひとにぎりの利己的な支配層だった。絶えず商業利権あさりをしていた大半の欧米諸国の指導層には弱体な中国は好ましい中国だった。打ちつづく内戦は、中国自身が自らを国家として再定義しようとする歴史的な過程ともいえた。長期にわたってつづいた欧米列強と軍閥の内外勢力のえじきにはもうならない真に無欠の強い国家への脱皮である。中国を引き裂いたのは、二十年以上も断続的につづいた内戦と日本の占領中に中国国民が受けた野蛮な仕打ちだった。大戦が終わったいま、中国は蔣配下のひどく欠陥だらけの指導層という重荷を背負った。蔣では内外の深刻な問題に起因する巨大な難題に太刀打ちできない。真の独立国家たる機は熟したのだった。

張り子の虎　蔣介石

蔣介石が没落途上にあるとの警告はもちろん多数あった。戦争の主目的は抗日とされた大戦中でさえ、蔣指揮下の国府軍と毛沢東指揮下の共産軍との小競り合いは絶えなかった。戦時中、文民と軍人の双方から届く戦場報告は思想的に蔣に与するもの、蔣に反対するものなどさまざまだったが、報告という報告が共産軍のほうが政治的にも軍事的にも優れた指導部を擁し、政治的合法性もはるかに上だという見解を映し出した。大戦終了時でさえ、現地にいて軍事情勢に通じた人で蔣が持ちこたえると予測した人はほとんどいなかった。ジェームズ・フォレスタルのように国家安全保障畑の人のなかには、蔣が勝利するチャンスはきわめて薄く、第12章で触れたようにアメリカは日本の弱体化をやりすぎないよう気をつけるべきだと考える人がいた。日本を北アジアの反共の防壁として使えなくなるからだった。大戦がついに終わり内戦が本格的に始まると、戦場からの報告はいっそう悲観的になった。蔣は案の定、内向きになり、その基盤は狭まるばかりで政策は弾圧の度を濃くした。クレア・シェンノート少将のような蔣に好意的な人物ですら、終戦近くにルーズヴェルトに書簡を送り、内戦になったら、また、その公算は高いが、「延安［共産］政権がソ連の援助のあるなしにかかわらず勝利者として登場するチャンスはきわめて高い」と報告した。(16) シェンノートは大戦中、空軍部隊「アメリカン・フライイング・タイガー」を率いて中国で戦い、その後は生涯にわたり総統の強硬な支持者になった人物である。

第二次世界大戦の始まりがいつかという点について、一九三七年七月七日はおそらくいいポイントをついているだろう。この日、中国の軍隊が中満の境界に近い北京近郊で日本侵略軍と衝突した（盧溝橋事件）。少なくとも、開戦で蔣介石が牛耳る国民党統治の下での近代的、半民主的中国の勃興の望みは間違いなく消えた。そのような中国は絶望的になったずっと後まで多くのアメリカ人が望み、夢見た中国だった。日本の侵略と内戦の途絶えることのない底流という二重の圧力の下で中国に起きたことは、社会、経済、政治秩序の力強い完全な変質だった。それは現代世界が目撃したこともないものだった。最初は外からの力に駆られた地殻変動だったが、決して純粋な外からの挑戦ではなかった。同時に、それは、一つの中国からもう一つの中国への挑戦だった。一つの中国はまだ生まれていなかったが、憎しみと死をもいとわない鉄の規律をもった無敵の中国だった。もう一つの中国は弱さとむごさと固有の野蛮性が同居した。乱暴で専制的な集団による専制的で非情な集団への挑戦でもあった。後者の集団はすざまじい残酷さで悪政をあまりに長く続けすぎた。それは権力体系というよりも、類を見ないむごたらしさと強欲とで一般中国人を抑圧する体系だった。ひとにぎりの受益者は、金持ち、有力者、特権にあぐらをかく無法者らで、いずれにしろ武力を背景にした。多数の貧しい者たちは出口のない絶望のなかに生きた。かれらの日常の耐えがたい暮らしの一つ一つの側面を彩ったのは、不正と人間としての尊厳の欠如だった。このような中国は日本軍の先頭部隊が満州に進軍してくる前にもおそらく自滅しつつあったのだろう。

蔣自身の勃興は老化が進む秩序の分裂を反映したものだった。かれは、アメリカのひいき筋の出版物が描くような指導者ではなく、互いにいがみ合う利益集団の均衡の上に乗って生き残った男であった。中国の崩壊をとり上げたバーバラ・タクマンの著書によると、欧米人の間の蔣のあだ名は〝ビリケン〟。オモリがついていて倒しても必ずおきあがる人気人形にちなんだ。かれは一九二七年、結婚によって中国でもっとも有力な一族、宋家の一員となって政治的人脈を強めた。有力というのは、富と欧米との強力な人脈の面から見てである。宋美齢は三人姉妹の末娘で、キリスト教徒、ウェルズリー女子大卒、政治的な野心があった。むかし、蔣は姉妹の二番目の姉、慶齢との結婚を試みたが、断られた。慶齢は中華民国初代大総統、孫文の夫人だった。美齢と結婚するため蔣は二人の妻と別れ、キリスト教に改宗した。それは蔣にはいともたやすいことだった。やがて蔣は総統、ないし、総統を意味するゼネラリシモを縮めてジャイモでアメリカ人に知られるようになった。美齢のほうはミッシモだった。これには必ずしも親愛の情がこめられていたわけではない。かれの結婚はアメリカとの政治人脈、とりわけ、近代的で民族主義的な指導者かつキリスト教徒で資本主義者という非現実この上ない人物を渇望した人々との人脈を大幅に強化した。

この時代の蔣の最大の戦いの相手は共産主義者だった。共産主義者は権威に挑戦するが、統治する義務はないという幸運に恵まれた。やるべきことは国内の無数の不平不満と不幸を利用することだけ。

かれらはきわめて巧みにそれを実践し、農民の不満に上手に耳を傾けた。これは蔣とかれに結びついた軍閥たちが決してやらなかった芸当だった。アメリカの大量の軍事援助と助言、政府を変え改革する必要があるとのアメリカのジャーナリズム、外交官、軍からのあらゆる種類の警告にもかかわらず、蔣の中国はじわじわと内部破裂を起こしていった。アメリカの政治、軍事顧問らは資源をもっと賢明に使うよう要請したが、惨めな失敗つづきだった。顧問らの利益と蔣の利益はほとんど重ならなかった。顧問らはアメリカ流の大胆な指導力を蔣に求めたが、蔣が求めたのはその日暮らしだった。アメリカ側が蔣に排除を求めた腐敗した軍事・政治構造はまさにかれが政治的に生き残るカギにほかならなかった。結局、蔣に特別な才能があったとすれば、アメリカ人顧問らにひとまず同意したふりをして、まったく注意を払わず、いままで通りのことを寸分たがわずつづけることだった。かれは要するに顧問たちの感情を害したくなかったのだ。

蔣政権が一九四九年にとうとう崩壊したとき、関係者に驚きはなかった。大戦中、蔣と協力するため米軍事顧問団の首席代表に任命されたジョセフ・スティルウェル将軍は一九四二年には、蔣はまったく役に立たず、配下の軍を抗日戦に使う気がない（能力はあっても）と判断した。スティルウェルの蔣嫌いは現地のアメリカ人に共通した感情だった。中国勤務の多数のアメリカ兵に語られたジャイモのあだ名〝シャンカジャック〟（梅毒病みのジャック。蔣は梅毒患者と信じられた。発音は蔣介石の英語読みチャンカイセクに近い）はかれへの欲求不満の表れだった。スティルウェルは中国勤務を三回経験し、中国語を流暢に話したかもしれないが、ひどく弱体な政権と指導者に対応するには理想的なアメリカ代表とはいえなかった。かれは外交的手腕にはほど遠い人物だった。とげとげしく、いいたいことをいい、けんか腰で、罰当りな言葉をまきちらした（かれのあだ名はビネガーのジョー）。多くの点でスティルウェルを尊敬していたかれの伝記作家バーバラ・タクマンは「無作法で毒舌、ときには下品、わざとがさつになれる」と評した。かれは思ったことをそのまま口にした。あまり深く考えもせず、機転も利かさなかった。この中国指導者に関するかれの内輪の見解と聞き手にだれかれなしに語った内容との間に隔たりはなかった。蒋はアメリカの政策遂行の道具としてはほとんど使い物にならないとスティルウェルは早々と判断した。タイム誌の記者テディ・ホワイトがスティルウェルに国府軍部隊が戦闘中に瓦解したことについて説明を求めたところ、「われわれは無知で文盲の蒋介石という名のろくでなしの田吾作と同盟している」と答えた(17)。もっと正確にいうなら、アメリカの失敗はアメリカのイメージのなかの中国、実現不可能な中国を一夜で創ろうとしたためだった、となろう。アメリカが選んだどの指導者も結局は自国民かアメリカのいずれかの期待に背いた。この場合は両方である。現実が裏切ったのは、夢は初めから叶うはずもなかったからだ。

スティルウェルは定期的にワシントンに報告書を上げ、蒋が軍事同盟者として希望がないこと、配下の軍隊を日本軍と戦わせるのに必須の手立てを講じる能力も意思もないと報告した。時の陸軍参謀総長、ジョージ・マーシャルはスティルウェルの後ろ盾で、かれを支持していたが、蒋はつねに上手をいった。かれの側には最重要人物がついていた。ルーズヴェルト大統領である。ルーズヴェルトは、蒋にあまり圧力をかけすぎて日本軍と単独講和に走る事態を恐れた。そうなると、日本は中国で長期間泥沼にはまっている軍をアジアのほかの方面に移すことができる。戦争が長引くにつれて、蒋と取り巻きたちの欧米同盟国への態度、とくにアメリカに対する態度は完全なシニシズムに変わっていった。バーバラ・タクマンが蒋の政策について書いている。「夷ヲ以テ夷ヲ制スのは中国人の伝統的統治術の原則であるが、いまやいよいよもって当を得ているばかりか、正当であるらしい。ある外国人居住者によれば、中国人の意見はこうだ。中国は五年間の抗日の後に消極姿勢を維持しているのは正当であるのみならず同盟国が戦っている間はできるだけ同盟国から離れているのは中国の権利である。

この権利の行使は政府の戦争遂行の柱になった」と。[18]

蔣の軍は紙の上では強大だが、実際は見かけ倒しになるばかりだった。三百個師団を指揮しているとされた。しかし、スティルウェルの見方では、少なくとも平均で四〇パーセントは定員割れし、給与名簿には姿が見えない兵士やユーレイ兵士がいっぱいだった。指揮官が給与を流用したり着服できたからである。中国が奮戦しているとされた大戦初期、アメリカ人顧問団は徴兵のやり方に仰天した。スティルウェルの高級参謀だったデイヴ・バレット大佐はある戦闘についてこう記した。「兵隊たちが手にしていたのは貧弱きわまりない装備だった。看護には注意が払われなかった。輸送手段はなく、多くは病人だった。大半の新兵は無理やりひっぱられてきた徴募兵だった。徴募制度は恥ずべきものである。カネも力もない不運な者たちだけが捕らえられる」[19]。図体の大きい無能師団は偶然に存在したのではなかった。それらは蔣の周囲ですでに崩れつつある腐敗した封建的世界で影響力を買う蔣の手段だった。蔣がアメリカの望むことを実行していたら、かれは早々と権力の座から転げ落ちていたかもしれない。そのことを、蔣はアメリカ人よりもはるかによく理解していた。

長期にわたり、はげしく反目し合いながら、スティルウェル・蔣の紛争は一九四四年秋、たった一つの結果しかもたらさなかった。多数の望まれざる真実の語り部スティルウエルは、かくして、もっとも望まれざる客となって本国に召喚された。蔣はアメリカの政策遂行の絶望的なまでに欠陥のある道具だったが、ルーズヴェルトは蔣に同調するほうを選んだ。理由は二つあった。まず、中国を戦争につなぎ止める。第二にルーズヴェルトは手がつけられないほどロマンチックな独自の中国観を持っていた。さらに、わが国が蔣を大国の偉大な指導者として遇し、ハイレベルの指導者として世界の指導者らの会議に招けば、そのうちに大統領が望む人物に変身するだろうと信じたふしがあった。

蔣がスティルウェルとのさや当てに政治的に成功したからといって、スティルウェルの予言が色あせることにはならなかった。かれが話したことはことごとくその通りになった。予言を上回る蔣政権の猛烈なきりもみ状の墜落は、外国人の手に余る国家の壊滅というはげしい歴史作用にほかならず、かれら外国人の母国がいかに豊かで強力であっても関係なかった。ジョージ・マーシャルほどさまざまな骨の折れる課題に取り組み、成功した戦時の軍人はいなかった。かれは一九四五年末、中国への使節として派遣される。目的は国共内戦の調停だったが、まったくの失敗におわった。マーシャルはその事実が分かりすぎるほど分かっていた。優れた洞察力の人であり、双方がかれのいうことを聞くつもりのないこと、かれが相手にしている両勢力は調停不能であることを理解しないわけにはいかなかった。マーシャルは当時、六十五歳。陸軍を退役したばかりで、肉体的に疲れ果て、望みはバージニア州リーズバーグで田舎地主になることくらいだった。しかし、トルーマンは中国情勢にひどく動揺し、事態が好転しなければ中国問題が国内で再燃するのを恐れ、マーシャルに「将軍、わたしの代理で中国にいってほしい」と要請した。一九四五年のクリスマス直前だった。国務省極東局のジョン・カーター・ヴィンセント局長はマーシャルの出発を見送った。飛行機が出発するとき、かれは十歳の息子に向かい、「坊や、ほら、あそこを世界一勇敢な男が行くよ。中国の統一を試みるつもりなんだ」といった。[20]

中国訪問はさんざんだったので、マーシャルは側近らの面前で目に見えて老けこんだ様子だった。たいへん疲れ、哀しげで、どう見ても病人だった。まるで、かれは中国に近づきつつある失敗と、それがアメリカの政治体制にもたらす毒を見ているようだった、とマーシャルのために中国語の翻訳をしたジョン・メルビーは日記に記している。[21] 一九四六年五月のある日、マーシャルは中国にきていたアイゼンハワーに出会った。トルーマンの要請で、アイゼンハワーはジミー・バーンズに代わる国務長官就任をマーシャルに打診した。長期にわたる公職で疲労困憊した男にこの大役である。「そりゃたいへんだ、アイゼンハワー君。わたしはその役から逃れるためならどんな仕事でも引き受けるよ」。マーシャルは間髪を入れず返事した。[22] スティルウェルはマーシャル使節団の失敗を耳にして「何を期待したのかね。ジョージ・マーシャルは水の上は歩けないよ」といった。マーシャルには中国はお手上げだった。マーシャルがなによりも望んだのは、国民党の一部指導者らが希望するアメリカの戦闘部隊投入を阻止することだった。マーシャルは、一九四七年に国務省極東局の局長になったウォルトン・バタワースに「バタワース君、われわれはだまされてはいけないのだ。まず五十万の兵が必要になろうが、それはほんの序の口にすぎない」といい、少し間を置いて「いったいぜんたいどうやって彼らを救えるというのかね[23]」。

新しい戦争を戦う毛

腐敗が広がっている事実を中国に詳しい人たちは知っていたにもかかわらず、大戦が終わると、部外者が蔣の立場をうらやましいと思ったのは無理もなかった。かれは、アメリカ新政府のほとんどの有力閣僚から政権維持能力に疑問符をつけられていたものの、アメリカの支持をつなぎとめていたし、広く認められた世界的指導者だった。優秀な宣伝機関のおかげで、大半のアメリカ人がかれに抱く横顔は思いやりのある偉大なアジアの指導者だった。一九四五年秋の時点では、蔣の軍と国民党は全国の全主要都市と荒廃したとはいえ工業基地のすべて、四億五千万人とも五億人とも推定される総人口の四分の三を支配下に収めていた。公式には二百五十万人余の兵力を擁し、しかも、アメリカから提供された兵器は比較的近代的だった。

共産側の保有兵力はその半分以下、支配したのは北西中国の貧困地帯にすぎなかった。しかし、あらゆる種類の国内外のオブザーバーは軍民を問わず、蔣の兵力はまったくの幻想で、政府は崩壊寸前の状態だと確信していた。国家財政は笑いぐさだった。ひとにぎりの者にはいわば打ち出の小槌。大量の資金が外国から流入し、槌を振るうのはごく少数の中国人だった。明らかにこんな国は長く続かない。だからこそ、金を集められるだけ集めておこうということだった。政府を批判する者は要人らが将来の身の安全に備えて金塊を備蓄していると公然と語った。マーシャルは到着するとほとんど時をおかず蔣に対し、国家予算の大半――八〇パーセントから九〇パーセント――が軍事に向けられている、軍事的に勝利する前に財政破綻に見舞われるだろう、と警告した。かれは蔣の一部閣僚に向かい、アメリカの納税者が「破綻が作った穴を埋めてくれると思ったら、大間違いだ」と語った。破綻がいよいよ明らかになるにつれ、政府の唯一の対策は紙幣の増刷だった。

しかし、蔣は自らのもろさに気づいていなかった。日本軍が降伏したいま、かれは国家の最新の敵、共産主義者と戦う準備を進め、アメリカ人を牛耳っていると信じた。宋子文が典型的で、かれは政府部内の最有力者（かつ金持ち）だったが、アメリカ人を公然と軽蔑していて、中国人の同輩にアメリカ人など気にするなと南京中を触れ歩いた。「あの間抜けどもはわたしが始末する」といった。[24]確かにアメリカ人は蔣が書いたシナリオ通りに嬉々として役を演じているように見えた。日本軍の降伏が進んでいるときでさえ、アメリカは兵力をやりくりして兵装のまま一種の臨時警察官に衣替えして国府軍部隊（共産軍部隊ではない）が到着して日本軍の降伏を受諾するまで現地に駐留した。

その後、アメリカ軍は五十万人もの国府軍将兵を中国南西部から全国の重要拠点に空路で、あるいは海路で運んでやった。（輸送を指揮したアルバート・ウェデマイヤー将軍は「間違いなく世界史上最大の兵員空輸」と自慢した。[25]かれはスティルウェル後の同地の米高級軍人。）アメリカ軍は中国東北部の多数地点に総数およそ五万人のアメリカ海兵隊の分遣隊を派遣した。国府軍部隊が到着するまで前哨基地を確保しておくためだった。このようにして、蔣の軍隊はアメリカの支援で約百二十万人もの日本兵の降伏を、共産側がひどくほしがった装備とともに受諾できた。[26]

だが、内戦がうまくいっているように見えたときでさえ、真相はまるで違っていた。このことをマーシャルほどはっきり気づいていた者はいなかった。トルーマンの特別代表としての訪問旅行が終わりに近づいた四六年十月、マーシャルは蔣に華北と北西部の本拠地の共産軍を追跡しないようくり返し警告した。蔣は戦線を広く薄く広げすぎ、毛の思うつぼにはまりつつあるとマーシャルは主張した。さらに、かれは共産側の戦術に気づき、ジャイモに対して基本的な主張を試みた。共産軍は退却するかもしれないが、降伏はしない。意味するところは明白で、国府軍が基地と補給線から遠く離れたときだけをねらって攻撃してくる。蔣はもちろん、聞き入れなかった。かれは勝利ではない勝利、予定された戦場から共産軍が離脱したことに舞い上がっていた。実はこれは共産軍の戦略だった。蔣はマーシャルに八か月から十か月で共産軍を殲滅すると約束した。さらに、マーシャルの助言をすべて拒否しておきながら、疲れ果て引退を懸命に願っているアメリカ最高の著名文民軍人をつかまえて蔣の私的軍事顧問でとどまるよう要請した。マーシャルは語気を強めて要請を断った。合衆国大統領の個人代表として蔣に影響力を行使できないで、蔣に雇われてどんなチャンスもないことをマーシャルは知っていた。（「蔣のわたしに対する信頼は青天井だった。しかし、それがわたしの助言を軽視する妨げにはならなかった」。マーシャルは後年、いくらか辛辣に語っている。[27]）

蔣の見た目の強さにもかかわらず、この時期の共産側ほど自信に満ちあふれていた者はいなかった。かれらはうらぶれた延安の洞穴に押し戻されていたかもしれないが、日本軍へのゲリラ攻撃は驚くほどの成功を収め、莫大な人口の農民との深い関係を構築する努力はもっと成功していた。国民党との問題の高まりを意識して、かれらは自らの命運と、遅かれ早かれやってくる必然的な勝利に絶対の自信を持っていた。アメリカでは信仰厚い有力な宗教指導者らは共産軍の勝利の現実味に激怒したが、共産側はそれとはたいへん異質なかれらの流儀で信仰の人々であり、政治と戦争は分かちがたくからみ合って事実上の宗教的情熱と化し、自らを運命の力だと確信するに到った。毛とその側近らが設計していたのは、最初は武力よりも人民の支持獲得を基礎にした、当時は新種と見られた戦争だった。

第16章　国民党政府の崩壊

非対称戦争

蔣介石は大戦の終結を待ちかねたように共産党の人民解放軍への攻撃を開始した。共産側はそれを待ち受けていた。自分たちを追って国府軍の通信線が延びきるのを待ち望んでいたのだ。アメリカの援助は流入をつづけた。まるで共産側が蔣のために書いた日程表にしたがっているようだった。「アメリカが国民党に武器を与えるのは結構である。なぜなら、国民党が入手したら、すかさずわれわれが頂戴するからだ」と共産側は豪語した。[(1)] 大戦の終結から蔣が台湾に逃げた一九四九年までの間にアメリカが中国につぎこんだ援助は総額二十五億ドルにのぼった。実際、戦時中に大量の軍事物資が浪費されたり盗まれたりしたので、インドからハンプ——つまり、ヒマラヤ山脈——越えで物資を運んだアメリカ人たちは〝ハンプを越えてやってくるアンクル・チャンプ（カモおじさん）〟とバカにされていた。[(2)] この時代の航空機ではヒマラヤ越えはきわめて危険な補給任務だった。

人民解放軍は机上では最初は比較的小規模で武装も貧弱だったが、かれらには優れた指導、厳正な軍紀、体制への憤懣があった。苦労して戦闘技術、戦略を身につけていた。まず最初に華南から延安に到る九千六百キロ、一九三四年十月に始まる三百七十日間の長征があり、長征のなかで毛沢東が台頭する。その後、日本軍を相手の生き残りを賭けた戦いの長い試練のなかで、彼らの強みをいかし、弱点を最小化する戦い方を磨いていった。日本軍との戦いぶりは実に巧妙で、小単位の神出鬼没のゲリラ戦術を活用、自軍の兵力規模が相手を圧倒する場合だけ攻撃し、敵の部隊が規模でも強さでも上回れば、姿を消した。今度は、規模も大きく装備も上回る国府軍に追い回わされ、人民解放軍は戦場の変化に見合う調整をおこなった。つまり、敵の意図ではなく自軍の意図にかなうよう手直しした戦場である。都市にはこだわらず、陣地戦は避けた。作戦行動は通常の軍隊では到達できないほど遠方の根拠地から出撃した。かれらが重視したのは国府軍兵士から武器を奪うことだった。六十年後、アメリカ軍がイラクで都市ゲリラと戦うようになって、そのような戦争に新しい名前がついた。非対称戦争である。

一九四五年の時点では人民解放軍の立場は脆弱ではあったが、士気は高かった。間もなく劇的な軍事情勢の変化が外国人オブザーバーにはっきりと感知される。国務省職員のジョン・メルビーは早くも四五年十二月の日記につぎのように記した。「わたしにとって大きなナゾの一つは、生まれも経験もほとんど同じ集団の人々が一方は信念を堅持し、他方は失っていることだ。共産側は多年にわたって、信じがたいほどの量の懲罰に耐え、自らも残虐行為に手を染めながら、なおある種の誠実、運命への確信、勝利への意欲を維持している。対照的に国民党は驚くべき苦難をくぐり抜け、行き過ぎも犯し、大きな戦争を信じがたいほどの威信をもって生き残っていながら、いまではあらゆるものを恐ろしい速さで捨て去っている。革命の情熱は去り、とって代わったのは腐敗と衰退の臭気である(3)」。

ほとんどすべり出しから共産側の戦術は成功し、国府側は失敗した。四六年秋、内戦が拡大するにつれ、蔣介石のアメリカ人顧問らは悲観的になったものの、旧来型の軍人であるかれらはどちらかといえばこのような戦争でのアメリカ製兵器の価値を過大に評価し、共産軍の素朴な戦闘形態がどんなに成功を収めていても過小に評価した。かれら軍人が予想したのは、蔣の軍隊も最終的には長期戦の泥沼にはまり、結局は不安定な膠着状態に陥って、おそらく共産側が華北を、国民党側が華南を取って国土は地理的に分断されるだろうというものだった。かれらはこの種の政治戦争の特殊な力学、つまり、力の均衡は静止の状態のままではないことを理解していなかった。国民党側に有利に傾いていた力関係がいったん去ってしまうと――驚くべきスピードで起こった――、加速度的な速さで共産側に有利に傾いた。「中国の共産主義者らが抗日ゲリラ戦を機動作戦に切り替えた速さと技量を予想した者はいなかった」とジョン・フェアバンクとアルバート・フォイアワーカーは『ケンブリッジ中国史』に記した(4)。

予想した者は実は一人いた。蔣の軍隊が最強を誇り、初期の若干の勝利を収めていた時期に、毛沢東は勝利の信念も、自分の軍は蔣の軍よりも一般農民に限りなく親密であるとの確信も失わなかった。短い停戦があった一九四六年夏、著名なイギリスの歴史家ロバート・ペインは延安の洞穴に毛を訪ねた。長いインタビューの終わり近く、疲労の色をにじませた毛はまだ質問はあるかと聞いた。「もう一つある」とペインは答え、「停戦が破れたら、中国共産軍が全土を征服するのにどれくらいの年月がかかるか」と質問した。「一年半だ」と毛は答えた。答えはゆっくりと絶対の確信をもって口にされた、とペインは記している。毛の答えは驚くほど正確だった。一九四八年の年央には内戦は事実上終わり、蔣の軍隊はほとんど完全に退却した。しかし、あの当時は奇想天外の大ぼらにしか聞こえなかった(5)。

われわれは人民解放軍に援助しているのか

最初は、国府軍がいくつかの都市と町を共産側からとり返し、少なくとも表面的には国府軍の若干の勝利に見えた。しかし、それは勝利だったのかどうかはつねに疑問だった。ワナにかける共産側のより大がかりな戦略の一部だった公算があった。国府軍は都市をとると駐屯したが、人民解放軍は絶えず移動した。敏速であること、夜間に迅速に移動することを学び、待ち伏せ攻撃の技量を完成させた。あるアメリカの歴史家が書いているように「神出鬼没を装う見せかけとだまし」[6]の戦術を活用した。かれらが多用したのは主力部隊を背後のよく準備された陣地に待機させてから、国府軍を正面攻撃すると見せかけ、おびえて退却する同軍部隊に情け容赦ないはげしい銃砲撃を浴びせることだった（朝鮮戦争の初期、アメリカ軍に対しても同じように採用していくつかの顕著な成功を収めた戦術）。国府軍の備えがおろそかになる夜間によく攻撃を実施した。農民と結びつき、蔣の部隊に兵士を浸透させていたため、優れた情報を得ていた。かれらは国府軍が企図している動きを逐一知っていたらしい。人民解放軍は戦闘で兵士を失っても、優れた政治手腕のおかげで、あり余るほどの現地農民の支持基盤から失った以上の新兵をやすやすと補充できた。

蔣の攻勢は一九四七年五月までに停止した。指揮はまずく、広く薄く広がりすぎ、補給線は延びすぎていた蔣の軍は都市に閉じこめられ、士気はほとんど日ごとに低下していった。かれらは指揮官が気づいたときにはすでに動きがとれなくなり、攻撃にさらされやすくなっていた。同年夏の終わりには、毛らの推計では、蔣は二百四十八個旅団のなかから二百十八個旅団を攻撃に投入し、すでに九十七個旅団以上、八十万人近くを失っていた。アメリカ国内でも一部人士が蔣に不満を募らせていた。「蔣が総統なら、なぜ総統しないのか」と民主党のトム・コナリー上院外交委員長は怒りの声を上げ

た。(7)

人民解放軍はソ連から援助らしい援助は受けていなかった――これは後に毛とスターリンとの対立の遠因となる。対照的に国府軍は対米依存を深めていった。アメリカ製兵器はアメリカ人が驚く速さで国府軍から敵の手に渡ったが、それで国府側が困惑した様子はなかった。解決法は、さらに要求する、だった。一九四七年の半ば、ワシントン駐在中華民国大使顧維鈞《クーウエイチエン》（欧名ウエリントン・クー）はジョージ・マーシャルを訪ねた。顧《クー》は顔が広く、大の追従屋。マーシャルは当時国務長官だった。不満いっぱいのマーシャルは蔣の軍隊の戦場でのていたらくにも、顧《クー》のような連中がワシントン政権にもたらす政治問題にもうんざりしていて、蔣を「史上最悪の好ましからざる軍事指揮官だ」と顧《クー》の前でこき下ろした。それでも顧《クー》の軍事援助増額の要求を止められなかった。「蔣は供給物資のおよそ四〇パーセントを敵に奪われている」とマーシャルは顧《クー》に語り、冷笑を浮かべながらつづけた。「この率が五〇パーセントに達するようなら、対蔣軍事援助の継続が賢明かどうか判断しなければならない」(8)。後に毛は蔣介石を「わがほうの補給担当将校だった」(9)とぴしゃりと評した。四八年、濰坊《ウエイファン》と済南《チーナン》（ともに山東省の都市）が陥落したとき、国府軍最後の米高級軍事顧問デイヴィッド・バーは「人民解放軍が保有するアメリカ製装備は国府軍よりも多い」と語った。(10)

瀋陽陥落が迫っていた四八年十月末、米大使館付武官補デイヴ・バレット大佐とジョン・メルビーは南京の空港に出かけた。北方に向かう航空機に便乗して戦場を視察するつもりだった。しかし、北に行く飛行機はなかった。全機が国府軍の将軍、そのガールフレンド、私財を運び出すために徴用されていた。バレットはメルビーを振り返り、「ジョン、わたしは見たいものを全部見てしまったよ。将軍たちが金の延べ棒と愛人を疎開させ始めたら、終わりは間近だ」と語った。(11)

有力者たちの二枚舌

中国では火を見るよりも明らかな政権の無残な崩壊が起こりつつあった。しかし、重要なポジションをしめる人々がさまざまな政治的理由から、アメリカに帰った後も、真実を語ることを拒んだ。それがアメリカ国内政治に一触即発のさらなる火種をまいたのである。かれらは、蔣が自らと国民と同盟国の期待に背いたのではなく、アメリカが蔣に背いたように見せかけるため報告をねじまげた。蔣の没落を正直に報告しようとしたジョン・メルビーら多くの人を怒らせたのは、さまざまなアメリカの重要人物たちの二枚舌だった。かれらは、中国滞在中は蔣について、その失敗の原因についてはっきりと語りながら、アメリカに戻ると国内の蔣支持の政治圧力を察知して考えを変え、蔣の欠点を指摘するのを拒み、チャイナロビー支持の強力な応援団となって蔣没落の責任をアメリカ政府と国務省のチャイナハンドに負わせた。チャイナハンドとは蔣の欠陥と人民解放軍の勝利の展望を警告しつづけた中国専門家たちである。そのさまはまるで二通りの真相が存在するかのようだった。一つは中国の現地で、蔣の軍隊がいかに惨憺たる戦いをしていたかを知る現地のアメリカ人や中国人に囲まれたときに語る真相。いまひとつは、アメリカに帰って保守的な友人らに囲まれてかれらに都合のよい真相の補強材料を所望されて語るものとである。

メルビーの見解によると、その象徴がウェデマイヤー将軍の行状だった。一九四七年夏、マーシャルは喜んで中国から手を引こうと、蔣の古くからの友人ウェデマイヤーを実情調査に送り出した。一般にきわめて有能な参謀とされていたウェデマイヤーは強烈な反共主義者だった。それはマーシャルの側には織りこみ済みのリスクで、ウェデマイヤーはイデオロギーよりも実情認識を優先させるというマーシャルの信頼を反映していた。ウェデマイヤーのような親蔣保守派が中国現地の恐ろしい現実にじかに触れた後の反応が政権への右翼の圧力を減らす一助になりそうだと抜け目なく読んだマーシャルの思惑を乗せたウェデマイヤーの旅だった。事実、ウェデマイヤーの旅は短期的には図星だったが、長期的には裏目に出た。現地に到着して何日も経たないうちにかれはマーシャルに電報を送り、国民党は「精神的に破綻し」、その指導層は国民の信を失っている。対照的に共産側は「優れた闘志と狂信的ともいえる情熱」を持っている。国民党政府は「腐敗し、反動的で、非能率である」と断じた(12)。後に蔣の大義はどこで歯車が狂ったのか、と聞かれ、ウェデマイヤーは「闘志の欠如、主として闘志の欠如だ。装備の問題ではない。わたしにいわせれば、長江防衛はその気があれば、ほうきの柄でもできただろう」と答えた(13)。

四七年八月二十二日、ウェデマイヤーは帰国の直前、国民党政府の閣僚会議で講演が予定されていた。かれは旧友の蔣から忌憚なくやってほしいといわれた。しかし、例によって表と裏を使い分けるジャイモは駐華米大使レイトン・スチュアートにすぐさま電話してウェデマイヤーは発言を慎重に、また、国府軍をあまり批判しないでほしいとそれとなくほのめかした。しかし、スチュアートはウェデマイヤーに時間切れになりつつある、もう機微は必要ないと告げた。そこで、ウェデマイヤーは情け容赦なくズケズケと語った。いわく、政府は国民に少しも支持されていない、政府の数々の失敗は共産党の成功を許している、政府は精神的に破産している。会議の雰囲気はめちゃくちゃになった。閣僚のひとりは、すすり泣きを始める。翌日の夜、別れの晩餐会がスチュアート邸で予定されていたが、ジャイモは病気と称して出席をどたん場でキャンセルした。しかし、ミッシモは出席の予定だった。ウェデマイヤーにはその必要はなかった。かれも夕食会をキャンセルしたからだ(14)。

しかし、間もなくアメリカに戻ると、献身的な反共主義者ウェデマイヤーが再び姿を現し、蔣は援助の欠如とアメリカ使節内部の陰謀とで倒されたというチャイナロビーの路線を推し進めた。四七年十二月、かれは上院歳出委員会で証言した。チャイナロビーの有力者スタイルズ・ブリッジズ委員長が蔣について質問した。ウェデマイヤーは、蔣は「すばらしい人物で、本委員会の先生方はかれを賞賛し、尊敬するでありましょう」と答えた。ブリッジズが対蔣軍事援助の継続は緊急なのではと踏みこむと、ウェデマイヤーは中国滞在中は援助の公約はもう必要ないといっていたのに、イエスと答えた。アメリカは長年にわたって蔣への約束を守ってきたと思うかの問いに、ウェデマイヤーの返事は「いいえ、そうは思わない」だった。[15]中国の現実と政治はワシントンの現実と政治とははっきりと乖離していた。

南京陥落

中国の終焉は驚くほど足早にやってきた。世間をアッといわせたトルーマンの大統領選勝利から三日後の一九四八年十一月五日、南京のアメリカ大使館は在華米人全員に出国を勧告した。ほぼ同じころ、用心深いスターリンの特別使節アナスタス・ミコヤンが、毛沢東に対し人民解放軍をあまり急いで長江を渡って華南に入らせないよう警告した。アメリカを刺激して内戦に介入してくる事態を防ぐためだった。一九四九年一月二十一日、蔣は国民党政府の名目上の支配権を代理人らに譲り、保有する金を携えて台湾に移った。国務省公報にしたがえば、蔣は「中国沿岸沖の小島の避難民」となって「中国史上いかなる支配者が保持したよりも大きな軍事力[16]」を放棄した。同年四月二十一日、毛の軍隊は長江を渡り、三日後、国民党政府の首都南京を占領した。終幕は間近に迫った。

トルーマン、アチソン、マーシャルが一九四七年以降意図した対中政策は、進行中の内戦にはできるだけ加わらず、国内政治への影響をできるだけ小さくして計画的に撤収するということだった。第一次世界大戦中の帝政ロシア政権の崩壊と同様、蔣の崩壊を突き動かしたのはアメリカの政策をはるかに超えた強力な歴史の激流であった。腐敗が進み、辛うじて命脈を保っていた国家がすさまじい世界大戦の重力が加わって押しつぶされた。しかし、帝政ロシアと国民党中国の崩壊の間には著しい違いがあった。アメリカにはロマノフ王朝崩壊後、長年にわたってアメリカ世論を動かす強力なロシアロビーなるものは存在しなかった。アメリカで活動したロシア正教会は、プロテスタント教会とカトリック教会の中国派遣宣教師らのように一般アメリカ人と個々の関係は持たなかった。ロシアはアメリカのものとは決して見なされなかったし、したがってアメリカは失いようがなかった。それに反して中国はアメリカのものであり、したがってアメリカは失ったのである。

蔣の没落はアメリカの政治構造に大きな亀裂を残した。国内の政治分野では国民党政府の没落の悲劇的な必然性を話題にすることに興味を示す者はいなかった。ホワイトハウスが望んだのはしばらくの時間だった。その時間があれば、トルーマンは新しい中国の指導者と渡り合い、彼らをモスクワから少なくとも部分的に切り離せないか確かめることができたかもしれなかった。そこから最終的には毛沢東の中国を承認するという新政策が生まれたかもしれない。毛沢東の側も、それを熱望しているものとアメリカ側は考えていた。しかし、そうしたことは起こらなかったのである。

第17章　誰が中国を失ったのか

誰が中国を失ったか

蒋介石の中国の崩壊は早速、アメリカ政治の帰趨を決する争点となった。このような一政権の崩壊は普通ならアメリカ政治というスクリーンに現れた目立たない一光点でしかなかっただろう。しかし、今回は時期が悪かった。一九四九年、蒋がついに倒れた後、アメリカがいかにかれを裏切ってきたかが盛んにジャーナリズムに書き立てられた。それまでは、迫りくる崩壊をめぐる報道はまばらだったし、少なくとも部分的にしか政治問題化していなかった。蒋はアメリカのジャーナリズムに有力な同盟軍を持っていたからだ。たとえば、ハリー・ルースやスクリップス・ハワード系紙のロイ・ハワードである。かれらは特派員が送ってくるニュースを事実上、検閲した。

争点は共和党にとって申し分なかった。蒋の失敗は、共和党がデューイの敗北後、争点に使うと決めていた反体制活動疑惑問題の紛れもない顕在化だった。蒋が台湾に逃げこんだことで争点は決して雲散霧消しないことになった。皮肉にも、蒋のしくじりを正しく予告していた人々は弁明を余儀なくされ、左翼だから蒋の足を引っぱったと糾弾された。国務省の中国専門家《チャイナハンド》は散り散りになり、できるだけ遠くに身を隠した。正確に報告したために経歴に深手を負うのを防ぐためだった。蔣の失敗を立証してくれそうだった有力な軍人ジョー・スティルウエルは四六年十月に物故していた。政府は非常に面倒な事態に陥っていた。共和党のうるさ方はトルーマンとアチソンの最重要課題であるヨーロッパの集団安全保障に蔣を抜け目なく結びつけようとした。トルーマンとアチソンは荒廃した西欧を復興するマーシャル・プランのために望んでいたものが中国で妥協しなければ得られなくなった。政府の対欧政策は政敵らによって実質的に中国問題承認の人質にとられたのだ。

政府は宣伝戦で実に早々と負けてしまったが、政争も同様だった。アチソンは四九年、中国白書のとりまとめと公表を国務省に認可したが、これが太平洋の両岸で失敗だったことがわかった。白書は、アメリカの大量援助にもかかわらず蔣が失敗した経緯をあつかったきわめて権威ある記録文書だが、アメリカでは揺らぐ政権にとどめのキックを食らわせたと見なされ、チャイナロビーを激怒させた。中国では毛沢東が、アメリカは一貫して反中国を画策してきたことを自らの手で示した議論の余地のない証拠だと飛びついた。白書はアメリカ人は中国の敵である確証となった。

そこで政府は、よいことはたぶんなにも生まれてこないと知りつつ、つき合いで蔣を支援する政策をつづけた。目的は唯一、アメリカ人が間近と確信する政権崩壊にアメリカの指紋を残さないことだった。これは民主党に当てはまっただけではなく、共和党の一部にもいえた。プリンストン大教授トーマス・クリステンセンによると、アイオワ選出の保守派バーク・ヒッケンルーパー上院議員は四八年、同党指導者アーサー・ヴァンデンバーグに五億七千万ドルの対華援助法案は実際に役に立つのかと質問したところ、ヴァンデンバーグは「少なくとも中国の崩壊をアメリカ政府のせいにはされないだろう」と答え、さらにこう述べたという。重要なのは世論である、世論は瀕死の中国の支援にさえ非常に好意的だ——世論はこうだ。「われわれは共産主義者の侵略に抵抗する任務を引き受けている。

アメリカはひとつの地域をまったく無視し、支援の素振りさえ見せずにその地域が完全に分解するがままにしようとしている」[(1)]。

チャイナロビー

終わりがやってきた。しかし、終わりは政治的理由で終わりではなかった、アメリカは望み通りには撤収できなかった。アメリカの蔣支援団体が強力すぎたためである。アメリカと毛沢東の中国とは軍事衝突に向けて双方が気づかないまま動き始め、その勢いはほとんど押しとどめようがなかった。

アメリカ政府は国内では何もしなかったと攻撃され、北京では、つまり新中国では、アメリカ政府は蔣救済に多くを与えすぎたと糾弾された。毛らの目には、アメリカの行状は無罪ではなかった。かれらの見方によれば、アメリカの痕跡は内戦の至るところにあった。アメリカ人は蔣を四一年から四九年まで資金援助した。一九四五年にはアメリカ空軍機と海軍艦艇は蔣の軍隊を中国東北部に輸送して日本軍の降伏を受諾させた。中立国のオブザーバーはそういうことはしなかった。アメリカ人の見解では、その程度はちゃちな支援にすぎず、アメリカができる最低限の支援だったが、毛とその首脳らには、かれらの国と内戦への途方もない干渉だった。毛らにとって、アメリカはまさに金持ちの資本主義国家がやりそうな所業をやったのであった。

これらの事情のなかからアメリカ政治に産み落とされたのが、勢いづく新勢力チャイナロビーで、実にさまざまな理由で束ねられた人々の緩やかな同盟だった。チャイナロビーは、有力でやり手の大金持ちの蔣一族をアメリカ政界の保守派有力者やジャーナリズム界の同盟者、友人と結びつけた。一族はワシントンで活動するか同地で特別任務を帯びていた。チャイナロビーは形としてまとまりはなかったが、同時にきわめて重要かつ非常に明確な目標があった。さまざまな理由からその人数以上に強大な影響力があった。最盛期には、外国のためにワシントンで活動するロビーのなかで最有力のロビーとなった。チャイナロビーの当初の要求は実に簡単で、蔣にできるだけ長く大量援助を与える、だった。共産軍が勝利する公算が高まった一九四〇年代末になると、チャイナロビーの目標はアメリカが蔣政権を引きつづき中国と認め、ワシントンの毛政権承認を阻止すること、国連から締め出したままにしておくこと、そして最後に台湾の蔣政権援助の維持だった。つまりは蔣が内戦に負けたいまとなっては、チャイナロビーの望みは、蔣が内戦に実際に勝ったようにアメリカに振る舞わさせることだった。かれらが実際に待ち望んだのは、現実にはありそうもないことだが、いつの日かアメリカの旗の下に蔣軍の大陸凱旋をもたらす大動乱が起こること、たとえばアメリカと中国の戦争だった。

チャイナロビーの人々がときには一つにまとまったのは、かつて存在した――少なくとも想像のなかで――中国への愛着と、蔣に無数の欠点はあっても共産主義者から挑戦されたら、とにかく現実に見当たる指導者は蔣しかいないとの信仰だった。またある場合は、蔣支持の理由は下劣できわめて利己的で、中国国民党のためにひと肌脱げば往々にしていいカネになるからだった。大多数のチャイナロビーイストにとっては、この争点に飛びつくのは長く続いた民主党天下の後でもひと山当てるチャンスだったからだ。若いころ医療宣教師だったウォルター・ジャド下院議員や宣教師の息子だったヘンリー・ルースのように一部は中国優先主義者であるばかりか蔣優先主義者でもあって、この戦いの偉大な真実は蔣と中国とはまったく同一だと固く信じる人たちだった。こういう人たちの多くは、長い間アメリカの外交政策の主軸となってきた欧州優先政策への愛着がなく、アメリカの反共政策の軸足を太平洋地域に移すことを望んだ。そこにアメリカの将来はあるとかれらは思っていた。宣教師の子として中国で成長した中国優先主義者には、この国の魅力は深くかつ確固不動なものがあった。中国はある意味でアメリカに劣らずかれらの家郷であり母国であった。そのうえ、蔣がしくじったということは、中国の伝道に生涯を捧げた両親がしくじったというのと同じだった（実のところ、少なくとも狭い意味でも伝道は失敗だった）。

宣教師の息子ハリー・ルース

一九四六年秋、ルースは中国旅行中、ジョン・メルビーと口論したことがあった。メルビーがルースの中国というより蔣への異常な傾倒ぶりは間違いだと指摘したところ、ルースは即座にはねつけたが、その返事はきわめて示唆に富んでいた。「憶えておくがいい。われわれはここで生まれた。そのことをずっとわれわれは意識してきた。われわれは中国伝道に生涯を捧げてきたんだ。ところが、きみはそれがいかんという。きみはわれわれの生涯がすべて無駄だったといわせたいのかね。生涯は不毛だったと。無意味な人生だったと。ひどいじゃないか」。メルビーはこう返した「お気持ちはわかります。しかし、現実と向き合わなければ。世界と中国は変わってしまった。あなたがたの知っている中国は死に絶えようとしている[2]」。

だが、チャイナロビーの少なくない成功を支えたのはこの種の情熱とノスタルジアだった。政治活動の多くは初めのうちはワシントンの国府大使館から指示が出ていたが、宋美齢が長期滞在のため訪米した一九四八年末近くの一時期、指示はニューヨーク・リバーデールの義兄邸からになった。蔣の二人の義兄、宋子文《スンツーウエン》、孔祥熙《クンシアンシー》（および駐米大使顧維鈞）はそろって相当な策士だった。宋子文は有能な外務官僚で、チャイナハンドの逸材ジョン・ベイトン・デーヴィスに、中国から送られる国務省メモで二、三日以内に入手できないものはない、と警告したことがあった。かれら国民党首脳はワシントン政治の動き方をアメリカ側の首脳よりもよく理解しているらしいことがたびたびあった。かれらは米政府部内と共和党の有力上院議員多数、それにネバダ選出のパット・マキャラン議員のような少数の民主党の変節者を味方に擁していた。もっとも、かれらの最大の味方でロビーの最重要人物は政治家ではなく、この時代の大物出版人ヘンリー・ルースだった。ルースは、政界の片隅でくすぶっていたはずの一群の政治家を引き寄せ、かれらとかれらの主張に格段の正当性を与えた。

ルースほど親蔣同盟に不可欠な人物はいなかった。かれは同盟に極右ではなく政治的中道と受け取られる国民の声を与え、自分の意見と対立する意見は押しつぶそうとやっきになった。党派意識の強さは比類なく、熱烈な共和党員だった——共和党のことをかれは「私の第二の教会」と呼んだ——から、民主党リベラル派はルースの世界ではいつも守勢に立たされていた。ほかの中国優先主義者のなかには政治家として軽く見られていた者もいたが、ルースの画策で政界地図のバランスが変わり、中国の現状に現実的認識を持つ憎き中道派に疑念を投げかけることに成功した。実は、チャイナロビーイストは、ルースの通常の政友ではなかった。かれらは孤立主義者が多かったが、ルースはその時期の共和党の代表的な国際主義者だった。だから、一九四〇年、四四年、四八年、さらに五二年の共和党大会では宿敵の間柄だった。だが、中国問題ではルースは反対者をはげしく追及し、邪魔する者はだれであろうとためらわず痛烈にやっつけ、政治家だろうが外交官だろうがジャーナリストだろうがかれらの経歴を血祭にあげた。あまり悩んだりせず、正常な道徳、ジャーナリスト的倫理は気にしなかった。ルースが経営する雑誌の記事のために被害を受けた人たちのことは、真実から逸脱し、かれと意見対立し、かれの邪魔をしたのだから、当然の報いだと固く信じた。

ルースの両親は中国で活動した宣教師だった。ルースは聡明だが人づき合いはひどく下手な少年だった。まだ原石ではあったが偉大な知性を持ち、飽くことを知らない好奇心の持ち主だった。私立進学校のホチキスでも、進学したエール大でも貧しい学生でだれともソリが合わず、いつも満たされない思いを抱いていた。クラスメートの両親はみなエリートだったが、ルースの両親は違う世界に住んでいた。いつも場違いな服を着ていた。中国人の洋服屋が大時代物のアメリカンスタイルを忠実に模して分厚い服地で仕立てたしろものだった。あだ名は「チンクのルース」（チンクは中国人の蔑称）もっとも嫌われるあだ名だった。かれはかつて、作家パール・バックにいかに自分がホチキスもエールも大嫌いだったかをせつせつと語っている。貧しく、自分は周囲とは異質なのだと常に感じつづけた日々だった。(3)

宋一族の中国

出版人として成功するにしたがい、ルースは自らが奉じる真実にいよいよ確信の度を強めていった。その中核をなしたのは、アメリカが二十世紀になし得ること、なすべきことのビジョンで、アメリカの世紀という高揚感につつまれた概念のいわば発案者だった。かれはぴたりとはかみ合わない部品を混ぜ合わせたような奇妙な存在だった。ジャーナリストとしては厳格な道徳を奉じるカルヴァン主義者だったが、異論を持つ者に出会うと捕虜をとらない残忍な中国の軍閥のようになった。ジャーナリズムの世界に入ったばかりのころは中国に関心がある様子はなかった。中国での体験はたいへん苦痛だったし、むしろそれを洗い流すのに忙しかった。学校でかれをいじめた地元の子以上にアメリカ人になりきろうとした。しかし、一九三二年、編集者としても出版人としてもすでに大成功を収めていた三十四歳のとき、中国を訪問して中国とのつながりが復活した。中国一（アメリカの援助でたぶん世界一）の大富豪宋一家が巧妙にかれにとり入ったのである。一家が有力欧米人を操縦する巧みさは欧米人が一家を操縦するより格段にうわ手で、もっともらしい話を並べて望みのものを手に入れた。ルースは中国を訪問した運命的な日々に決断した。いずれ全中国がこの著名な一族のような人々の国になるかもしれない――洗練されたキリスト教徒で、資本主義者、それでいて慈悲深そうだ。中国を驚くべき新しい姿に変え、悲惨な異教徒の過去から救う任務。それは、アメリカの世紀のアメリカ人に課された使命にほかならない。かれは、胸いっぱいの大義とともに中国からの帰国の途についた。

ルースにとって中国の問題ほど執念を燃やし、党派意識をむき出しにした問題はない。ルースは物書きで政治家の妻クレア・ブース・ルースと一九四一年、ジャイモとミッシモを訪ねたさい、こう記した。「二人の人物と知り合いになった。男性と女性である。二人は、今後、何世紀も何世紀も記憶されることになるだろう」[4]。ルースはどのアメリカ人よりも蔣が代表するとされたモダニズムを空想化し、通俗化した。蔣支配下の中国がアメリカのようになりたいと望む幻想を創り出すのに影響力も持ったアメリカ人はルース以外にはいなかった。蔣の政府がルースの出版物のなかで描かれていた何分の一でもうまく運用され、効率的で高潔であったなら、また、もし蔣にルースが持ち上げた能力のほんのわずかでもあったなら、中国の危機は存在せず、人民解放軍はやすやすと撃ち破られていただろう。

中国はアメリカ人が敷いた運命を望んでいるという見解もさることながら、蔣とその一族がそれを率先垂範しているとの見方をルースから取りあげるのは至難の業だった。かれの前にあえて立ちはだかろうとするアメリカの政治家は破滅させられただろう。ルースのタイム、ライフ両誌の有能な現場記者たちが蔣の徹底的な失敗と共産主義者の着実な勃興をめぐって送った情報はほとんど確実に検閲を受けた。蔣の失敗に関するどれほどの多くの証拠もルースの心は変えられず、かえって情報を集めた人たちに悪意に満ちた非難を浴びせた。長い間、かれは朝鮮戦争が蔣の大陸帰還を支援する手段になると期待していた。ルースの妹、エリザベス・ムーアはルースの伝記作家アラン・ブリンクリーにつぎのように語ったことがある。「ハリーはいつも中国の共産政権を倒す機会を待ち望んでいたわ。かれはアメリカが共産主義者に宣戦布告する公算があるばかりでなく、共産主義者が始めた戦争もわが国が中国に攻めこむ機会を提供すると考えていたのよ。かれとしては朝鮮戦争が中国とアメリカの戦争になることを本当に望んでいた。五〇年代初頭にもベトナムについて同様のことを話していた」[(5)]。

ルースが忠実なチャイナロビーのメンバーだったかどうかは興味をそそる疑問だ。たしかに中国というこの最重要問題で即座に連帯するルースは、中国戦線の最重要メンバーであった。だが、かれとチャイナロビーのほかのメンバーとは多くの場合、同床異夢の仲だった。ブリンクリーによると、「ルースは本当のメンバーというよりロビーの助っ人だった。かれは純然たる国際主義者、それに対してチャイナロビーの大半が孤立主義者だった」[(6)]。ほとんどのメンバーは本当はどうもロバート・マコーミック大佐の支持者らしかった。マコーミックはこの時期の代表的な孤立主義者でかつルースの政敵だった。ルースが書く文章のなかでマコーミックはいつもあざけりの対象になっていた。マコーミックにとっても、ルースは共和党大統領候補指名でウェンデル・ウィルキー、ついでトム・デューイ（二回）、最後はアイゼンハワーの指名獲得を支援した紛れもない政敵だった。にもかかわらず、二人は中国問題ではつかの間しっかりと手を取り合った。

アチソンを攻撃

中国が原因でルースのアチソン嫌いはほとんど病的になった。アチソンのことを内輪では「あのろくでなし」と罵っていた。北朝鮮軍が三十八度線を越えたとき、ルースは自論の正しさが立証された思いで、論説記者に社説執筆を命じた。その中身は、ライフ誌の初代編集長で、二十年余もルース帝国で重きをなした論説委員の一人ジョン・ショー・ビリングズにいわせれば、「トルーマンの対中政策の挫折をめぐる、だからいわないことじゃない式の身勝手な社説」だった。朝鮮戦争が始まった瞬間から、タイム誌はアチソンにねらいをつけた。「国民のディーン・アチソンに対する見方以下のとおり。共産主義の同調者。うすのろまぬけ。どうしようもない五里霧中の男。アメリカを大戦にまきこむ戦争屋。それとあまりに耳にはしないが、こんな思いやりのある弁護もある。偉大な国務長官」(五一年一月号)。書きたい放題だった。

タイム誌とライフ誌は大半の同業他誌よりも高級誌だったが、たとえば大統領選のような肝心のときになると、オーナーの意向が反映する露骨な政治的道具になり下がった。そして、中国関連記事ほどルース支配下の出版物の政治的偏向が鮮明になったトピックも珍しかった。ルースが中国優先主義者らのためにひと役買ったのは、何といってもセオドア・ホワイトが中国から送ってくる報道の検閲と差し止めだった。ホワイトはおそらくこの時代最高のジャーナリストだっただろう。ルースは夜を昼に変えることはできなかったけれども、ホワイトが現地から送ってくる敗北につぐ敗北を描いた特電を勝利につぐ勝利に書き換えることはほとんど確実にできた。ホワイトはそのころには自分の原稿が全面的に書き換えられるのに慣れっこになっていて、自分の事務所のドアに掲示を出した。「ここで書かれることとタイム誌に印刷されていることのいかなる類似もまったく偶然の一致である」。二人の間にいざこざは絶えなかったが、双方とも中国が好きだった。ホワイトは蒋を完全な失敗者と見なし、中国は自らに目覚め、まったく独自の新しい姿で登場する必要があると信じていた。

蔣介石とスティルウェルの確執が頂点に達し、ルーズヴェルトがスティルウェルの更迭を決断した一九四四年秋、スティルウェルは信頼するホワイトとニューヨーク・タイムズ紙のブルックス・アトキンズの有力記者二人をインタビューに招いた。長いインタビューでスティルウェルは更迭される理由、中国の主張が絶望的な理由を語った。ホワイトとアトキンズにとって記者冥利に尽きる瞬間だった。「この無知なろくでなしは日本軍と戦う意思がない……この戦争のすべての大失敗の原因は蒋にいきつく」[7]。記事は長大となり、アトキンズは数日後、スティルウェルの乗機に便乗して出国、検閲官の目を逃れた。アトキンズはこの報道でピューリッツァー賞を受賞した。ホワイトの十三ページの報道は徹底的にひっくり返され、かれによれば、「ものすごく空想的でめちゃくちゃな親蔣記事に仕立て直され、アメリカ世論を惑わしただけ――それはルースの義務だった。それから記事を防衛するのがわたしの義務[8]」だった。

中国専門家の受難

第二次世界大戦が終わったあたりから、トールマン政権は中国と体制破壊行為疑惑の問題で守勢に立たされた。国内ではトルーマンは右派からの圧力で政府職員の忠誠とセキュリティの措置を強化し、外交問題では国務省の中国専門家、チャイナハンドが発生を警告していたまさにその事態のせいで都合よく非難された。振り返ってみると、かれらは同省が外地に派遣した抜きん出た能力の外交官グループの一つだったと評価されよう。だが、一九四〇年代半ばを皮切りに、かれらはリバプール、ダブリン、スイス、ペルー、カナダのブリテッシュ・コロンビア、ノルウェー、ニュージーランドに追い出された。そのなかでとくに俊才だったレイ・ラダンは短い期間にダブリンからブリュッセル、パリ、ストックホルムとアジア以外の各地を転々とした。「一九四九年以降、わたしは時間をつぶすだけだった。野犬捕獲員の仕事さえ得られなかった」とかれは言った[9]。チャイナハンド個々人を見舞った悲劇はやがて祖国の悲劇となる。政府がきわめて重要となる地域に自ら目をつぶったためだった――せめぎ合う力は不安定で革命的であるがゆえに、自分が見たくないことと本当の脅威とをよりわけることが決定的に重要な地域だったのである。アメリカ軍が三十八度線を越えて北進した一九五〇年十月の時点で、本物のチャイナハンドは一人も残っていなかった。それからおよそ十五年後、ベトナムをめぐる重要な決定が下されたときも同様だった。

追放は最初、比較的低、中級の官僚がねらわれた。しかし、一九四八年にはチャイナロビーの連中は、さらに大きな獲物をやっきになって追いかけようとした。政治的論争がきびしく、醜くなっていったこの時代を理解する最良の方法は、チャイナロビーの指導層がつぎに選んで精力を傾注した対象がジョージ・マーシャルだった事実を考えることだ。マーシャルは若いころ中国の友人で、若手官僚として中国に駐在したこともあって中国にはつねに親近感を持っていた。だから、宋美齢が一九四八年末、アメリカ政府とアメリカの大衆に弁明のため訪米したさい、バージニア州のマーシャル家に滞在したほどだった。マーシャルがしぶしぶ蔣から離れたのは、個人的な悪感情からではなく蔣の中国は滅亡しつつあり、復活は無理なことが明白だったからで、マーシャルがアメリカの利益を蔣の利益に優先させたからだった。それは決定的に重要でむずかしい決断であることをかれは理解していた。同盟者に見切りをつけ、自分たちに敵意を抱くものたちを中国内戦の勝者として受け入れるのである。彼らにはなじみがなく、しかも彼らは世界を困難に満ちた危険な場所にしてしまいかねないにもかかわらずである。マーシャルの愛国主義が蔣の崩壊のせいで攻撃にさらされた事実はマーシャル自身よりもその時代相を物語っている。

世界大戦が終わった一九四五年、党派間の争いに超然とし全国民に愛されたアメリカ人がいるとしたら、それはジョージ・マーシャルだった。だれよりも無私でイデオロギーから遠い、トルーマンの賛辞によれば、「時代の偉人」だった。第二次世界大戦中のアメリカの驚異的な速さの動員計画立案の中心人物だった。一九四一年、国の無知と孤立主義を反映して、定員割れし装備もお粗末な哀れを誘う小型陸軍を引き継ぎ、わずか二年半後にはイギリス海峡を渡った強大な陸軍に再建した。戦争終了時、多くの一般アメリカ人はマーシャルが生存中のもっとも偉大なアメリカ人だという大統領に同感だった。リッジウェイら一部軍人はかれをジョージ・ワシントン以来の軍服を着た偉大なアメリカ人と評した。わずか五年後、対蔣援助の最終裁定者だった人物としてマーシャルまでもその判断を批判にさらされただけでなく彼の愛国主義までも疑われたのは、中国問題がアメリカ政治にもたらした大きな分裂を反映したものだった。

タイム誌は第二次世界大戦中、マーシャルをいつもほめそやした。そこで、マーシャルに弓を引くには、反マーシャルの側にかれがなぜジャイモに背を向けたのか、理由の説明が必要になった。まずワシントン大使館のやり手、顧維鈞の答えは簡単明快だった。マーシャルは中国ミッションに大失敗してひがみ、幻滅したという。皮肉をたっぷり含んだお粗末な答えだった。任務と自尊心とを分ける公僕がいたら、それはマーシャルだった。だが、それでもまだ飽き足りないように、ルースのタイム誌は四七年三月号の特集記事で、近く新種の身上調査を実施するとマーシャルに通告した。かれが引きつづき対華援助に賛成していたら、かれをたたえる形容詞は際限がなくなって、抜群に質実剛健、冷静で決断力に富み、博識で、戦時に発揮した巧将ぶりを平時に発揮しようとしている、とかなんとか書き立てただろう。ところが、タイムは簡単で不吉な質問を発した。「マーシャルは目の前の巨大な任務にふさわしい大物か」[10]。これは警告射撃だった。かかってこい、ぶちのめしてやる。そしてこのマーシャル攻撃には別の重大な意味があった。もしルースとチャイナロビーが、マーシャルのような傑出した大物の名声を傷つけるか、すくなくともその影響力をそぐことができれば、それはとりもなおさず、誰に対しても攻撃できるということを意味した。

一九四七年五月中旬、ルースは顧維鈞と会談した。会談の大半はマーシャル問題に割かれた。そのころには、顧《クー》は数日前のマーシャルとの会談でマーシャルが国府軍はもう見込みがないのではないかと考えていることを知っていた。マーシャルが問題だと決めたのは事実上、顧だった。ルースはほかの多くの争いではマーシャルは味方だったから、顧よりも楽観的だった。マーシャルはトルーマン政権のなかではだれよりも共産主義の脅威を理解していると思うとルースは顧に語った。ルースの見方では、対中政策と現在のアメリカの世界政策との間には大きな矛盾がある。それをマーシャルは理解している、とルースは固く信じていた。顧によると、ルースは顧に「マーシャルはアメリカの世界政策と調和するよう対華政策を変更するか、信用を失うかだ」と語った。「かれが政策を変えなければ、配下のタイム誌は矛盾点を指摘する。しかし、マーシャルは政策を変更するだろう、かれは利口だからきっと変える、とルース氏はいっていた」と顧は証言している。[11]

マーシャルはチャイナロビーの意向とルース帝国の要求に屈しなかった。このとき、マーシャル自身は左翼でも共産主義者でもないが、国務省のそういう者たちをかばっているという考え方が生まれた。さらに悪いことに、ルースは情報をお門違いの連中から得ていた。マッカーシー亜流のインディアナ選出上院議員ウィリアム・ジェンナーがその一例で、かれの言によれば、「マーシャル将軍は謀反人らの隠れミノの役を引き受けただけでなく、自ら買って出た。実は今回が初めてではない。ジョージ・マーシャル将軍はうそが歩いているようなものだ」。マーシャルはジェンナーの非難を人づてに聞いて、「ジェンナー？　ジェンナーって、さあ、わたしはそんな男は知らないよ」[12]。

欧州援助と抱き合わせにする

蔣に疑いの目を向けているとされる人たちに疑いの目を向けるのは、蔣政権をアメリカ政治のなかで生かしておこうとするルースの策謀の一環だとすれば、別の一環は負けず劣らず巧妙にねらいが定められていた。アイデアの出どころはまたしても顧維鈞だった。国府大使館の館員たちはトルーマン政権から疎んじられつつあることに気づいていたが、それだけでなく、欧州の集団安全保障の強化という政権の外交政策ビジョンの核心をなす争点をめぐって政権からの支援が薄いのにも気づいていた。

政府当局者らはマーシャル・プランを通じて戦争で破壊されたヨーロッパ経済の安定化、トルーマン・ドクトリンを通じてギリシャとトルコをソ連の拡張主義の脅威に対する防壁とする意図で一致していた。対華援助をほかの対外援助法案に結びつけるのが顧の発案だった。そのときから、対華援助がなければ、ギリシャ、トルコ援助も欧州復興のための資金援助もない、ということになった。「われわれはヨーロッパでは人間で、アジアでは臆病者のネズミか」とスタイルズ・ブリッジズ上院議員は上院公聴会で叫んだ。発言はアジア優先主義者たちの新たな主張をいい得て妙であった。ますます攻め立てられ、包括的対外援助への広範な国民の支持を欠くトルーマン政権にとって、これは一種の政治的な脅迫だった。

反トルーマンに使われた具体的な争点は中国だったが、攻撃はそれよりもはるかに広範だった。たまっていた怒りの大半は中西部からだった。同地方の住民らは猛烈なイギリス嫌いで、世界大戦の間はアメリカ人はよそのごたごたを鎮めるために送りこまれたと思い、疲弊した戦後の欧州を立て直す戦後のアメリカの尽力はイギリスの肩代わりにほかならないと思っていた。このような中西部保守派は欧州再建を、兵器の近代化で大西洋が狭くなった世界では自国の利益になるとは見なさかった。トーマス・クリステンセン教授はかれらを〝親アジア孤立主義者《エイジアレーショニスト》〟と呼んだ。まるでそれぞれの党が自分の海洋を持っているかのようだった。太平洋は長い間、共和党の海、大西洋は民主党の海だった、とリチャード・ローバーとアーサー・シュレジンジャーは一九五一年に書いている[13]。対外関与にはいつもは慎重だったボブ・タフトでさえ太平洋びいきで、「極東はヨーロッパよりもわが国の将来の平和にきわめて重要だと確信している」と語っていた。

中国問題で政権に挑戦していた共和党は近年のアメリカの政策にほとんど関わっていなかった。著名な政治学者ジョン・スパニャの指摘によると、民主党は有力な共和党議員を一人も対中政策立案に関わらせなかった。蔣の軍隊が崩壊を始めたとき、コネティカット州選出民主党上院議員で上院外交委のブライアン・マクマーン委員は四七年から四九年までの重大な時期の公式政策に共和党上院議員の不同意があったかどうかを調査したが、対中政策の変更を求める提案はだれからも一本もなく、上院でも下院でもアメリカの戦闘部隊を蔣支援に送れと提唱した共和党議員は一人もいなかった。(14)トルーマン支持者のテキサス州選出トム・コナリー上院議員が共和党のアーサー・ヴァンデンバーグ議員に放った「中国の内戦にあなたの子息を送って戦わせるか」の質問に共和党側の答えはなかった。(15)

この質問はこの時代の枢要な両党提携論者のヴァンデンバーグが、共和党が割れ始めたなかで取り組んでいた疑問だった。かれは共和党中道派の人物で、蔣が崩壊をつづけているのに中国問題を極右が利用することにいらいらしていた。共和党が政権を握ったら、両刃の剣になりかねないと同僚議員らに警告していた。ヴァンデンバーグは共和党が勝利したら国務長官の有力候補だった。四八年九月、ヴァンデンバーグは有力な中国優先主義者の一人、ビル・ノーランド上院議員に書簡を送り、中国問題をやりすぎて共和党が問題を引き継ぐことがないよう警告した。「蔣に同情するのは容易だ。わたしもいつもそうだったし、いまもそうだ。しかし、アメリカ人に訓練され、アメリカ製装備で武装したほぼすべての師団が一発も発砲しないで降伏しているときに、アメリカの戦闘部隊をつけた軍事援助は別として実効ある援助を計画することなどできはしない(16)」。

そういうわけで、中国の喪失とは目にみえる氷山の一角にすぎなかった。本当の狙いは、かれら共和党が国の支配を回復していま一度アメリカを共和党のアメリカにする一助にするための争点ということだった。かれらのアメリカは世紀の変わり目のころのアメリカ、健全なビジネス慣行と古風な徳目のアメリカであって、かれらはその模範だった。借金をせず、雇用で政府を当てにしなかった。かれらは指導層が白人、男性、プロテスタントにほぼ独占されていた時代の地域共同体の指導者たちだった。その大半が中産階級の層が薄かった時代の医師、弁護士など知的職業に携わる人たちだった。かれらが所属した社交クラブでは、顔なじみのほぼ全員がかれらと同様、いうところのアメリカ魂からこの国がしだいに離れていくのを感じていた。ニューディールとニューディールが門戸を開いた勢力は敵であった。あるいは、ネブラスカ州選出上院議員ヒュー・バトラーが四六年の中間選挙前にいみじくも語ったように「選挙の後もニューディールが議会を支配しているようなら、それはこの国の共産党のせい」だった。この種の連中は衝動的な移民排斥主義者であり、しかもそれを弱さではなく強さだと信じた。かれらはルーズヴェルトやトルーマンを選んだアメリカ、つまりカトリック教徒、ユダヤ人、黒人、労働組合、大都市のアメリカが好きでもなければ、信用もしなかった。かれらは物でも人でも異質なものはすべて信用しなかった。いまや仕返しのときだ。ルーズヴェルトのアメリカはやつらのアメリカなのだ。さらに悪いことにやつらが国を運営するという事態がほとんど二十年にわたって続いている。

ワシントンに影響力を保持

トルーマンとアチソンは政争が始まっていることに気がついていた。そしてこの寄り合い所帯を率いた人たちを軽蔑していた。アチソンはかれらを〝原始人〟とけなし、トルーマンは〝アニマル〟と呼んだ[17]。トルーマンは最初から中国問題は国内政策でも外交政策でも勝ち目はないと分かっていた。一九四七年三月のある閣議で、トルーマン大統領はチャイナロビーが頼る中国人たちをきびしく批判した。大統領は日記に「蔣介石は戦い抜こうとしない。人民解放軍は戦い抜こうとする――かれらは狂信的だ。それ［さらなる援助］は現状ではカネをドブに捨てるようなものだ」と記した[18]。事実、大統領は就任以来一貫して蔣と蔣の政府に腹を立てていた。破綻した政策と油断のならない不誠実な同盟国を受け継いだと考えていた。アメリカ政府は援助資金の行き先をひそかに調査したところ、蔣一族に大量の疑わしい金融投機があるのが目にとまった。国民党は「まさに収賄者と詐欺師だ。［援助のなかの］百万ドルはきっとニューヨークの銀行にあるだろう」と、電力公営化の提唱者でテネシー川流域開発公社（ＴＶＡ）創設に貢献したニューディーラー、デイヴィッド・リリエンソールに語ったことがある。(19)

トルーマンを激怒させたもの——激怒という表現がぴったりだった——は、戦場の戦果でお返しもせずに国民党が加えてくる情け容赦のない政治的圧力だった。それはかれが信じるすべてのものとあべこべだった——戦おうとしない政府、そのくせ、かれを政治的に攻撃し、もっと武器を寄越せと絶えずいい、兵士はそれを使おうともしない。四八年十一月二十四日、トルーマンが顧とおこなった会談はとくに示唆に富む。会談は、後の戦争時の流行語でいえば、国民党の側が抱える大きなクレディビリティー・ギャップ（言行不一致からくる不信感）を浮きぼりにした。トルーマンは顧と同席したときはっきり意識した。会談の相手は問題国家の代表というだけではない、主要な政敵なのだ、顧は相当の魅力の持ち主で、現在のところ自分に反対する勢力の事実上のリーダーだ。その駐米大使館はトルーマンが大統領選で負かしたばかりのトマス・デューイにきわめて近いのだ。

会談のタイミングは最悪だったし、顧のアメリカ大統領へのわざとらしい腰の低さも見え見えだった。「わたしは英語ではなく米語でかれと話した。会談は上々の首尾であった」と顧は後に記したが、(20)死に体の政権の代表がさらなる軍事援助を求めるには時宜を得たものではなかった。

トルーマンは受け入れる様子がまったくなかった。大統領は顧に、きみは知っているのか、と質問した。国府軍の三十二個師団が徐州一帯（山東省の省都。国共内戦の三大対決地の一つ）で人民解放軍に投降し、しかも、全装備を人民解放軍に引き渡した、との情報を得たばかりだ。いいえ、と顧は答えた。事実、顧はそのことは知らなかった。中国の国民が非常に苦しんでいることは承知している。援助の件はマーシャルに話しておこう。だが、わたしが進んでやるのはそこまでだ、と大統領は顧に答えた。口には出さなかったが、三十二個師団といえばおそらく二十五万人から三十万人の兵が、それに相当する量の装備とともに敵側に移ったということだ。しかも話は、そこで終らない。顧はホワイトハウスを辞去すると友人の国民党政府の外交問題担当の次官葉公超《イエクンチャオ》（欧名はジョージ・イエ）に確認した。徐州争奪戦はどうなっているかね。まずまずです、と葉は答えた。しかし、顧はトルーマンから、三十二個師団が同地で降伏した、と聞いたばかりである。トルーマンの言っていることは本当か、と顧は葉に尋ねる。あの、その通りです、と葉はしぶしぶ認めた。国府軍が解体していった時期の真相と現実は実にひどいものであった。(21)

人民解放軍が大陸を制圧する直前の数か月、アメリカ軍事顧問団長デイヴィッド・バー少将は蔣の高級参謀らとの作戦会議に出席していた。バーが最優先した要請は、退却する前に兵器を破壊して共産側に捕獲されないよう手配することだったが、耳を傾ける者はいなかった。最後の駐華大使ジョン・レイトン・スチュアートは、国内の政府批判勢力を刺激しかねないからと中国共産党指導部との会談を許されなかった。

蔣は中国を失ったかもしれないが、台湾で権力の座を維持するに十分なアメリカ国内での政治的支持は獲得していた。アイゼンハワーが大統領に選出された直後の一九五二年、まだ蔣の駐米大使だった顧維鈞主催の大晩餐会があり、タイム社主のヘンリー・ルース、ウィリアム・ノーランド、パット・マカラン、ジョー・マッカシー各上院議員、ウォルター・ジャッド下院議員ら有力な中国優先主義者数人が顔を出した。晩餐会の終わり近く、面々は一斉に立ち上がって、かれらのお気に入りのスロ

ーガン「大陸光復」を斉呼、蔣のために祝杯を挙げたのだった。(22)

第五部

詰めの一手になるか

北朝鮮軍、釜山《プサン》へ

PART FIVE

The Last Roll of the Dice

The North Koreans Push to Pusan

©Bettmann/Corbis

戦火の釜山橋頭堡。北朝鮮軍は、国連軍を追いつめる

第18章　釜山橋頭堡攻防戦

洛東江で対峙

朝鮮半島では決戦が近づいていた。一九五〇年八月初旬、北朝鮮人民軍は洛東江《ナクトンガン》の対岸に布陣する国連軍部隊へ攻撃の構えを見せていた。国連軍は依然劣勢だったが、人民軍の攻勢も目に見えて鈍化していた。国連軍司令部は、洛東江が北朝鮮軍の障害となり、その背後で兵士は一息つけると判断した[(1)]。しかも新規の兵力がアメリカから到着しつつあった。陸軍戦史家ロイ・アップルマンは洛東江を釜山橋頭堡のおよそ四分の三を守る巨大な堀だと紹介している。橋頭堡といっても小さくはなく、つぎの数週間の戦いは数百の小戦闘と時折の規模の大きな数回の戦闘からなる。アップルマンによると、釜山橋頭堡の形状は長方形で、南北におよそ百六十キロ、東西に八十キロ、東は日本海、南は対馬海峡に接し、洛東江は西端の大部分を占めている。江の流れは緩やかで泥で汚れ、水深は最深地点でもせいぜい約二メートル、川幅は四百メートルから八百メートルである（「ほぼミズーリ川と同程度の川幅」というのは第二工兵隊のチャールズ・ハメル上等兵の感想だ。かれはミズーリ川からおよそ八十キロのところの生まれ。洛東江の架橋に参加、これがアメリカ軍ではなく北朝鮮軍の最後の大攻勢にちょうど間に合った)[2]。洛東江が提供してくれる天然の要害がなければ、米軍は持ちこたえられなかったかもしれない。米軍にとって、同江は要害以上の意味があった。ウォーカーはここに部隊を集結することが可能となり、初めて両側面を守ることができた。

橋頭堡内部では状況は改善されつつあった。道路と鉄道を勘案すれば、予備部隊を迅速かつ効率よく運んで戦闘に投入できる。これも初めてだった。これで、ウォーカーには戦線の穴を埋めるのが幾分楽になった。さらに、七月中旬、第二歩兵師団の先頭部隊がアメリカから韓国に向けて出発しており、ほぼ同時に第一海兵臨時旅団の一部も到着した。この旅団は第一海兵師団となって後の仁川上陸作戦の先陣を務める。これらが積み重なって戦力バランスに変化が生まれた。すなわち、米軍部隊の戦闘能力は劇的に改善に向かい、北朝鮮軍側は時間切れが始まりつつあった。八月末ごろには、米軍司令部のだれもが北朝鮮軍の大攻勢が近いことを知っていた。洛東江の北と西側から攻撃を準備中の同軍部隊は依然強大で、およそ十三個歩兵師団、各師団の隊員数は平均で約七千五百人。加えて、隊員約千人の一個機甲師団、各同五百人の二個機甲旅団を擁した。北朝鮮軍は依然練度の高い軍隊だったが、わずか数週間前にはかれらの意のままだった戦況がどんどん難度を増してきた。たとえば、国連軍地上部隊を支援する空軍機の出撃回数は八月は七月の二倍になり、北朝鮮軍を消耗させ、食料、弾薬、補給支援活動と兵士の休息を奪った。洛東江沿いで決戦が始まった八月末には人民軍の最良の日々は去っていた。双方ともまだそれに気づいてはいなかったが、同戦線で歩兵部隊を指揮したT・R・フェイランバックのことばを借りれば、同軍はすでに「失血死しつつあった」[3]。北朝鮮軍の退役将軍兪《ユ》成哲《ソンチョル》は後年、「朝鮮戦争はわずか数日で終わる予定だった。われわれは事態が悪化した場合を想定していなかった。失敗に備えた計画なしで戦争をすると、自ら災いを招くことになる」と語っている[4]。

金日成《キムイルソン》が八月三十一日、十三個師団を洛東江の決戦に投入したころは、双方の軍事力の水準は驚くほど互角になっていた。精鋭の米軍師団はぞくぞく到着中で、たとえば、第二歩兵師団三個連隊の最後の部隊第三八連隊は同月十九日に釜山に到着していた。このことは、およそ十万人の北朝鮮軍が最後と目論む戦いと釜山攻撃の準備をしているときに、第八軍のほぼ八万の米兵が釜山橋頭堡防衛に備えていた、ということになる。

獅子奮迅ウォーカー

第八軍が過去二か月を持ちこたえたのはジョニー・ウォーカー個人の大成果だった。東京とワシントンに軽蔑されながら、戦車を拒む地で戦車戦専門の指揮官がかつてフランスとドイツで率いた軍隊に比べ著しく弱体な兵力で七月末から九月中旬までの六、七週間を戦った。かれは最善を尽くしたまさにすばらしい、恐れを知らぬ指揮官だったのだ。アメリカが関与した前世紀の戦争のうち不当なあつかいを受けているものがあるとすれば、それは朝鮮戦争である。この戦争で見落とされた局面があるとすれば、一九五〇年七、八、九月、洛東江畔で展開された比較的小規模な一連の戦闘である。そして、当然受けるべき栄誉を与えられなかった指揮官がいたとすれば、それは間違いなく、この戦闘を指揮したウォルトン・ウォーカーである。かれの専属パイロットだったマイク・リンチはかつて「ウォーカーは忘れられた戦争の忘れられた指揮官だ」と述懐した。(5)

朝鮮戦争自体はアメリカ大衆の心を捉えなかったとしても、また、釜山橋頭堡沿いおよび洛東江突出部の戦いが、後からやってくる大がかりな戦闘でひどく影が薄くなったとしても、あの恐ろしい時期のウォーカーは偉大な指揮官の名に恥じない。準備を欠き、貧弱な装備とひどく劣勢な兵力をやりくりして優秀な敵の精鋭の猛進撃にじわじわとブレーキをかけた。その間、祖国は新事態の責務をようやく受け入れ始めていた。ウォーカーが部下に死守を命じたとき、命令に掛け値はなく、また、そのなかに自らも含まれていた。北朝鮮軍が釜山まで進撃したら、かれは抵抗する最後の米兵になるつもりだった。九月初旬のある日、ウォーカーとリンチは大邱《テグ》にいた。この都市は戦争が始まる前は地球上の要衝の地ではなかったが、そのころは二人にとって死活的に重要な岐路に当たった。北朝鮮軍が大邱を奪うと、わずか七十余キロ南の釜山攻撃に扉を開く恐れがある。ウォーカーはリンチに向かって語った。

「きみと私は兵士らと大邱市街に踏みとどまって最後まで戦うことになるかもしれない。仮に敵がこの街の守りを破ったとしても、きみはわたしとここに残る。われわれは最後の瞬間までここに踏みとどまるのだ(6)」。

ウォーカーは疲れも恐れも知らなかった。専用の小型偵察機でときには地上からわずか数十メートルの上空を、自分をねらってくる敵の機関銃火をものともせず、窓から身を乗り出しハンドマイクで地上の兵士たちを励ました。兵士らが退却しているか、パニックを起こしていると判断すると、前線に戻れ、戦え、この野郎、と怒鳴りつけた。あまり低空を飛ぶので、リンチはときどき機体に必ず描かなくてはならない中将専用機を示す三つ星を消した。朝鮮戦争の歴史が展開するにしたがい、ほかの指揮官、とりわけマット・リッジウェイが前面に出るにつれて、ジョニー・ウォーカーは背後に退いていった。ウォーカーはどちらかといえば、十一月下旬から十二月上旬にかけて清川江《チョンチョン》流域で発生した中国軍の大規模な待ち伏せ攻撃で大打撃を受けた事件の責任者のひとりとして記憶されている。本来、ウォーカーの同意を得ないまま起こった愚行だったのに、かれの評判を著しく傷つけた。それは不公平というものだ。洛東江の戦いでは、かれは一つの連隊から一個大隊を抽出して別の連隊にくっつけ、海兵隊と第二七ウルフハウンド師団を救援部隊に使うなど巧みな采配で部隊をやりくりして北朝鮮軍の突破を未然に防いだからである。また、敵に対してカギとなる利点を活用した――貴重な鉄道網と地味な道路網を効率よく利用できる地の利のおかげで機動性が向上した。いっぽう、北朝鮮軍はここで欠陥を露呈した。一時的に敵陣を突破してもこのチャンスに部隊を素早く移動させることができなかった。つまり、戦闘に必須の迅速な兵力の集散も効果的な通信連絡もできないなど、この時期の失敗の多くは戦場での貧弱な作戦計画を反映していた。米軍のように科学技術面に優位に立つ軍隊を相手にした戦闘のスピードは一貫してエスカレートしていた――投入されてくる兵器の増加は戦闘のペースを加速させた。スピードについていけない北朝鮮軍の限界は通信装置の弱点だけでなく、厳格な階級制に基づいて組織された軍隊の基本的な弱点にある、と米軍側は見ていた。

第八軍司令部の参謀らには、ウォーカーは指揮官というよりマジシャンに映った。北朝鮮軍がつぎはどこを攻撃しようとしているかを鋭敏に嗅ぎとったからである。かれはマジシャンではなく、非常な聞き上手だった。北朝鮮軍はひどく幼稚な電信暗号を使っていて、しかも、そうたびたびは変更しなかったから、米軍は解読していた。人民軍がつぎはどこの攻撃を計画中か事前に察知できることがたびたびあった。暗号通信は貴重な情報源だった。もう一つの情報源はウォーカーの目だった。かれとリンチは人民軍の陣地上空を低空でひんぱんに飛んで、敵部隊の配置、日々の変更を驚くばかりによく知っていた。

しかしそうであってもなお、ウォーカーは自分がおかれた状況を一言で表すとするなら「絶体絶命」だと思っていた。つねに兵士が足りず、つねに北朝鮮軍の陣地突破を心配していた。かれの一日は、参謀長ユージン・ランドラム大佐に「ランドラム、きょうはどれだけの予備兵力をみつけ出してくれたかね」で始まるのが日課だった。(7) そう、前線がほしいものは兵士だった。呼びかけはいつももっと兵を寄こせ、だった。北朝鮮軍が海岸までアメリカ軍を追い落としてしまう可能性はたいへん現実味を帯びていた。ウォーカーが人民軍の能力をかなり過小評価した地点は洛東江突起と呼ばれた一帯だった。江はやや西に緩やかに曲がってから東に向きを変える。このため、南北に約八キロ、東西に約六キロの小さな出っ張りが形成された。ここはやがて戦争全体のなかでも最激戦地の一つになった。米軍はこの地域の北朝鮮軍第四師団にはげしい砲撃を加え、捕虜から同師団はひどく打ちのめされたとの朗報を得ていたので、同地点の北朝鮮軍の攻撃能力は限られたものと予想した。ところが、突起部における敵兵力は第四師団所属部隊だけでなく、第二、第九両師団の部隊も含まれていたことに米軍側が気づかなかった。

この防衛線は薄い

同地点にウォーカーは第二歩兵師団第二三連隊の三個大隊のうちの二個大隊を配置して、第三大隊は第一騎兵師団に貸し出していた。米軍側はひどく薄く広がっていた。ハロルド・グレアム曹長は当時、第二歩兵師団第二三連隊第一大隊チャーリー中隊の小隊長代理を務めていた。将校任官の推薦を受けていて、任官辞令が下りるのを待っていたが、洛東江突起部への共産側による大攻勢の最初の夜に重傷を負い軍歴は事実上終わった。同師団はそれまでの戦闘で疲れ果てていた。グレアムの推計によると、同師団は総兵力は正常なら一万八千人のところをそれまでの戦闘での損耗による定員割れと一個連隊を欠いておよそ九千人だった。この兵力で担当したのはほぼ六十五キロの前線で、隊員数四、五百人程度の二三連隊第一大隊が維持したのはおよそ十四、五キロの地域だった。

「大攻勢を前にしてわがほうに人があれほど少なかったとは信じられない」というのはチャーリー中隊の小隊長ジョー・ストライカー中尉である。かれはわずか数日前、通信将校として連隊に再配属されたばかりで、あの問題の日々をくぐり抜けた数人のなかの一人である（のちに同地の戦いの実態の語り部になった)。かれは言う。

「あれは北朝鮮にたいする仕掛け線ともいうべき防衛線だったと思う。が、この防衛線はものすごく小さくて細い。驚くばかりの少ない人数の防衛線だ。本物の防衛態勢というよりも大きな人間のふるいだったね。大隊の兵士全員が一機ずつ専用ヘリを持っていたら、やれたかもしれないが、現実には絶望的な任務だった。朝鮮半島に入ったときからそんなぐあいだったんだ」。

前線近くで最初の戦闘配置についた。着いたばかりだから、戦闘のさいの定石通りのことをした。つまり、両翼の友軍を見つけ出し、連絡の段取りをつける。この場合、ジープを運転して出かけた。ところがいけども、いけども友軍はみつからない。およそ八キロもいったところでようやく二人のGIを見つけた。二人は隣の第二四師団所属の兵で、ストライカーを見て感動の様子だった。まるで第二師団全体が韓国に到着したシンボルのように歓声を上げた。かれは八キロ先に布陣していると告げるのは実に忍びなかった。

第二三連隊の隊員が攻撃を待っているときは、孤独感はいつにも増して深かった。ウォーカーの北朝鮮の出方をめぐる情報は概してきわめて正確だったが、この地域のこの時点では明らかにしくじった、と連隊長ポール・フリーマンは後に回顧している。八月が終わりに近づくにつれて、第二三連隊第一大隊の兵士らはなにか大きなことが近づいていることに気づいた。北朝鮮軍が大攻勢をかけてきたのは、かれらが洛東江東岸に布陣してわずか二日後のことだった。第二大隊は第一大隊の後方に前進した。最初は洛東江防衛の部隊集結地点の密陽《ミリャン》村、ついで同江にもっと近い昌寧《チャンニョン》と呼ばれる村に移った。三十一日夜までにかれらは江の対岸で北朝鮮軍の動きが活発になっているとの情報をひんぱんに入手、前線全体に一両日中の夜にも攻撃があるとのうわさが飛び交った。(8)

人民軍渡江開始

時に部隊は、何か非常に大きなものの進路に立ち入ったばかりに、歴史の進路に踏みこんでしまうことがある。その夜のチャーリー中隊がそうだった。圧倒的に劣勢の中隊が北朝鮮人民軍の大軍の最後の大攻勢をまともに食らったのである。洛東江の長々とうねる流れに沿って配置されたアメリカ軍部隊の多くが薄い布陣だったとすれば、第二三連隊ほど薄くかつ危険だった連隊はなく、連隊のなかでもチャーリー中隊ほど危険にさらされた部隊はなかった。中隊で生き残ったひとにぎりの隊員たちは部隊を後に〝故C中隊〟と呼んだ。ストライカー中尉は突起部で接触した両軍の兵力差を数年後になっても信じられなかった。北朝鮮軍の二個師団、おそらく一万五千人から二万人もの兵士がチャーリー中隊が守る全域になだれを打って攻め込み、うち八千から一万人が中隊陣地を突き抜けた。ストライカーによると、通常、一個中隊の兵力はおよそ二百人で、担当する地域はおよそ一キロ。しかし、チャーリー中隊が所属した第一大隊は約十四・五キロの正面を受け持った。ということは、欠員を抱えた三個中隊はそれぞれ四・五キロから五・四キロを、一個小隊は各一・八キロ、つまりアメリカン・フットボール場七個分を担当しなければならなかった(9)。

ストライカーの推計はグレアム曹長とアーウィン・エイラー曹長の記憶と一致する。グレアム曹長はチャーリー中隊の迫撃砲班と無反動ライフル班の第二小隊を担当、エイラー曹長は重火器小隊の第四小隊を任せられていた。グレアムの小隊はチャーリー中隊の中央部に布陣し、その左隣がエイラーの第四小隊、グレアムの右隣は同じ第一大隊のB中隊だった。

エイラーの小隊の左側は昌寧に通じる道路だった。その先は同師団第九連隊の兵士がいた。戦線のすき間はひどいもので、「オレたちは互いに遠く離れていたのでいったいだれがいるのかわからなかった」とエイラーは述懐する。(10) かれはその夜重傷を負う。

グレアムの第二小隊はおよそ千八百メートルの前線を受け持った。グレアムの右側はおよそ千八百メートルのすき間が開いていた。その先にB中隊の陣地が始まっていた。グレアム曹長は「われわれは昼間はすき間を砲火でカバーできたが、夜はその手は使えなかった」と後に書いている。(11)

前線が哀れなほど薄いことをだれよりもよく知っていたのはチャーリー中隊長シリル・バーソルディ大尉だった。かれはベテラン将校で自由の女神像をデザインした人物の遠縁に当たった。第二次世界大戦で部隊を指揮した経験がある大尉はこの時点で部下たちが攻撃されたらひとたまりもないことをよくわきまえていた。また、みんなが予想していた種類の北朝鮮軍の大攻勢を阻止できないことも分かっていた。かれの理解によれば、中隊は第八軍全体に警報を発する弱くてか細い仕掛け線の一部である。つまり、その任務は北朝鮮軍が攻撃してきたことを知らせ、できればその進撃を遅滞させ、遠くの司令部が攻勢を阻止するだけの部隊と火力を動員できるのを待つことだった。ここが中隊の兵士全員の死地になるかもしれない任務の残酷さを大尉は理解していた。

八月三十一日午後、チャーリー中隊を含む第二三連隊のさまざまな部隊が洛東江対岸で敵部隊が集結し、いくつかの地点でいかだを組み立てているのに気づいた。攻撃が近いのはもう明らかだった。事実上、もう始まっているようだ、と隊員らは思った。洛東江は貴重な防衛線かもしれないが、不完全な防衛線だった。北朝鮮軍は夜間にこっそり出てきて川底に砂袋を敷いて水面下に隠れた橋を作ることで知られていた。それらの橋は泥まじりの流れのために肉眼では見えない。戦闘が始まると、兵士も車両も比較的容易に渡ることのできる通路を持つことになる。攻撃を待つ米兵のなかには橋はもうできたのではないか、と気をもむ向きもあった。

人民軍の攻撃に真っ先にねらわれたのはベーカー中隊だった。午後八時三十分、同中隊のウィリアム・グラスゴー中尉は異様な光景を報告した。無数の敵兵がたいまつを持ち、江に向かって移動している。報告によれば、たいまつはローマ字のVとOを描き出していた。だれにもその文字の意味（それが文字だとしたら）が分からなかった――たぶん別の部隊を正しい方角に誘導する単なる方向指示信号だったのだろう。後で米軍が捕らえた捕虜もこの件については少しも役に立たなかった。米軍が捕虜から得たほとんどの情報によると、なお自信満々の北朝鮮軍は三日で釜山に到着するつもりだった。

そのとき北朝鮮軍の集中砲撃が始まった。アメリカ兵らは突然、恐ろしい光景を目撃する。見渡す限りの北朝鮮兵が江に現れ渡っている。チャーリー中隊の観測員らの推計では、最初の十五分以内に少なくとも千五百人が洛東江を渡った。ベーカー中隊方面では、各一個大隊相当の兵士が四班に分かれ、合計一個師団が渡江した。

チャーリー中隊の持ち場にもそれに匹敵する襲撃があった。「最初に目撃したとき、いわば無数のアリが江を渡り、われわれのほうに向かってくるかのようだった」とその夜そこにいた補給担当軍曹テリー・マクダニエルは話している。(12) ひどく孤立し、ひどく劣勢な状態下、陣地で息をひそめて待ち受ける米兵にとって、かれらが一目も二目も置く戦闘部隊がこれほどの人数をかけてかれら目がけて殺到してくる光景はぞっとするばかりだった。北朝鮮軍の第一波は相当な死傷者を出した。「最初、かれらは大きな標的になった。オレたちの小隊のだれかが、こりゃ七面鳥撃ちだぞと叫んだ。ところが、相手があまりにも多すぎるし、こちらは少なすぎた。七面鳥はこちらだとすぐに気づいたよ」と中隊書記ラスティ・デイヴィッドソンは回想する。(13) みんながいやおうなしに前線勤務に狩り出されたので、書記も前線勤務に回されていた。

大隊本部は攻撃を予想してはいたが、これほどはげしいものとは思わなかったし、まさかここを選んで攻撃してくるとは思いもよらなかった。不幸にして、これは選択の問題ではなかった。仮にわずかでも選択の余地があったら、ほかの数個師団をそこに配備して連携し、頭上では空軍機が北朝鮮軍を空から迎えただろうし、大量のアメリカ製火砲が進撃予想ルートにねらいを定めていただろう。しかし、大隊は火砲はほとんど持っていなかったし、空からの掩護もないに等しく、基本的にはないないずくめだった。戦略は、それがあったとすれば――ほとんどは直感だった――洛東江突起部の東側から釜山に通じる複数の道路の維持を図り、ほかの米軍と国連軍が集結する時間を稼ぐことだった。しかし、かれらはどこから見てもそこで孤立していた。「われわれは本当に手薄だった」と大隊本部のジョージ・ラッセルは回想したが、かれはそのことばさえ自分で笑い飛ばし、もっと適切なことばがある、「目視不能なほどの薄さだ」と総括している。[14]グラスゴー指揮下のベーカー中隊は深夜までに退却し、チャーリー中隊は完全に包囲され、はげしい銃砲火を浴びた。ひどく孤立し弱っていたので、北朝鮮軍部隊の一部は背後に迅速に浸透して大隊本部に向かった。九月一日早朝には本部に達し、ここでもすばやく背後に回って外部と遮断、本部はつぎの三日間孤立したままになった。

たいまつ攻撃の報が届いたとき、第二三連隊長フリーマン大佐は砲兵部隊にただちに砲撃開始を命じた。砲撃はたいまつにも助けられてきわめて正確で、一時は人民軍の進撃を鈍らせた。しかし結局、兵力にまさる北朝鮮軍にとっては、正確な砲撃さえあまり問題ではなさそうだった。大隊では各中隊の前哨陣地をできるだけ長く持ちこたえさせるのと、他日の戦いに備えてできるだけ多くの兵士を脱出させるという相反する二つの要求の板ばさみになっていた。フリーマン大佐は指揮下の大隊と連隊の陣地も危うくなっていることや、釜山に通じる道路がもっともねらわれていると気づき、ただちに阻止部隊の編成にとりかかった。いっぽう、前哨陣地の部隊にはできるだけ長く全力を挙げて持ちこたえよと指示を送った。大佐は連隊の予備部隊にただちに手をつけた。すなわち、フォクス中隊を持ってきて、これにハウ中隊の一部をもって支援させ、第二大隊副官ロイド・ジェンソン少佐指揮下に置いた。同中隊の任務は、可能なら第一大隊のクレア・ハッチン中佐まで到達し、それがだめな場合は、またすぐにだめになったが、洛東江から昌寧《チャンニョン》に通じる道路上に阻止陣地の構築を図ることであった。

フリーマンはやっかいな立場にあった。通常の三個大隊ではなくわずか二個大隊を指揮して大軍相手の戦いに入っていた。そのなかの一個大隊はすでに完全に遮断され、損害は明らかにすさまじいものになりそうだった。もう一個大隊の部隊は遮断された大隊に達することができず、悪天候のため空軍の支援は得られなかった。フリーマンの砲兵隊は弾薬が不足していた。昌寧に通じる道路の封鎖を図ったジェンソンの陣地はただちに連隊の主防衛陣地となり、戦闘は陣地周辺で二週間にわたって展開された。太平洋で日本軍相手に無残なきびしい戦いの数々を経験したジョージ・ラッセルでも、これほどの激戦は見たことがないと思った。それほど荒々しい戦いだった。米軍は半島から追い落とされる恐怖を背に猛烈に戦い、北朝鮮軍はここで失敗すれば、これが最後の大攻勢となって北に駆逐されると知っていたから、こちらも米軍に劣らず必死だった。

フリーマンはジョージ中隊に阻止陣地の構築に当たらせた。これで九月三日、ようやく第一大隊に退却の道が開け、スイッチと呼ばれた地点（「スイッチ板」で知られた旧大隊通信センターが近くにあったのでこの名がついた）で態勢を立て直した。こうしてアメリカ軍の態勢は最初の攻撃からおよそ四十八時間経って著しく安定した。同日までには、北朝鮮軍第二師団が主要道路に集結、フリーマンはほぼ全部隊を投入して北朝鮮の同師団が真っ直ぐ釜山に向かうのを阻止しようとしているという情勢になってきた。フリーマン本人が後に記しているように、最初の数時間の戦闘で即座に下したさまざまな決断は指揮官として残酷きわまりないものだった。かれは時間を稼ぐためには一部の部隊を犠牲にしなければならないことが分かっていた。同月一日には連隊本部が壊滅しそうになったほどで、辛うじて五百メートルほど後方に移動することで難を逃れた。

チャーリー中隊の崩壊

洛東江に近い前線では、終わりは急速にやってきつつあった。北朝鮮軍はチャーリー中隊を素早く包囲して各個撃破し始め肉薄してきた。その夜、ちゃちな前哨陣地に配置されたアメリカ兵らは、敵が自分の首に絞首用の縄をかけ、いまにも絞め上げるのを見守っているような気分だった。深夜までにチャーリー中隊はほとんど跡形もなかった。ベリー・ローデン伍長はその夜、七人編成の無反動ライフル班を率いていた。総勢十八人の分隊のなったばかりの分隊長だった。入隊前の商売はフロリダの田舎でウイスキーの密造をやっていた。ローデンはたまたまその夜、丸々一個歩兵中隊が崩壊するさまを見守る立場にいた。ハッチン中佐の第一大隊指揮所とバーソルディの中隊指揮所とを結ぶだけの通信線がなかったので、ローデンの前哨陣地に通信線を応急に引いてそこから数百メートル離れたバーソルディの中隊指揮所を別の線でつないでいた。そんな事情からローデンは間に合わせの通話中継員となり、壊滅する前線部隊の隊員たちの断末魔の叫びとなすすべもない無力な大隊本部の応答を聞くことができた。自分の陣地をもうじき見舞う運命でもあっただけに胸が押しつぶされる思いだった。

ローデンはバーソルディ大尉が大隊本部に部下の隊員を解放する権限を付与してくれるよう懇請するのを聞いた。「われわれは踏み止まれない。くり返す、われわれは踏み止まれない。唯一残されたチャンスは隊を解散して隊員を各自脱出させることだ」。ローデンはバーソルディの通信を中継しながら、なんとかほかの大隊に救援に駆けつけてもらえないか、あるいは空軍がぎりぎり最後に救援に飛んでこられないものか、と思った。それは、映画のなかのいつもの筋書きで、あの夜の洛東江東岸の現実ではなかった。バーソルディと隊員たちは勇敢に戦った。しかし、わずか四十五分間の戦闘で弾薬が切れ始めたので、バーソルディは最後の必死のことばで脱出の権限を懇請したのだ。それはローデンの分隊の声を代弁してもいた。大隊から回答する声が返ってきた。「貴官の陣地を全力をあげて維持せよ。解散は不可。くり返す、いかなる犠牲を払っても貴官の陣地を維持する。これは至上命令だ。解散は絶対に不可」。ローデンはバーソルディに回答を伝え、砲兵隊の砲撃か、少なくとも照明弾の発射を求めるかれの最後の伝言を受けとった。しかし、どちらもこなかった。その後、通信線は両方とも途絶えた。北朝鮮軍が切断したのは明らかだった。やがて、ローデンは二本の通信線のワイヤの端がすれる音を耳にした。敵兵がローデンの陣地を突き止めるため引っ張っていると察知したかれはワイヤの端を切断した。やつらにはどこにもたどれないワイヤを引かせておけ。隊員の脱出を図るときだとローデンは判断した(15)。

チャーリー中隊第一小隊長グレアム曹長は隊員をできるだけ一か所に固めて射界を最大にするのが最善の策だと考えた。脱出のチャンスは薄いから非常に小さいへ悪化したと判断した。グレアムは部下から立派な下士官と見られていた。職業軍人で未婚。軍が妻帯させる気になったら、妻を支給するだろうさ、という多くの下士官の古い流儀を受け継いでいるようでもあった。猛牛のニックネームで知られていた。たくましい軍曹に決まってつけられるありふれたニックネームである。かれは部下との私的な接触は控えてきた。たくましいが愛すべき下士官になるつもりはなかった。たくましいだけで十分だった。ずっと後年になって、かれはいつも少し余計にたくましくしようとしたのはなぜかを語った。戦場で部下を失ったときの愛惜の情を恐れたのだという――そんなものはだれの助けにもならないし、最善の決断をする自由を妨げかねない。部下が殺されただけでたくさんなのに、そのうえ友人が殺されたとなるともっと悲惨ではないか。グレアムのことを部下たちは陸軍の強さの核をなす曹長だと信じていた。このような絶望的な場所からかれらを脱出させられる者がいるとすれば、それはグレアムだった。優れた射界を設け、決してパニックに陥らず、決して自分本位に考えなかった。

グレアムはこの戦闘の性格は勇気よりも弾薬が基になると素早く読んだ。弾薬とは時間のことである。グレアムは戦闘音を聞き分ける鍛えられた勘を持っていた。トム・ウィルソン中尉配下の隣の小隊陣地が沈黙したとき、かれには北朝鮮軍が陣地を占領したことが分かった。それはグレアムたちへの圧力がこれから強くなるということだ。かれが部下の脱出決行を決断したのはそのときだった。大隊本部が何といおうと、敵の進撃を遅らせることはもはや不可能。弾薬が足りなかった。機関銃の残りの弾薬はガンベルト一本分になっていた。自動小銃は弾がまったくなくなったものもあった。大勢の隊員がM－1小銃の弾をくれと大声で求めていた。銃剣以外に残っているものはあまりなかった。（かれは自分の銃剣は投げ捨てたか、外したかしていた。どっちだったかはっきりしなかった。）自動ライフル銃を持っている鍛練された北朝鮮兵の前で、銃剣は何の役にもたたない。

かれは部下を招集した。丘の上で十二人ばかりを失っていた。いや、十五人だったかもしれない。あの戦いの狂気のなかではだれがはっきりいえよう。戦死して数日後後送された者もいた。戦闘が終わったとき、胸を張れることが一つあった。それはかれの陣地は壊滅させられなかったことだ。隊員たちはチャーリー中隊の指揮所に移動し、そこでバーソルディ大尉とウィルソン中尉、たぶんウィルソン小隊の隊員らしい兵士七人を見つけ、合流した。血路を切り開くのに死活的に必要なものは弾薬だった。遺体から弾丸を集めようとしたが、だれかに先を越されたのか十分ではなかった。中隊の指揮所は時間切れが刻々迫っていた。一行はクワッド50と呼ばれる50ミリ機関砲四本を束ねて固定した兵器を半トンジープに据えつけ、対空用の連装40（40ミリ連装銃）も半トントラックの車体に搭載した。これらは一時的には敵に効果はあったが、それも時間の問題にすぎなかった。終わりは避けられなかった。

敵の銃砲火がはげしくなるなかを、一行は負傷兵数人を辛うじて補給用ジープにすべりこませた。夜明けの直前だったが、北朝鮮軍はクワッド50と連装40を捕獲、銃口を至近距離で米軍陣地に向けた。それはかれらが脱出を図っていたときで、銃弾と砲弾がかれらの周囲で土煙を上げた。グレアムと残り兵士数人は辛うじて隣接の丘の頂上にたどりついたが、北朝鮮軍はすでにもっと高い隣の丘にいてかれらに発砲した。グレアムが初めて負傷したのはそのときだった。右側のしりだったが、どうにか歩きつづけることができた。(16) 集団は大きくはなく、たぶん二十五人だったろう。そのなかには、バーソルディ大尉、ウィルソン中尉、ロバート・アグニュー軍曹、ジェシー・ウォーレス伍長、デイヴィッド・オーマンド上等兵、それに看護兵のアーノルド・ロボ上等兵がいた。オーマンドはよくぞ死なずにすんだとほかの者たちから思われていた。かれは大尉の通信兵で、ここにくる前、背中の無線機を撃たれて無線機は吹き飛んだ。バーソルディはやむなく這っていってひどくうろたえるオーマンドの両足を引っ張って危機を脱し、安全な場所に運んだのだった。

グレアムの回想によると、一行は丘からの脱出を図って、ようやく溝に難を避けた。大尉は自分のポケットをまさぐって必死に最後の数発の弾を見つけようとした。そのときグレアムにまた弾が命中した。同じ下腹部だったが、違う方向からだった。はげしく出血し、刃物を突き立てられた豚のようだ、とかれは思った。片足の感覚はほとんどすぐになくなった。かれはショーツを脱いでオーマンドに折りたたんでもらった。ベルトで出血を止める戦場の即席の包帯代わりである。このような状況下では最善の応急手当だった。そのころには敵の銃砲火ははげしく、グレアムの知る限り、全員が撃たれ、まだ動けるのは数人だけになった。溝のなかでかれの隣に転がっている米兵の遺体はたぶん二十人だったろう。グレアムはもう死んでいる者と生きている者との区別がほとんどできなかった。まだ動ける数人の兵士がこれからどうしたらよいかとかれに聞いた——逃げるか、戦うか、降伏するかだ。ほかの戦争なら降伏は受け入れられる選択だったが、米兵の捕虜はワイヤで後ろ手に縛られ頭を撃ち抜かれて浅い墓地に残されていたとのうわさをかれら全員が聞いていた——これは事実だと判明した。だが、弾薬なしにどうして戦えるのか、とかれは思った。

グレアムは、自分は死につつあるのだから、どうすべきか教えられない、好きにすればいいと答えた。兵士たちは降伏するために出ていった。それがかれらを見た最後だった。耳をすませたが、銃声は聞こえなかったし、銃弾が空気を切る音も聞こえなかった。少なくともとりあえずは処刑されなかったことにグレアムはほっとした。後にわかったことだがウィルソンとロボは殺され、ウォーレスとオーマンドとアグニューは結局は米軍に救出された。グレアムは溝に横たわって死ぬのを待った。ひどい出血はつづいていた。東洋人めらはオレを捕まえる、とかれは思った。わきを通りかかった北朝鮮兵の最初の二グループは、かれを死者と見なして放置した。三番目のグループはかれが生きているのに気づき、からだからブーツ、靴下、ライター、時計からなにからなにまで奪っていった。持ち去られたもののなかにはみんなに恐れられていた黒表紙の小さな手帳まであった。かれを怒らせた隊員やささいな軍紀違反が記入されたエンマ帳だった。記されていた氏名のほとんどがもう死んでしまい、かれも死者の列に加わろうとしている。手帳にはもう用はなかった。「ユー、将校？」と北朝鮮兵の一人が質問した。「ノー、ミー、ＧＩ」とかれは答えた。ここで、かれの小さな運も尽きたらしかった。一団のなかにかれが賢いジョンと呼ぶ将校がいた。ほかの連中よりも賢く、あなどりがたい感じだった。賢いジョンはグレアムの眉間をライフルの台じりでポンポンと叩き、起き上がらせようとした。グレアムは両足の負傷で立ち上がれないと身ぶりで示した。将校は銃剣のねらいを定め、かれの陰部を突き刺すまねをした。グレアムは首を振り、起き上がれない、とまた身ぶりで訴えた。グレアムの軍服は腰から下は血に染まっていた。将校はほかの米兵の遺体を点検するためしばらくかれを捨て置いた。数人の北朝鮮兵がたどたどしい英語で何歳か、のどは渇いていないかとうるさく聞き始めた。グレアムが飲み物を求めると、かれらは拒否したが、将校よりは友好的に見えた。そのとき、賢いジョンが戻ってきた。もうだめだ。最早これまで、とグレアムは観念した。しかし、北朝鮮兵らはグレアムの傷は深すぎ手間をかけるまでもないと判断したのは明らかで、認識票をはぎとっただけでいってしまった。

およそ十二時間が経ち、グレアムは奇跡的に元気を回復して這い出した。それからの十二日間、米軍の陣地があると思われる方角に向かって這ったり、足を引きずってむかっていった。昼間は身を隠し、夜になると苦痛に耐えながらゆっくりと、用心しながら移動した。最初の二十四時間に動けたのはおよそ九十メートルだけと計算した。とうとう棒切れを見つけ、これを杖代わりに使った。水を見つけたところでは必ず飲んだ。草についた露までなめた。大隊本部にたどり着くころには顔じゅうひげだらけになった。かれによれば、ひげは長く伸びすぎて先端が曲がっていた。やせ衰え、体重はおよそ二十三キロも減っていた。グレアムが這いこんだとき、室内に座っていたクレア・ハッチン中佐ら少人数の将校団はまるで亡霊が現れたかのように驚いた。ブッチ・バーベリス少佐はちょうどビールを開けたところで、〝亡霊〟を見るとビールを渡した。「うまい。こんなうまいものは初めてだ」とグレアムはバーベリスに歓喜の声をあげた。(17)

グレアムの朝鮮戦争は終わった。チャーリー中隊はもちろん壊滅していた。翌日、本部にたどりついた隊員はたぶん十五人から二十人くらいだったろう。あのような状況下の中隊は通常、六人の将校を擁している。しかし、チャーリー中隊はすでに三人に減っていた。最初の二十四時間でその三人のうちの二人が戦死したのだ。

バーソルディ大尉の運命もつきかけていた。かれは北朝鮮軍の捕虜となり、約二週間にわたって毎夜行進させられた。捕虜たちはワイヤで互いに縛られ、一晩で数キロ移動した。北朝鮮軍は米軍捕虜を階級別に分けようとした。将校は資本家階級の真の代理人とされうんときびしく当たられた。待機した昼間にはよく尋問が行なわれた。おまえは金持ち出身か貧乏人の生まれか？　金持ち出身と答えたら、なぐられたので、あっという間に全員が貧乏人と答えるようになった。おまえはマッカーサーが好きか？　ノー。トルーマンは好きか。ノー。答えはノーに決まっていた。バーソルディは兵士たちにバート大尉で知られていたが、かれを守るためにバートとだけ呼んだ。しかし、捕虜になってから二週間ほどがたったころ、とうとう北朝鮮軍は将校は一歩前に出なければ全員を殺すと脅した。バーソルディが前に出ると、それからの数日ひどくなぐられた、結局殺され、大きな墓地に多数の地元民の遺体と並べて埋められた。米兵捕虜の多くは翌日米軍戦車部隊に救出された。バーソルディは銀星章を遺贈された。

北朝鮮軍の全面攻撃の矢面に立ち、ひどい損害を受けたチャーリー中隊は再建されたものの、ほかの中隊よりも少々悪運にとりつかれていたらしく被る死傷者の数はほかよりもいつも少し多かった。やがて、連隊の将校らはこういって兵士を脅すようになった。「この野郎、チャーリー中隊にやるぞ(18)」。

わたしは第八軍を救えない

かれらは苦戦のすえ、どうにか北朝鮮軍の進撃を遅滞させた。いっぽう、北朝鮮軍は前線の突破はしたものの勝利を最大化することには完全に失敗した。同軍の丸々一個師団が予備部隊として洛東江突出部近くで待機していたが、なぜか戦闘には投入されず、休憩し再編された。それが、ウォーカーの部隊に巻き返しのチャンスを与える時間的余裕となった。その夜の洛東江沿いはどこもかしこも第二、第三のチャーリー中隊ばかりだった。兵員補充の乏しさに加え、本国から最精鋭部隊が到着しても戦闘の諸条件に習熟するのにどれだけの時間が必要なのか、ウォーカーはだれよりもよく知っていた。きわめて誇り高い歴史を持つ精鋭の第二師団は、一定期間前線を経験するまではここでは実戦の試練を経た部隊とはいえなかった。小隊長や中隊長として朝鮮にやってくる将校のうち、だれが戦闘に必要な能力や直感の持ち主かは銃砲火をくぐるまでは分からなかった。そういうものはウエストポイントでもバージニア軍事学院でも予備役将校訓練隊でも教えられるものではなく、おもに適性の問題であって実戦のなかで身につけるしかない。新たに到着する師団は早晩いくさ上手になることをウォーカーは疑ってはいなかったが、問題は時間だった。しかし、かれにいちばん不足しているのはその時間だった。マイク・リンチのことばを借りれば、ウォーカーは（決壊をふせぐために）堤防の穴に両手の指のすべてを詰めてもまだ足りないといったところだった。

後年の軍事評定では、人民軍司令官らが釜山橋頭堡の最後の大攻勢に失敗したのは主に用兵のまずさにあった、とされた。かりにかれらが兵力を増やし、的を絞って攻撃していたら、勝利の可能性ははるかに高かっただろう（もちろん、そうしていたとしても、米軍の砲兵隊と空軍の標的にそれだけなりやすかった）。そういう事後講釈はウォーカーには少しも満足のいくものではなかった。その当時、かれは北朝鮮軍の情け容赦のない攻撃に圧倒される思いだった。マイク・リンチの回想によると、九月一日は指折り数えられる最悪の一日だった。二人は（第二師団の）第九連隊が占拠していた一帯の上空を低空で飛んでいて、敵が攻めてもいないのに小川の河床を退却中の一個中隊のアメリカ兵を発見した。もっと悪いのは、北朝鮮軍の進撃を鈍らせることができる理想的な防衛地点を迂回していた。ウォーカーはリンチに機を目いっぱい下げよと指示し、リンチは地上九十メートルまで降下した。

フラップを戻しエンジンを切って米兵の頭上わずか十五メートルを滑空した（いつものようにエンジンが再始動することを祈りながら）。ウォーカーはドアの外に大きく身を乗り出し、機外に出んばかりにして携帯マイクで怒鳴った。「止まれ。戻るのだ。この腰抜け野郎ども。おまえたちは攻撃されてはおらんぞ。戻れ。立派な陣地があるぞ」。兵士たちは知らぬ顔だったので、ウォーカーはカンカンになった。肝心かなめの時期の戦線離脱である。しかも、アメリカ本土から到着したばかりの精鋭とされる師団所属の兵士たちである。かれは第二師団長ローレンス・カイザー少将（通称ダッチ）の司令部にいくようリンチに命じた。カイザーは樹上観測とその他の断片情報を基に敵軍は第二師団を攻撃して受け持ち部分のど真ん中に幅約十キロ、奥行き約十三キロの穴を開け、師団は二つに分断される危機が迫っていると判断した。

ウォーカーはほかの指揮官と同様、すでにカイザーに深刻な疑問を抱いていた。カイザーは当時五十五歳で、このような骨の折れる指揮官には少し歳をとり過ぎていた。そのうえ五十五歳にしては年寄り臭いと思われていて、この戦争はかれには遅すぎたという見方が膨んでいた。師団司令部を離れるのを渋り、部下に対応を頼りすぎている様子だった。カイザーはこの困難な時期に「充分に守りを固めた司令部から号令した」とはクレイ・ブレアの巧みな評である。若いころの戦争では勇猛果敢だった男が歳とっても勇猛な兵士のままでいるのはまれで、カイザーの場合もそうだった。ウエストポイントの一九一七年組で第一次世界大戦では大隊を指揮して銀星章を受章した。大戦では若くて勇敢、なにもかもうまくいったが、それからの三十三年の歳月が士官としてのカイザーを変えてしまった。第二次世界大戦では部隊を指揮せず、三十年以上も戦闘から遠ざかっていた。一九四八年秋、かれは副師団長の肩書きで第二師団に配属となり、五〇年二月、二つ星（少将）をもらって同師団長に昇任した。この人事では陸士時代のクラスメート、ジョー・コリンズ陸軍参謀総長との深い友情に助けられたことを疑う者はいなかった。ウォーカーが内輪の考えを腹蔵なく話したマイク・リンチによると、ウォーカーはカイザーのことを加齢とともに小心者になった、この戦争の任務はかれには重すぎると思っていたという[19]。

その日の朝、カイザーは四囲の情勢にすっかり気押されていた。そこにウォーカーが到着、負け戦のときにしかない悲惨な場面が一気に出現した。二人の男ががけっぷちに立ち、もう後がない瞬間である。ウォーカーは入ってきたときからひどく怒っていた。それからカイザーの地図を見やった――ウォーカーがたったいま上空を飛んできたばかりの崩壊する前線とはなんの関係もない夢想家の地図。ここにその将軍がいる。かれの指揮下の師団の一部は崩壊しつつあるのに、この男はそれすら知らない風情だ。

「ダッチ、きみの師団はどこにいる？」ウォーカーが口を開いた。「きみの予備はどこにいる？　きみは予備部隊をどこにどう張りつけるつもりなのか？　きみは霊山《ヨンサン》を維持せよ。だめなら、わが軍は密陽《ミリヤン》を失う。密陽が失陥すれば、釜山を失いかねないのだぞ。きみはこの事態の核心にいるのに、何が起こっているのか分かっていない」。

カイザーは部下の連絡将校が戻ってほかの部隊がどこにいるのか報告するのを待っているのだと釈明し、兵士たちで道が混雑し部下の帰りが遅い、と苦情をいった。リンチは「もちろん、部下は渋滞に巻きこまれている。だけど、やつらはあんたのところの戦場離脱の兵隊どもだぞ」と思った。カイザーは師団の展開状況の詳しい説明を試みたが、ウォーカーが見てきたばかりのこととはなに一つ合致しなかった。「それはまったく違う」。ウォーカーは口をはさんだ。「わたしはいまきみのところの前線の上空を飛んだばかりだ」。ちょうどそのとき、カイザーの連絡将校の一人が到着した。遅れたことを詫びながら、遅くなったのは道路の四辻に一人の大佐が立っていて退却を止めよと命じたからだ、と言い訳した。大佐は「戦えるやつはどいつもこの線を越えてはならん」とわめいていた、という。「そうか、わたしはその大佐を知っている。わたしのG－3（作戦）補佐だ」。

そこで、ウォーカーは高飛車にどやしつけた。「きみが師団を掌握するか、さもなくば、わたしが指揮をとり、きみを陸軍から追放するかだ。わたしはこの戦闘に負けたくない」。かれは部隊にどこで戦ってほしいかカイザーに正確に説明した。ウォーカーが立ち上がって出ていくとき、カイザーは飛行機まで見送ろうとした。しかし、ウォーカーは手を振って制止した。「きみはこれで忙しくなった。だれにも飛行機まで見送ってもらう必要はない」といった。飛行機のそばまでくると、乗りこまず、しばらく座りこんだ。明らかに気を静めようとした。リンチは静寂のひとときを求めていると思ったが、ふとウォーカーが泣いているのに気づいた。「この第八軍を壊されるままにして置けない。しかしわたしは全体を失いつつある。これをどう止めていいか分からない」としぼりだした。[20]リンチは将軍は疲れ果てていると思った。ひどく叩かれたわけでも、戦いに敗れたわけでも精神的に参ったわけでもない。ただ疲労困憊したのだ、完全に打ちのめされたのだ、と。陸軍はこのような状況下に置かれた男から精神的に参るまで絞りとれるだけ絞りとろうとしているのか、とリンチはいぶかった。

ウォーカーは劣勢のギャップを埋めるため新しい部隊を必要としたのに、近づく仁川《インチョン》上陸作戦のために逆に部隊を失っていった。米本土からの部隊はぞくぞくと第七師団に向けられる様相だった。七師はマッカーサーの仁川上陸軍の一翼を担う予定の部隊である。さらに、ウォーカーは仁川奇襲部隊の主力となる海兵隊まで失おうとしていた。かれは、東京と数日間談判して第五海兵連隊（海兵隊第一師団の一部）を指揮下にとめ置こうとした。暫定的な同意ができ、同連隊を指揮下に置けることになったが、九月四日まで、しかも釜山防衛に使わないで済むよう全力を挙げればとの条件つきだった。結局のところ、同月十五日に予定されている仁川上陸が作戦の主たる柱であり、わずか二週間先に迫っていた。マッカーサーは危険度の高い作戦に備えて部隊を温存しておきたかった。厳密な意味では、海兵連隊は名目上はウォーカーのものだったが実質はそうではなかった。ウォーカーが敗北の瀬戸際に立たされていると思った瞬間があったとすれば、それはこのときだった。第二師団の一部がやられるのを見たあと、かれは海兵隊司令官エディ・クレイグ准将に電話して密陽に抜ける道路防衛には海兵隊が必要になる、いますぐ進発せよと命じた。かれは同時にマッカーサー司令部に呼び出してG－3（作戦参謀）を代行している参謀長代理ドイル・ヒッキー少将に語りかけた。G－3担当のアーモンドは仁川作戦立案にかかりきりだった。ウォーカーは海兵隊の投入許可願いに感情をこめた――本来はマッカーサー自身が使うので名高い最後通牒である。「かりに本職が海兵隊を失えば、前線の安全の責任は持てない」。軍上層部の将官をぞっとさせることばだった。ヒッキーは部外者から非常に公平と見られていた人物だった。ヒッキーの返事が聞こえた。マッカーサーは釜山の海兵隊使用を承認済みであり、またウォーカーが海兵隊を管轄下に置く期限は必要なら九月四日から先に延長する。(21)

寒村をめぐって

軍隊の勝負の分かれ目は、その規模のいかんにかかわらず、現場の将校たちにかかっている。危うかった最初の数日間、ウォーカーと第八軍を救うのに貢献した多数の若手将校のなかに第二師団第二戦闘工兵大隊の中尉がいた。名前をリー・ビーラーといった。ビーラー中尉は部下の工兵とともに、小粒だが効果的な阻止部隊を巧みに編成し、なだれを打って霊山《ヨンサン》を通過するかにみえた北朝鮮軍を奇跡的に押しとどめた。九月一日が終わるころには、霊山を維持するチャンスはないように思われたのに、ビーラーら工兵は、やがて救援に駆けつけたほかの部隊と海兵隊とともにそれをやってのけた。霊山攻防戦は二週間つづいた。絶え間のない猛烈な戦闘だった。霊山は戦争のなかの戦争であり、終わりのない戦争だった。そこで戦ったものたちは決してその戦いのことを忘れなかった。霊山の重要性をくり返し聞かされたGIと海兵隊員には、終わってみればがっかりするばかりの村だった。東西と南北に伸びて交差する街道が二本、それだけだった。これが祖国アメリカの町だったら、まずやりたいことはさっさと逃げ出すことさ、とは工兵の一人の感想だった。かれらが戦いの後、霊山を歩いて通り抜けたとき、なんとも不思議な気分を味わった。米朝両国人の大量の血が流されたのは、こんななんの変哲もないもののためだったのか、と。兵士たちはかつてパリやローマのために命を落とした。ベルリン攻防戦では三十万人余のロシア人が死んだ。しかし、吹けば飛ぶようなもののためにこれほど長期にわたって戦ったことに米兵は困惑した。この戦争の特異な狂気を際立たせているように思えた。とはいえ、霊山は重要であったのだ。ここから延びる道路は約十九キロ先の密陽につづき、密陽からは釜山に至る。釜山から先は敗戦に通じた。

ウォーカーに気合いを入れられたカイザーは戦闘漬けの第二工兵大隊のほとんど全員を歩兵あつかいし、損害のひどい第九連隊所属とした。ビーラーはドッグ戦闘工兵中隊の隊長だった。一九五〇年七月のかれの韓国再訪は必ずしも幸せなものではなかった。第二次世界大戦で陸軍に入営し、その後、テキサス鉱山大に戻った。ところが、陸軍で見つけた戦友愛と目的意識が忘れられず四六年、陸軍に戻ることにした。戻ってみると、陸軍はなぜか海外赴任のチャンスを提供した。かれは目的地を自由に選べると思いこみ、ヨーロッパ行きを強く希望した。だが、もちろん送られた先は韓国だった。かれはこの国がすぐに嫌いになった。その小さくない理由は到るところに漂ってくる臭気だった。即席の肥料にする人間の排泄物のニオイで、かれだけではなく多数の米兵を悩ませた。韓国の国民がとりわけ好意的ではないのも嫌いな理由だった。韓国人は植民地支配下の歳月を恨み、アメリカ軍が象徴する将来に不安を感じていた。ほかの米兵は日本がどれほど楽しかったか、敗北し勝者の模倣に熱心

地図8.洛東江突出部、1950年8月31日—9月1日

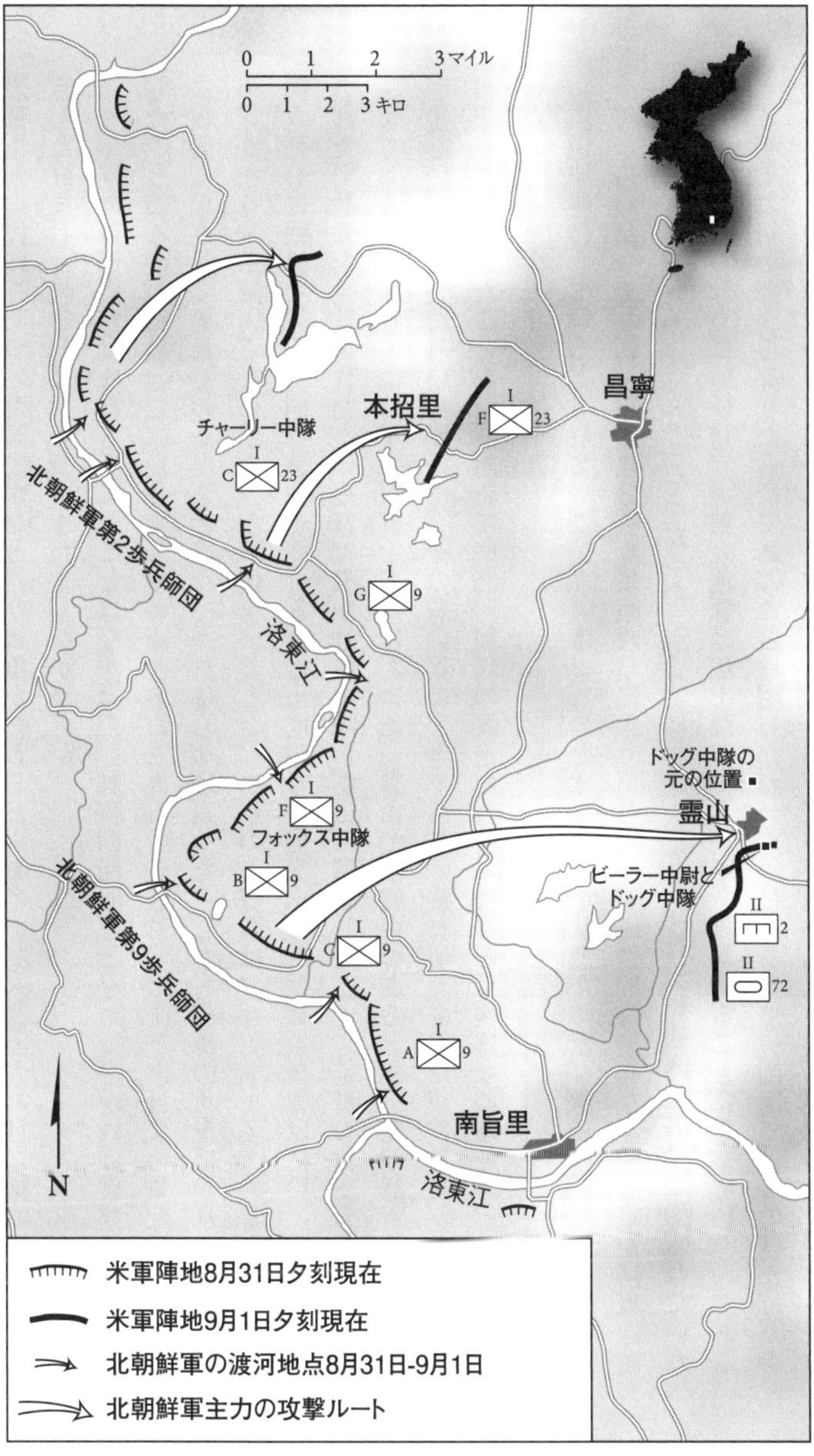

な日本人がどんなに友好的になっているかをビーラーに語って聞かせた。残酷きわまりない植民地的恐怖を他国民に押しつけた国民がひとたび戦争が終わると、大半のアメリカ人の目に犠牲国民よりもうんと好ましく映るとは。不公平きわまりなかったが。

二年間の韓国勤務はなにも楽しいことはなかった。勤務期間明けとなって、かれは喜び勇んで帰国した。ところが、結婚したばかりで身重の妻がいた一九五〇年六月、ビーラーはよい気配のない戦争に戦闘工兵として戻れとの命令を受けた。かれはしょげ返った。しかも部隊の状況はかれの部隊も含め、かなり気が滅入るものがあった。国を出るとき、かれの上官らはフォートルイスの営倉を開け、囚人たちに朝鮮で戦うか国で審判を受けるかと一度限りの提案をした。ビーラーは結局、重罪で告発された男数人を受け入れたが、それでもかれの中隊が霊山に移動したとき、定員の約三分の二しか満たしておらず、即戦力はわずか百五十人だけだった（霊山で激戦中のあるとき、北朝鮮軍の攻撃に目ざましい働きをした若い兵がいた。その若い兵はアカで汚れ、疲れ切ってきたが、ビーラーに営倉から出してもらったことを、感謝していた。現代の戦士たちは、なんとも複雑な旅路をたどっているものだな、とビーラーは、感慨深かった）。

霊山を維持しているとされていた第九連隊はこのときはひどい状態だった。隊員の一部は上級の司令部からの命令で北朝鮮軍に無分別な偵察攻撃に乗り出したが、圧倒的に優勢な北朝鮮軍が洛東江にちょうど取りかかったところだった。満州作戦――第九連隊は満州連隊の名称で知られていた――と名づけられたこの任務で、第九連隊は江を渡って人民軍を攻撃することになっていたのである。カイザーの司令部から降りた命令であることは明らかだった。後になって、師団ではこのばかげた命令は実は上からの圧力で攻撃のための攻撃を試みた一士官から出たと見る向きが多かった。情勢報告は早くからかなりな規模の北朝鮮軍を確認していた。北朝鮮軍が先に江を渡り、米軍側は完全に虚を突かれてもっとも打撃を受けやすい状態になった。渡河ほどむずかしいものはない。強固な防衛陣地を守っているときに攻撃されたのではなく、第九連隊の前線の兵士ら多数が開けた場所で捕捉された。しかも、洛東江沿いに展開する同連隊の部隊は第二三連隊と同様、小規模に分散していた。

ビーラーは初めから満州作戦には慎重だった。かれは第二次世界大戦の経験から渡河のむずかしさを知っていた。事件全体はかれが到着してからずっと疑っていたこと、つまり、上官らは多くの場合、当然知っておくべき戦闘に関する知識に乏しいのではないかとの疑念を確認しただけだった。問題の攻撃作戦が初めて話し合われたとき、かれは連隊長ジョン・ヒル大佐に隊員は渡江訓練をしているのかと質した。特別な訓練は必要ないとヒルは答えたので、ビーラーは訓練は必要だ、第三六師団がイタリアのラーピド川の渡河を試みたときの当事者だったから知っているのだ、と主張した。ラーピド渡河は大戦中の連合軍側が大惨敗した事例の一つだった。ラーピド川は流れが速く、川岸も高かった。ドイツ軍は対岸に塹壕を深く掘っていた。

ヒルはビーラーの反対を一蹴した。相当大規模な攻撃を実施するのでなければ、ボートに乗った隊員全員が敵の攻撃に身をさらす、きわめて難事であることをヒルは理解していなかった。ヒルは渡江をタクシーを呼ぶような調子で考えているらしい、とビーラーは判断した。隊員らの身の安全に大いにかかわる警告を拒否されて、ヒルへの尊敬の念は消え失せた。指揮官のなかには豊富な知識を持つことが務めなのに知識は少ないうえに知識豊かな者の意見に耳を傾けない者がいる。これは驚きだったが、驚いたのはそのときが初めてではなかった。果たして、北朝鮮軍は第九連隊が水の上か岸辺に丸見えになっているところを捕捉、作戦担当将校を含むヒルの連隊参謀多数がほとんど即座に戦死した。そのなかには、カイザーの副官でウエストポイントのアメリカン・フットボール選手で鳴らしたトム・ロンバードもいた。事件から五十四年経っても、ビーラーは北朝鮮兵がたいまつを片手に江に降りてきて渡る準備をしているのを初めて目撃したときのことを語ることができる。「あれには真っ青になった。わが軍に何が起きようとしているか、それがどれほど悲惨なものになるか——あのときの震えるような不安はずっと忘れることはなかった。あの時のことを思い出すと、いまでもふるえが止まらなくなる」[22]。ビーラーは部下の大半をただちに大隊本部に戻した。江岸で殲滅されるのを回避するためだった。その夜と翌朝は恐怖のうずに包まれた。

翌日、ビーラーは米軍部隊の上層部がほとんどノイローゼ状態になっているのを目撃した。見たくない光景だった。ビーラーはウォーカーとカイザーの間に険悪なやりとりがあったことは知らなかったが、九月二日、ヒルが連隊長を解任されるところを目撃した。師団長代理スレイデン・ブラドレー准将が連隊本部に現れて事態を悟った。准将はカイザーよりもはるかに戦場に出ていることが多かった。かれは足元の統率力の欠如に怒りの色を顕わにしてヒルを詰問した。「大佐、貴職の第一大隊はどこにいるのか?」ヒルは、知らない、深夜から消息がないと答えた。「それでは第二大隊はどこか?」

ヒルはこれも知らなかった。すると、ブラドレーはヒルに冷ややかな、刺すような顔を向けた。ビーラーの眼底に焼きつく表情だった。「大佐、きみはあきらかに事態を掌握していない。私が連隊の指揮をとる」。数分後、ブラドレーはビーラーに向かって工兵大隊は歩兵として戦う、ただちに霊山に移動せよと命じた。霊山を二十四時間維持するのが第二工兵大隊の任務だ、その後は海兵隊が到着して交代する、とブラドレーは告げた。そのやりとりのなかで、ビーラーは上官の大隊長がチャーリー・フライ少佐に代わった事情を思い知らされることになる。前任のジョー・マケカン中佐はヒル大佐同様、情勢の危うさを認識していなかった。マケカンは第二次世界大戦中、工兵としてパン・アメリカン・ハイウエー（アラスカからアルゼンチン南端に到る全長二万七千キロの南北米大陸縦貫道路）の建設に携わり、戦闘指揮の経歴がなかった。自分が朝鮮半島にいるのは道路建設のためで北朝鮮の共産主義者に銃を向けるためではないとまだ思いこんでいた。マケカンはブラドレーの命令変更をめぐって異論を唱えるミスを犯した。ブラドレーが工兵部隊に北朝鮮軍の前進を阻止するために必要なら死ぬまで戦えと命じたとき、マケカンは「しかし、閣下、兵士たちは特殊兵です。歩兵ではない。かれらは技術者だとご理解願います」と抗議した。

「中佐、きみはわたしのいうことが分からんのか。わたしのいうことが。死ぬまで戦えといったら、死ぬまで戦え。歩兵として戦うのだ」とブラドレーは答え、この累卵の危機が分かっていない者やひそかに疑念を抱いているほかの将校らの見せしめにするため、マケカンをその場で解任し、後任に大隊副隊長を充てた。「フライ少佐、きみはわたしの命令が分かるか」とブラドレーは質問した。「イエス、サー」とフライは即答した。[23]ブラドレーは解任されたヒル大佐にビーラーの霊山防衛陣地の構築を手伝えと命じた。ヒルはお荷物だなとビーラーは思った。連隊長を解任されたとはいえ、ヒルが大佐であり歩兵であることに変わりはない。ビーラーは一介の中尉であり、工兵である。やりにくい関係だった。

しかし、ビーラーはヒルよりも経験豊かな将校だった。かれの所属部隊はかつてイタリアでサレルノ上陸の先陣を切った。これは大戦のなかで折り紙つきの凄惨な戦闘に参加した経験があるということだ。イタリア作戦はきびしい戦いで全部が全部、米軍の勝利と栄光に包まれて終わったわけではなかった。負けいくさもあったが、負けいくさにこそ往々にして最大の知恵が得られるとかれは確信していた。かれが学んだ知恵とは、指導者の成功のカギの一つは味方の弱さとともに敵の強さを知ること。この知恵でかれは韓国でわずか数週間戦っただけで部下たちの尊敬をかち得た。以下は班長の一人ジーノ・ピアッツァ軍曹のビーラー評だ。「将校連になぜ良し悪しがあるのか。よい将校は勘が働く。よく予想してよく対応する。危険箇所を事前に察知する。部下との折り合いもよい。やることは自分自身のこと、昇進のこと、勲章のことだけじゃなく、指揮下の兵隊のことを考える。その尺度でいえば、ビーラーは最高の将校、最高中の最高の将校だったよ。オレたちはビーラーが上官でとても幸運だった」。

ヒル大佐は早速、霊山前面の平坦な水田のど真ん中に防衛線を構築しようとした。ビーラーは自身の限界をよく心得ていた――自分はよい工兵将校かもしれないが、歩兵戦の専門家とはいえない。にもかかわらずヒルのプランは惨劇を呼ぶ処方箋だとすぐに見抜いた。これでは全中隊が犠牲になる。だれがヒルに歩兵の戦術を教えたのか知らないが、各人の防衛陣地の助けになる自然の高低もない開けた田んぼで戦うのは狂気の沙汰だった。さらに悪いことに、左右の側面を守る米軍部隊はいなかった。対する敵の好みの戦術は先ず側面に回ってから防衛陣地を包囲する。「われわれが布陣しようとしていた場所は、北朝鮮軍にとってわが方をなぎ倒すのに理想の場所だったというわけさ」とピアッツァ軍曹は語っている。

ビーラーはヒルにはげしく抗議した。かれは村の背後の丘に隊員を上げるか、釜山に通じる道路の南側、つまり、村の前面ではなく背後に配置したかった。そこだと数で優る敵に対しても非常に有利に戦える。霊山自体は五、六戸の小屋があるにすぎない。そんなところを維持するのは何の意味もない。ここで重要なのはそこから延びている道路なのだ。しかも村の背後の丘をとれば道も塞《ふさ》げる。ビーラーはヒル大佐に立ち向かいながら、思いはリトル・ビッグホーンのカスターの故事に飛んだ。カスターがやろうした狂気の沙汰をだれも抗議しなかったのか。一般の兵士たちは指揮官が狂って全員を危地に陥れようとしているのが分からなかったのか。上官たちはカスターの虚栄心が兵士たちの生き残りの機会を台無しにすることを理解しなかったのか。その当時、ビーラーは自分の周囲の情勢やもっと大きな戦略には通じていなかった。かれが唯一知っていたのは、北朝鮮軍の大砲や迫撃砲、戦車、優勢な兵力に対してむき出しになる開けた田んぼに部下を配置するわけにはいかないということだった。しかし、ここにヒルがいる。相手は大佐だ。平地で戦えと命じている。北朝鮮軍が強襲してきたときだけ、離脱して丘に後退してよい、とかれは命じた。まったく呆けた言い草だ、とビーラーは思った。北朝鮮軍はほとんどいつも夜だけ攻撃してくる。戦闘の最中に優勢な敵から離脱するのは昼間でも困難な軍事行動である。それを夜間にやるというのは、何をかいわんやであった。

危殆に瀕しているのは兵士全員のいのちだった。たとえビーラーが生き残って、中隊を犠牲にする決定に反対しましたと軍事法廷で証言したところで、何の役に立つだろう。もう議論しているヒマはない、とかれは判断した。自分は一国一城の主だ。責任は自分にある。それに、ヒル大佐はたったいま口実を教えてくれたではないか。ビーラーはケネス・ネーションズ曹長に向かって怒鳴った。「ネーションズ曹長、われわれは攻撃された。中隊を率いて丘に登れ」。ヒル大佐は何もいわなかった。

しばらくしてブラドレー准将が姿を見せ、「どこの部隊か」と問うた。

「第二工兵ドック中隊であります」とネーションズが答えた。

「村の前面に展開しているはずだが」とブラドレー。

「違います、閣下。中隊長は兵を率いて丘に登れと命じました。ご自分で見られてお分かりのようにここは非常によい位置であります。閣下」

「よしわかった、曹長。つづけたまえ」とブラドレーは応じた。(24)

そこで、ドッグ中隊は丘が提供した天然の要塞を利用して道路に向かって浅いU字型の防衛陣地を形成した。隊員らがタコツボを掘り終えると、ネーションズ曹長が通りかかり、ちらと見てもっと深く掘れと命じた。「オレたちはそのときはぶつくさいったが、じきに曹長のけつにキスしたくなったよ。曹長がやれといってくれたおかげさ」とブッチ・ハメル上等兵は回想する。道路の向かい側には第二工兵大隊エイブル中隊が展開、昼間はほかの中隊をはぐれた兵士若干名が加わったが、ドッグ中隊と同様、ひどい兵員不足は変わらなかった。

死闘

深い霧がかかった夜だった。北朝鮮兵の姿を目撃するはるか前から、隊員たちは笛の音や人声を聞いていた。命令する人声の一つひとつが暗闇のなかでなぜか拡大され、荒々しく、きれぎれのことばが耳に入ってきた。すると、敵戦車の身の毛のよだつ轟音が飛びこんできた。戦闘が始まる直前、ビーラー中尉がやってきて敵兵を実際に見るまでは発砲するな、味方を撃つことになりかねないからな、と警告した。霊山の集落にいちばん近い第一小隊が真っ先に攻撃を受けた。ハメルらの小隊は発砲命令が出るずっと前から戦闘音を聞いていた。そうこうするうちに霧が晴れ、第一小隊が交戦中の丘の一部が突然見えてきた。発砲が可能となり、北朝鮮軍の不意を突いた。それからは戦闘はハメルの陣地に移った。戦場の真実とは、つねに恐怖につきまとわれることだとハメルは思った。戦闘中にビビらなかったというやつはうそつきだ。あのような状況に置かれた兵士は全員が恐ろしい選択に直面する。望むのは生き延びることだけ。敵を前にひたすら逃げ出したくなる。しかし、仲間から臆病者とは見られたくはない。逃走の不名誉、仲間を裏切る不名誉が辛うじて逃走の歯止めになる。そのために、ただそのためにこそ、踏み止まって戦いつづけるのだ。祖国のために戦うだの、反共のためだのと教えられた御託は戦闘の最初の数秒で雲散霧消してしまった。

ハメルの記憶によると、軍曹の一人がその夜首を撃たれた。それほど深い傷ではなかったが、軍曹はパニックになり、陣地の後方に逃げ出した。隣のタコツボ壕の兵士が軍曹に向かって撃ち始めたので、かれは仲間に向かって「味方だ味方だ」と大声をあげた。軍曹は幸運だった。いのちを落とさずに済んだ。北朝鮮軍をどうにかこうにか防いだのだから、我々は全員幸運だった、とハメルは考えた。いや、全員ではない。十二人が戦死し、十八人が負傷した。たぶん三時間ほどだったと思うが強烈な掛け値なしの接戦の代償は高かった。ビーラー中尉の隊員配置は完璧だった。中尉殿は戦闘中ただの一度も退避せず、陣地から陣地を落ち着いて動き回り、部下は大丈夫か、弾薬は足りているか確かめていた。「オレの人生であれほど勇敢な男は見たことがない。鉄砲玉の下であれほど冷静な男は見たことがなかったよ」[25]。あれから五十年以上も経ったハメルの回想である。

その夜、隊員らが丘の上に陣をしいたさい、朝鮮人の担ぎ屋数人が手伝った。ピアッツァはそれにかんかんになった。当時かれは二十三歳、学校の成績は悪くても知恵がよく回るところがあった。とりわけ、戦闘地域で人が無償でなにかをやってくれるわけがない。かれはこのような状況下では軍が身分保証をしていない朝鮮人を信用しなかった。アメリカ兵は自分の兵器は自分で丘に運び上げるべきである。人民軍が米軍の前線の背後に多数の兵を浸透させ、民間人を装う事例が頻発しているのをかれは知っていた。兵士を担ぎ屋に変装させるのはいとも容易で、かれらはアメリカ軍陣地の正確な地図も持ってまた前線をすり抜けていく。ピアッツァは若い将校に担ぎ屋を近づけるなといって怒鳴り合いになった。将校は心配はいらない、担ぎ屋たちはいいやつらだ、友好的だ、といった。友好的が聞いてあきれる。やつらのことをなにも分かっちゃいない。何にもだ。やつらの一人がにっこり笑って英語でひとことふたこと人を持ち上げることをいったら、いいやつだと思う。だれかに持ち上げてもらうことばかり考えて世間を渡ってきたくそいまいましい無邪気なアメリカ人だ。ピアッツァは担ぎ屋を追い出した。

翌朝、ひどい濃霧に包まれたのに、敵は迫撃砲弾をきわめて正確に米軍陣地に撃ちこんできた。あの気のいい朝鮮人の担ぎ屋たちは案の定、敵の偵察員だった。しかも有能だった。ピアッツァの分隊の十二人の隊員のうち五人が戦死した。

ピアッツァの小隊の戦闘は熾烈《しれつ》だった。かれは、北朝鮮軍の迫撃砲弾で倒れた仲間の仇を打とうとするかのように奮戦した。かれの陣地に胸に重傷を負った若い兵がいた。ミシシッピ州オークランド出身の志願兵で十八歳になったばかり、ピアッツァは彼を守らなければならないと考えていた。名前をローニー・テーラーといった。「ああ、僕は死ぬ。見捨てないで。ぼくをここから出して」とピアッツァに哀願した。ピアッツァはみんながやってくれているから心配するなと励ましたが、この戦闘の最中に丘を降りようとする者などいないことは分かっていた。ピアッツァはテーラーのいまわの際のあえぎ声を聞きながら両腕のなかであやしつつ、撃って撃って撃ちまくった。テーラーはある時点でぽとりとこと切れた。ピアッツァはM−1ライフル銃をつかむと、一斉射撃のたびに戦死した分隊員の名前をわめきながら、前進してくる北朝鮮兵に銃弾を浴びせた。このような激戦にかれ自身を含め兵士たちはどう反応したか。打ちひしがれる者、うまく対処する者、それがかれの関心を引いた。部下の一人が負傷した。ピアッツァの目には軽傷に映った。事実、ごく浅い傷だったが、精神的に参ってしまい、「死ぬ、死ぬ」といいつづけて本当に死んだ。その兵は自分に暗示をかけて死んでしまった。なんと奇妙な戦争心理かとピアッツァは思った。

ビーラーが隊員たちを高所に布陣させたのは幸運だった。人民軍の少なくとも二個大隊が宵のうちに攻撃を開始して翌日の朝までに攻撃を三回つづけた。ジェシー・ハスキンズ伍長はいう。「やつらはぞくぞくとやってきた。切れ目がなかったよ。オレたちは大量の銃弾を浴びせた。雨あられとな。オレたちは敵兵を殺しつづけたが、殺し方がのろいのじゃないか、と疑い出したよ。相手の数は多すぎ、ひたすら攻めてくる。何ものも止められなかった。人数は増えるばかりだ。まるでオレたちはそこにいなかったのと同じようなもの、オレたちのやることなど問題じゃないみたいだった」。完璧な配置をしていなかったら、中隊は全滅の憂き目に遭うところだった、とハスキンズ伍長は固く信じている。(26)

弾薬が尽きかけて小隊はこのままでは壊滅すると思った瞬間があった。しかし、ほかの小隊の隊員が一箱分の手投げ弾を運んでくれた。丘を転がり落とすだけでよいぴったりの兵器である。迫撃砲や大砲を持たない米軍はバズーカ砲をロケット砲代わりに使ったが、いのちの綱は重機関銃とクワッド50だった。クワッド50（四機のマシンガンをとりつけたジープ）はこの戦争でもっとも有用な兵器の一つになった。もともとは対空兵器だが、殺傷能力が高く、この戦争で使って敵の優勢な兵力を相殺した。敵兵をやすやすと倒すだけでなく、恐怖を植えつけた。GIたちは肉切り包丁と呼んだ。戦いが終わったとき、丘の中腹には北朝鮮兵の遺体が散乱していた。クワッド50は戦闘を有利に導いてくれた、とビーラーは思った。中隊は司令部から砲火の類の支援はなにも受けていなかったから、クワッド50を所有していたのはラッキーだった。ビーラーはある時点で砲兵隊の支援を求めたが、一発飛んできて的を大きく外れた。ビーラーは電話で正確な位置を教えようとしたところ、砲兵はほやほやの新入りで方向指示システムの操作を知らないという返事が返ってきた。

ビーラーの経験に感謝しなければならないドッグ中隊の隊員のなかに若い中隊書記がいた。名前はヴォーン・ウエスト。その夜は戦闘歩兵として徴用されていた。かれは最初のタコツボ掘りをほどほどで満足していた。岩だらけの丘の穴掘りは難儀だった。そこに軍曹が現れもっと深く掘れと指図した（その夜以降の戦闘の経験で、ウエストはもっと深く掘れといわれずとも、十分な穴を掘るようになる）。かれは書記ではあっても、射撃の腕は中隊随一。小銃射撃場でほうびの週末外出許可証を獲得したこともあった。ビーラーは時折、将校クラブで自分の中隊は射撃の名手ぞろいだから中隊書記でもほかの中隊一番の射撃手の腕を上回ると吹聴してちょっとした競争をあおっていた。ウエストは招かれてほとんどいつも賭けに勝った。ウエストの記憶に残るのは夜中の恐ろしい若い下士官の悲鳴だった。かれはウエストよりも少し高くなった丘の縁にいて顔を撃たれた。悲鳴を聞いたのは戦闘の最中で、曳光弾の光で瞬間的にかれの姿が目に入った。顔はつぶされ、這いずりながらおかあさん、おかあさんと大声で母を呼んだ。ウエストはかれを助ける方法はないとすぐに悟った。[27]

蚊の一刺

中隊の死傷者の比率は高かったが、しかし他の者が指揮していればもっと高くなっていただろう。後にヴォーン・ウエストはこんな話を聞いた。ビーラーが、戦死者の名簿をじっとみつめながら、涙を流していたというのだ。ばかげた大言壮語が満ちあふれる大隊本部では、中隊長が泣くとは見下げたやつという者もいた。しかしウエストは思ったのだ。これだけ多くの部下を失えば、泣くのは当然だ。涙を流さないでどうする。[28]ドッグ中隊はその朝遅く丘を降りて、ごくわずかな休息をとった後、二夜目の戦闘に備えて丘に戻れと命令された。ビーラーは不満だったが、命令は命令である。隊員たちは疲れていた。だれも何日も寝ていない気分だった。丘は最初の夜があれほど重要地点だったのだから、二夜目も引きつづき要地になるのだろう、とビーラーは予想した。海兵隊がこちらに向かっているとのうわさがすでに流れていた。隊員一行がのろのろと戻り始めていると、一両の海兵隊戦車がやってきた。戦車の上の四人の隊員の表情は生気にあふれ、戦闘にいや気のさした年寄りじみた工兵たちとは好対照だった。それはまさしく海兵隊員らがけなす歩兵づらである。若い海兵隊中尉が工兵たちののろのろぶりに怒気もあらわに「ちゃんと歩け、ちゃんと。ちきしょうめ。兵隊らしくしろ」と怒鳴りつけ、恥をかかせてやるといわぬばかりに「貴様ら知っているか。この丘を維持してけさがた北朝鮮軍を撃退したのは、なんと工兵隊だぞ」。ピアッツァは中尉をにらみつけ「オレたちをだれだと思ってる。おれたちがそれをやってのけた工兵隊だっ」と怒鳴り返した。それから、一行はすこし背筋を伸ばし、歩調を速めて丘を登っていった。

幸いなことに北朝鮮軍は二晩目は攻撃してこなかった。やがて、海兵隊とほかの部隊が反撃を主導して、北朝鮮軍を敗走させた。ヒル大佐はビーラーの命令無視に怒り収まらず、軍法会議にかけようとしたが、ビーラーは逆に殊勲十字章を授与された。陸軍で二番目に高い勲章である。ヒルが軍法会議にこだわっていると聞いたブラドレー准将は、中隊の大半の隊員のいのちを守り、勲章を受章した者を軍法会議にかけたら笑い者になるだけだ、とヒルを制止した。ビーラーは受章をあまり誇らしくは思わなかった。そのわけの一部は、ブラドレーもその夜の功により殊勲十字章を授けられ、その賞詞にブラドレーは混乱した工兵部隊をまとめ、隊員一同を丘に展開させた、とあったからだ。実際にそれをやったのはビーラーだった。ブラドレーは黙認したにすぎない。勲章授与者は、しばしば大勢にいい顔をする、とビーラーは考えたものだった。[29]

霊山の戦闘から五日ほど後、ビーラーは蚊に刺されて日本脳炎を発病、日本国内の病院に収容された。体重は四十キロまで落ちた。病院でまだ回復途上にあったおよそ三か月後、ビーラーのいた第二工兵大隊が軍隅里《クヌリ》のかなり北方の地点で攻撃された。多数の友人が戦死または行方不明になったとの報にビーラーは衝撃をうける。蚊に刺されなければ、きっと自分も死んでいただろう。

部下の犠牲に慎重な男

洛東江流域の北朝鮮軍の攻撃の二日目、ポール・フリーマン大佐は第二大隊指揮所に幹部将校を招集して会議を開いた。第一大隊の作戦士官ジョージ・ラッセル少佐の回想によると、会議の場所は道路下の暗渠《あんきょ》だった。その日はこれまでにない大雨でひざまで水位があった。全員が疲れていた。だれもが何日も寝ていなかった。フリーマンは疲労の色をにじませながら、戦いがいかに困難かを切々と語った。「空軍の支援は得られないなか、アジア人の群れが襲いかかってくるんだ」。アジア人の群れ、か。ラッセルは声を立てて笑った。ここにいる誰もが、いかに北朝鮮軍の攻撃の人海がすさまじかったかを語っている。「何がそんなにおかしい?」とフリーマンはいら立った。「そんなにたいした攻撃ではなかったでしょう」とラッセルは答えたが、あれほど恐ろしい攻撃はなかったとあとで考え直す。あれはほんとうに恐ろしい攻撃だった。(30)

疲労は当然だった。九月三日まで定員不足のフリーマンの連隊は三日三晩、数個師団の敵の攻撃と戦った。八月初旬の来韓以来、前線に張りついていたので戦闘が始まる前から疲れていた。第二次世界大戦で戦闘を指揮する機会を逃し、二度目のチャンスを待ち望んでいたフリーマンにとっては、このような日々は願ってもないことだった。一九四九年には、上官たちが自分を戦闘士官ではなく、参謀士官にしようとしている可能性が大きくなっているのではないか、と自分の軍歴を気に病んでいたのだ。そこへ戦争が勃発した。それまではワシントンの上官から高い評価を受けていた計画作成の専門家だった。大戦直後の数年間は、かれの経歴はどうも邪魔になっていた。急激に縮小される陸軍にかれが希望した連隊長のポストの空きはほとんどなく、あっても、連隊長経験のある士官の指定席になっていた。

朝鮮戦争が始まったとき、フリーマンは四十三歳になっていて、大戦中の戦闘で名を馳せた士官らの後塵を拝する危機に立っていた。かれは思慮深く、聡明で、慎重だったが、決してカリスマ的ではなかった。上背もなく、がっしりしてもいず、態度が荒々しいとか、ようするに部隊の指揮官に望まれる外見には恵まれていなかった。むしろどちらかといえばヤサ男だった。歳を重ねるにつれ、豊かな髪が純白になるにつれてそのヤサ男ぶりには磨きがかかった。かれが兵士らの尊敬と愛情を得るのは並大抵のことではなかったはずだ。気品とか、身についた芝居がかった言動は得にはならなかった。若手の元同僚のハル・ムーア大尉（後にベトナムのイアドラン渓谷の戦闘で指揮官として頭角を現し、中将にまで進んだ）はフリーマンをこう評した。「かれは非常に傑出した士官だった。最大の強みは知性と、他者、とりわけ指揮下の部下への敬意と慎重さだった。部下の命を危険にさらさなければならないようなリスクには慎重で、思慮分別があると部下たちから思われていた。これはたいへんなことである。聞き上手で身の回りの何ごとにも注意を払い、人の時間や労力を無駄にしなかった。もしあなたが、ベトナムに赴任して指揮をとる若手将校だったなら、フリーマンが朝鮮で指揮した戦闘をみれば、そのやり方がなにからなにまで正しかったことに気づくだろう[31]」。

フリーマンは軍人の子だった。父親は陸軍軍医学校の一九〇四年の卒業生で、連隊付軍医になった。ポールが生まれた一九〇七年、フィリピンに駐屯中で騎兵隊に同行するときは医療器具一式を鞍袋に詰めて出かけた。アジアと米本土の駐屯地を転々として成長したポールは軍人の生活が好きになり、ほかの職業は考えたこともなかった。ウエストポイント進学を希望したが、高校の成績がそれほどでもなかったうえ、海外暮らしが長かった一家は政界に人脈がなく議員推薦は得られそうになかった。かれは予備校に通って懸命に勉強したが、惜しいところで不合格になった。二百人の受験者のうち十二人が合格したが、かれは十三番だった。父親は当時、ニューヨーク港のガヴァナーズ島に駐屯していた。親子は空席を持っていそうなニューヨーク選出の下院議員詣でを始め、とうとう新移民の多い地区から出ている議員にめぐり合った。移民たちは東欧の村々からやってきたイーディッシュ語を話すユダヤ人で、多くは伝統的に軍人を恐れていた。かれらの故国では軍の代表が村に現れるのは大量虐殺のため村人を捕まえるときだけだったから、選挙区にはウエストポイントを目指して新世界のコサック兵団に加わる熱意のある人はいなかった。議員推薦は驚くほどあっさりと出た。

フリーマンはウエストポイントでは目立たない学生で成績は下半分にいた。スポーツの才もなかった。一九二九年に卒業、戦争と戦争のはざまの、軍採用はむずかしい時代だった。ウォール街は壊滅寸前だった。ただでさえ遅い昇進は遅くなる一方で、フリーマンが少尉から中尉になるのに五年四か月を要した。軍人の家族は相続財産でもない限り――金持ちの家の娘はつねにハンサムな若い士官らの関心の対象だった――ぎりぎりの家計で暮らし、やりくり上手だった。ルーズヴェルトが一九三三年に大統領になると、歳費削減に真っ先に手をつけたのが軍事支出で、一括一〇パーセント削減を定めた。このため新婚早々のポールとメアリー・アン・フィシュバーン夫婦が月々受けとる給与は百二十五ドルから百十二ドル五十セントにカットされ、士官に通常認められていた一か月半の有給休暇は一か月の無給休暇になった。しかし、当時軍にいた同じ年代の軍人はみな同じ困窮をくぐり抜けた、軍隊の他の例にもれず、こうした困窮は、かえって仲間意識を高めることになったのである。

フリーマンは、ウエストポイントの成績にもかかわらず初めから有望株で上官らに好印象を与えた。上官のなかには将来の在韓師団長ローレンス・カイザーもいた。かれはフリーマンの士官学校時代の作戦士官で、卒業直後赴任したテキサス州ヒューストンのフォート・サムの第二歩兵師団第九連隊では最初の中隊長だった。フリーマンは当初、新設の陸軍航空隊を志願した（第二次世界大戦後、陸軍の支隊になった）。航空隊は人気のある将来の新分野として若い士官たちを引き寄せた。かれは視力検査ではねられた――視力は１・０をわずかに下回った。このことは、平和の時代に抜きん出ようとする聡明な若手士官にとって、将来の経歴に対する深刻な問題を提起した。つぎは何を目指すべきか。そこで、かれは第一五歩兵連隊の中国勤務を志願した。この連隊は、欧米列強が中国大陸を事実上分割して軍隊を駐屯させていた半植民地時代の伝説的な部隊で、ジョージ・マーシャル、ジョセフ・スティルウェルら多くの著名な米軍人の勤務歴があった。フリーマンが引き寄せられたのは、若者特有の冒険心とフィリピン時代の両親が異国情緒豊かな中国を訪ねた不思議な日々を語り合う子どものころの記憶だった。

フリーマンは一九三三年九月に中国に着任、ちょうど悲劇的な世界規模の戦争の端緒となる事件がつぎつぎに起きていた時期に当たった。攻撃的な日本は、中国東北地方の五省を占領して満州国という日本の傀儡国にする途上にあった。フリーマンは、アメリカ人が認識する以上に植民地化され封建色を残す往時の大国、中国が国内外の圧力を受けながら結局内から崩壊していく姿を日撃する。それはフリーマンの学習の魅力いっぱいの新教材になった。中国語を学んだ（朝鮮戦争中、中国人捕虜を尋問するほど堪能だった）が、中国を本当に知ることは決してないとはっきり自覚していた。かれが滞在した中国は帝国の末日の時代であり、知ったのは欧米人と同じクラブに所属しポロや競馬など同じスポーツを楽しむひとにぎりの富裕な中国人たちだった。クラブのなかには中国人を会員から締め出したのものもあった。フリーマンはおびただしい大衆の困窮した暮らしの片鱗さえもつかんでいないことを理解していた(32)。

フリーマンは第二次世界大戦中を同地で送りアジア通になった。身重だった妻は日本軍がアジア大陸侵攻の構えを見せて緊張が高まった一九四〇年秋、本国に帰った（娘シュアルとは彼女が三歳半になるまで会えなかった）。真珠湾後、フリーマンは中国・ビルマ・インド戦域で連合国のさまざまな協同工作に従事した。この戦域は九つの頭を持つヒュドラさながらの怪物で、司令部は亀裂だらけだった。米英人は互いに背を向けあい、米軍の要人ジョー・スティルウエルとクレア・シェンノートの仲はそれ以上にひどかった。さまざまな地域代表がそれぞれの主張を押し通そうとした。中国国民党宣伝機関の成功にフリーマンは仰天した。かれによると、宣伝機関のいい草は「すべての中国人は胸をはだけて日本軍と必死に戦っている、という。これはまったく事実ではなかった……わが国が参戦すると、かれらはもう戦う必要はないと決めこんだ」。かれは蔣介石がスティルウェルに対して挙げた勝利をいわばリングサイドから見守った。「かれ［スティルウェル］は中国を知りすぎたのがあだになった」とフリーマンは後に記した。(33)

フリーマンはやがてワシントンに呼び戻され、マーシャルの太平洋作戦計画の最高補佐官の一人になった。かれの回想記によると、このポストは戦闘指揮権の分割の危険性をめぐってマッカーサーと海軍幹部との間で戦わされた論争を眺めるには最高の見物席だった。マッカーサーは、指揮権の分割の危険性を理路整然と指摘した。後の朝鮮で、マッカーサーがとんでもない指揮権の分割を自ら行い、その結果、フリーマンの部下たちが犠牲になったことを考えればフリーマンにとってこれは皮肉なめぐりあわせだった。ワシントンを離れて戦闘指揮官ポストを得ようと奔走したあげく、ようやく戦争末期の一九四四年十一月、第七七師団参謀長としてフィリピンに派遣されたが、それも束の間、同年末にはワシントンに呼び戻された。目的は日本侵攻計画作成への参画だった。

戦時中のフリーマンが計画立案でいくら手腕を発揮していても戦闘の記録にはほとんど加算されず、戦争直後はその軍歴に終わりが見えかけていた。この時期、陸軍は個人事例委員会（ケースボード）と呼ばれる一種の考課制度を使って各士官の第二次世界大戦中の有用度を評定した。これは将来の任用や昇進にもつながった。使われた評定基準は、戦闘指導に最大の評点が与えられ、逆に国内駐屯地のPX運営は、これは推測だが、最低点しか与えられなかった。ケースボードの基準では、フリーマンの評点は低いことになってしまう。(34)「きわめて目立たない士官」。かれはあたかもケースボードの委員のように冷静に自らの立場を査定した。行く末をいよいよ案じたかれは四九年、軍の人事相談を担当している同僚ピク・ディラードを訪ね、置かれた立場はまったく動きのとれないジレンマに陥っているとの説明を受けた。フリーマンは大佐になって数年が経っており、連隊長経験と国防大入学が必要である。しかし、そこからがジレンマで、軍の動員解除で連隊長ポストの空きがないし、あっても師団長は戦時中の部隊指揮の経験者、この場合は、当然ながら連隊長経験者を当てようとする。国防大となるともっと狭き門で、入学できるのは連隊指揮で傑出した士官だけ。したがって、フリーマンの軍歴はチリあたりの大使館付武官で終わりになる公算が高いだろう、ということだった。

しかし、フリーマンに強力な友人がいないわけではなかった。かれは戦時中の大半を比較的高いレベルの地位でマーシャルに仕えた。一年後、再びディラードを訪ねると、事態は手品のように好転していた。「おめでとう」とディラードはいくぶんの皮肉をこめていった。フリーマンは連隊長任用と陸大入学切符の両方を手に入れていたからだった。かれはワシントンに持ち家があり、国防大の所在地も同じだったので、先に国防大入学を希望した。しかし、陸軍には独特の順序意識があって、荷物をまとめて連隊を引き継ぐよう命令された。正規の陸軍士官の懐具合はつねにさびしい。そこで、家を売ってフォートルイスに赴き、第二師団第二三連隊長に就任した。家の売買成立は奇しくも五〇年六月二十五日だった。フリーマンが就任すると、部隊はただちに韓国向けの輸送船に乗船した。かれの指揮の下に第二三連隊は朝鮮戦争に参戦して指折りの激戦で殊勲の働きをすることになる。

六割の部下を失う

フリーマンは中国と一九四五年以降この国におこったことについて豊富な知識をもっていたゆえに、当初からこの戦争自体を密かに憂鬱な気分で見ていた——憂鬱とは妻あての手紙に使われたかれのことばだ。かれは妻に他言無用とわざわざ注意している（「お願いだから、他人には漏らさないでくれ。打ち明けるのはきみとごく親しい友人にだけだ」）。かれの疑念はいくら私的なものとはいえ、指揮官としてあるまじき姿勢であったからだ。妻あての手紙には戦闘は苦しい戦いであること、気落ちしていることがつづられた。かれの米軍参戦慎重論は朝鮮戦争で指揮した士官の多くと同じだった。戦争の現実はアメリカ本来の軍事的強さを弱らせているように思えた。かれの手紙には、朝鮮で後に戦った将校の一団がいだくことになる深い不信の芽生えのようなものがみてとれる。この一団はアメリカの地上軍はアジア大陸で二度と戦ってはならないと考えた。なぜなら、アジアでの戦いは必然的に兵力不足におちいり、兵站《ロジスティックス》がなりたたないのだ。フリーマンのこの見解は中国軍の参戦前のものという点は特筆しなければならない。かれは手紙のなかで中国はいずれは参戦してくると絶えず気にしていた。この戦争はある意味でまったく分が悪いとの思いがつねにかれの胸に去来した。相手側がこの戦争に投入できるものに比べ、アメリカは自国の安全保障に重要ではないことが自明の戦争にどれほど滞りなく資源をつぎこめるものなのか。

フリーマンは韓国着任間もない八月九日、つぎのように書いた。朝鮮半島は「わが軍がこれまで参戦したなかでもっともきびしい場所の一つである。しかも、装備は少なく、到着するのが遅すぎた。われわれのだれもが司令部が出す楽観的で独りよがりな声明を理解できない。敵は弱体化のきざしを見せない。地形も天候もひどい。しかし、わたしは連隊長の職務柄、楽観主義と熱意の模範でなければならない。職業軍人として最善を尽くすつもりだ」。それから二週間半後、釜山橋頭堡への北朝鮮軍の最後の攻勢が始まる直前に、かれは書いている。「われわれは丘の中腹に穴を掘った。多数のもぐら穴のようだ。ハエと蚊がひどい。埋葬できなかった遺体の腐臭が漂い始めた。ここでは靴さえ脱ぐわけにはいかない。水は欠乏し、食料は十六キロも後方からとり寄せなければならない(35)」。

だれもが疲れ切っている。休む時間も休息する場所、眠る場所、食事をする場所もない。米軍は日中の戦闘を選ぶが、空軍を欠く北朝鮮軍は夜間を選ぶ。だから米軍は夜も休めない。まれに戦闘がないときも、つぎの攻撃に備えて警戒は怠れない。よく眠っている者は永遠に目覚めないかもしれないと思われている。洛東江の戦いで、米軍は最初の四十八時間、北朝鮮軍の大攻勢を阻止し防衛陣地を漸次強化したとはいえ、戦いは九月十六日になっても下火にはならなかった。この日、洛東江一帯では前日のマッカーサーの仁川上陸に呼応した米軍の大規模反撃が始まった。

北朝鮮軍が第二三連隊の防衛線を突破しそうになったもっとも危うかった時点はたぶん九月八日だっただろう。連隊本部は背後から攻撃され、本部防衛を担当していたフォクス中隊がいちばん手薄だった地点を破られそうになった。北朝鮮軍に利する大雨が降り注ぐ恐ろしい夜だった。フォクス中隊長ラルフ・ロビンソン中尉の対応は見事だった。中尉は名簿上は大隊副官だが、同中隊の将校が前週の戦闘で全滅したため中隊長に昇進したばかりだった。中隊の陣地はすでに北朝鮮軍に深く浸透されていたが、中尉は篠突く雨とはげしい銃砲火のなかを陣地から抜け出してエイブル中隊と連絡をとり、予備の小隊を率いて陣地に戻った。かれはエイブル中隊を使って崩壊寸前の防衛線を建て直し北朝鮮軍を撃退した。非常な軍功、と上官は後に認定している。

洛東江の戦いが終わった後、連隊副官らの推計によると、九月二日から同十五日まで、北朝鮮軍の攻撃は大きなものだけで少なくとも十七回を数え、すべてが第二三連隊陣地の心臓部をねらっていた。

以下は洛東江の戦いが終わった十日後、フリーマンが妻にあてた手紙である。

「最後の三日間は大雨が降り注ぎ、空からの支援は得られなかった（好天のときも微々たるものだ）。友軍の砲兵隊の観測機も飛ばず、われわれは盲目同然だった。われわれはただ座って雨に耐えた。すでに十三回の一斉攻撃を撃退した。そのうちの十回は夜間だった。夜は最悪だった。東洋人どもは到るところになだれこんできた。われわれはひたすら殺した。残りの時間は絶え間ない銃砲火にさらされた。かれらは自由気ままに江を越えて撃ちこんできた。空軍には愛想が尽きた。わがほうの損害はひどいものだ。この戦闘が始まった八月三十一日の時点でわたしが擁した部下のうち、いま残っているのは四〇パーセントに満たない。中隊付将校はほぼ全滅した……わたしはすべてのことを苦々しく思っている。われわれは全力を尽くして必死に戦った。われわれの大義が正しいと信じたからだけではなく、生き延びるために戦ったのだ。しかし、すべては空しく愚かしかったようだ。われわれは韓国を〝解放する〟戦争の過程で国土と国民を北朝鮮兵に対する以上に破壊している。韓国人はみんなわれわれを憎んでいる。当地のだれもが敵だ。だれも信用できない」

さらにこう結論づける。「われわれはアジアの狂信者の群れを相手にせざるを得ない見事なワナにはまったとの確信をいよいよ強くしている。わが国陸軍の全正規軍を投入してへとへとになったように思える。わたしにはこの事態から抜け出す道筋も終わりも見えない。東洋の狂信者どもに軍事的敗北を押しつけることは不可能だ。かれらはひたすら攻めてくる。いのちの値段は安いのだ。かれらはわれわれとは違って補給や通信には頼らない。アメリカは、わが軍をこの奈落の底に投げ入れるという途方もない誤りを犯したとの思いが強まるばかりだ」。何週間も夜の眠りをろくにとっていない米軍指揮官はこう書いたのだった。書きつけている紙さえも雨でびしょびしょだ、と記している。

結局、フリーマンは、洛東江の戦いは連隊がなめた苦難や損害にもかかわらず戦う価値があったと信じた。北朝鮮軍が米軍陣地のもろさに少しも気づかなかったのは、ひどく運がよかった。かれらには洛東江の前線と釜山の間に米軍の姿がないことを教える偵察機がなかった。とはいえ、米軍の損害はひどいものだった。連隊の記録によると、第二三連隊の第一、第二大隊だけでも死傷者は五〇パーセントを超えた。両大隊の歩兵中隊の当初の隊長は最初の二週間で全員が戦死した。いくつかの中隊では隊長は三回から五回代わった、と公式記録は記している。フリーマンは洛東江の恐ろしい日々のことや部下のいのちを救うために一部の若い部下を犠牲にする苦渋の選択を決して忘れなかった。およそ十七年後、かれは四つ星（大将）で退役するに際し、フォートベニングに最後の視察旅行をした。そこに、かつてチャーリー中隊にいたごま塩頭のベリー・ローデン曹長がいることがわかった。かれはまだそこに駐屯していたのだ。フリーマンは韓国時代の第二三連隊でかれの配下だった兵士たちとその後もつねに親しくしていた。ローデンを見つけだして、積もる話をした。フリーマンはローデンに儀礼視察への随行を求めた。その日は少将一人がつき、ローデンは二人の将官に挟まれて脇役を楽しんだ。下士官にはめったにない見物だった。フリーマンはその少将に向かいこう言った。

「わたしに、いまはきみの配下にいるベリー・ローデン曹長のことを紹介させてくれ。ベリー・ローデン曹長、わたしの古い戦友だ。わたしが陸軍士官としてもっとも辛い決断をしたあの恐ろしい戦争の生き残りだ。わたしは釜山橋頭堡で連隊全体とほかの部隊を救うためかれのいた中隊を丸々犠牲にした。ほかの部隊が北朝鮮軍を阻止する兵力を形成する時間を稼ぐ必要があった。かれの中隊はその時間を稼いでくれた。本当に本当に辛い瞬間の残酷な決断だった。わたしが下したもっともきびしい決断だった。かれの部隊で生き残ったものはほとんどいない。この男を大切にしてくれたまえ。いいね」

あの辛い戦いのことはだれだって忘れられるものではない。そのことをローデンは改めてかみしめたものだった。(36)

戦況が好転し始める

海兵隊の到着と第二工兵大隊のがんばりによって北朝鮮軍が密陽《ミリヤン》に進軍するのを阻止したことでは、洛東江の戦いは終わらなかった。仁川上陸作戦は戦いの勢いを弱めただけだった。北朝鮮軍の一部は後方を完全に遮断される恐れがあったにもかかわらず、まれに見る執拗さで戦いをつづけた。古参の米兵に太平洋戦争末期の日本軍との島嶼の戦いを思い出させたほどだった。北朝鮮兵らは丘陵や山岳地帯のよく隠蔽された拠点に立てこもって散発的な抵抗を何日もつづけた。「われわれは六一〇高地をめちゃめちゃに叩いたから戦闘の後は形がかわってしまい、六〇九高地と呼ばれてもおかしくなかった」とビーラーはこの戦闘について語っている。

ウォーカーは洛東江の戦況の変化を最初にかぎとった一人だった。最悪の戦況だった九月初旬、かれは洛東江防衛を完全放棄して司令部をデイビッドソン防衛線で知られる線まで後退する時期がくるのを絶えず心配していた。この線は第八軍が持ちこたえられなくなった場合に備え、マッカーサーの要請で三週間ほど前に策定された陣地で、洛東江防衛線よりは小さく、もっとまとまりがよく守りやすかったが、釜山にはうんと近くなる。九月四日夜、ウォーカーはユージン・ランドラム参謀長に全部隊にデイビッドソン線までの後退命令を準備するよう指示した。翌日、ウォーカーはマイク・リンチに前線を飛ぶよう指示した。二人のいく先々で配下の兵士らが塗り替えたばかりの飛行機の胴体の三つ星マークを認めて手を振った。ウォーカーは感動した。兵士の士気は上向いている。かれはこの感想を基に兵士たちは洛東江で持ちこたえようとしていると判断した。

北朝鮮軍は壊滅しなかった。しかし、大攻勢には失敗した。戦線は広がり、補給線は延び切り、精鋭部隊は装備、装甲、重火器、航空兵力で順次優位を獲得した相手との二か月におよぶ激戦で大打撃を受け、戦略的に劣勢に立たされていた。いっぽう、米軍は日増しに力をつけ兵員と物資を前線に急行させた。三週間で釜山に到達する夢は、南の二十万人の共産主義者が蜂起して戦列に加わる夢と同様に完全に潰えた。共産側は八月三十一日、あがりに到達するはずのサイコロを振って、わずかにおよばなかった。最初はだれもそうだとは気づかなかったが、じわじわと守勢に回っていき、突如、踏み止まるのが精いっぱいの状態になった。

ジャック・マーフィー中尉はこの局面転換の恩恵に浴した一人だった。かれはウエストポイントの五〇年卒業組で有能な士官だった。卒業後わずか数週間で新婚旅行を中断して韓国に赴任、第二歩兵師団第九連隊所属の小隊長を受け継いだ。北朝鮮軍の洛東江流域の大攻勢にちょうど間に合い、前線に赴任してから二十四時間も経たないうちに激戦に巻きこまれた。かれはこの戦闘で銀星章を、部下のローレン・カウフマン曹長は軍人最高の栄誉である名誉章を得た。(37)

洛東江の戦いは敗者には死が待っているきびしい綱引き戦だ、とマーフィーは思った。兵士にとっては毎日が勝利か敗北か、どちらにも転び得るからだった。両軍の兵士はへとへとになり、小規模な銃撃戦でよろよろと相手にぶつかり合って最後に決着をつけるのは銃剣だったことがよくあった。勝利は晴れがましいものではなかった。生き延びることがすべてだった。小さな丘一つの占領に伴う問題は早晩どこかの上級士官のだれかが、占領すべき別の丘を見つけてくることでしかなかった。だれも見向きもしなかったその丘は、細い泥道を見下ろしているというだけの理由で目をつけられるのである。その道もまただれも見向きもしなかったが、放置すれば北朝鮮軍を釜山に導いてしまう。釜山は五〇年六月二十五日までは朝鮮半島に住む人以外誰も聞いたこともなかった小さな港町だった。人民軍にねらわれなければ、たいていのアメリカ人は気にもかけなかっただろう。

洛東江の戦いを構成するのは一千もの小戦闘だった。その多くは、類を見ない残忍さを伴った。ジョージ・ラッセルのことばを借りれば、バルジの戦いの無数のミニチュア版で、規模と範囲と歴史上の位置づけ以外はこの名高い戦いのすべての主要な要素を含んでいる。これらの小戦闘は大歴史家に注目されるだけの規模には欠けるとしても、一人の男の記憶の永久凍土に残酷に封じこめられて生涯つきまとうには充分な歴史を提供した。

マーフィーは前線に出ておよそ二週間経ったころ、ジョージ中隊所属の一小隊からフォクス中隊長に異動になった。中隊は将校全員が戦死していた。気の進まない異動だった。苦闘の二週間で小隊の部下が好きになってもいた。ゼロから始まって連日の戦いのたびに積み重ねられた関係はすばらしく緊密なものになっていった。それはまるで隊員全員が同じ週に、同じ小さな町の同じ病院で生まれ、生まれたときからの知人で、ほかの友達は作らないようなものだった。しかし、マーフィーに選択の余地はなかった。上官はかれにフォクス中隊を引き継ぐよう望んでいるし、フォクス中隊も望んでいた。かれは国連軍側に何かひどく大きなことが起こりそうな気配を薄々感じていた。前線で戦っているマーフィーと同ランクの将校はやがて火ぶたを切る仁川作戦について何も知らなかったが、うわさは流れていた。九月十三日だったか十四日だったか記憶は定かではないが、マーフィーは洛東江に戻され、江からおよそ三キロの大きな丘の占領を命じられた。丘には北朝鮮軍が万全の陣をしいているらしかった。米軍が丘のふもとにとりつくと必ず迫撃砲弾の雨を浴びせられ、フォクス中隊はその戦闘で隊長を失っていた。マーフィーが二十四歳の若さで中隊長になったのはそのせいだった。もちろん気のすすまない任務だった。丘は北朝鮮兵が隠れて攻撃できる自然の岩だらけの場所がいっぱいだった。

中隊が攻撃を始めたとき、マーフィーは全身をはりつめさせた。間違いなく敵の迫撃砲が中隊をばらばらにすると思った。しかし、やや開けた原っぱを横切って前進しても何ごとも起こらなかった。はげしい戦場になるはずの地点は静まり返ったままだった。北朝鮮兵は米兵をもっと引き寄せてから発砲するのではないかとかれは疑った。しかし、部隊が丘の登りにかかっても抵抗はなかった。とうとう無傷のまま頂上に着いて、登ってきた方角を見下ろすと、中隊がどきりとするほど撃たれやすい危険な状態にあったことが分かった。目を反対方向に転じて沈黙のわけが分かった。北朝鮮兵は撤退を始めていて、重火器を反対方向に向けて運んでいた。重火器の砲火を浴びながら急斜面を登る苦戦を覚悟していたマーフィーには、まるでちょっとした奇跡、いのち拾いにほかならなかった。ちょうどそのとき、かれは上官から呼び出しを受け、重大事が発生したから指揮所に戻れと命じられた。やがてかれは重大事とは仁川上陸作戦だと知った。(38)

人民軍の撤収の仕方は伝統的な軍隊に似てひどくお粗末だった。かれらはインドシナでフランス軍と戦うベトミンとは異なりこのような状況下の経験がほとんどなかった。ベトミンは西欧の敵の優勢な空軍力や火力への対応に慣れていて、不利と見た戦場から姿を消すエキスパートだった。かれらなら洛東江でただちにごく小さな部隊に分散して丘陵に潜りこみ、移動はほとんど夜間に行なっただろう、とマーフィーは思った。しかし、人民軍は道路にこだわり、一両日は米空軍のえじきになった。フォクス中隊が北上を開始してマーフィーが見たものは、道筋一面に散乱する黒こげの遺体と車両の異様な光景だった。

第六部

マッカーサーが流れをかえる

仁川《インチョン》上陸

PART SIX

MacArthur Turns the Tide

The Inchon Landing

マッキンリーの艦上で仁川上陸の指揮をとるマッカーサー。右端がアーモンド。1950年9月14日

第19章　統合参謀本部を出し抜く

考えられないことを考える

仁川《インチヨン》上陸作戦はマッカーサーの生涯における最後の大成功となった。しかも、勝利の栄光は彼ひとりに帰した。輝かしい乾坤一擲《けんこんいってき》の大バクチだった。かれの予言通り数千人の米兵の生命を救ったことは間違いない。かれはこの作戦に疑いの目を向ける海軍の計画立案担当の幹部や統合参謀本部の意向を向こうに回して作戦実現のためにほとんど独りで奮闘した。仁川はマッカーサーの絶頂期だった。大胆不敵、独創的、奇想天外、既成の思考の枠にとらわれない。そして、もちろんたいへんなツキにも恵まれた。二代の大統領が人格と職務の面で重大な疑念を抱きながら、かれを手放さなかった理由がこれだった。マッカーサーの伝記作家ジェフリー・ペレットはこう書いている。

「マッカーサーの生涯に軍事的に天才だったといっていい日が一日あった。一九五〇年九月十五日である。すべての偉大な司令官の生涯には傑出した戦闘がある。統率力の最高の試練の場となる戦闘である。この戦いを制してはじめて、不朽の名声に輝く将軍の列に加わることができる。マッカーサーの場合、それは仁川だった(1)」

マッカーサーは、最初から仁川の価値をわかっていた。配下の部隊が深刻な定員不足にあえぎ、朝鮮半島から追い落とされそうになっているとき、装備で優位にたつ自軍の精鋭をそこに集中させることが最善の手だと理解していたのである。兵力の上回る敵にきびしい地形のなかで伝統的な歩兵作戦をとって消耗させられるのを最初からさけようと考えていた。そしてマッカーサーは仁川上陸作戦を成功させたのである。彼の約束の通りになったことが重要だった。もっとも、ソウル占領に心を奪われるあまり――ＰＲの大勝利――配下の士官ともども、退却する北朝鮮兵を阻止する網を張り損ねて奇襲攻撃の価値を目減りさせた側面もあった。かれの計画に重大な欠陥が一つあったとすれば、その成功には欠けるものがなかったためワシントンと三軍の参謀総長らに対するマッカーサーの影響力を増大させてしまったことだ。マッカーサーが他の全員の反対を押し切って仁川を決行したためにその後はほかのどんな問題でもだれもかれに異を唱えにくくなった。かれは仁川で正しかった。かれを疑ったものは間違っていた。マッカーサーが鴨緑江に向けて兵を進めることに不安が表明されると、マッカーサー支持派はこの点を楯にとったのである。マッカーサーは大きな賭けにサイコロを振った。さらに大きな賭けに強引に出ようとするかれを押し止めるのは一段とむずかしくなった。

マッカーサーは開戦当初、北朝鮮軍の戦力を見くびるミスを犯した（かれは第一騎兵師団一つを投入できさえすればどうなるかを語っている。「まあ、連中はあわてて中朝国境に逃げ出してあっという間に姿が見えなくなるだろうさ」(2)）。しかし、かれは自分が戦っている相手は凶暴で、立ち直りが早く、よく統率された勇敢な軍隊だと気づき、「これまでに遭遇したどこの兵士たちよりも有能で頑強だ」とハリマンとの東京会談で語っている(3)。この評価はただちにかれの戦略観に跳ね返った。マッカーサーが優勢なアメリカの科学技術力を活用して決定的な一撃で戦局を転換できる水陸両用作戦に焦点を絞ったのは、米軍部隊が釜山《プサン》橋頭堡に圧迫されるはるか前だった。

かれの座右には第一次世界大戦の教訓があった。イギリス、フランス、ドイツの将軍らは敵の機関銃座と大砲群の拠点に向かって絶望的な突撃を部下に命じて、再三再四その信頼を裏切った。大戦はロバのように愚かな将軍に指揮されたライオンのように勇猛果敢な兵士たちの戦いだったという定評があった。戦争が終わり、恐るべき死傷者数が明らかにされると、西部戦線の軍事作戦の勝者と敗者の区別がつけにくくなった。ヨーロッパは退廃した世界であってアメリカの将来にとってアジアほどの重要性はないというマッカーサーの信条は第一次世界大戦の観察に根ざしていた。勝者の側の将軍たちの部下へのひどい無頓着ぶりに、マッカーサーは、かれらは過ぎ去った時代の代理人だと固く信じるようになった。第一次世界大戦はかれに正面攻撃の危険を教えた。遠い島々を飛び石伝いに最小限の死傷者でなし遂げた巧みな太平洋作戦。日本軍の軍事拠点ではない島々をしばしば攻撃した戦略は第一次世界大戦で学んだ教訓が前提になっていた。キプリング風の感傷的なマッカーサーの文章は戦闘のスリルを好み、それ自体を目的とする血に飢えた戦士のように思われがちだが、実際の戦闘を立案するときは、部下の生命にかかわるとなると驚くほど慎重になった。これが一筋縄ではいかないマッカーサーの複雑な一面であった。

マッカーサーは日本軍と正面からは戦わず、空軍と海軍を使って相手が思いもかけなかった地点を攻撃した。陣地を奪いとるのではなく、それを孤立させ、立ち往生させるようにした。朝鮮戦争でまさに同じことを再度やるつもりだった。早くも七月四日には人民軍の背後に上陸することを考えていた。かれが韓国に派遣した米軍の第一陣部隊の訓練、装備、指揮官が貧弱きわまることに気づいていなかった。この部隊は複雑な水陸両用作戦向きではまったくなかった。当初、作戦はブルーハーツ作戦と呼ばれることになっていた。実施日は七月二十二日。それは見こみのないスケジュールで、ブルーハーツ作戦は取り止めになった。しかし、水陸両用作戦のアイデアは死ななかった。七月十日、太平洋戦域の海兵隊司令官レム・シェパード中将が東京を訪問したさい、マッカーサーは海兵隊一個師団が手元にあればいい、願いがかなえられるなら、北朝鮮軍の前線の背後に上陸させるのだが、と残念そうに語っている。かれは朝鮮半島の地図を指差し、「わたしはここに上陸させる……仁川だ」といった。このとき、シェパードはマッカーサーに海兵隊一個師団を要求するよう提案した。結局のところ、作戦は双方の利益にかなった。マッカーサーは部隊が欲しい、海兵隊はひどく出番を求めていた。国防予算の削減圧力は海兵隊の存立基盤そのものを揺るがし、一時は充分な政治的支持がない有様だった。陸軍と空軍は海兵隊の伝統的役割をしきりに奪おうとしている様子だった。マッカーサーは海兵隊の弱みを熟知していて、シェパードが提案に飛びつくと確信していた。その通りだった。海兵隊は九月一日までに一個師団をマッカーサーに用意できる、とシェパードは約束した。

マッカーサーは水陸両用上陸作戦を考えれば考えるほど、ますます仁川に焦点を絞っていった。仁川は釜山の北西約二百四十キロの西海岸にあり、北朝鮮軍の前線のはるか後方に位置する。ルートの方角にもよるが、ソウルとの距離はおよそ三十キロの外港で、韓国の空の玄関、金浦《キムポ》空港にはソウルよりも近い。仁川はまた大きな失敗を招く恐れのある場所でもある。水陸両用上陸作戦は危険をいっぱいはらんでいるが、仁川はどこよりも条件が悪そうだった。米海軍の水陸両用作戦の最高立案者ジェームズ・ドイル提督の作業班の高級参謀の一人アーリー・キャップス海軍少佐は「自然と地理上のすべての不利な条件のリストを作成したところ、仁川は全部に当てはまった」(4)という。仁川は海軍嫌いの意地悪な天才が作った場所の様相を呈している。砂浜はなく、あるのは海岸堤防と埠頭だけ。

月尾島《ウオルミド》という小島が港のど真ん中に鎮座していて、都合よく港を防衛し上陸ゾーンを分断している。港内の潮の流れは速くて複雑なことで知られていたが、それはまだ序の口で、仁川の本当の危険は潮の干満にあった。干満差はカナダのファンディ湾につぐ世界最大級で潮位差は最大で九・六メートルに達する。同作戦をとりあげたロバート・ハインルの著書『満潮時の勝利』によると、干潮時に上陸しようとすれば、〝まだ固まっていないチョコレート・ファッジ〟のようなべとつくヘドロの上を少なくとも九百メートル、別の地点では四千メートル余歩かなければならない。[5] 海浜というよりも大量殺戮場になりそうな場所だった。

また朝鮮半島のいくつかの港にはソ連の支援で実際に機雷が敷設されていたが、仁川港に機雷が敷設されていたら、ひどい災難になるだろう。「機雷敷設に理想的な場所は仁川だ」と太平洋海域の海軍首脳アーサー・ストルーブル提督は評した。[6] もっと悪い条件は、作戦を展開する絶好の機会は極端に限られることだった。仁川の岸壁と埠頭に上陸用舟艇が接近できる潮位となるのは九月十五日と十月十一日の二日しかなかった。九月十五日の潮位は九・六メートル、十月十一日は九メートルになる。九月十五日の満潮は日の出から四十五分後の午前六時五十九分、二度目の満潮は日没から三十七分後の午後七時十九分だった。いずれも複雑な水陸両用上陸作戦には向いていない。十月は見向きもされなかった。マッカーサーは配下の米軍をさらにひと月、釜山橋頭堡に閉じこめられたままにしておくつもりも、その間に北朝鮮側に仁川の機雷を敷設させる気も毛頭なかった。決行日は九月十五日朝でなければならない。マッカーサーには一か八かの賭けだった。

統合参謀本部は慎重

かれ以外のほとんどの人は仰天した。とくに驚いたのは上陸作戦の立案と実行を担当する海軍だった。ワシントンでは統合参謀本部は慎重で、マッカーサーはよくそれを承知していた。厳密にいえば、統合参謀本部はかれの上部機関である。しかし、かれから見れば、小心者の官僚たちであって、かれが軽蔑する政治家に調子を合わせて権力を得た連中だった。仁川で成功するには、二つの戦いが待っているとマッカーサーは考えていた。北朝鮮軍と戦う前に統合参謀本部を相手にしなくてはならない。統合参謀本部が上陸作戦に反対するのは織りこみ済みだった。これにはマッカーサーの病的な思いこみの面もあったが、事実でもあった。かれはオマー・ブラドレー統合参謀本部議長が大嫌いで軽蔑していた。かれの見立てによれば、ブラドレーはアイゼンハワーの友人である（失点の1）、マーシャルの配下である（失点の2）、欧州戦線の戦いぶりには見るべき技量も戦功もなかった（失点の3）、マッカーサーが太平洋戦域で授けられたよりもはるかに大きな戦力を擁した（失点の4）、トルーマンに近づいた（決定的な失点）。

二人の関係がひどかったとしても、敵意は例によって主としてマッカーサーの側にあった。双方は長年にわたって相手に対する固定観念に凝り固まっていた。ブラドレーが自分を嫌うのは日本侵攻計画の作成でブラドレーを主要指揮官とするのを断ったからだとマッカーサーは思いこんでいたが、その証拠はなかった。しかし、ブラドレーが自分の影響力の及ばない大物軍人を不快に思っていた証拠はたくさんあった。それは戦後の国家安全保障畑の要人たちも同様だった。ブラドレーは一九四九年、アチソンの後押しでマッカーサーの日本における権限を分割・縮小しようと企てた陰謀の共犯者だとマッカーサーは信じていたが、それは無理もなかった。かれは陰謀をかぎつけて激怒した。仁川上陸作戦計画立案の大半を担当したジェームズ・ドイル提督と東京で会ったさい、提督がブラドレーは温か味がないと語ったところ、マッカーサーは「ブラドレーは田吾作だ」と応じた。(7)

参謀総長らが慎重だった理由は、危険きわまりない計画に米軍の現有兵力の大きな部分を参画させるリスク自体（マッカーサー本人も仁川での勝ち目は五千分の一しかないといっていた）だけでなく、三軍間のライバル意識も顔をのぞかせていた。立派なもの、そうでもないものなど理由はさまざまだったが、計画には反対論ばかりだった。例外のなかにハリマンとリッジウェイがいた。やがて、トルーマンが加わった。かれは結局、戦場の兵士に信頼を寄せた。計画立案の中心人物のドイル提督自身はかなりの疑問を持っていた。ドイルは仁川問題でマッカーサーの尖兵ネド・アーモンドと折衝する必要があったが、すぐ嫌いになった。アーモンドは横柄で威張り散らし、マッカーサーを隔離して必要な事柄もかれの耳に入らないようにする傾向があった。このまま突き進むなら、マッカーサーは恐るべきリスクのすべてを知っておく必要があると考えて、ドイルはアーモンドにその旨を告げると、アーモンドは「将軍は細々したことには興味がない」と答えた。しかし、いらだったドイルは引き下がらず「将軍にはその細々したことをぜひ知ってもらわなくてはならない」と主張した(8)。そのうちにドイルの主張が通り、マッカーサーが必ず詳細を知るようにした。細々した事柄にさまざまな危険が潜んでいたからだ。

アーモンドはまるで自分の仕事からドイルを隔離しておこうとしているふうだった。なぜならマッカーサーはつねに偉大なマッカーサーであって、区々たる些事に超然としている大人物である。ある計画が機能するかどうかなど一段低いレベルの問題は一段低いレベルの指揮官にやらせておけばよい。威厳こそはマッカーサーがすべての事案、すべての人物に対応する基本的な姿勢である。いまやかれは一世一代の大演技に備えていた。海軍その他の反対論者を説得して仁川作戦計画を進める演技である。海軍と統合参謀本部の代表らの前で大演技は必要だった。

マッカーサーの他に類を見ない芝居気は相変わらず健在だった。第一次世界大戦では、乗馬用半ズボンにタートルネックのセーター、二メートルのスカーフというこしらえで、部下たちから「戦う気取り屋」と呼ばれた。かれは脚光を求めたばかりか、その中毒になっていた。カメラの位置取りを意識し、有名なしゃくれあごが写真で必ず目立つよう角度に気を配った。加齢とともに、かれの幕僚はすべての報道写真を検閲し、英雄像が充分でないものが流出しないよう気を配った。それればかりか、カメラアングルに基本原則を押しつけようとした。撮影はできれば右側からが望ましく、米軍機関紙『スターズ・アンド・ストライプス』のカメラマンは将軍を撮るときはひざまずいた姿勢で撮るよう指示されていた。将軍を一段と威風堂々に見せるためだった。いつも古びた戦闘用の帽子を被り、それがトレードマークになっていた。髪が薄くなった頭を撮ることはどのカメラマンにも決して許されず、修正が加えられた。執務室では老眼鏡が必要だったが、メガネをかけた姿を見られるのは好まなかった。したがって、写真撮影はご法度だった。すべてが演技だったというのはその通りだった。「わたしはこれほど生き生きして魅力的で人を引きつける男に会ったことがない。バリモアやジョン・ドルー（ともに一世を風靡したアメリカの俳優）もかなわない」(9)。カンザス州エンポリアの著名なジャーナリスト、ウィリアム・ホワイトは第一次世界大戦中、マッカーサーに会った後で書いている。マッカーサー麾下の陸軍司令官で戦時中の検閲を担当したボブ・アイケルバーガーは妻あての手紙を暗号化していた。マッカーサーの暗号名はサラ、その時代の大女優サラ・ベルナールに引っかけた。アイゼンハワーはある婦人から「マッカーサー将軍をご存じですか」と聞かれ「会ったどころじゃないですよ、奥さん。わたしはワシントンで五年、フィリピンで四年、かれの下で演技を学びました」と答えた(10)。

神秘性は力だ、とマッカーサーは信じ、心して取り組んだ。部外者は気安くかれに近寄れなかった。とりわけ演技の用意ができるまでは。かれが広く大衆に投影したかったイメージは計算され尽くした自画像だった。かれを語ることばは、できれば一語一語慎重に選ばれたものでなければならない。先の大戦中、かれの横顔紹介記事に「よそよそしい」と書かれたことがあったが、検閲官に「厳粛」に変えさせようとした。部下が馴れ馴れしくするのは許されなかった。ほかの将軍とは別格であるべきだった。アイゼンハワーは一九三〇年代、フィリピンでマッカーサーの最高副官になったさい、かれが自分のことを三人称で呼んでいるのにびっくりした。「そこで、マッカーサーは上院議員のところに赴き」うんぬんという調子だった[11]。この時代のマッカーサーは自らを国家の現代史を体現した男、つまり歴史の生き証人と見なしていた。かれに接見されるのは名誉であった。その場合、偶像として、生きた記念碑として崇拝しなければならない。東京時代、日常的にとりおこなわれる儀式があった。たとえば、訪問中のＶＩＰのために昼食会が催されると、マッカーサー夫人が先に到着して客人にあいさつする。ついで本人が入ってくると、夫人はうやうやしく「あら、将軍がお見えですわ」という。そこで、かれは夫人にあいさつする。そのさまは、ある目撃者の話では、「まるで何年も妻に会っていない亭主のようだった[12]」。

海軍を説得

さて、北朝鮮の攻撃開始から約二か月が経った八月二十三日、仁川に関するもっとも重要なブリーフィングがあった。ブリーフィングの主役は独創性豊かで気まぐれな、輝ける司令官である。場所は東京のマッカーサー司令部。ジョー・コリンズ陸軍参謀総長、フォレスト・シャーマン海軍作戦部長と空軍作戦副部長イドワル・エドワード中将がワシントンから飛来した。ホイト・ヴァンデンバーグ空軍参謀総長は出席しなかった。ヴァンデンバーグの欠席は、基本的には海軍と海兵隊の所管である作戦を是認したくなかったものと三軍間の対立に敏感な向きに解釈された。仁川作戦が承認されたら上陸を主導することになる海兵隊は会議に招かれなかった。海兵隊が抱くさまざまな疑問点は取り上げられず、それが大きないら立ちの種になった。会議ではドイル提督の九人の参謀がほぼ一時間半にわたって詳細をきわめるブリーフィングをおこない、入れ替わり立ち替わり上陸作戦の技術的軍事的側面について語った。最後にドイルが立ち上がって発言した。「マッカーサー将軍、本職はまだあなたから質問を受けておりません。上陸についてあえて私は意見を述べていない。しかしながら、もし質問されたら、こう答えるでしょう。せいぜいいえるのは、仁川は可能性はないが、不可能ではないということです」[13]。かれはそれだけいうと着席した。

　コリンズは群山《クンサン》か仁川南方の浦升面《ポスンミョン》を考えたらどうか、どちらもリスクは減ると再度提案した。かれの慎重論はマッカーサーには予想通りで驚きではなかった。そこでマッカーサーが発言した。心の中でくり返しくり返しこのときに備えていた。かれは在席者全員が疑念を持っているのを知っていた。主目標はまだ意思を明らかにしていないシャーマンだった。かれの同意がなければ、つまり海軍の協力がなければ、仁川はない。コリンズが強い疑念を抱いても、ワシントンの陸軍首脳は現地司令官の方針を軽々には覆せない。

　その日のマッカーサーは最高だった。基本的に仁川反対論の部屋中の高級軍人を向こうに回して賛成者に変えてしまったのである。かれが後に書いたものによると、まず発言に当たって、かれは父親の声を聞いた。「ダグよ、戦術会議というものは臆病と敗北主義を生む」[14]。マッカーサーは南方のより安全な上陸には興味がなかった。そこには大きな利点がない。「水陸両用作戦はわれわれが所有するもっとも強力な手段である。これを適切に採用することによって、われわれはきびしく深く敵を叩かなくてはならない」。仁川が露呈するさまざまな困難はきわめて重大ではあるが、克服できないものではない。やれると確信している。上陸作戦に反対する意見を聞いたが、すべての意見は実際には賛成意見である。敵はまったく備えをしていないという絶好のチャンスがある。「敵の司令官は、だれもそのような無謀な試みはするまいと推理するだろう」。かれは自らを一七五九年のケベックのジェームズ・ウルフになぞらえた。ケベックの南を流れるセント・ローレンス川の両岸は切り立っていたため、町を守るモンカルム侯爵はほとんど全軍を町の北側に布陣させた。しかし、ウルフは小部隊を率いて南から接近し高地をよじ登ってモンカルム軍を奇襲した。ウルフの大勝利となり、北米の英仏植民地戦争を事実上終結させた。「モンカルムと同じように、北朝鮮軍は仁川上陸は不可能だと考えているだろう。ウルフのように、わたしはかれらを奇襲できる」。

マッカーサーは海軍への信頼を語った。太平洋作戦を通じて延々と意見の衝突をくり返してきた経緯はきれいさっぱり白紙に戻し、「わたしの海軍への信頼は海軍自身を上回るかもしれない」と強調した。海軍は「過去、わたしを失望させたことはなかったし、今回もないだろう」と、まるで室内にいるのはシャーマンひとりのようないい方だった。ついで群山にコメントを加えた。群山はコリンズとウォーカーの推奨地点であることを意識して「包囲しようとしてもできないだろう」、群山は第八軍との連携が比較的容易であるが、釜山橋頭堡が広がるので張りつける部隊規模は大きくなり、際立って弱点をさらすことになる。「そのような悲劇の責任はだれが取るのか。わたしは絶対に取らない」。仁川作戦は失敗したら、全責任を取る、とマッカーサーは断言した（「わたしならあの誓約をまともには受け取らなかっただろう。かれは中国軍は参戦しないといっておきながら、実際には参戦してきてひどい見込み違いとなった。しかし、わが方がひどくやられても、マッカーサーは責任をまったく取らず、自分以外のみんなを非難した」とアーモンドの参謀の一人ビル・マカフリーは後に記している[15]）。マッカーサーは、もし上陸作戦が間違いだったら、自分が現場で指揮を執ると語った。「われわれが進めないと分かったら、撤収する」。そのとき、ドイルが異議を唱えた。「それはだめです、将軍。われわれは撤収の仕方を知らない。いったん上陸を始めたら、前進あるのみです[16]」。

すると、マッカーサーはシャーマンを見据えて海軍への愛情を語り出した。先の戦争の暗黒の日々、海軍はコレヒドールにやってきて自分を安全な場所に運んでくれ、日本軍と戦う連合軍の指揮をひきつづき執ることができた。それからの太平洋戦争は海軍が一歩一歩自分を勝利へと導いてくれた。

「いま、私の軍歴は日暮れのときを迎えている。その日没に、海軍はわたしを仁川に連れていかないといって、失望させるのだろうか」。将官があふれる会議場の後列にアーモンドの副官でフレッド・ラッドという若い士官がいた。かれはマッカーサーが最後の売りこみにかかったとき、ニヤリとした。やってくれましたね、と思った。どんな高級軍人でもこんな情をからめた話を持ち出されたら抗しきれるものではない(17)。シャーマン提督が初めて口を開いた。「将軍、海軍は受け入れます」。マッカーサーは勝った。「ファラガット（南北戦争で南軍を破った提督）の肉声を聴く思いだ」とマッカーサーは提督を感動させた手ごたえを感じながら答えた(18)（自分の真剣な反対意見を却下されたドイルは、そのやり方に怒りながら「ジョン・ウェインの声を聴く思いだ」とひとりごちた(19)）。マッカーリーはいよいよ芝居じみてきて声を落としたので、在席者は緊張して耳をそば立てた。「わたしには運命の秒針がときを刻む音がかすかに聞こえる。われわれはいま行動しなければ、死あるのみだ……仁川作戦は必ず成功する。そして数万のいのちを救うのだ」。

　マッカーサーは論争に勝った。

「ありがとう。偉大な大義を語る偉大な意見です」とシャーマンはいった。

「もしマッカーサーが役者になっていたら、ジョン・バリモア（戦前の有名な映画スター）にとってかわっていただろう」とドイルは後に評した。シャーマンは承諾したものの、翌日にはマッカーサーの意見発表と一対一の挑戦の迫力から少し冷めて疑問がぶり返した。「わたしにあの男の楽観主義があったら」とかれは友人にもらした。コリンズもまだ不安だったが、不安だろうがなんだろうが、五日後、参謀総長らが賛成に回り、マッカーサーに承認の電報を打電した。（マイク・リンチはウォーカーにマッカーサーが統合参謀本部の疑念を乗り越えた理由を聞いたところ、ウォーカーは「マッカーサーはみんなに朝鮮は島でソウルは最終目的地、占領してしまえば戦争は終わると思いこませたのだ」と将来を予言するように答えた。）だが、統合参謀本部は誤算となる恐れのある作戦に限られた資源を大量に投じることにまだ不安で、八月二十八日、マッカーサーに群山を提案する最後のメッセージを送った。かれはメッセージを受けとったことさえ認めず、これを完全に無視した。典型的なマッカーサー流の問題処理法である。かれはひたすら前進した。

もっとも、仁川の綿密な計画は作戦が始まるまではワシントンには絶対に伏せておくよう機密保持を厳重にした。かれはことを慎重に運び、最早阻止は不可能になる時点までワシントンへの実情報告を抑えた。マッカーサーがやったことは、クレイ・ブレアのことばを借りれば「虚偽と欺瞞の驚くべき策」だった。[20]マッカーサーは延ばしに延ばして九月八日、最終的な計画を含む数冊の分厚い報告書を若い幕僚リン・スミス中佐に託してワシントンに届けた。スミスにはあまり早く届けるなと命じた。スミスは命令を守った。統合参謀本部は将官を予想していたが、やってきたのは中佐で事実上ぎりぎりの時間だった。スミスはただちに三軍の参謀総長らが待つ部屋に案内され、ブリーフィングを始めた。「これはＤデーかね、中佐」とコリンズは質問した。そうです、とスミスが答えると、コリンズは攻撃はいつ始まるのか、と聞いた。「月尾島上陸は六時間二十分後です。当地時間の一七時三〇分です」。「サンキュー。ブリーフィングをつづけるがよい」とコリンズはいった。[21]マッカーサーのこのときのやり方は長い目で見て参謀総長らとの関係を損ねた。かれが手管を弄している相手は文民当局者ではなかった。それならば、一定の限度はあるものの許された。相手はかれの同僚、四つ星の将軍たちだった。かれらはマッカーサー指揮下の若い兵士たちの生命と作戦の成功にかれ同様に責任があると思っている。軍の文化ではマッカーサーの所業は許しがたかった。それから八か月後、トルーマンがマッカーサーを解任したとき、参謀総長らの一致した支持を得た大きな理由の一つだった。マッカーサーが仁川上陸作戦でかれらの不意を突いたことへの意趣返しだった。

司令官にとりまきを起用

通常、水陸両用作戦には意表をつく要素が決定的に重要である。しかし、この場合、妙なことにその要素は消えていた。東京では、何が、どこで、いつ起きるか、知らない者なしだった。戦争をめぐるうわさの一大センターだった東京記者クラブでは、作戦はすでに〝周知の作戦〟のレッテルを張られていた。指揮するのはだれかの問題もワシントンからの承認が届くとほとんど同時に答えが出ていた。ワシントンの将官の大半と東京の一部将官は指揮権、つまり、軍団司令官ポストは経験豊富な海兵隊司令官シェパード中将にいくと予想した。マッカーサーはどこから見てもシェパードには大きな借りがあった。まず第一に海兵師団をマッカーサーの指揮下に編入するのを支持してもらっている。シェパードは水陸両用作戦が本職の海兵隊員だ。ところが、意表を突く人事が待っていた。軍団長はアーモンド少将。かれはその時点から二足のわらじを履くことになった。コリンズ陸軍参謀総長は知らせを聞くとびっくり仰天して激怒した。アーモンドの幕僚、ジョン・チャイルズによると、コリンズはいすから腰を浮かせ、「なんだって?」と叫び声を上げたという。[22]コリンズはアーモンドが嫌いだった。さらに、マッカーサーが仁川作戦の指揮権を第八軍から切りとったばかりか、それを参謀総長らと協議もせずに取り巻きのアーモンドに与えた料簡が許せなかった（この一件はワシントンと在韓の士官らの間で〝三つ星獲り作戦〟で知られた。アーモンドに中将位を獲らせる露骨な意図があると見なされたわけだ）。

マッカーサーはウォーカーの権限を効果的に最小限にしたばかりではない。参謀総長らは、自分たちの権限も最小限に制限されたことに遅まきながら気づいた。かれらに相談もなくこんなことをあえてやる将軍はほかを捜してもいまい。これこそ、マッカーサーのマッカーサーたる典型事例、上官の手の届かぬところ、その承認のないところで行動し、かれらを嘲笑するのを楽しんでいる。[23]それはまた、たいへん政治的な行動だった。朝鮮戦争の指揮権の多くはマッカーサーの心底からの忠臣に与えられ、参謀総長らの手は届かなかった。シェパードはすばらしい将官かもしれないが、旧式の忠誠心を持つ旧式な男で、そこがマッカーサーにとって問題だった。かれはマッカーサーに忠誠だとしても、統合参謀本部にも海兵隊にも忠誠だろう。マッカーサーの目にはそれは忠誠を使い分ける二心を持つ男であって、今度の場合は受け入れがたい。

ペンタゴンではだれもこの措置に不満だった。海兵隊は災難と見なした。海兵隊はアーモンドを警戒していた。マッカーサーは戦域司令官シェパードと上陸を指揮する予定の海兵隊第一師団長O・P・スミス少将の二人を八月下旬の重要な計画策定会議から締め出していたからだ。海兵隊のなかには、アーモンドが最初の会議で人望厚いスミスを遇したやり方に憤慨している者もいた。スミスはマッカーサー本人から説明を受けるものとばかり思っていたところ、第一生命ビルに参上してみると、面会の相手は主としてアーモンドで、しかも一時間半も待たされた。本当の指揮体系をスミスに理解させる初めのレッスンであることは見え見えだった。五十六歳の海兵隊将軍のスミスをつかまえて君《くん》あつかいし、スミスを怒らせたのはもっと悪かった。君とは若輩に対するお高くとまったいい方だが、スミスのほうがアーモンドよりも実戦経験ははるかに豊富で、年齢も十か月若いだけだった。[24]スミスが水陸両用作戦のむずかしさを主張しようとすると、アーモンドはそんなものは「ほんのささいなこと」と相手にしなかった。アーモンドは周辺にはいずれにせよまとまった敵はいない、といった。横柄な男、とスミスは心中思ったが、怒りは胸に収めることにした。表沙汰にすればするほど、ますます指揮下の海兵隊と陸軍の兵士との間に亀裂を入れかねない事態を恐れた。[25]スミス直属の一部士官はカンカンになった。スミスのG－3（作戦担当）アルファ・バウザーの「気まぐれで軽薄」というアーモンド評[26]はもっとも穏やかな非難だった。

仁川は一か八かの大ギャンブルの象徴だった。賭けがうまくいくには敵にぐっすり眠っていてもらわなくてはならない。港の入り口は極端に狭いからだ。だが、偉大な将軍は大ばくちを打つものだ、とマッカーサーは信じた。マッカーサー版Dデーの直前、かれは戦争担当の在京記者を招集し、司令船「マウント・マッキンレー」号に同乗する随行取材に招待した（記事冒頭の発信地はもちろん、「マッカーサー司令部……」となる）。船が佐世保港を出港する直前、ドイル提督と共同で再度のブリーフィングがあった。マッカーサーは大らかな気分になっていた。かれの意図は北朝鮮軍の補給線の分断である。戦史では十のうち九つの戦いが補給線を分断されて敗れている、とかれは説明した。ある記者が中国の参戦の恐れはないのかと質問したが、マッカーサーはまったく気にしている様子はなかった。その答えはひと月後、ウェーク島会談でトルーマンに語った答えとそっくりだった。かれは人口の大きな開きを意識してこう語った。かりに「われわれが一億千五百万人のアメリカ人を投入しても、かれらはなおアメリカ人一人あたり四人のアジア人どもを当てることができる」。したがって、かれらに強みのある地域ではかれらを挑発しない。ところが、マッカーサーは彼我の数の格差を埋め、相手を無力化するため空軍の使用計画を持っていた。「中国軍が介入してきたら、わが空軍は鴨緑江を史上もっとも血生臭い流れに変えるだろう」と大見得を切った。マッカーサーや計画立案をした取り巻きたちが、中国軍の戦術とそして中国軍では少なくともアメリカの空軍力の一部を制限することができることを知っているかどうかは、別の問題だった[27]。中国軍がとうとう攻撃してきたとき、マッカーサーは不意を突かれた。空軍はすぐには成果を上げなかった。鴨緑江にはほとんど一人の中国人の血も流れなかった。かれらは察知されることなくとうの昔に江を渡っていた。

第20章　仁川上陸作戦

毛沢東は、仁川上陸を予想

マッカーサーが仁川《インチョン》でツキに恵まれたその少なくない理由に、金日成《キムイルソン》が切れ者の敵将ではなかったことが挙げられる。理由は分からないが、金日成は、前線の後方でアメリカの水陸両用作戦がおこなわれる可能性を検討するのを拒んでいた。他方、中国側は仁川の数週間前、日本で大規模な米軍の集結が進んでいることをよく知っていた。一九四〇年代、五〇年代の日本はスパイ天国で日本の港湾警備は貧弱なうえ、多数の日本人の港湾労働者は筋金入りの共産主義者だったから、運びこまれる装備の多くは水陸両用作戦に使われる種類のものであることを中国側は察知していた。毛沢東は八月初旬には、北朝鮮の攻勢をめぐる情報に大きな懸念を抱いた。金が約束した南朝鮮での短時日の勝利は実現していなかった。米軍は八月末から九月初旬にかけて釜山《プサン》橋頭堡の抵抗を強化しつつあることや日本に精鋭の二個師団と見られる兵力を温存していることを毛は知っていた。水陸両用作戦の演習が実施されており、何かが画策されていることは明白だった。毛は生涯の大半を兵力も武器も優勢な敵と戦った。だから、勝つためには軍事情報は死活的に重要だった。敵が最強のところは避け、もっとも弱いところだけを攻撃した。いったん戦闘に入っても、他日の戦いに備えてつねに逃げ支度が欠かせなかった。毛はこれから起きようとしている事態を察知して、現在発生していることをきわめて深刻に受け止めていた。

そこで、毛は上陸作戦のかなり前の八月初旬、総参謀部有数のやり手で周恩来の軍事参謀雷英夫《レイインフ》に米軍の企図とつぎの攻撃地点を探らせた。それは純粋に軍事情報収集任務で、いくつかの事実が明らかになった。在日米軍部隊の一部が上陸作戦を演習しているのに加え、日本の港湾には世界中からアメリカと連合国の大小あらゆる大きさの艦船が集まっている。さらに、マッカーサーは太平洋戦争で水陸両用上陸作戦を多用したなど、雷は入手可能なすべての情報を検討して米軍は北朝鮮軍に大きなワナを仕掛けようとしていること、同軍の前線のはるか後方に奇襲上陸しようとしていること、米軍は釜山橋頭堡から打って出るだけでなく上陸作戦と呼応して北朝鮮軍の大半を捕虜にする意図を持っていると判断した。雷は地図を研究して米軍の立場で考え、上陸地点は六か所の港湾の一つであろうと予想、マッカーサーの攻撃的な性格を勘案すれば、仁川を選ぶ公算はきわめて高いと判断した。北朝鮮軍が洛東江《ナクトンガン》で最後の攻勢をかける一週間前の八月二十三日（偶然だが、この日は第一生命ビルでマッカーサーが統合参謀本部に芝居気たっぷりのブリーフィングをおこなった日）、雷は検討結果を周恩来のもとに持参、周は強く心を動かされ、ただちに毛に渡した。雷は毛に呼び出され、毛にすばらしいブリーフィングをおこない、マッカーサーの戦術、その考え方、奇矯な個性などに関する三ページからなるメモを提出した。毛はこの評価を金日成に伝えるよう周に指示した。[1] 金のロシア人顧問数人も同様の助言をおこなっていたが、だれも金を動かすことはできない様子だった。これは驚きではなかった。かれは結局のところ戦場の才覚ではなく残酷な政治の才覚で時代を生き残り、その後はイデオロギー的な従順さを武器に権力の座に上り、主として赤軍の施しで政権を維持した。権力奪取の途上で学んだ教訓の量は毛沢東やホー・チ・ミンの足元にもおよばなかった。

毛は自らの予測を基に、この戦争での中国の役割が変わろうとしていると確信した。八月中旬には北朝鮮軍の南での勝利は基本的に頂点に達したと判断、同月十九日と二十三日、ロシア人顧問パーヴェル・ユーディンと会い、アメリカが朝鮮に部隊の増派をつづけるなら人民軍が持ちこたえるのは不可能となり、中国の直接的支援がいずれ必要になる、と語った。毛は八月と九月初旬に、北朝鮮代表李相朝《イサンチョ》に会い、北朝鮮軍の軍事的誤りのいくつかを専ら俎上に載せて少し溜飲《りゅういん》を下げた——開戦当初、北朝鮮側が毛を慇懃無礼な態度で応対したことに意趣返しするちょっとした機会となった。とどのつまり毛のアドバイスをもっと聞けということだった。いわく、北朝鮮は幅広い前線を攻撃したときも予備軍の準備が充分でなかった。敵の殲滅よりも土地の征服にこだわりすぎた。さらに、金浦《キムポ》空港のような攻撃を受けやすい地点に言及、退却して攻撃にとくに弱い地点の防衛を強化してはどうかと提案した。毛は地図を指さして仁川がもっとも可能性の高い目標だと具体的な地名を挙げた。(2)しかし、金は何の行動もとらず、仁川港に機雷の敷設もしなかった。これには中国側も驚いた。

中国は前線で起こりつつある事態を理解していたが、北朝鮮指導部はそうではなかった。北朝鮮のような全体主義体制下の一つの問題点は、前線からの悪い情報は上層の司令部に正確に伝えられない傾向があることだった。それは民主社会にもいえるが、北朝鮮のように位階序列制が深く浸透した国家にはいっそうよく当てはまり、情報は一段一段上層に上がっていくにつれて手心が加えられた。毛の使者柴軍武《チャイチユンウー》が九月四日、金に戦争は釜山一帯で膠着状態に陥ったと告げても、金は信じず、北朝鮮の大攻勢は始まったばかりで膠着状態はすぐに打破されると語った。柴が北朝鮮軍前線の背後を国連軍が攻撃する可能性に触れると、金は「われわれはアメリカの反撃は当面は不可能と判断している。充分な部隊の支援がなく、従ってわがほうの前線の後方の港湾への上陸はむずかしいだろう」と答えた。驚いた柴は上陸の五日前の同月十日北京に戻り、金に戦略的撤退を勧める周の要請を携えて平壌にとんぼ返りした。「わたしはまったく退却を考えたこともない」という金の回答[(3)]に周は困惑、仁川上陸作戦が事実上無抵抗で実行された日から三日後の同十八日、ソ連代表に会って北朝鮮は軍を引いて北方で再編し、中国かソ連の戦争介入を恐れる西側の懸念につけ入るべきだと重ねて提案した。

アーモンドとスミスの確執

一万三千人の兵士が海岸堤防と埠頭に殺到した上陸作戦自体とそれにつづくソウルへの快進撃はマッカーサーのプラン通りどころか理想的に推移した。もろもろの状況は予想していたよりも良好で、当初の抵抗も比較的軽微だった。ドイルの計画作りは巧妙かつ詳細をきわめ、加えて戦いの神々が金日成というかつな男を敵将に配するという宿命的な計らいで兵士らに味方した。仁川港は短く切られた親指のように湾に向かってわずかに突き出している。およそ十六キロ東に金浦空港、さらにその東、たどるルートにもよるが、八キロないし十キロにソウルがある。計画だと、第一、第七海兵連隊は仁川を占領してから金浦を奪取し、東に進撃して漢江《ハンガン》を渡ってソウルを占領、間もなくウォーカーの第八軍と合流する。同軍は洛東江の陣地から突撃して速度を上げながら北に急進することになっていた。

海兵隊の当初の損害は比較的軽く、月尾島《ウォルミド》強襲では死者はなく、初日の米軍側の戦死者はわずか二十人だった。しかし、国連軍部隊がソウルに接近するにつれて北朝鮮軍の抵抗は次第に強くなった。すると、アーモンド第十軍団司令官とスミス第一海兵師団長との確執がはげしくなっていった。同師団は前述のように第十軍団に編入されていた。アーモンドがすぐに成果を要求したのに対し、スミスは部下の生命を不必要に犠牲にするのを避けつつ危険度が増す任務を完遂しようとし、アーモンドの要求は非現実だと見なした。アーモンドは自分の上官の意見だけを聞き、不注意な命令を出し、指揮下の兵士の生命には無頓着、ＰＲには異常に執着するなど実戦には向かない司令官だとスミスは思うようになっていった。海兵隊幹部の大勢も同様の意見だった。確執の種はずっと前からあった。アーモンドは水陸両用作戦に参加した経歴がなく、作戦に伴うさまざまな危険や困難を過小評価し隊員の要求に正当な関心を払わず、下の階級の者の意見を聞かない――当初からあった海兵隊上層部のアーモンド評だった。アーモンドとスミス。この二人ほど違いが極端な将官もいなかった。アーモンドは大胆不敵さを売り物にする気どり屋、スミスは海兵隊指揮官のなかでもカリスマ性は最低の部類に属し、腰の低いプロだった（かれのニックネームは大学教授。もっとも、かれの前ではだれも使わなかった）。軋轢のいくつかは陸軍と海兵隊のそれぞれの指導部の性格の大きな違いを映し出していた。大世帯の陸軍は指揮官と部下との関係は没個性的になりがちだが、小世帯の海兵隊では士官と兵士の関係は陸軍よりも親密で、緊密でさえあった。そのうえ、スミスはどちらかといえば平均的な海兵隊指揮官よりも用心深かった。かれは一九四四年十月、海兵隊第一師団がペリリュー島に上陸したときの師団長補佐だった。これは太平洋戦争最大の犠牲を伴った激戦の一つだった。情報面の大誤算があって、師団が上陸してみると、互角の兵力の日本兵約九千人が手ぐすね引いて待ち受けていた。この経験は、スミスをより慎重な指揮官にした。

士官同士のまずい関係が最初にあると、いったん戦闘が始まってしまえば関係は空中分解してしまう。海兵隊史研究家エドウィン・シモンズのことばを借りれば、最後には〝伝説の材料〟になる。(4) 若い海兵隊士官として仁川と長津湖《チャンジン》で戦った経験があるシモンズは、確執は少なからず第二次世界大戦の舞台となった二つの戦域の戦い方の違いに根ざしていると考えた。ヨーロッパ戦線でドイツ軍と戦った陸軍の兵士は、優勢な火力を持ちこむことができ、ドイツ部隊は崩壊すると、大量の兵士が降伏

地図9.仁川上陸、1950年9月15日

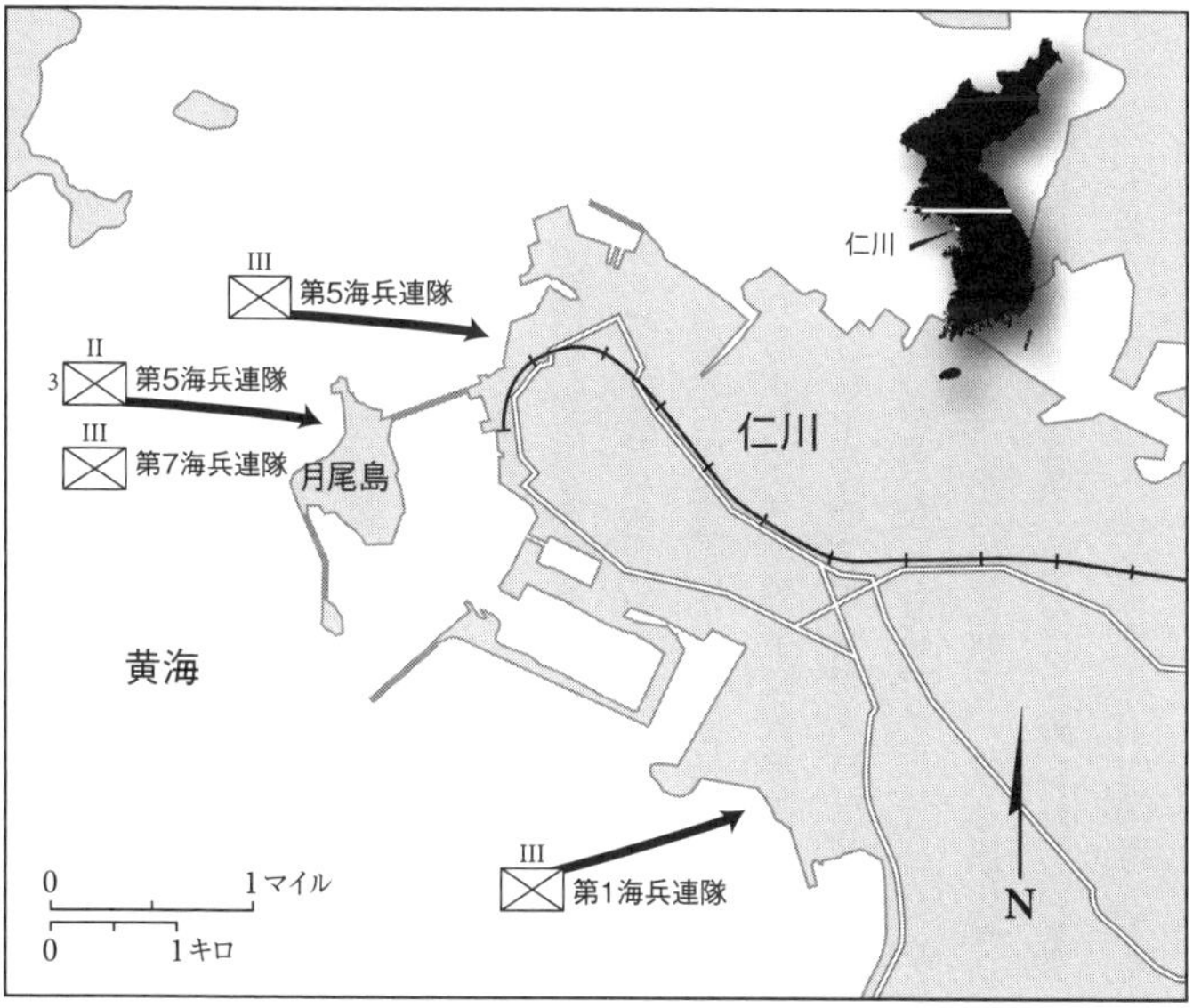

し残りは速やかに退却、それによって連合軍は先を争って急進撃して大勝利を得た。他方、太平洋戦域で戦った海兵隊と陸軍は延々とつづく戦いを強いられ、日本軍は退却するにしてもじわじわと退き、連合軍側の前進はヤードで計る有様。投降する日本兵は比較的少なかった。(5)

スミスはアーモンドに、仁川に難なく上陸できたのは敵の偽装で、後方梯団で布陣する部隊の小規模な分遣隊を圧倒したものの、ソウル占領はまったく事情が違うと警告した。ソウルは数千人の北朝鮮軍精鋭が防衛を固めている証拠がある、とスミスはいった。この発言は若干の初歩的偵察に基いており、予測は正確だった。もともと、マッカーサーのG－2は仁川・ソウル一帯に展開する敵兵はおよそ六千から七千人と推定していたが、国連軍部隊が仁川を攻撃すると、金日成は一個師団と三個連隊、およそ二万の増援部隊をソウル地域に急派し、結局、三万五千人以上から四万人をソウル防衛に投入した。その一部はどちらかというと新兵だったが、力戦した。ソウルに至る道は「現場よりも新聞紙面で読むほうがやさしい通常の作戦の一つ」とスミスは後に簡潔に記したが[6]、米軍は兵力面では優位にはなく、優位なのは装備と火力だった。北朝鮮軍は引いて戦うという利点があった。市街戦が避けられない都市の条件下ではこれは小さくない強みだった。そのことは、戦いは困難で人的損害は高くつき、一街区ごとの戦闘となりアメリカ軍の重火器依存のために市街の大半は間違いなく瓦礫と化すことを意味した。進撃の速度が落ち、百ヤード（九十一メートル）進むたびに代償はつり上がるいっぽう、スミスへの圧力はたかまった。

アーモンドはマッカーサーからの圧力を反映してますます攻撃的になり、スミスが定めた進撃ペースに不満を募らせた。アーモンドは専用の小型偵察機で飛び回りスミス配下の連隊長、大隊長から中隊長に至るまで師団を通さずに直接命令を下し、事実上の師団長になった――この後の戦いでも同じことをくり返した。アーモンドは優秀な作戦士官を自認していて、戦場上空を飛んでは眼下に認めた部隊はどこの部隊だろうが、無線で指示を出した。スミスは怒って抗議した。あるとき、スミスは「あなたがわたしに命令を出すなら、部下たちが遂行するようにしましょう」と告げたが[7]効き目はなく、相変わらずスミスの部下に直接指示した。アーモンドの暗号名はフィッツジェラルド。たまりかねたスミスはG－3のアルファ・バウザー大佐に戦闘中は師団の確認のないフィッツジェラルドの指示は今後受けつけるなと命じた[8]。

アーモンドとスミスの確執を一段と悪化させたのは、圧力が誤ってかけられているというスミスの思いだった。つまり、圧力にこめられているのは、北朝鮮軍を分断する手段として戦場の勝利を早める必要からではなく、気晴らしにすぎず、ＰＲへの固執、マッカーサー司令部が絶えず要求してくる栄光のためではないかということだった。ここで東京の司令部とワシントンとは真っ二つに割れた。スミスとウォーカー、遠くワシントンから注視している統合参謀本部の見解は、ソウル自体は迂回して、これを遮断し、東方に急進して北上中のウォーカーの軍と合流するのが上策とした。これだと、大きな勝利となるだけでなく、北朝鮮軍の大半を袋小路に追い詰めるチャンスが生まれると読んだ。マッカーサーとアーモンドのソウル固執は上陸作戦の目的そのものを台無しにするものと映った。大半の北朝鮮軍がすり抜けるのを許してしまう恐れがあるからだ。しかし、マッカーサーは九月二十五日のソウル占領を望んだ。九月二十五日は北朝鮮軍が三十八度線を越えた三か月後というたいへん象徴的な日付だった。マッカーサーが希望したソウル解放の日はもともと九月二十日だったが、アーモンドが進言してかえさせた。たかだか新聞に数行つけ足されるにすぎないことのためにマッカーサーは九月二十五日にこだわり、アーモンドはそのために海兵隊員の生命をむざむざ危険にさらそうとしている。スミスはそうとった。九月二十五日という日などスミスにとってはどうでもよかった。スミスにとってそれは、子どもだましの小細工以上のものではなかった。

ソウル占領はＰＲにすぎない

いっぽう、マッカーサー司令部もウォーカーと第八軍に不満を募らせていた。同軍は洛東江陣地から出て突撃するにあたって早くもいくつかの問題を抱えていた。しかし、同司令部の不満などウォーカーのいらいらに比べたら物の数ではなかった。ウォーカーは九月十七日に仁川に関する初めてのブリーフィングを受け、自軍がいかに手薄な防御を強いられていたかを知って激怒した。「連中は月尾島のひとにぎりの新兵を殺害するのに、わたしが北朝鮮軍の九割を撃ち破るのに与えられた以上の弾薬を消費した」とウォーカーはブリーフィングの後、友人にぶちまけている。[(9)] かれは部下の隊員たちが洛東江沿いの多数の陣地からうってでるのに問題を抱えていることに気づいていた。同江は北朝鮮軍の進撃を食い止める大きな防壁の役目を果たしたが、同軍を追撃する場面に移ると、こんどは障害となった。ウォーカーを怒らせたのは、上層部はやいのやいのと圧力をかけておきながら、架橋のための道具を始め装備は不足だらけのまま放っていることだった。すべての装備は橋が残らず爆破された漢江を渡る第十軍団に最優先で渡されていた。この決定は参謀長、つまりアーモンドの司令部がおこなった。ウォーカーは最初から不利な立場に置かれたと考え、いっそうかれの怒りを誘った。

マッカーサーもかれの部下もウォーカーの不満など一顧だにしなかった。九月十九日、マウント・マッキンリー船上で開かれた海軍と海兵隊の上級指揮官も出席した参謀会議（「事実上、公開の会合だった」とクレイ・ブレアは記す）で、マッカーサーは公然としかも、非常に私的な口調でウォーカーについての不満を口にし、もっと強力な人物に代えたほうがいいと言った。ウォーカーにとっては、大勢の前で侮辱をされたことになる。かれは参謀長代理のヒッキーに電話して第八軍の部隊の進軍が遅い理由の釈明を試みた。「私の軍はこのところ悪者になっている。しかし、うちの工兵の装備についていえば、きわめてひどい状態だ。わたしたちがいやいやながらやっていると思ってもらっては困る。すべての前線にわたって江が流れているが、橋は二本しかない。これではどうしようもない」(10)。

マッカーサーがウォーカーの不満をもらしていたとき、海兵隊も東京の司令部が予想したよりも強い抵抗に遭って進撃速度が落ち始めていた。アーモンドは海兵隊がソウル占領の期限に間に合うようスミスから事実上の保証を得ようとした。「わたしは［アーモンドに］何も保証できない、それは敵次第だ。最善を尽くしてなるべく早く到着できるようにするといった」とスミスは後に語っている。それはアーモンドが聞きたい回答ではなかった。スミスが陸軍将官だったら、たぶんその場で即刻解任されていただろう。アーモンドはすぐさま戦況をスピードアップさせる戦闘計画を思いついた。しかし、スミスの目から見れば、そのプランは、危険なまでに部隊を細分化し、米軍の火力の優位性をそこなう計画にみえた。とくにスミスが不安を覚えたのは、プランの一部に、一定地点を両方向から

地図10.ソウルへの進撃、1950年9月16日－28日

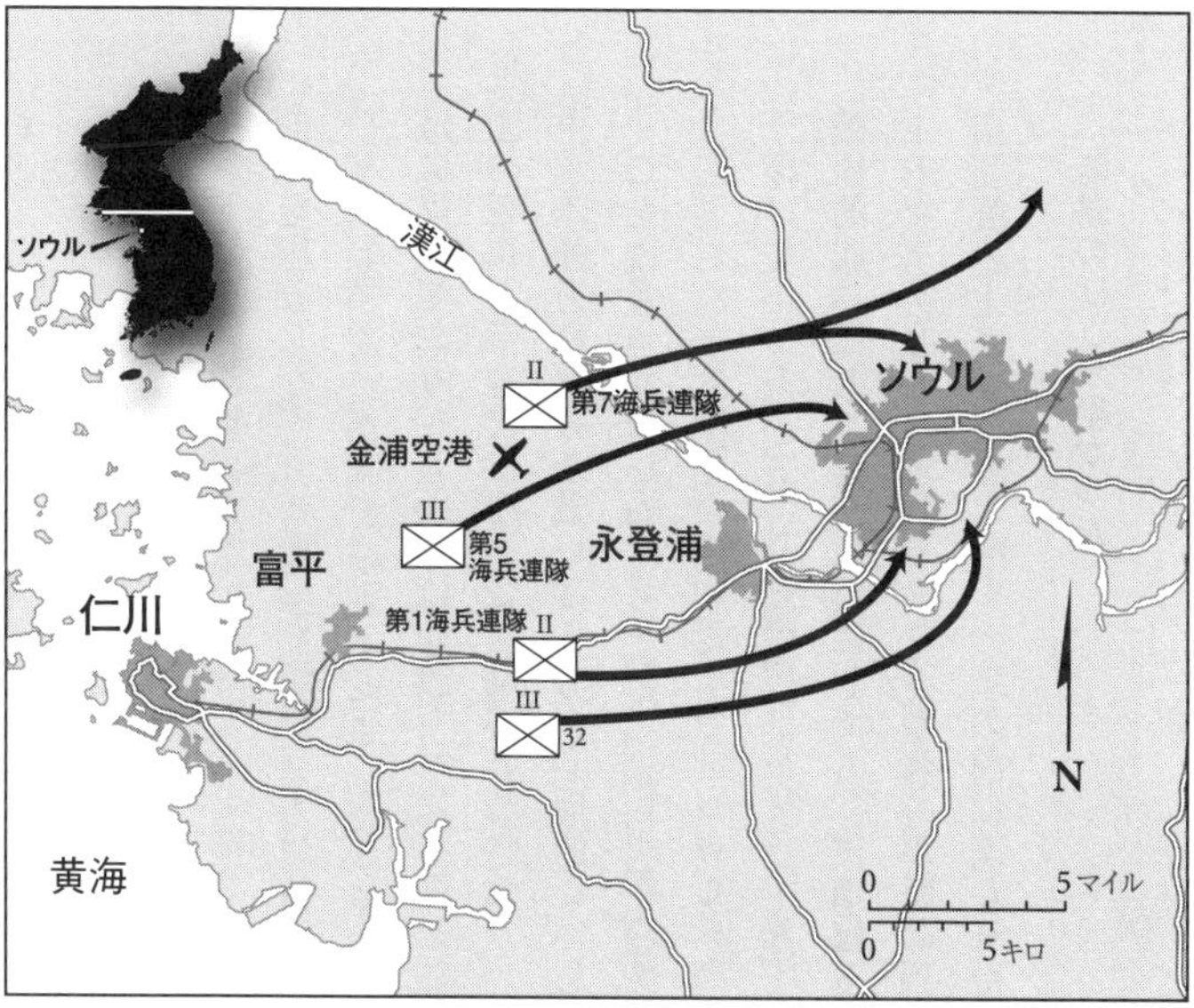

はさみうちにして進撃するとあったことだ。都市の混乱のなかで、同士討ちになりかねなかった。スミスはほとんどただちにアーモンドの案を拒否した。かれにいわせれば、計画はまったく素人のしろものだった。しかし、師団長が軍団長の計画を拒否したのはきわめて深刻な抗命であり、不服従すれすれの危ういなりゆきだった。

海兵隊の一部が九月二十五日、ソウル郊外に到着した。そこでアーモンドはソウル占領を発表する公式声明を出すことができたが、現地で戦闘中の兵士らにはこれは真実から遠いように思われた。「同市が解放されたとしても、残っている北朝鮮兵はそれを知らなかった」とAP通信の記者は翌日の速報で伝えた。事実、激戦は同月二十八日までつづいた。米軍はすさまじい火力で結局は勝利したが、その過程で市街は灰燼《かいじん》に帰した。ソウル占領について英人記者レジナルド・トムソンはつぎのように報じた。「騒音と破壊のぞっとする焦熱地獄だった。前方を爆撃する急降下爆撃機の耳をつんざく金属音、戦車砲の青白い閃光、炎上す

る木造家屋のはげしくはじける音、電話柱や高圧鉄塔が崩れ落ちて電線は一面にめちゃめちゃにもつれ……これほど恐ろしい解放を味わった人びとはほとんどいない」[11]。

きびしく無情な戦闘がアーモンドと海兵隊との関係にもたらした傷は深刻な結果を伴うことになる。アーモンドは予定期日通りマッカーサーにソウルを手渡した。クレイ・ブレアの著書によれば、アーモンドは第二次世界大戦で見せたのと同じ資質を顕わにした。「注文が多く、横柄で、せっかち」で、部隊を細分したがり、充分な予備兵力は抜きにして、あるいは部隊の両側面はどこの部隊かなどにはひどく無頓着に部隊を前進させようとする傾向である。ブレアは書いた。「かれの勇敢さは無鉄砲の域に達しており、しかもほかのだれにも同じことを期待した。この態度は多数の配下の士官からは兵士の死傷と幸福には冷淡で無関心と解された」[12]。アーモンドはまた、「北朝鮮兵が北へ逃走するのを阻止する強力な前線を敷くよりも、心理的ないしPR効果を理由に不動産（ソウルのこと）の占領を急ぐことに重点を置いた」。これは、仁川の当初の成功の後アーモンドに向けられたさまざまな批判のうち、もっとも深刻な批判だった。ソウルへのこだわりで多数の敵兵がワナとなるはずのところをすり抜けていった。「PR部隊だ」とウォーカーは第十軍団をひそかに吐き捨てた[13]。とはいえ、完全な戦術的成功はとり逃がしたにしても、仁川は多くの点で見事な勝利だった。マッカーサー個人のトレードマークとなる勝利であり、かれの軍歴の頂点を画するものだった。北朝鮮軍は士気をくじかれ、南朝鮮全土がマッカーサーの軍の前に開かれたのである。

陸路のほうが早かった

いっぽう、仁川の鮮やかな成功はマッカーサーの指揮権の性格を変えた。先ず何はともあれ貸し借りの清算である。仁川作戦に賛成した者は報われ、疑問視した者は信頼を欠かしたことに代償を支払わなければならない。ソウル解放の直後、解放されたばかりの金浦空港に専用機から降り立ったマッカーサーは、釜山橋頭堡で雄々しく兵をまとめたウォーカーの前を素通りしてかれを完全に無視、アーモンドには「やあ、ネド」と温かく呼びかけた。この光景を目撃したウォーカーのパイロット、マイク・リンチは信じられない思いだった。無視はウォーカーが仁川問題でコリンズや統合参謀本部にいつまでも同調した明確な罰だった。しかし、国連軍全体に重大な結果をもたらすさらに悪い事態が待っていた。ウォーカーは仁川の後、貸し出された第十軍団はかれに戻されて第八軍に編入されるものとばかり思っていた。が、そういうことにはならず、アーモンドは参謀長ポストとともに第十軍団の指揮権をひきつづき保持することになった。マッカーサーは北方進撃に当たって指揮権の分割を目論んでいたのだ。

第十軍団をアーモンドに与える当初の決定は東京とワシントンの多くの高級軍人を当惑させたが、当時の異常な状況に対応する臨時的な措置と見なされていた。結局のところ、ウォーカーは釜山橋頭堡維持だけであっぷあっぷの状態だったし、マッカーサー司令部は人材豊富とはいえなかった。しかし、いまやアーモンドは恒常的に第十軍団を指揮する。つまり、第十軍団はウォーカーの管轄を完全に離れた別の部隊になった。ウォーカーは北への進撃でアーモンドの軍と競わざるを得なくなった。

さらに、第十軍団には新たな水陸両用上陸作戦計画が進行中だった。今度の地点は三十八度線北方の東海岸の元山《ウォンサン》だった。大勝利の大きな勢いのなか、マッカーサーはますます大きな指揮権を掌握しつつあった。同時に必然的に、事態は悪化し始めた。占領したばかりの仁川は、敵にとどめを刺すために補給物資を注ぎこむのではなく兵員と補給物資を運び出すのに使われた。ソウルから東に急進撃して退却する北朝鮮兵を捕捉する巨大なはさみを形成するのではなく、マッカーサーはこの肝心な時期を浪費して第十軍団につぎの上陸に向けた準備をさせた。釜山で乗船して元山に向かうというひどくのろのろしたぶざまぶりだった。ウォーカーの部隊に追われて北に逃走を図る北朝鮮部隊がいても、つぎの上陸作戦のため釜山に向けて南下する第十軍団傘下の第七師団に道路使用の優先権があった。道幅の狭い主要補給ルートを北に移動する輸送隊は南に向かう第七師団に道を譲ることを余儀なくされ、敵との接触を決して失うべからずという基本的な陸軍規範に違反せざるをえなかった。

元山上陸作戦は、実際には初めの時点から、めちゃくちゃだった。海軍はその構想に仰天した。担当のターナー・ジョイ提督は関与を望まず、元山港は機雷だらけだと当然の懸念を示した。かれは東京でマッカーサーに会って抗議しようとしたが、許されなかった。元山の海からの急襲はどこから見ても冗談としか思えなかった。ウォーカーの部隊の一部が通常のやり方で北上していれば、はるかに早く容易に目的を達成できていたのだ。ところが、何もかもうまくいかなかった。作戦立案者は予定に間に合わず、遅れは遅れを呼んだ。不名誉なことに、十月十日、元山に陸路一番乗りしたのは友軍の韓国軍第三師団と首都師団の部隊だった。抵抗らしい抵抗もなかった。翌日、ウォーカーは空軍戦域司令官アール・パートリッジ少将とともに元山に飛び、パートリッジは空港が開かれているのを見て、輸送機を使って韓国部隊に補給物資のピストン輸送を開始した。

ようやく同月十九日、海兵隊を乗せた輸送船団が元山港沖に到着した。ジョイ提督の見通しは正しく、北朝鮮側は今回は港内に約二百個の機雷を敷設していた。海軍は手元に十二隻の掃海艇しかなく、海兵隊は掃海艇が港内の機雷除去をゆるゆる進める間船内にカン詰めになった。船内待機が長引くと多数の海兵隊員が船酔いを起こした。そこに、赤痢の流行が襲った。大型輸送船一隻で七百五十人の隊員が倒れた。隊員らは元山がすでに韓国軍部隊に占領されているのを知り、上陸作戦を〝まぬけ作戦〟と自嘲した。この誇り高い部隊にとって屈辱の仕上げになるようなできごとがあった。ボブ・ホープが元山を訪ねてきて海兵隊慰問のショーを行なった。この有名なコメディアンは戦闘地域をよく尉問していた。元山では空港の格納庫に舞台を仮設し、まだ船内で待機中の海兵隊をネタに、上陸作戦で海兵隊を出し抜いたのははじめてだ、と冗談を飛ばした。「みなさまに会えて光栄です。それでは、みなさまを上陸にご招待しましょう」(14)。かれは聴衆の比較的少数の韓国人整備クルーと艦隊から飛来した数人の将官に語りかけた。海兵隊が上陸したのは韓国軍が到着してから二週間後の同月二十五日だった。

現場指揮権の分割

しかし、本当の危険は、元山上陸ではなく指揮権の分割にあった。そのことは東京とワシントンのほとんどだれもが理解していた。アメリカ陸軍の不文律の教義のなかで、指揮権は恐らくもっとも神聖にして分割してはならないものだった。米軍人が指揮権の分割ですぐに思い浮かべるのは、リトルビッグホーンでのカスター軍の全滅である。かれらは将来、カスターとともにダグラス・マッカーサーとネド・アーモンド、清川江《チヨンチヨンガン》と鴨緑江の悲劇を思い浮かべるだろう。ここでマッカーサーは部隊を危険できびしい、言語に絶する困難な地帯（かれがかつて述べたように気候も米軍に不利になり始めていた）に送りこみ、事実上、それぞれの部隊の弱点を倍加させた。指揮権の分割はマッカーサーの悪い資質を映し出したものだったが、何よりも、つぎに控える潜在敵、中国軍への侮りを映していた。この敵はマッカーサーを慎重に研究していたが、逆にマッカーサーは中国軍を知ろうともしなかった。この軽率さのせいで指揮下の兵士がひどい被害を被ったのである。

これは些細な技術的問題ではなかった。マッカーサーがアーモンドに参謀長と現場指揮官の二足のわらじを履くのを許したとき、だれもマッカーサーがやっていることが信じられなかった。当時の若い中尉で後に戦争史の研究者になったジャック・マーフィーのことばを借りれば、それは「おそらく米軍上層部における最大級の利害の衝突を象徴する」[15]ものだったろう。

これらの疑問は、米軍が北進するにつれて多くの指揮官らに重くのしかかってきた。多くの人がさまざまな司令部に立ち寄り、鴨緑江の北辺に待機する中国軍を示すマークのついた地図を見た。洛東江の戦闘の最中、マーフィーは第八軍司令部に呼び戻された。大きな地図を見て、鴨緑江沿いの三地点に置かれた小さな赤い三角形に吸い寄せられた。三角形はそれぞれ中国共産軍部隊を表していると教えられた。マーフィーは三個師団がいるという意味だと解し、中国兵は多数だと判断した。ところが、後で各マークは一個師団とか、一個軍団とか一個軍ではなく一個集団軍だと知った（三個師団で一個軍団、三個軍団で一個軍、三個軍で一個集団軍となる）。ざっと見積もると、合計で二十七個師団、人員で二十五万人から三十万人と情報部門の友人から知らされた。洛東江の戦闘がひどく恐ろしいものだったといっても、この地図を一目見るほうがもっとぞっとするとかれは思った。[16]

マッカーサーはなぜ指揮権を分割してそれぞれの部隊を最大の警戒が叫ばれている地帯にあれほど自信たっぷりに進撃させたのか。この謎についてはだれも完全には分かってはいない。マッカーサーの後の言動もこの決定を充分には説明してはいなかった。かれの参謀やかれに同情的なジャーナリストらの著述も同様である。リッジウェイは、この決定は軍事的には何の意味もなかったから、別の要素がきっとあるはずだと読んだ。とりわけマッカーサーは気まぐれにものごとを運ばなかったし、その行動はつねに軍事的であると同時に政治的だったからだ。リッジウェイが四十年後になって示唆したことだが、仁川以後のマッカーサーは、自己の影響力の飛躍的な増大に自信を深め自分の指揮権を行使できる別の軍を事実上創設しようとした。この軍はワシントンと統合参謀本部からもウォーカーからも前にも増して圏外にいる。マッカーサーは統合参謀本部が任命した第八軍司令官ウォーカーの役割と自立性を削り、かれが君臨できる独自の体制を創ろうとした。アーモンドはそのための道具であり、統合参謀本部とワシントンから権力をとり上げる持ち駒だった。マッカーサーの行動にかれらが気づくのは遅きに失した。

指揮権の分割で現地の陸軍に対するマッカーサーの影響力は格段に強化され、ワシントンの影響力は後退した。アーモンドはマッカーサーが望む通りに何でも実行し、聞き返しもしなかった。マッカーサーが盲目的忠誠心で従えと命じれば、アーモンドは従った。ウォーカーはそうはいかなかった。かれはマッカーサーの手の内の者ではなかった。仁川作戦はウォーカーの自立性を垣間見せた。指揮権の分割はウォーカーの自立性の削減と朝鮮半島におけるワシントンの影響力にタガをはめる意図的な仕掛けだった、とリッジウェイはいう。ということは、ウォーカーはもはやマッカーサー麾下の唯一人の軍司令官ではないということだった。しかも、かれの軍は著しく削られた。ウォーカーは二人の司令官のうちの一人であり、多くの案件で参謀長たるアーモンドを通さなければならない事実上、有名無実の軍団司令官だった。そのうえ、ウォーカーは鴨緑江への進撃でアーモンドとの競争を強いられた。そのため、ウォーカーは北進の圧力をかけてくる命令に異議を唱えるのにいっそう苦労するようになる。自分の部隊がアーモンドの部隊のように早く進軍しなかった理由を釈明するなど上司に対して守りの姿勢になるのも無理もなかった。

政治的にみれば、マッカーサーのワシントンに対する戦いの決定的な勝利だった。流れを制し、東京の司令部はさらに強い力を手にいれた、とリッジウェイは考える。それは危険な戦いだったが、マッカーサーは天才的な手練手管でこれを制した(17)。リッジウェイにいわせれば、統合参謀本部はその意味するところに気づくのがあまりにも遅すぎた。

第21章　蔣介石という難題

ワシントンの国府大使館

蔣介石の大陸反攻の夢は一九五〇年秋には絶望的となった。とりわけ、米議会の与野党のだれも、過激な蔣支持者でさえ、おそらく数百万人にのぼるであろうアメリカの若者を中国での戦いに送り出す責任を引き受けようとはしなかったからだ。だが、大陸帰還の夢は依然としてホワイトハウスをいつまでも気ままに攻撃する政敵にとって格好の政治材料だった。駐米国府大使館は野党議員のかれらを励ましたが、大使館幹部たちはアメリカに災難をもたらしかねない情報を持っていても、彼らには必ずしも教えなかった。

中国が参戦する数週間前、中朝国境に向けて中共軍部隊の大規模な移動があった。駐米大使館と台湾の国民党要人らはこの移動についてきわめてよい情報を持ち、ここが肝心なところだが、共産党政府がつぎは何を意図しているか確かな感触を得ていた。(1) 米韓両軍が国境に殺到しつつあるなかで、中国政府ならこの崩壊局面にどう対処するか、かれらは分かっていたのだ。もし彼らが中国政府の立場にあったならばどうするかという本能的なカンからそれはきていた。いや、それは、実際には本能的なカン以上の諜報にもとづいたものだった。所属師団が降伏した後人民解放軍に編入させられた国共内戦のむかしの仲間の一部はキャッチした中共軍指揮官らの計画を無線で通報することがまだ可能だった。このように、国府軍の高級将校たちは共産軍のなかに紛れこんでいる元国府軍将校、その他の旧政府機関の関係者そして国民党シンパの鉄道労働者らからたいへん良質の情報を得ていた。かれらは国連軍が三十八度線を越えた日から軍事衝突の発生を強く予感し、ついで受け取ったあらゆる情報がそれを確認していた（われわれがいまこの事実を知っているのは、この件に関する電文の一部がワシントンの国府大使館の一内部告発者によって暴露されたからでもある）。中国の朝鮮戦争参戦は、かれら国民党要人がひどく望んでいた軍事衝突を約束するものだった——本土復帰の希望は新中国との戦争が前提だった。それだけが帰りの切符が手に入る一筋の望みだった。従って、かれらは進行中の事態をアメリカの同志たちに急いで知らせて回避行動をとらせるようなことはしなかった[2]。ワシントンの国府大使館の館員らは台湾の当局者よりもアメリカ事情に概して精通していたから、台湾当局には冷静を保ち情報をアメリカ側と共有しないよう説得した。

ワシントンの国府大使館の重要性を過小評価できない大きな理由は館員らの高い能力だったが、国民党政府の拡声器になりたがるアメリカ政界右派という重要派閥が存在するからでもあった。一九四八年には同政府の存在感は中国よりもワシントンのほうが大きかった。その支援者はアメリカの政治家やジャーナリストたちであり、中国の一般国民ではなかった。宋子文や顧維鈞のようなきわめつきの切れ者の政府代表が辣腕を振るった舞台はワシントンだった。第二次世界大戦中、中国を取材した経験のあるCBS放送のエリク・セヴァライドは一九四九年五月、つぎのように報じた。「国民党政府はほぼ解体した。その本当の本部はもしあるとすれば、ここワシントンにある。ここではロビイストやアメリカ人の支援者が新規の対華大型援助計画を手に入れようと奔走している[3]」。

国民党政府の狙い

アメリカと中国とを軍事衝突に駆り立てた勢力は太平洋両岸の国民が気づいたよりも強力だった。台湾は、蔣介石が同地に落ち着いたときからアメリカにとって知られざる大きな障害になった。毛沢東が政権を握ったときでさえ、アメリカは毛と交渉できる立場から身を引き始めていた。イギリスなどアメリカの主要同盟国が毛の政府承認へかじを切り始めたときでさえ、承認を留保した。その結果、多くの点で孤立を招いたのは中国ではなくむしろアメリカのほうだった。そのいっぽうで、不可避的に中国をスターリンの腕のなかに押しやってしまった。そのうえ、蔣に固執するということはかれを守り、保護するということ。ということは台湾島を守り、保護するということだった。中国内戦に決着がつく数年前、統合参謀本部は台湾はアメリカの安全保障に重要ではないと見なしていた。一九四九年三月には、ほかでもないマッカーサー自身が「われわれが台湾を基地として必要とする軍事的理由はまったくない」と語っている。この発言は国務省が意図的に公表した（発言は必ずしもアチソンにマッカーサーへの親近感を覚えさせるものではなかった）。戦略的政策はもちろん変わり得る。台湾が以前よりも価値が高くなったのは確かだった。しかし、蔣と台湾を防衛するという政策の大転換は深刻な結果を生んだ。アメリカ政府はきわめて多様なアジア事情に対応した比較的小さな調整だとタカをくくっていたかもしれないが、毛陣営にはそうは映らず、国土統一を妨害する重大な侮辱であった。アメリカは毛らとの考え得るすべての対話のチャンネルを断ち切ろうとしたそのときに、かれらの革命の完結に事実上干渉した。双方にとって歩み寄る余地が週を追ってなくなっていったということだ。ワシントンでは、トルーマン政権は本能的に反応し小規模の地政学的調節をおこなっているると考えたが、中国本土の勝者たる毛らにはワシントンがやっていることは全中国の解放を不可能にしているということに他ならなかった。かれらの目には、アメリカの行動は、対決不可避の敵であることを宣言したようなものであった。

蔣の本土脱出のときから、駐米大使館とチャイナロビーの最大の課題はアメリカの共産中国承認を阻止することだった。かれらは大成功を収め、中国承認は長期にわたるアメリカの国内政治の争点となり、民主党は二十年以上もこの問題に手を触れたがらなかった。凍てついた氷を破るには一九七二年のニクソン大統領の中国訪問を待たなければならなかった。ニクソンは若手政治家のころ民主党の反共姿勢が軟弱との思潮に乗って政治権力に近づいた人物だったからアカ攻撃には比較的免疫があった。これが民主党の政治家だったら、ほかならぬニクソン自身からのアカ攻撃は避けられなかっただろう。アメリカ人はその間、中国とはどちらの国なのかという珍妙な疑問を抱いたままだった。つまり、人口五億、やがて六億、七億になろうかという大国か、それとも大陸沖の六百万の台湾人とおよそ二百万人の大陸からの新移住者からなる約八百万人の小さな島のことか。これはアメリカ人が長い間正解をえることができなかった問題だった。

対中政策への疑問は途方もなく深刻だった。台湾と蔣の擁護を継続する行為そのものが、歓迎されざる姿で独り立ちしたばかりのこのアジアの重要国との関係に危険な第一章を開く要因となる恐れがある。だとするなら、なぜ蔣と台湾はそれほどまでに重要なのか。自国民を徹底的に裏切り、アメリカの軍事、政治、経済の各方面の助言を侮蔑し、宿敵の主要武器供給源になり果てた落ちた指導者にわれわれはこれ以上尽くすべきか。新興国で潜在的に危険な国家、いずれは間違いなく大国になるこの手ごわい国を宿敵の陣営に追いやる危険を冒す価値があるのか。アメリカは中国によからぬ下心を抱く新手の帝国主義国家にほかならないとする毛沢東の信仰を補強してやる価値はあるのか。われわれはある意味で毛がまさに望んでいること、つまり、アメリカをめぐるかれの偏執症を助長し、かれの反米姿勢と政策を硬化するのを手助けするようなことをあえてやろうとするのか。その答えはほとんどすべてノーであったが、当時は国内の政治勢力と国民感情に押し殺され圧倒された国家安全保障の問題でもあった。わが国の政策は詰まるところ、すでに死んでしまった政府への支援の継続であった。

博識な若いチャイナハンドだったジョン・メルビーは国民党政府の崩壊をつぶさに目撃したさい、将来の武力衝突をだれよりも明快に察知した。メルビーは魅力的な人物で、一九四五年、当時、駐モスクワ米大使だったハリマンの肝煎りでモスクワ大使館から中国に派遣された。目的はソ連が中国で何を目論んでいるのか監視することだった。メルビーは間もなく大使館切っての手に負えない猛烈な反蔣派の一人になった。かれは共産側の人気と成功はソ連とは何の関係もなく、かれらを強力にしたのは現地住民らの不満と隠れたナショナリズムに対応する毛らの能力であるとすぐに見て取った。

アメリカと毛の中国との関係がきわめてむずかしくなることをかれは疑わなかったが、真剣にトライする価値があることは決して疑問視しなかった。蔣政権の最終的な崩壊の一年前の一九四八年六月、かれは日記に予言めいたことを記した。「アメリカが総力を挙げてもアジアの潮流を止められないだろうが、英知を結集すれば、これらの潮流はあるいはいまよりはわれわれに少しは友好的になるかもしれない(4)」。

北朝鮮の侵攻直後、第七艦隊を台湾海峡に移動させる決定はアメリカが気づいていた以上に宿命的な決定だった。毛沢東は海と空ではアメリカの軍事力に太刀打ちできないと知っていたから、アメリカへの挑戦を選択したとき、戦場は巨大な陸軍が陸上を簡単にいける朝鮮半島だった。台湾海峡は泳いでは渡れないが、鴨緑江は歩いて渡れる。アメリカが台湾海峡に一線を画したとすれば、朝鮮半島は毛が一線を画すのにはるかに都合のよい場所だった。

第七部

三十八度線の北へ

PART SEVEN

Crossing The Parallel and Heading North

© 中国通信

中華人民共和国の成立を宣言する
毛沢東。1949年10月

©Bettmann/Corbis

ヨセフ・スターリン。1936年12月

第22章　三十八度線を越えるべきか

宥和主義者のレッテル

アメリカにとって、三十八度線を越えて北に進む決定は、ある意味で選択の余地のないことであった。文民の高官たちは、そのときがきたならば、状況をコントロールできると考えていたが、実際には、状況に逆にコントロールされることになる。北朝鮮が侵攻してきたとき、トルーマン、アチソン、そして国務省のアチソンの部下たちは、形勢が変わって北朝鮮軍が崩壊した場合になにが起こるか、についてはほとんど考えていなかった。最初の二か月間に事実上の戦時内閣としてかれらが考えたのは、生き延びることだけだった。北への道が突如開けた場合にはどうするか、などといったことは、当時はほとんど抽象的な問題で、そんなことを考えるものもほとんどいなかった。だが仁川《インチョン》の後、それがにわかに最も重要な問題になった。より大きな勝利を求める欲望が突如刺激された。六月末にホワイトハウスで事態を慎重にコントロールしていた者たちも、眼前の大勝利の可能性におされてコントロールができなくなった。この戦争の目的と中国への対処のしかたについての、マッカーサーとホワイトハウスそして統合参謀本部との決定的な違いは、人民軍が朝鮮全土を席巻するかに思われた時は、封印されていた。しかし、ここにいたりその違いが表面化し始めたのである。最初に三十八度線という「国境」を越えて侵攻してきたのが共産側だったこと、そしてすでに多くの米兵が朝鮮で死んでいること、さらに、現場の司令官が常に北進を望んでいたこと、これらすべての理由から、三十八度線の北へ進むことは、いわばあらかじめ定められた運命ともいえた。米軍が南で成功すればするほど、北進に制限を加えるのが難しくなった。

北への攻勢を制限しようとするものは、宥和主義者のレッテルを貼られた。事実、上院におけるチャイナロビーの最も有力なスポークスマンの一人、カリフォルニア州選出のビル・ノーランドは、早くもAのつく単語――原爆（Atomic Bomb）――をほのめかしていた。数年来増幅された冷戦話法、道義的に白と黒に二分された世界を現出させる話法の累積効果も、北進命令につながる要因になった。本来白黒でわけず、灰色の視点で考えることが必要なことがらをもこうした二分思考で考えることを要求されたのである。切り詰められた部分的な勝利、常に不満足だった以前の状況をよしとするのはますます困難になった。その原動力の一部は軍部だった。三十八度線で停止し、相手側が兵力を立て直して再び攻撃してくるのを待つ、などというのは、正当化し難いことだった。軍事的にもっと論理的な行動、そして統合参謀本部が最終的に支持した行動は、三十八度線を越えて限られた距離まで進み、米軍の空軍力を大幅に増強し、砲兵隊が容易に防衛できる適当な地形を探し、塹壕を掘り、いかなる追加攻撃も受けないようにして、その上で停戦を試みることだった。だがそれは、限定的戦争における限定的勝利という考え方を受け入れ、別の状況だったら米国が話し合いを拒否したはずの相手と交渉することを意味した。さらに北へ進みたがっていたのはマッカーサーだけではなかった。他の上級司令官たちも、マッカーサーとしばしば対立したとはいえ、この問題に関する限り、少なくとも当面は結束していた――前線突破の機会があれば前進したい、というのは軍人のほとんど本能だった。

北進の決定は論争に火をつけたが、実際には論争にならなかった。三十八度線を越えるよう要求する勢力があまりにも強かったからだ。国内における最も重要な変化は国務省でみられた。特に目立ったのは、ジョージ・ケナンの影響力が徐々にではあるが組織的に衰退したことだった。国務省が三十八度線突破の決定に直面したとき、かれはもはや重要な当局者ではなくなっていた。朝鮮全体を一つにしようとすれば、ソ連または中国の介入する危険があまりにも大きすぎる、とかれは考えた。この一点に関しては、ケナンの影響を強く受けていたポール・ニッツも同意見だった。われわれが大きな危機に向かっていること、ワシントンがマッカーサーを抑えられないでいること、何か恐ろしい事態が起ころうとしていることを、ケナンは確信した。それはケナンにとって、米国の政策上の悪夢ともいえるものだった。米国は、どうでもよいもの、地政学的地位を少しも改善しないようなものを、軍事的に無理して確保しようとしているのではないか——そしてそれによって恐ろしいリスクを冒しているのではないか、とケナンは感じた。だがいまでは、かれは外側にいて、それをのぞきこむことしかできない。

脇に押しやられたのはケナンだけではなかった。アチソンも国務省を引き継いで以来、自ら政治的に順応し、極東部門のハッチを閉めて防備を固めていた。中国専門家《チャイナハンズ》やかれらを預かっていた人々は、ほとんどが転出してしまった——ただしアチソンはそれを認めたがらなかった。自尊心の強いかれは、いかなる問題に関してであれ、政治的な理由で譲歩していることを人に知られたくなかったのである。かれはこの問題に関して自分に反対する政治勢力のために痛めつけられていた。中国の共産主義とロシアの共産主義は違うかもしれない、といったやや抽象的な主張を試みることに疲れていた（そのころ、かれは英国のクレメント・アトリー首相との会話でそのいら立ちをあからさまに述べている。ソ連と中国の意図を区別しようとした点で、わたしは「おそらく他のだれよりも熱心だった」が、これら二つの共産主義国の将来の分裂を前提にして行動することはもはやできなくなったと思う、と)[1]。

アチソンが中国専門家の一部を転出させると、より保守的なスタッフが入ってきた。国務省チームでは、特にアジア関係で急速な異動がみられた。アジアに関して政府の中心人物になったのは、静かな中道保守の人物、官僚主義そのもののようなディーン・ラスクである。ラスクはケナンとは正反対だった。ケナンはロシアと中国について多大な知識を持ってきたが、ますます切迫してきた米国の国内政治の現実にはまったく鈍感だった。ラスクのほうは後者に敏感に迎合したが、前者にはあまり適性が（そして関心も）なかった。譲歩が必要なとき、アチソンが望んでいたのはまさにかれのような人物だった。ラスクは自ら進んで副次官から極東問題担当次官補への降格を申し出た。「これで名誉負傷章と議会の名誉勲章を授与されるだろう」。アチソンはそのとき、かれにそういった[2]。

ラスクは、中国に対してもっとも時の世論と迎合する人間だということがわかる。かれはその後、ベトナム戦争の時期にアジアの共産主義に対する強硬路線派として悪名を馳せるが、一九五〇年夏においてさえ、省内の強硬派としてすでに頭角をあらわし始めていた。そしてこうした彼の見解は、（ケナンらの考えとは違い）政治的軋轢を生まなかったのである。毛沢東の台頭は、一つの歴史的変化を画するものであり、「力のバランスをソビエト・ロシアに有利に、米国に不利に変える」とかれは考えた[3]。ラスクはケナンと違って、共産主義世界を一枚岩として見ていた。ジョン・フォスター・ダレスを国務省に連れてくることを最初に主張した高官の一人はラスクだった。そしてそれが実現すると、かれは台湾防衛の重要性をめぐって、すぐさまダレスと盟友になった。かれは一九五〇年五月十八日に政策文書をまとめて、台湾こそ境界線を引くべき最適の場所である、と主張した。その十二日後、ラスクも同じ立場をとった。二人は台湾が防衛に値する魅力的な要塞であることを強調した。米国はそこで長距離空軍力と海軍力を有効に行使できる。一方、ソ連（および中国）が有効に地上兵力を投入して持ちこたえることは不可能だからである。

ダレスの国務省復帰は論議を呼んだ。それ自体、トルーマンとアチソンが増大する共和党の反対のなかで危険なまでに守勢に立たされていることの反映だった。東部国際主義の政治勢力とつながりがあると目されていたダレスは共和党の影の内閣の国務長官であり、デューイの主たる対外政策顧問だった。一九四八年大統領選挙でのデューイの敗北は大きな痛手だった。かれはその後、空席となったニューヨークの上院議席の候補指名を与えられた。選挙には出馬しないといっていたにもかかわらず、結局は立候補し、人気のあったハーバート・レーマン元知事に敗れた。五百万近い投票があり、その差は二十万票近かった。ダレスは政界（そして世間に目立つ場所）に戻りたいと思った。そして大統領選挙はまだいくつもあるということで、国務省で何か仕事はないかと民主党への働きかけを始めたのだった。かれは政府当局者に、「もしトルーマンが［私に］『共産主義の脅威』に対する何らかの早期積極行動の立案を許してくれるならば」、スタイルズ・ブリッジズ上院議員やロバート・タフト上院議員のような共和党右派の一部の人々を抑えることができる、と話を売りこんだ。(4) 国務省ではみんながダレスを好きだったわけではない――ダレスはその仰々しさと正義の両方で知られていた――、だがアチソンは、とうていダレスの信奉者とはいえなかったが、戦術的にはそれも利口なやり方かもしれない、と徐々に思うようになった。

トルーマンはアチソンが初めてその話を持ち出したとき、怒りを爆発させた。一九四八年の大統領選挙の際、ダレスが彼の国内政策について厳しいことを山ほどいっていたからである。しかし、共和党国際派の有力者、アーサー・ヴァンデンバーグがダレスを推したこともあり、アチソンは時機を待って再びトルーマンに話をした。こうしてダレスはやっと対日講和条約の仕事を与えられた。ジョン・アリソンがかれと一緒に仕事をするようになったのはそのときからである。アリソンは若いころ外交官として日本に勤務し、真珠湾の後で一時抑留されたこともあった。かれは北アジア課長になっていた。これは幸運なポストだった。中国をめぐる政治的十字砲火を浴びなくて済んだからだ。

上級会議では、ダレスがきたことで直ちに影響が現れた。ジョージ・ケナンの見解では、ダレスは対日講和条約に直接関係のある会議だけに出ているべきだった。かれの出席は状況によっては驚くほど威圧的だった。ケナンによると、それは国内政治の変化を反映しており、議論をより強硬な路線、右派の圧力増大を反映する路線に傾斜させ、右派の圧力を直接会議室に持ちこんだ。ケナンはすでに七月初旬、事態が政府の手に負えなくなってきたことを感じ始めていた。米国は七月十日、朝鮮和平提案を出したインドから、中国も関心をもっているらしいことを知らされた。双方は戦闘を停止して三十八度線まで後退し、共産中国が国連に加盟する、という提案だった。中国はそれに応ずる気配だった。だが驚くにはあたらないが、ソ連が不満なことは明らかだった。ケナンからみると、この提案はきわめて筋が通っていた。中国の国連加盟は国家安全保障の観点からはあまり重要ではなかった。国連にはすでにソ連がいて、拒否権を持っている。その上、この提案には、潜在的に中国をソ連から引き離すという利点もあった。だが、ケナンはその日の会議ですぐに黙らざるをえなかったという。主としてダレスから大声でさえぎられてしまったからだ。ダレスその他の批判派にいわせると、この提案は侵略に報酬を与えるようなものだった。ダレスは「国民の目には、われわれがうまく騙されて、何かをただで与えるかのように映るだろう」と述べた。ケナンには、インド提案を退ける政治的理由がはっきり分かっていた。かれは七月十七日、「いずれの日か、無責任かつ頑迷なチャイナロビーと議会内のかれらの味方が影響力を行使し、わが国の対外政策遂行に損害を与えた一例として、歴史がこれを記録にとどめることを望む」と日記に書いた。(5)

ラスク、ダレス、アリソンの三角同盟

一九五〇年七月には、ラスク、ダレス、アリソンが省内に三角同盟を形成するにいたっていた。かれら三人はともに三十八度線突破を主張し始めた。省内では他のだれもこの問題について考えることさえしなかった時期のことである。アリソンは外交官時代の回想録（『大草原出身の大使——不思議の国のアリソン』）のなかで、三十八度線突破の決定に影響するような役割を果たしたことはない、と否定しているが、この点に関しては謙遜しすぎである。かれはその重要な時期に、きわめて強硬な、実際には感情的なポジションペーパー（政策に関して意見をのべる文書）を執筆し、ダレスとラスクの斥候兵として明確な役割を果たした。二人はそれを受けて賛成論を展開したのである。かれらのメモはしばしば、国務省政策企画局から上がってくるハト派寄りの報告書にけちをつけることに目的があるように思われた。この部署はポール・ニッツの下にあったにもかかわらず、その幹部の大部分はソ連と中国の意図について神経質になっていた。すでに七月一日、東京から帰ったアリソンはラスクあての報告書で、米軍部隊は結局、三十八度線を越えるだけでなく、「ひきつづき満州およびシベリア国境まで進み、その上で全朝鮮における国連監視下の選挙を要求すべきである」と進言した。もちろん、この時点では、朝鮮半島を征服することではなく、半島から追い払われないようにすることが、最も基本的な問題だとみられていた。アリソンは七月十三日にまたもやラスクに熱のこもったメモを提出した。米軍当局者が何げなく記者団に語ったことばに触発されて書かれたメモだった。米軍部隊は三十八度線まで行ってそこで止まることを望んでいる、という趣旨の発言だったが、それがアリソンを激怒させた。「もしわたしが韓国兵で、この米軍スポークスマンのことばを聞いたとしたら、武器を捨てて田舎へ帰りたくなるだろう」とかれは述べた。翌日、フォスター・ダレスは一段と強いこ

とばをニッツに伝えた。三十八度線は「政治的な線を意図するものではないし、またそのようなものであるべきでもない」と。それをいま尊重するのは「侵略者に避難場所を提供し、摩擦を永続させることになる。新たな戦争の危険は常について回るだろう」。それを抹消することができれば、「同地域の『平和と安全保障』の利益のために」かえってよいことだろう、とダレスは書いた。

ラスクはこの時点の民主党政府で、実務者としても、またリトマス試験紙としても、重要な人物だった。アジア問題に関してはこの水準における初めての本物の強硬派であり、目下展開している事態に対する国務省の見方、ということはアチソンの見方を左右する重要な人物だった。古い中国専門家であれば、中国を引きこみかねないことについてはもっと神経質になったかもしれないが、かれらはもはやいなかった。ラスクは北に進むことにほとんど疑いを抱かなかった。その後、朝鮮のずっと北のほうで中国軍が米軍部隊を攻撃した際、ラスクは同僚の高官たちに、この攻撃は「気にやむべきことではない。これらの出来事は周到に準備された計画の結果に過ぎず、われわれの行動が挑発したものではないからだ」と語った。歴史家のローズマリー・フットはこれについて「異様な理由づけであり、おそらく絶望の際に政府に若干の慰めをもたらそうとしたものだろう」と指摘している[6]。

こうしたことのすべてが何らかの方法で仕組まれたものだったこと、ラスクのようなタカ派色の濃い人びとが政策立案で支配的役割を果たしたがっていたことは、後から考えれば、はっきりしていたように思われる。ケナンと政策企画局でケナンに近い人びととは、北進が悲劇的な誤りだと思っていた。ケナンの考えでは、朝鮮で戦うこと自体、さまざまな兵站上の困難を考えれば、純粋に理性的な見地からすると間違いで、思慮を欠くものだった。しかし、他の圧迫要因、なかんずく日本を安定させることなどを考慮すると、最終的にはやる価値のあること——いわば必要悪だった。だが、かれのことばを借りると、国連軍がさらに北に進めば、中国であれソ連であれ、そこに敵が潜む危険は大きくなり、「軍事的な観点からすれば、一段と不健全なものになる」はずだった。[7] 朝鮮の領土は北の方にきのこ型に広がっているため、われわれの部隊は兵站上の問題が大きくなり、相手側は兵力集結能力を強化するからである。くびれた首の部分を越えて北に進むことはかれをぞっとさせた。

だがドラマは逆の方向に進んでいた。七月十五日、アリソンはラスクあてのメモで、政策企画局におけるケナンの同盟者、ハーバート・フェイスの報告書に「この上なく強硬な異論」を唱えた。フェイスは、米国が三十八度線を越えた場合、ソ連または中国による参戦の危険が明確に存在することを指摘していた。三十八度線はもともと恣意的なラインだった、とアリソンは書いた。ソ連の見え透いた非妥協的な態度がそれを存続させているにすぎない、というのである。米国は「侵略者が罰を免れることは許さない、という決意」を明確にすべきだ。かれはそう主張した。「その目的のために米国が強力かつ勇敢な指導力を発揮するならば、世界の他の緊張地域にも有益な影響を与えるはずである。他の場所の侵略者、すなわち朝鮮における隠れた侵略者と同一の侵略者に対して、限定的なリスク――せいぜい攻撃を開始したラインまで撃退されるリスク――しかないとの保証の下に侵略行動を起こすわけにはいかないことを思い知らせるのである」と。これは非常に強いいい回しだった。一週間後、同じくケナンの同盟者であるジョージ・バトラーの書いた政策企画局の報告書が、ソ連または中国による参戦のリスクを再び指摘した。共産主義者はソ連および中国の国境のすぐ近くに西側の代理国家が存在することを許さないだろう、とバトラーは述べた。この報告書はアリソンにこれまで以上に感情的かつ好戦的なメモを書かせた。アリソンは七月二十四日付のニッツあてのメモで、米国が三十八度線で停止した場合に受ける屈辱、戦後の分割として戦前の状況を受け入れた場合に朝鮮の人びとの目に映る米国の地位失墜について述べた。もしそのようなことが起これば、「朝鮮の人びとは米国の勇気、知性、道義に対する信念をすべて失うだろう。そして私個人としては、かれらを責めることはできない」と。

それからは険悪そのものの事態になった。アリソンはその当時のもっとも過激で感情的なことばを使ったのである。第二次世界大戦以降のすべての国家安全保障論議につきまとってきた言葉、すなわちAで始まる言葉――宥和政策《アピースメント》（Appeasement）――だった。かれは政策企画局のケナン派のことだと分かるように、「[バトラー]報告は宥和政策――それがこの報告の勧告するところである――によって、ソ連を挑発して戦争に引きこまないようにするための臆病で生半可な政策によって、時間を稼げると想定している。われわれが今後何をしようと、ソ連および共産中国と衝突する重大な危険があることは認めなければならない。しかし、明確な道義的原則で妥協し、われわれの義務を回避することによって、どのような利益が得られるというのだろうか。その義務とは、侵略が割に合わないこと――人類の然るべき意見を踏みにじるものはその結果を引き受けなければならないということ、剣をとるものは剣によって滅びるだろうということ――をきっぱりと明確にすることである」と述べた。アリソンは心配していないようだった。もっと大きな戦争を引き起こすかもしれない、という点について、これは大変な内容だった。「これが地球規模の戦争を意味するかもしれないことは事実である――米国民はそのことを知らされるべきであり、またその理由とそれが自分たちにとって何を意味するかを知らされるべきである。法律的にも道義的にも、われわれは正しい。それなのに、なぜためらう必要があるのか(8)」。飛びつきたくなるような赤い肉がテーブルに載っているのだ。アリソンのいっていることは、右からの批判的な声をそのまま官僚機構内部でおうむ返しにしているだけのものだった。それはすなわち、国内の政治状況の変化に伴って、政府批判派の一部がいまや陣営内に入りこんだことを物語っていた。国務長官が筋書きをどの方向に向けたがっているか明らかになるにつれて、政策企画局内の反対も弱まった。アリソンのきわめて感情的なメモの数日後、政策企画局は、朝鮮の統一と独立の構想を支持する穏健な報告を提出した。だれもが同調し始めたのである。

アチソンもひきずられる

こうしたやりとりはまだ、最高水準の政策立案者よりはずっと下の段階で行われていた。戦争自体がひどい状態だったので、かれらはこの問題に注意を向ける余裕がなかった。北朝鮮の侵攻直後、アチソンはきわめてあいまいな形でこの問題に言及しているように思われた。米国としては南に以前の国境を回復してやりたい、とかれは述べた。だが、七月になると、別の言葉を使い始めた。部隊に「測量技師が引いたラインまで進んで、そこで止まる」ことを期待するわけにはいかない、というのである。(9)七月と八月を通じて、そのことは公然と口にしない、という合意があった。トルーマンもアチソンも、われわれの部隊が三十八度線に到達した場合にはどうなるか、と訊かれると、その質問をはぐらかしていた。しかし、議会のほうは、米国民の感情に敏感で、事態の発展に直接の責任がないため、もっとタカ派的だった。何人かの議員はちょっとしたきっかけでも、ほとんど政府を嘲笑するかのように、宥和政策についてまくし立てようとした。三十八度線を越え**ない**という決定はすでに下されている、とにおわす者も出てきた。「国務省には胸にヤルタの十字架をつけたアルジャー・ヒスの生き残りたちがいて、議会の休会入りを待って、赤い宥和政策の悲劇の第二幕を開けようとしている」(10)。ペンシルバニア州のヒュー・スコット下院議員は仁川《インチヨン》上陸の一週間後にそう述べた。ビル・ノーランドも、三十八度線を越えないのは宥和政策の明白な事例になるだろう、とこれに同調した。

米国民を含めて、だれもがより大きな勝利を望んでいる様子だった。十月半ばに行われたギャラップ世論調査では、米国民の六四パーセントが三十八度線を越えて北朝鮮軍を追撃するよう望んだ。こうした問題に関する世論調査は、後にベトナムに関しても立証されたように、悪名高いほど当てにできないものだった。いかなる種類の人びとでも、その結果に責任を負わなくてよいのなら、より攻撃的政策を支持するのである。これら六四パーセントの米国人が中国との撃ち合いの戦争を望んでいたかどうか——もしそう質問されていたとしたら——は、まったく別の問題である。

もしもアチソンが北進を阻止しようとしていたら、あるいはそれにブレーキをかけようとしただけでも、官僚機構のなかでの大きな争いに巻きこまれていただろう。そして名目上は軍事分野に属する土俵できわめて不利な戦いを強いられていただろう。というのは、統合参謀本部も少なくともしばらくは北進すること、すなわちマッカーサーの部隊が中国またはソ連の師団に遭遇するまでは、進むことを望んでいたからである。それは軍の幹部にとっては、最初にそのラインを越えた時に、少なくとも当初においては、抵抗不可能な衝動に身を任せるようなものだった。手の届くところに勝利があれば、前進するだろう。少なくとも、より大きな別の敵の暗い影が味方の部隊にのしかかり始めるまでは、前進するだろう。かれらにとって、朝鮮でのその瞬間はとりわけ甘美なものだった。その前までかなりの屈辱を味わってきたがゆえに。したがってそれは、単なる勝利ではなく、罪滅ぼしでもあった。政治家は勝手に警告を発すればよい、戦場は兵士に任せてもらう、ということだった。そして兵士たちはその通りにした。前進したのである。ずっと後になってから（三十年ほど後のことである）、オマー・ブラドレーは、ソ連または中国の介入を警告したジョージ・バトラーの政策企画局メモをもう一度見てからつぶやくことになる。「いまになって読んでみると、この文書は良識にあふれている」と。ブラドレーが文民の同僚に鋭いジャブを見舞う形で指摘したところでは、文書の影響力を限定的なものにした問題点の一つは「ディーン・アチソンとその主たる極東問題顧問のディーン・ラスクおよびジョン・アリソンが三十八度線突破に関してタカ派の立場をとった」ことだった。(11)

だが、当時の状況は後に冷静に考えた時の状況と違ってみえた。勝利は確実だった。軍は速度を落として戦場にまだ現れていない部隊を考慮に入れるべきだ、などという理由は空論だった。中国国境に近づけば、別の見方をするかもしれない。軍の幹部の中にはそう考えた者もいた。大統領にとっては、その政治的選択は恐ろしいことだった。大統領は中国軍が国境に待機していることは知っていた。だが、敵の北朝鮮軍は敗北しただけではなく、戦場から逃走していた。政府はすでにアジアで弱腰だと非難されており、それを追っていかなければ、深刻な政治的影響が出てくるだろう。蔣介石を解き放つのとは違う。新しい鬨《とき》の声はもっと耳障りで、政治的に反響の大きなものになるだろう。マッカーサーを解き放て、ということである。中間選挙まで一か月しかなかった。あれから二十五年経って、当時の財務長官ジョン・スナイダーは、そのときの国務次官、きわめて影響力の強いナンバー2だったジェームズ・ウェッブに手紙を書いた。「わたしの記憶では、トルーマン大統領が三十八度線を越えて進むことを決めたとき、ほとんど選択の余地はなかった。この決定は、ある意味では、すでにとられていた行動の確認にすぎなかった」と。[12]

誰もマッカーサーを止められない

ワシントンがマッカーサーに与えた命令は、実際には驚くほどあいまいなものだった。三十八度線を越えるのはよいが、米国および国連軍をソ連または中国とのより大きな戦争に巻きこむような行動は避けなければならない。マッカーサーの部隊がソ連または中国部隊と遭遇した場合には、接触を断たなければならない。中国国境に近づいた場合には、韓国部隊だけを使わなければならない。マッカーサーの部隊は中国およびロシア国境と接する朝鮮領（または朝鮮国境）に近づいてはならない、というのである。もちろん、それは一片の紙切れにすぎなかった。しかも、その紙切れはあまり上等なものではなかった。その起草に関わった政策企画局幹部の一人、チャールズ・バートン・マーシャルは後に「われわれは整然たる文言で自分たち自身を騙していたことを十分意識していた」と述べている[(13)]。アチソンは何年も経ってからの回顧録で、三十八度線を越えるときのマッカーサーの心のなかをのぞくことができたとしたら、われわれはもっと慎重になっていただろう、と書くことになる。だが、それは不正直のそしりを免れない。アチソン自身のことばを借りれば、マッカーサーが君主のように行動していること、かれがあいまいな命令を満喫していることは、すでに知られていたのである。朝鮮におけるマッカーサーの目標が自分たちのものよりも壮大であることも、かれらは強く感じていた。しかし、うねりのような事態の成り行き、仁川以後のマッカーサーの恐るべき地位、それに加えて政敵が常に力を増していく政治気候の変化によって、かれらは押し流されていた。マッカーサーは反対派軍部の指導者というだけでなく、政治指導者としても想定されていた。かれらが自分たち自身も認めたくないほどマッカーサーを恐れていた事実こそ、常に朝鮮戦争の一大秘密だったのである。かれらは敗北するマッカーサーを恐れていたが、勝利するマッカーサーをそれ以上に恐れていたのである。

九月二十七日、ついに三十八度線突破の正式決定が下された。アチソンが署名するためである。アチソンの若手側近、ルシアス・バトルが国防総省から命令書を持ってきた。アチソンが署名するためである。マッカーサーのような人物に出す命令としては漠然としすぎているのではないか。若者の自信に満ちたバトルはそうにおわした。アチソンは怒りを爆発させた――バトルは後に、アチソンがあれほど怒ったところはそれまで見たことがなかった、と述懐している――。「バトル、お前はいったい年はいくつなのだ」。三十二歳です、とバトルは答えた。「それで統合参謀本部全体を相手にしようというのか[(14)]」。アチソンはそういって命令書に署名した。バトルによると、それは国務長官がいかに事態の成り行きの虜になっているかを露わにした稀有な瞬間だった。アヴェレル・ハリマンは何年もしてから「ノーというには超人的な努力が必要だっただろう。心理的には、仕事を進めて完了させる以外にほとんど方法はなかった」と当時の状況を要約している。[15] 他の一部文官と同じように、ハリマンも仁川がマッカーサーにとって二重の勝利、すなわち北朝鮮だけでなく、ワシントンにいる敵に対する勝利でもあったことを理解していた。仁川の直後、アチソンはハリマンにいった。「いまやマッカーサーを止めることはできない」と。[16] 当時、タイム誌の若い戦争記者だったフランク・ギブニーは「仁川はわれわれが戦い取った勝利のなかでもっとも高くつくことになった。マッカーサーを完全に神格化し、次に起きたこの上なく破壊的な敗北をもたらしたからである」といった。[17] アチソンは後にマッカーサーを「仁川の魔法つかい」と名づけた。

当時、マッカーサーの邪魔になるものは何もないかのように思われた。マッカーサーが最終的に首都ソウルの支配権を李承晩《イスンマン》に返したとき、李承晩はいった。「われわれはあなたに敬服している。わが民族の救済者として愛している」と。[18] マッカーサーは勝利者であり、予言者でもあった。そしていままた一つの理念の権化となった。非共産主義の統一朝鮮がそれだった。それがかれの究極目標だった。かれは自分の兵力が大きな脅威を受けるとは思っていなかった。全朝鮮の支配権がかれの手の届くところにあると確信していた。タカ派コラムニストのジョゼフ・オルソップは仁川上陸直後、マッカーサーに会った。マッカーサーは一種の陶酔状態にあり、中国が参戦するかもしれないといった話には一切耳を貸さない様子だったという。「オルソップ君、実際のところ、君がここに居続けても、貴重な時間を無駄にするだけだよ」とかれはいった。[19] マット・リッジウェイも後になって書いている。「いまや完全な勝利が目前に見えてきたように思われた。軍人としての輝かしい経歴の最後の仕上げを象徴する金のリンゴである。この栄誉が手の届くところにある以上、ブレーキをかけられたり、戒められたりすることをマッカーサーが許すわけがない。彼は消えていく敵を追って北へ飛びこみ、失敗の可能性をほのめかす暗い示唆など無視して、毎週のように計画を変更しながら、その前進を加速したのである」[20]。リッジウェイのいうように、仁川の後では、マッカーサーが一個大隊に水の上を歩いて行って陣につけといったら、「それを試してみようという者がいたかもしれない」[21]。

だが、全員がそれに加わっていたわけではなかった。ワシントンではすぐに不安が高まった。最初は文官の間に、次いで軍人の間にも。マッカーサーが命令を拡大解釈し始めたからである。そして北への進撃とともに、まず中国から参戦の警告があり、つづいて中国兵の姿が見られるようになったからである。マッカーサー自身にこのような全面的戦争を仕切る体力的、感情的エネルギーがあるかどうか、という点についても、ワシントンに懸念があった。かれは指揮を執るに必要な活力に欠けており、現地で過ごす（まともな司令官にとっては必須の要件である）時間が少ないのはそのためだ、といった報告も絶えずワシントンにもたらされた。国防総省の一部の職員は、マッカーサーが朝鮮そのものからいかに遠い存在であるか、という話を、戦場の同期生から聞かされていた。かれの精神的状況についても懸念があった。そして何よりも、かれが司令部を分割したやり方、元山《ウォンサン》の上陸作戦の混乱ぶりに困惑していた。

マッカーサーがすばらしくみえた日もあったかもしれないが、疲れて途方に暮れているように思われた日も多かった。スタッフはかれが実際以上に元気に見えるように多大な努力を払っていたという。たいがいの写真は実際よりもかなり若く見えたが、その場の雰囲気を抑えられなかったり、演技に失敗したりした瞬間には、別の現実が顔を出すこともあった。英国のジャーナリスト、レジナルド・トムソンは、ソウル解放の祝賀式典で見たマッカーサーを忘れられない。マッカーサーは儀礼的に一瞬帽子を脱がざるを得なくなったが、そのときの「無帽のかれは奇妙なほど人間的で、年老いていて、憐れにさえ見えた」という[22]。

かれに好意的な伝記の著者、クレイトン・ジェームズは「ナポレオン・ボナパルトが朝鮮戦争前夜までのマッカーサーの経歴を調べたとしたら、マッカーサーは司令官となるための何よりも重要な試験に合格している、との結論を下しただろう。すなわちかれは運がよかったのである」と書いている。

が、仁川の後、その幸運も尽きてしまう。

第23章　毛沢東、参戦を決断

インド大使の世界観

信号が送られたものの、受け取られなかった時期だった。中国参戦の警告が受け止められなかったのは、一部には、だれもそうしたくはなかったからであり、また一部には、中国のいっていることを理解したかもしれない人びとが影響力のある地位から締め出されてしまっていたからだった。そしてまた一部には、きわめて重要な時点で中国が見当違いの人物に伝言を託したためでもあった。中国が西側への連絡チャンネルとして選んだのは、北京駐在インド大使のK・M・パニッカーだった。パニッカーは経験豊かな外交官で、かなりのインテリとして存在感があったが、ワシントンがこれまで相手にしてきたような外交官ではなかった。トルーマン政権は、かれが容認できないほど左寄りであり、そのメッセージは現実ではなく、政治的偏見を反映するものだと見ていた（少なくともワシントンは、それがかれ特有の偏見を伴うものであってくれたほうがよいと思った）。パニッカーは本格的な文筆家であり、英国の歴史家、B・H・リデル・ハートに称賛された『アジアと西側支配』（Asia and Western Dominance）など、いくつもの著書があった。だが、外交の世界では比較的新顔で、植民地宗主国から独立を獲得したばかりのアジアの新興独立国の代表だった。パニッカーはこうしたプリズムを通して、伝統的な同僚とは違った目で西側世界の動きをみた。インドは毛沢東の中国と違って民主政体だったが、白人国家ではなく、植民地以後の西側からの強制には、ほんのわずかな気配であっても、きわめて敏感に反応した。欧州諸国の外交官は何よりもまず冷戦のことばかり考えていたが、パニッカーは違った。かれにとっては、植民地と被植民地、第一世界と第三世界の間で起きている闘争こそ、より大きな闘争であり、より重要だった。伝統的な西側外交官の大部分から見れば、冷戦こそ当代の超越的な歴史問題であり、植民地を終わらせようとする非白人の運動は二義的な意味しかもたなかった。これに対して、パニッカーのような人間にとっては、偉大なる歴史的瞬間は来るべき植民地主義の終焉であり、冷戦などは二の次の問題だった。パニッカーは、中国大陸における毛沢東の勝利を、グローバルな反植民地蜂起の一環として捉えており、ワシントンとは根本的に違う見解をもっていた。

パニッカーは一九四八年四月に中国に着任し、蔣介石政権の最後の何か月かを目撃し、その腐敗ぶりに圧倒された。青天井のインフレのために、普通の買い物にもスーツケースに紙幣を詰めて行かなければならなかった、とかれは語っている。(1)パニッカーは蔣介石に一定の同情を抱いていた。かれの目に映った蔣介石は、中世的な人物、かれの表現を借りれば「一世紀遅く生まれてきた偉大な人物」だった。だが、夫人の宋美齢は「自己の優位を意識していて……女王の立ち居振る舞いを身に着けた人物」で、あまり好意をもてなかったという。(2)パニッカーが興味を感じたのは、蔣介石の中国が米国の援助に完全に頼っていながら、その高官たちが米国人に対して「横柄で恩着せがましい」態度を示していることだった。国民党の指導者にとって「米国は大いなる夷狄の国の一つにすぎず、そのドルと設備は当面必要であるが、その文化は大して尊敬できない」ということだった。(3)

パニッカーは当時の典型的なインド人インテリで、インドとオックスフォードで教育を受けた。最初はジャーナリストとして出発したが、そのうちに本格的な歴史家になった。インドの初代首相、ジャワハルラル・ネルーとは、独立闘争のなかで強く結ばれた親友だった。かれもネルーも、毛沢東の厳しいものの見方には不安を感じざるを得なかった。毛沢東から見れば、ネルーは真の革命家というには余りにも妥協的な人物だった。一方、ネルーは、毛沢東が人命に無感覚になっていると思うようになり、そのことに懸念を抱いていた。パニッカー自身は、後に自ら回想録に書いているように、共産主義に同情的ではなかった。社会のなかの個人が尊重されないところを嫌ったのである。だが、かれは中国革命を駆り立てている勢力に理解を示し、それを阻止しようとしていると思われる勢力には嫌悪を感じた。一九五〇年七月末、パニッカーは初めて周恩来首相と朝鮮について話をした。首相はその時、中国は朝鮮戦争に加わる意図のないことを請け合った。だが八月末、そして仁川の後、北京の調子が変わり始めた。さまざまな中国当局者がパニッカーにますます不吉な警告を与えるようになった。仁川以後、中国の感ずる米国の脅威が変化し、その交戦回避の立場も変わってきたのである。パニッカーはワシントンの選んだ取次ぎ役ではなかったかもしれないが、世界は変化していた。それとともに取次ぎ役も変わっていたのである。

ワシントンはパニッカーを信用せず、かれを左翼だと思っていた。仁川上陸一週間後の九月二十三日、パニッカーは中国人民解放軍の聶栄臻《ニエロンチエン》総参謀長代理から、中国は米国が自国国境に来るのを座視しない、と告げられた。あなたは自分のいっていることの意味するところをわかっているのか、とパニッカーが訊いた。「われわれがどのような事態にあるかはだれもが知っている。だが、米国の侵略はあらゆる代価を払って阻止しなければならない。米国はわれわれを爆撃し、われわれの産業を破壊することができる。だが、かれらは地上でわれわれを敗北させることはできない」と聶栄臻は答えた。

米国の軍事力をもってすれば、中国は半世紀前に押し戻されるかもしれない、とパニッカーがいうと、聶栄臻は「それはすべて計算に入れてある」と述べた。「原子爆弾さえ落とすかもしれない。それでどうなるか。数百万の人間を殺すかもしれない。だが、犠牲なしには国家の独立は堅持できない」と。米国にとって問題なのは、中国人の大部分が農村に住んでいることである。「そんなところで原子爆弾に何ができるだろうか」と聶栄臻はいった。[4]聶栄臻は、毛沢東自身が当時考えていたことを、驚くほど正確にパニッカーに伝えたのである。パニッカーはまた一方で、北京で何人かの西側武官と話をして、兵士を乗せた列車が北へ向かっていることを聞かされていた。パニッカーの報告は、西側が疑ったにもかかわらず、きわめて正確だった。

だが、真の警告は十月二日の深夜にもたらされた。パニッカーは眠ってから一時間半ばかりして起こされた。中国外務省のアジア問題責任者が階下に来ている、という。下りていくと、周恩来自身からの呼び出しだった。十分間の余裕をもらって身支度をしながら、逮捕されて国外追放になるのだろうか、などと考えた。午前零時二十分、自宅を出た。重要な会見に向かうにしては異常な時刻だった。周恩来首相は憂鬱な表情だった。会見は事務的で、メッセージは簡単明快だった。米国が三十八度線を越えれば、中国は介入せざるを得ないだろう。かれはそう告げた。すでにそれを越えたという知らせがあったのか、とパニッカーが訊いた。首相は、どこで起きたか具体的には分からないとしながらも、知らせを受けたことを明らかにした。三十八度線を越えたのが韓国部隊であれば問題はない、と周恩来はいう。かれが気にしているのは、米軍部隊のことだった。それで会見は終わった。パニッカーは零時三十分に自宅に戻り、いま聞いたばかりのことを報告にまとめ、直ちにニューデリーの上司に送った。そしてそれがすべての外交筋に伝えられた。十月八日、パニッカーはラジオ放送で、国連がマッカーサーに北進の権限を与えたことを知った。その晩、かれは日記に次のように記した。

「米国は承知の上で戦争を選択した。英国もそれに従った。米国人にとっては悲劇的な決定である。英国は朝鮮問題の軍事的解決が中国の抵抗に遭うこと、現在鴨緑江沿いに集結している部隊が戦闘に断乎介入することをよく知っているはずだ。それはおそらく米国——少なくとも彼らの一部——の望むところだろう。かれらはおそらく、中国と対決する好機だと思っているだろう。いずれにせよ、マッカーサーの夢は実現した。私はそれが悪夢にならないことを望むばかりである」(5)。

昔かたぎの中国専門家で、個人的には非常に保守的だったエドマンド・クラブは、国務省の中国問題部長だった。周恩来がパニッカーに伝えたことを英国経由で知ったクラブは、これはこけおどしではなく、真剣に受け止めるべきだ、と思った。だが、上司の間の一般的な空気は、この時点でクラブのいうことに耳を傾ける必要はあまりない、ということだった。かれがこれまであまりにも心配性だったからだ。米国政府は中国との会談を一回だけ試みていた。インド駐在のロイ・ヘンダーソン大使と同地の中国大使の間で目立たない接触を行なおうとしたのである。だが中国側はそれを望まず、拒否した。

やはりパニッカーでなければならなかった。英国は結局、かれの警告を厳粛に受け止めることになるが、西側外交官は全般的にかれに関して慎重だった。ハーグ駐在の米大使は、オランダ——旧植民地勢力で、植民地のインドネシアから渋々引き揚げようとしていた——がパニッカーを高く評価していないことをワシントンに電報で知らせてきた。オランダによると、パニッカーはネルー・インド首相に、北朝鮮に侵略者の烙印を押した当初の国連宣言に反対するよう強く勧めていたという。パニッカーは中国に利用されている無邪気な道具にすぎず、中国の脅しは本気ではない、というのがＣＩＡの見方だった。アチソンも気にしなかった。かれにいわせると、パニッカーは北京の代弁者にすぎず、ちゃんとした外交官ではなかった。そんな警告は「パニックに陥ったパニッカーの空威張りにすぎない」というのである。(6) アチソンにとっては、中国が実際に米国と国連を相手に戦いたがっている、などということは、どう考えてもありえないことだった。中国自身の真の問題はソ連とのあの長い国境にあるのに、しかも国連安全保障理事会の中国の席を欲しがっているのに、中国が戦争に加わるなどというのは「まったく狂気の沙汰」にほかならなかった。(7) あの時期には、アチソン以上の強力かつ論理的な頭脳の持ち主はほとんどいなかった。その手腕は偉大な弁護士のものだった。中国にとって何がよいことか、自分はよく知っている。かれはそう確信していた。中国の歴史の現時点においては米国との戦争はまったく意味をなさない、と信じていた。かれの多くの技量のなかで完全に欠けていたのは、中国の革命家の頭でものを考える能力だった。

毛沢東ひとりが決める

九月末、人民軍が恐慌をきたして北への退却を開始すると、中国は介入に向けてじりじり進み始めた。中国が次にしたこと――参戦し、多大の犠牲者を出しつつ米軍と国連軍を行き詰まらせる――は、自分たち自身の理由によるもので、北朝鮮に対する大きな愛情から出たものではなかった。中国はその時点で、朝鮮と金日成《キムイルソン》に対して最低限の敬意しか抱いていなかった。朝鮮は自分たちの国をあまりにも容易に手に入れた、とかれらは感じていた。中国は、数の上でも技術の上でも優勢な敵を相手に何十年も戦った末に、その偉大な勝利を自ら勝ち取ったのである。そればかりでなく、毛沢東と幹部らは、金日成の傲慢さと厚かましさにいまなお怒りを感じていた。

仁川上陸作戦の可能性について警告したにもかかわらず、金日成が反応を示さなかったことに、中国指導者はあきれ返っていた。中国の司令官だったとしたら、これほど強力かつ確実な情報を無視するようなことがあれば、司令部から外されていたはずである。八月初め、中国の部隊が鴨緑江北岸に集結し始めていたとき、中国は後に志願軍第一副司令員となる鄧華《テンホア》を北朝鮮軍視察に派遣した。鄧華は鴨緑江を渡って、国境の安東《アンドン》に入ったが、そこまでしか行けなかった。北朝鮮が戦闘地区に近づくのを許さなかったからである。

中国が軍隊を朝鮮に派遣したのは、毛沢東がそれが新中国にとってよいことであり、国内的にも国際的にも、革命の将来にとって必要なことだと判断したからである。介入しなければ、毛の中国がその言辞にもかかわらず、古い中国と変わらないこと、西側の抑圧者の軍隊を前にしては無力な巨人にすぎないことを意味するだろう。毛沢東はそう懸念した。そのため、金日成の攻撃が失敗に終わることが明らかになった瞬間から、毛沢東は中国部隊の朝鮮投入に向けた計画を立て始めた。七月初め、金日成の軍隊がまだ戦場で目覚ましい成功を収めていたにもかかわらず、毛沢東は東北辺防軍を創設し、朝鮮国境に配置した。これには中国のもっとも優秀な部隊のいくつかを擁する第四野戦軍から三つ以上の兵団が加わる。最終的には東北辺防軍は三十六個師団、ほぼ（支援部隊を含めて）七十万の兵力になる。さらに砲兵七個師団と若干の対空部隊も合流した。

毛沢東は、中国が戦争に引きこまれるのはある程度不可避だと感じ、中国の支払うべき代価を考量するにあたってできるだけ現実的でありたいと思った。八月三十一日、周恩来の主催で兵力水準に関する会議が開かれた。幹部たちは必要な兵力についてだけでなく、米国との戦争の最初の一年の潜在的な死傷者など、どれだけの犠牲を強いられるかについても話し合った。その答えは、かれらの判断では、死者六万人前後、負傷者十四万人だった(8)。

仁川以後の何週間かにおける中国の決定は、基本的には一人の個人、すなわち毛沢東の決定だった。かれは信念のかたまりという意味で典型的な革命家だった。かれはほとんど無に近いところから出発して、内戦の長い年月を通じて異例の成功を収めた——そしてかれの判断は、いかに流血と困難を伴うものだったとしても、大部分が正しかったことが判明した。自分こそ他のだれよりも普通の中国人――農民――をよく理解していると信じていた。中国は再び大国になる権利がある。そしてその力の源泉はかれの革命である。そう信じていたのである。革命が成功したのは、中国農民の純粋さを呼び覚まし、それによって歴史的な政治苦難を軍事的強さに変えたからである。かれの軍勢は、その信念のゆえに、武装を整えた国民党の部隊よりも優れた兵士だった。新中国の中心的な設計者として、毛沢東は心のなかで、革命そのものの一貫性を貫く任務を自らに課したのだった。一つだけの歴史観を信じ、自らをその中心的な人物だと思いこむ――事実上、自分が歴史上の人物として振る舞う――のは並大抵のことではない。それには強さも弱さもついて回る。

毛沢東は自分の知っていること――中国の農民とかれらの苦しみ、旧秩序の残酷さ――は、この上なくよく知っていた。だが、知らないことはまったく知らず、しばしば学ぶことさえできなかった。そのたぐいの成功には、恐るべき誇大妄想を生み出す可能性がある。おそらく壮大な革命は、至高にして不屈の自意識を有し、理想のためには他の人びとが犠牲を払わねばならないと信ずる人物を求めるのだろう。毛沢東やスターリンのような人間に、目的のために多大な苦難を正当化することを許したのは、まさにそれだった。だが、そのような人間には限度や抑制はなかった。すべてを焼き尽くす理想として始まったものは、ほとんど不可避的に一大悪夢となった。そしていつの間にか、中国の敵ではなく、国内の反対派でさえもなく、ほかならぬ中国の忠実な市民に対して、恐ろしい犯罪が行われるようになった。そのなかには、長い内戦を通じて、次いで朝鮮戦争で、毛沢東に忠誠を尽くした多くの部下も含まれる。だが、この重大な時期の毛沢東を理解するには、かれを常に革命の設計者として見るのではなく、それを守る者として見ることも重要である。すなわち、自分の敵――国内にも国外にもあふれていた――が常に革命を破壊しようとして隙をうかがっているので、敵が動かないうちに、こちらから攻撃しなければならない、と思いこんでいる人物として見ることである。

戦争を政治的資産とみる

仁川上陸の一週間前の九月七日、平壌《ピョンヤン》の中国大使館の政治担当参事官、柴成文《チャンチオンウエン》は本国の外務省から呼び戻された。そこでかれが周恩来から訊かれたのは、中国が朝鮮への派兵を決めた場合、どのような困難に直面するか、ということだった。問題は主として兵站上のことになる、何よりも中国各地から鴨緑江の基地まで、そして基地から戦場までの輸送の問題を解決しなければならないだろう、と柴成文は答えた。指導部はすでに介入を決意した。柴成文は北京を離れながらそう思った。その通りだった。ただし、それを決めたのは実際には指導部ではなく、毛沢東だった。九月の大半は二つの主要任務に費やされた。部隊を東北に輸送すること、そして参戦が必要だとする毛沢東の見解に他の指導者を同調させることだった。反対があるとすれば、それは主として軍部内のことだった。だが、軍においてさえも、反対はどちらかといえば抑制されていた。軍は常に党の政治的要求に従属することになっていたからである。林彪は野戦軍の最高幹部であり、中国人であれ、外国人であれ、大部分の人びとは、中国参戦の場合には林彪が中国軍を指揮すると思っていた。事実、戦争中も長い間、中国共産党の秘密主義とかなり限定されていた国連軍の情報力のために、米軍幹部は林彪の指揮する中国軍を相手に戦っていると信じていた。だが、林彪にはかれなりの留保があった。米軍の所有する火力に自分の部下をさらすのは、考えただけでも不安なことだった。あるとき、林彪は柴成文に訊いた。北朝鮮には敵と長期にわたるゲリラ戦争を戦う力と意志があるか、と。林彪は米軍に正面攻撃をかけることに慎重だったのである。その疑念は軍部内で共通のものだった。もっと目立たない形ではあったが、それは政治局内の一部にもあった。ソ連から約束された上空掩護を得られないことが分かっていたら、林彪はどれほど強硬に反対していただろうか。それは想像するしかない。七月初めから九月末にかけての三か月間、毛沢東その他は、朝鮮で戦う中国軍の司令官を務める件について林彪に何回となく打診した。この件が話題になると、林彪は必ず自分の健康問題を持ち出した。多くの人々の解釈では、それは自らが重大な留保をもつような介入に加わりたくないという意思表示だった。

九月初め、毛沢東は重要な党会議で、介入決定を織りこんだ演説を行った。米国はだれも予想していないほど弱いことが判明するかもしれない。米国は正義にもとる戦争を行うのであるから、部隊の士気と戦場での戦果にもそれが影響を与えるはずだ。米国は政治的にも、経済的にも、手に負えない対立を国内に抱えている。米国は他の諸国からも孤立しており、世界の世論に対してきわめて弱い立場にある。確かに大量の鉄鋼や兵器を生産することはできる。だが、その補給線はベルリンから朝鮮まで余りにも長く伸びている。その地政学的な外縁は二つの大洋をまたいでいる。

毛沢東は自らの政治的偏見を通じて米国を見ていた。それによると、米国の若者たちが朝鮮戦争の初期にうまく戦えなかったのは、原爆を保有する世界的な超大国が非核兵器を軽視したからではなく、かれらが労働者階級の子弟だったからということであった。つまり、労働者は資本主義の大義のためには戦えない、それゆえに中国の兵士のように感情や動機が純粋でなかったからだった。朝鮮戦争初期のかれらの戦闘能力は「第二次世界大戦中のドイツや日本」の水準を下回る、とも毛沢東は述べた。米国の原爆など恐れない、もしかれらがそれを使えば「私は手榴弾で応ずる」というのである。(9)

毛沢東の中国参戦の決定は簡単に下されたものではなかった。よく眠れなかった。際限なく煙草を吸いながら、朝鮮と中国の地図を見詰めて、そこから何らかの究極の真実が現れてくるのを待つかのように、独りで明け方近くまで起きていることもしばしばだった。しかし、その運命的な決定は常にはっきりしていた。中国は戦争に参加しなければならなかった。かれの計算のなかでは台湾が決定的要素になっていた。毛沢東その他の中国指導者にとって、台湾は中国の一部だった。ところがマッカーサーはいま、台湾を不沈空母などといい、事実上、米国の資産にしてしまった。毛沢東からすれば、断じて許すことのできない敵が中国領土の正統的な一部分を中国に狙いを定めた兵器だとみなしていることになる。それはすなわち、中国内戦の最後の戦いがまだ終わっていないことを意味した。この点を権力の座にある米国人のほとんどが理解していなかった。とはいえ、防衛堅固な——恐るべき米第七艦隊に守られた——沖合いの島への上陸作戦は、原始的な軍にとってはほとんど想像もできないことだった。ある島で試みられた上陸作戦は共産側の空海軍力の不足のために失敗に終わった。それは内戦末期のことで、共産軍の最悪の敗北の一つに数えられている。毛沢東はできるだけ早急に自前の空軍を作ろうとして、ロシアに航空機と指導教員を求めていたが、当面のところは台湾に対して行動するわけにはいかなかった。

そのために朝鮮の魅力は余計に大きくなった。朝鮮での対決は兵站面で中国に有利だった。たとえ日本に兵站基地があっても、北へ進む米軍部隊は細長く伸びて、地形と天候のために補給がきわめて困難になり、攻撃されやすくなるだろう。動員力については中国がはるかに有利だった。毛沢東は米軍の四倍の兵力を簡単に動かすことができるだろう。そしてかれは自分の部隊が勇敢に、しかも規律正しく戦うことを確信していた。毛沢東は韓国軍を戦闘力としてはまともに受け止めていなかった。米軍部隊に関しては、敵が戦おうとしているときには直接対決を避け、敵がもっとも露出して無防備なときに攻撃しよう、とかれは考えていた。米国との対決はほとんど不可避だと思っていたので、その場所は自分で選びたかった。そしてかれ自身の政治的計算も決断の重要な要因となった。朝鮮で米軍に勝てば——かれは勝つと確信していた——長い困難な内戦を経た中国の全土に対して、政治的支配力を大きく強化することができるだろう。一方、中国共産党政治局内の多くのメンバーは、戦争するのにいまほど悪い時機はない、と考えていた。国は疲弊し、まだ分裂しており、財政はひどい状態で、経済は破壊されていたからだ。米国のような豊かで強力な国を相手に戦争をすれば、国内の敵を助けるだけだろう。だから、今回のような野心的な派兵は延期すべきだ。当然ながら、こうした論理は、中国が考えているはずだとして、ＣＩＡ幹部をはじめとする西側情報当局者が考えたものだった。かれらが中国人だったら、まさにそのように考えただろう。

そこで政治局における毛沢東の支配的地位が決定的な意味をもった。うわべは他の政治局員も対等ということになっていたが、実際には毛沢東が並ぶもののない最高の第一人者だった。新中国指導部の体現者だった。毛沢東以外の政治局員はそのことをわかっており、毛に敬意を払っていた。毛沢東は戦争と政治の両方の真理について偉大な識見をもつ人物だと信じられていた。かれは一歩先を見る能力を具えていた。バージニア大学の才能に恵まれた若手歴史学者、陳兼《チエンチエン》がかつて指摘したように、毛沢東は相手よりも一手も二手も先を読みながら将棋を指している棋士だった。そして何よりも、この決定の後、かれは偉大な指導者となったのである。かれは他の政治局員たちから洞察力のある指導者として見られ、自分たちよりも人民をよく知っているとして信頼された(10)。朝鮮について具体的に何をしようかと考えながら、徐々にこの戦争を政治的資産とみなすようになった。それは中国人民に中国が世界舞台における新しい革命勢力であることを示す一方法であり、それによって国内の党支配を拡大することができるからである。この点では、かれが正しかったことが判明する。

朝鮮戦争介入の決定は、財政的にも、人的資源の面でも、厖大な犠牲を伴ったにもかかわらず、西側の専門家を驚かせたことには、自分は至高の洞察力を具えた偉大な指導者だと勝手に思いこんでいた毛沢東を、まさにそのようなものに祭り上げる結果になった。米国が常に敵であったこと、中間に妥協点はありえないことを、かれは普通の中国人に立証しようとした。中国国内で米国人やその他の外国人ともっとも近い関係にあるのは、富裕層であり、国内の反対派にほかならなかった。だから、米国との戦争はかれらを孤立させる、とかれは考えた。そして何よりも、戦争は中国人民をかれに結びつける手段だった。それによって国民の政治意識を高めることができる。かれは後に、参戦に賛成した者は一人半しかいなかった、と冗談をいっている。かれが半分の人間だと見下しているのは、周恩来のことである。[11]

参戦の理由はほかにもあった。それは、新しい中国が外国勢力から侮辱され、搾取される存在ではなくなったことの証明でもあった。この考え方を圧倒的多数の中国人民に納得させるのはそれほど難しいことではない、と毛沢東は確信していた。中国人は過去の中国が外国人に搾取されたことを憎んでいた。かれはこの点をきわめてニュアンスに富んだ形で受け止めていた。実際には、かれの宣伝はすでに始まっていた。米国務省は一九四九年八月に『中国白書』を発表した。この白書は米国国内の圧力をやわらげるためのもので、米政府が自滅の運命にあった国民党政府を助けようとして可能な限り努力したこと、その崩壊は蔣介石自身の責任であることを示そうとした。だが、それはアメリカの普通の人々が読むには余りにも長大で、余りにも複雑だった。白書は倒れた蔣介石を足蹴にするようなものだと批判勢力を怒らせただけだった。これが発表されるとすぐに、スタイルズ・ブリッジズ、ビル・ノーランド、パット・マキャラン、ケネス・ウェリーが声明を出して、それを「無為の政策を糊塗する千五十四ページの文書」と決めつけた。[12] 毛沢東は即座にその宣伝材料としての価値を覚った。かれから見れば、アチソンと白書執筆者たちが主張していること——米国が蔣介石のためにどれほどのことをしたか——は、まさにかれがいいたかったことだった。それは天からの贈り物だった。米国が自国の利益のために蔣介石政府をどれほど狡猾に操り、利用してきたかを示す絶対的な証拠文書だった。米国が友人だったことは一度としてない、ということで、かれはワシントンも茫然とするほどの激しい全国的な反米キャンペーンを展開した。中国の新指導者は西側の巨人国と急いで仲良くなろうと思っているわけではない、という意思表示だった。毛沢東は白書を攻撃する五篇の文書を書いて全国運動の指揮を執り、マディソン街顔負けの広告屋ぶりを発揮した。

毛沢東は自分の兵士が米国の優れた技術に勝てるものと自信をもっていた——後で分かるように、余りにも自信をもちすぎていた。それは単なるホラではなかったし、シニシズムのかけらもなかった。これはかれが口で述べただけではなく、心底から信じていたことでもあった。十月半ばには、この問題に関して政治局内ではげしい議論が戦わされるようになるが、毛沢東は米国との来るべき対決について見解を変えることがなかった。その議論が起こったのは、スターリンが中国に与えた上空掩護の約束をホゴにすることが明らかになったときだった。中国は九月中、ソ連からどれだけの援助があるかをめぐって大きな賭けをしながら、延々とポーカーをやっていた。スターリンは米国との大きな対決に巻きこまれることを心配し始めた。スターリンは金日成の侵攻に対する米国の迅速な対応に驚き、いつもより慎重になった。ソ連も中国と同様、金日成に仁川上陸の可能性について警告した。満州国境に米国を後ろ盾とする軍事基地ができる。それはスターリンにとっては考えただけでも悪夢だった。だが、戦争がそのような形で終わる可能性は強まっていた。

人民軍が崩壊すると、金日成は自分の軍隊と国家の救出をスターリンに強く求め始めた。ソ連は戦闘部隊を出さないことを最初から北朝鮮に伝えていた。だが、中国なら出すかもしれない、とスターリンはいった。仁川上陸から一週間後の九月二十一日、平壌駐在のスターリンの個人的代表、マトヴェイ・ザハロフ将軍は金日成に中国に援助を求めるよう促した。北朝鮮指導部はそれによって中国への依存が強まることを心配したが、戦場からのニュースは悪いものばかりで、ほかに受け入れられる選択肢のないことは明らかだった。一週間後、北朝鮮の党政治局は緊急会議を開き、ソウル陥落の場

地図11.国連軍の強行突破と北朝鮮への侵攻

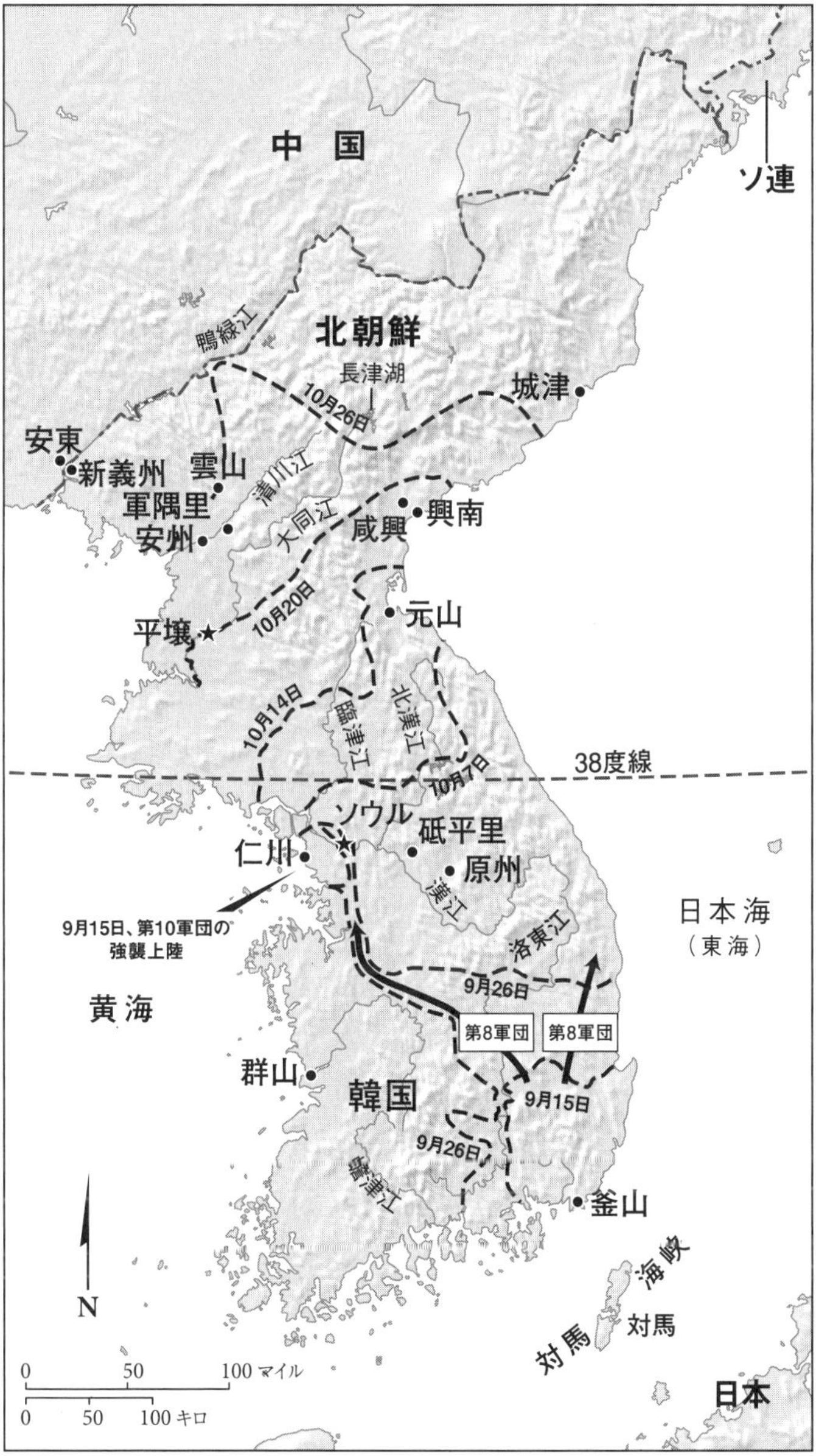

合には国連軍が三十八度線を越えるのを阻止する方法はなく、北朝鮮は援助を必要とするだろう、との判断で一致した。次いで金日成はソ連大使テレンティ・シトゥイコフを訪ね、ソ連派兵の問題をスターリンに提起するよう要請した。シトゥイコフがこれを断ると、「混乱し、自失し、絶望し、自棄になった」。金日成は外相の朴憲永とともに、スターリンに書簡を送った。スターリンは十月一日、中国を説得して介入を求めるのがいちばんよいだろう、と答えてきた。金日成はその晩、中国大使に派兵を求めた。[13] 金日成はまた、最悪の事態が起きた場合、中国東北部に朝鮮の亡命政府を設置することが許されるかどうかも知りたがった。

三つの共産主義国の間で極めて微妙なゲームが展開されていた。一時は中国を無視していた北朝鮮も、いまや是が非でも中国の助けを必要としていた。中国は毛沢東の政治的信念のせいで、参戦を決めていたが、まだ手のうちを見せようとはしなかった。特に上空掩護の問題をめぐって、ソ連に対して行使できる影響力を最大限にしたかったからである。九月末、ソ連は中国部隊への上空掩護提供に同意したかに思われた。[14] こうして米国と中国の恐るべき衝突に向けた流れは全面的に動き出した。一週間遅れて十月七日、九月三十日、仁川上陸から二週間後、韓国軍第二師団が三十八度線を越えた。一週間遅れて十月七日、米軍第一騎兵師団の部隊もこれにつづき、平壌に向かった。そして十一月初め、雲山《ウンサン》で不本意ながらも中国軍と初めての不幸な遭遇をみることになる。

（下巻に続く）

いよいよ中国軍と米軍が激突！

常に兵士とともにあった　彭徳懐

雲山での待ち伏せ攻撃で大打撃を被った
米軍は、事故死したウォーカーにかわって
マシュー・リッジウェイを現場指揮官に選ぶ。
一方の中国軍は、農民の将軍と呼ばれた
彭徳懐が再度三八度線を越えてソウルを奪回。
マッカーサー、毛沢東というともに
政治を戦場の現実に優先させる上司をいただく二人は、
双子トンネル、原州、砥平里であいまみえる！

ザ・コールデスト・ウインター　朝鮮戦争　下

THE COLDEST WINTER

デイヴィッド・ハルバースタム

山田耕介・山田侑平［訳］

AMERICA AND THE KOREAN WAR

文藝春秋刊（定価 1900円＋税）

救世主となるか　マシュー・リッジウェイ

上巻　ソースノート

以下の注にリストアップされたソースについてさらに詳しく知りたい方は下巻巻末の参考文献一覧をご覧ください。

プロローグ

13（1）**「二〇世紀最悪の胸くそ悪い小戦争」** Hastings, Max, *The Korean War*, p. 329.
14（2）**「この忌まわしい戦争に向け最悪の場所を探してくるとすれば」** Goulden, Joseph, *Korea*, p. 3.
14（3）**「白けた戦争だった」** Ibid., p. xv.
14（4）**「国連のもとでの警察行動」** Paige, Glenn, *The Korean Decision*, p. 243.
16（5）**従軍勲章があったとするなら……色として茶褐色** George Russellへの著者のインタビュー。
17（6）**米軍当局者は死者およそ百五十万人だったと見積もっている** Hastings, Max, *The Korean War*, p. 329.

第1章

21（1）**こりゃあ、ひどい酒だ、だけどいけるよ** Phil Petersonへの著者のインタビュー。
22（2）**「おい兄弟。オレたちは、やったぜ」** Bill Richardsonへの著者のインタビュー。
23（3）**「朝鮮の土を踏んでから……貴様は十三人目の小隊長だ」** Ben Boydへの著者のインタビュー。
24（4）**「出っ歯のキムはどこにいる」** Breuer, William, *Shadow Warriors*, p. 106.
26（5）**「父は部隊が壊滅させられ、自分は戦死する」** Barbara Thompson Foltz, John S. D. Eisenhowerへの著者のインタビュー。
27（6）**「鴨緑江についたぞ」** Paik, Sun Yup, *From Pusan to Panmunjom*, p. 85.
28（7）**「いいえ、わたしは中国人です」** Ibid., pp. 87-88.
29（8）**「おそらく、外交的恐喝のたぐいであろう」** Spurr, Russell, *Enter the Dragon*, p. 161.
31（9）**「われわれは帰途につく。もうすぐだ。……命令が出ている」** Ralph Hockleyへの著者のインタビュー。

32（10）**「おれたちはあの最初の夜、危うく全滅するところだった」** Pappy Millerへの著者のインタビュー。

35（11）**「目配りはすべてに行き届いていた」** Lester Urbanへの著者のインタビュー。

36（12）**忠告を受け入れるものとばかり思っていたが** Blair, Clay, *The Forgotten War*, p. 381; Harold Johnson oral hisory, U.S. Army War College Library.

36（13）**「アメリカ本土で机上戦でもやっているような配置」** Hewlett（Reb）Rainerへの著者のインタビュー。

38（14）**「兵士諸君、このような勲章を下げていない諸君も」** Bill Richardsonへの著者のインタビュー。

39（15）**連隊が……薄く広く分散しては魅力たっぷりの目標** Fillmore McAbeeへの著者のインタビュー。

40（16）**「あのろくでもない連中は足が地についていない」** William Westへの著者のインタビュー。

41（17）**「歴戦の佐官よりも貴重なものとはいったい何だ」** Ibid.

42（18）**「敵は前進を続行中」** Appleman, Roy, *South to the Naktong, North to the Yalu*, p. 630.

42（19）**第八騎兵連隊は中国軍に三方を包囲されていた** Ibid., p. 691.

43（20）**「付近一帯に二万人の洗濯屋がいる」** Ben Boydへの著者のインタビュー。

50（21）**用足しに出ていなかったら自分も射殺されるところだった** Bill Richardsonへの著者のインタビュー。

51（22）**迫撃砲弾が飛びこんできてワイズは戦死** Robert Kiesへの著者のインタビュー。

54（23）**「大丈夫。主はいる。主はここにいる」** Bill Richardsonへの著者のインタビュー。

56（24）**「交信不能だったから……独自の判断で行動」** Phil Petersonへの著者のインタビュー。

58（25）**隊員は相手が中国兵とは知らずに短い交戦をしていた** Ray Davisへの著者のインタビュー。

64（26）**いったい自分は、なぜ彼らをおいていけたのか** Bill Richardsonへの著者のインタビュー。

66（27）**キースは陸軍病院を転々としてほぼ健康を回復** Robert Kiesへの著者のインタビュー。

67（28）**「カスター将軍をみまった悲劇と同じだ」** Rovere, Richard, and Schlesinger, Arthur M., Jr., *The General and the President*, p. 136.

69 (29) **中国軍の目的は、北朝鮮軍が「……名目的な足場を保持するのを支援」** Blair, Clay, *The Forgotten War*, p. 391.

69 (30) **「シンキブタイニヨルマチブセ、キシュウコウゲキヲウク」** Ridgeway, Matthew B., *The Korean War*, p. 59.

70 (31) **空軍は……かれの軍は立ちはだかる敵を破壊できる** Ibid., p. 60.

70 (32) **「この単純至極な警告は」** Acheson, Dean, *Present at the Creation*, p. 466.

第2章

75 (1) **金日成は……スターリンに「銃剣の先で南に触れてみたい」と語った** Goncharov, Sergei, Lewis, John, and Xue Litai, *Uncertain Partners*, p. 138.

76 (2) **「南をさんざんにやっつけなくてはならん」** Ibid., p. 135.

76 (3) **「ディーンはあの一件でしくじったと思う」** *The Best and the Brightest* 執筆のための著者によるAverell Harrimanへのインタビュー。

76 (4) **日本はまだこの地域では依然、非常に恐れられていた** Goncharov et al., *Uncertain Partners*, pp. 136-137.

77 (5) **「スターリンは……金の軍事的冒険を後押ししたが」** Ibid., p. 140.

78 (6) **スターリンはシトゥイコフに電報を送り** Weathersby, Kathryn, Cold War Intarnational History Project, Numbers 6-7, Winter 1995-96.

78 (7) **朴はひそかに連れ出され処刑された** Goncharov et al., *Uncertain Partners*, p. 144.

78 (8) **「金と朴はスターリンと三度会談した」** Shen Zhihua, Cold War International History Project, Winter 2003, Spring 2004.

79 (9) **「きみがひどくやられても、わたしは指一本上げない」** Goncharov et al., *Uncertain Partners*, pp. 144-145.

79 (10) **金の返答は「横柄だったよ」と毛は後に通訳の師哲にもらしている** Chen, Jian, *China's Road to the Korean War*, p. 112.

80（11）**アメリカが介入してきたら、中国は兵を派遣する** Shen Zhihua, Cold War International History Project.

83（12）**もっとも重要な事項は、境界線一帯の北朝鮮人家族の立ち退き** Jack Singlaubへの著者のインタビュー。

83（13）**「南朝鮮の軍は……北の軍よりも優位にある」** Kennan, George F, *Memoirs 1925-1950*, p. 484.

85（14）**「共産軍がすべての前線で攻勢に出ています」** Goulden, Joseph, *Korea*, p. 44.

86（15）**「ニューヨークへUPジェームズ記者至急電」** Paige, Glenn D., *The Korean Decision*, p. 88.

87（16）**「フォスターが中折れ帽をかぶって掩蔽壕の中にいる」** Myers, Robert, *Korea in the Cross Currents*, p. 83.

88（17）**「人間的自由の偉大な設計図に価値ある一役を担いつづけるかぎり」** Allison, John, *Ambassador from the Plains*, p. 130.

88（18）**演説草稿はダレスのこの機会のために……特別に用意された** Paige, Glenn D., *The Korean Decision*, p. 74.

88（19）**「ワシントンが邪魔さえしなければ」** Allison, John, *Ambassador from the Plains*, p. 129.

89（20）**「東京のG－2は何をしてきたのか」** Ibid., p. 131.

90（21）**「国務省の代表が米軍の最高司令官に……教える羽目になろうとは」** Ibid., p. 135.

90（22）**「あの火曜日の朝のマッカーサー将軍ほど」** Ibid., pp. 136-137.

91（23）**「バターンで現地の部隊を死においやる命令をだしながら、自分自身は」** Hastings, Max, *The Korean War*, p. 65.

第3章

93（1）**新しい国へ変われば変わるほど……日本はマッカーサーの日本になる** Alex Gibneyへの著者のインタビュー。

94（2）**「国務省は韓国を望んで、手に入れた」** Leary, William (editor), *MacArthur and the American Century*, p. 255.

94（3） 韓国が攻撃された暁には、「カリフォルニア同様に」防衛する Cumings, Bruce, *The Origins of the Korean War, Vol.*Ⅱ, p. 233.

94（4） マッカーサーがパーキンソン病を患っている Tuchman, Barbara, *Stilwell and the American Experience in China*, p. 522.

96（5） 「朝鮮人はあしざまに中傷されることは多いが」 Myers, Robert, *Korea in the Cross Currents*, p. 8.

96（6） 「日本人とおなじ穴のむじな」 Blair, Clay, *The Forgotten War*, p. 38.

97（7） 「えびはくじら同士の争いにつぶされる」 Oliver, Robert T., *Syngman Rhee: The Man Behind the Myth*, p. 9.

98（8） 「日露戦争は日本の自衛戦争であった」 Myers, Robert, *Korea in the Cross Currents*, p. 28.

99（9） 「ジャップはわたしの興味を引く」 Zimmerman, Warren, *First Great Triumph*, p. 465.

99（10） ルーズヴェルトは日本人……に感銘を受け Ibid., p. 465.

99（11） 「日本帝国というオオカミの前に無防備のまま放置された……子牛」 Myers, Robert, *Korea in the Cross Currents*, p. 27.

100（12） 「朝鮮人が独力ではまったくできなかったこと」 Goulden, Joseph, *Korea*, p. 7.

101（13） 初対面の客らに李を「将来の朝鮮独立の救世主」と紹介したOliver, Robert T., *Syngman Rhee: The Man Behind the Myth*, p. 111.

102（14） 一致団結してドイツの大陸支配を終わらせる Myers, Robert, *Korea in the Cross Currents*, pp. 36-37.

102（15） 「上中流階級の人びとは……日本人による統治を受け入れ」 Ibid., p. 37.

104（16） 「あの紳士二人は現代版の教会開祖だよ」 Hoopes, Townsend, *The Devil and John Foster Dulles*, p. 78.

104（17） 「アメリカ人は運動組織とはひどく折り合いが悪い」 Hastings, Max, *The Korean War*, p. 33.

105（18） 「情緒不安定、冷酷で腐敗し、度し難いお天気屋」 Blair, Clay, *The Forgotten War*, p. 44.

第4章

118（1）シトゥイコフ将軍は曺を反ソ、反スターリンと見なし Spurr, Russell, *Enter the Dragon*, p. 132.

118（2）ロシア人のご用に身を屈する朝鮮語 Scalapino, Robert, and Chong-sik Lee, *Communism in Korea*, p. 314.

119（3）「ロシア人の師のために、完璧な会社人間の役回り」Martin, Bradley K., *Under the Loving Care of the Fatherly Leader*, p. 49.

119（4）日本帝国主義者どもは……「金日成将軍を」Armstrong, Charles, *The North Korean Revolution*, p. 228.

120（5）「民主新朝鮮の偉大な太陽はだれか」Ibid., p. 228.

第5章

123（1）将校の間では窃盗、贈収賄、脅迫、キックバックは日常茶飯 Blair, Clay, *The Forgotten War*, p. 51.

124（2）「韓国は中国に降りかかったのと同じ災難に」Goulden, Joseph, *Korea*, p. 34.

125（3）「北朝鮮の装甲兵力に無関心であったのはまったく不可解」Blair, Clay, *The Forgotten War*, p. 57.

第6章

129（1）「南朝鮮がいわれのない攻撃に蹂躙されるのを座視すれば」Allison, John, *Ambassador from the Plains*, p. 131.

131（2）ロシア人が理解する唯一の言語は武力である Truman's writings, the Harry S. Truman Library.

131（3）威信は「大国がさしかける傘」Cumings, Bruce, *The Origins of the Korean War, Vol. II*, p. 48 and p. 780.

131（4）「スターリンはわたしが知っているだれよりもトム・ペンダガストによく似ている」McCullough, David, *Truman*, p. 451.

131（5）「わたしはあのろくでなしが気に入ったよ」Ferrell, Robert(editor), *Off the Record*, p. 349.
132（6）〝お人よしの理想主義者〟Ibid., p. 452.
132（7）ソ連官僚社会の新星だったニキータ・フルシチョフに Ibid., p. 452.
134（8）「いま戦わなければ、奴らが何をするか分かったものではない」papers of George Elsey, June 26, 1950, the Harry S. Truman Library.
134（9）「奴らをやっつけてやるぞ」Donovan, Robert, *The Tumultous Years*, p. 197.
136（10）「北朝鮮軍があれほど強いとはだれも思わなかった」Ibid., p. 199.
136（11）「政治の問題は私が引き受ける」Paige, Glenn P., *The Korean Decision*, p. 141.
137（12）朝鮮問題は難題だ。「……最善の結果になることを祈ることにしよう」letter from Harry Truman to Bess Truman, June 26, 1950, the Harry S. Truman Library.
138（13）攻撃はより大きな戦争を意味するものではない Isaacson, Walter, and Thomas, Evan, *The Wise Men*, p. 512.
141（14）「顧は……宋美齢とジョンソンの晩餐会をセットしていた」Wellington Koo oral history, Columbia University. Library.
142（15）食事の後、ジョンソンは再び台湾問題を持ち出し McFarland, Keith D., and Roll, David L., *Louis Johnson and the Arming of America*, pp. 260, 279-280.
143（16）「ネブラスカから出てきたれんが頭の葬儀屋」Isaacson, Walter, and Thomas, Evan, *The Wise Men*, p. 494.
143（17）「朝鮮の追いはぎどもは議会の手を借りずとも押さえこめる」George Elsey memo, June 30, 1950, the Harry S. Truman Library.
143（18）「いつまで閣下の味方でいるのか」Frank Pace oral history at the Harry S. Truman Library.
144（19）「これほどの安堵と団結感がワシントン中にゆき渡るのを」Goldman, Eric, *The Crucial Decade*, p. 157.
145（20）「けしからん！　わしが参謀総長のときは」D. Clayton James による John Chilesへのインタビュー、the MacArthur Memorial Library, Norfork, Virginia.

第７章

148（１）「アンタッチャブル」の行動は予測不可能　Soffer, Jonathan, *General Matthew B. Ridgway*, p. 114; Blair, Clay, *The Forgotten War*, p. 79.

148（２）「マッカーサー将軍は一線の存在を認識していても」Eisenhower, Dwight D., *At Ease*, p. 213.

148（３）「自分より劣る人間がつくったルールは自分には適用されない」Hastings, Max, *The Korean War*, p.65.

150（４）「ストラトメイヤー空軍司令官は……いった。『あの人は史上最高のお方』」Swanberg, W. A., *Luce and His Empire*, p.3 11.

150（５）マッカーサーの問題は、「将軍を長くやりすぎたこと」John Hartへの著者のインタビュー。

152（６）「外交関係樹立の取り決めを担う使節の任務そのもの」Kennan, George F., *Memoirs 1925-1950*, p. 382.

156（７）アーサー・マッカーサーが実際にメダルを手にするのはそれから二十七年も後　Manchester, William, *American Caesar*, p. 15.

158（８）「このいまいましい島々が……どこにあるのか知らなかった」Dower, John, *War without Mercy*, p. 152.

159（９）「帝国の味はジャングルの中の血の味」Karnow, Stanley, *In Our Image*, p. 96.

159（10）アジア人を指す多目的語の〝グークス〟に変化　Dower, John, *War without Mercy*, p. 151.

160（11）「フィリピン人を教育し、向上させ、キリスト教徒化し」Karnow, Stanley, *In Our Image*, pp. 127-128.

160（12）「大佐殿、ここにさあ早く。舞踏会が始まりましたよ」Ibid., p. 140.

160（13）「唯一よいフィリピン人は死んだやつさ」Dower, John, *War without Mercy*, p. 152.

161（14）「デューイ老が……立ち去ってくれていたら」Karnow, Stanley, *In Our Image*, p. 106.

162（15）「要らないのはわたしも同じだ」Zimmerman, Warren, *First Great Triumph*, p. 390.

162（16）アジアの専制君主のように接見した　Ibid., p. 391.

163（17） アーサー・マッカーサーはユーモアのセンスに欠け James, D. Clayton, *The Years of MacArthur, Vol. I*. p. 39.

165（18） 「大きくなったら父上のように……なるのですよ」 Manchester, William, *American Caesar*, p. 41.

165（19） 「ダグラス、あなたはお父上のお望みをかなえたんですよ」 James, D. Clayton, *The Years of MacArthur, Vol. I*, p. 347

第8章

168（ 1） 「偉大なる悪人」 *Infantry magazine*, Spring 2002.

170（ 2） 彼女のがんばりを「勇気と当時の社会的規範の強さ」 Manchester, William, *American Caesar*, p. 26.

170（ 3） 「どんなもんです、父さん」 James, D. Clayton, *The Years of MacArthur, Vol.Ⅲ*, p. 183.

172（ 4） 「息子をあなたさまの将星の列に」 Manchester, William, *American Caesar*, p. 93.

172（ 5） 「長官はマッカーサー大佐に深く好意を寄せられ」 James, D. Clayton, *The Years of MacArthur, Vol.I*, pp. 169-171.

173（ 6） 若すぎるか……ナポレオンが大軍を指揮したのは二十六歳のときだ Manchester William, *American Caesar*, p. 134.

第9章

175（ 1） 日本の戦闘機は白人が操縦しているに違いない Manchester, William, *American Caesar*, pp. 170-171.

176（ 2） 日本艦隊を封じこめるのは容易 Ibid., p, 186.

176（ 3） 「ジャップに攻撃させるな」 Ibid., p. 281.

177（ 4） 「ラバウルを飢えさせよ！」 Ibid., p. 337.

177（ 5） 「マッカーサーはダリウス大王以来のどの司令官よりも」 Gunther, John, *The Riddle of MacArthur*, pp. 41-42.

178（6）「きみをあすにも大佐に落として帰国させる」Manchester, William, *American Caesar*, p. 322.

180（7）マッカーサーをたびたび弁護したコートニー・ホイットニーは Ibid., pp. 149-150.

181（8）「イエスだよ、きみ、もちろんだ!」Perret, Geoffrey, *Old Soldier Never Die*, p. 157.

181（9）「参謀総長の出る幕ではない」D'Este, Carlo, *Eisenhower*, p. 222.

182（10）「革命初期の気配がある」Eisenhower, Dwight D., *At Ease*, pp. 216-217.

182（11）「もう一週間待っていたら、わが国政府の諸制度は」Mancheter, William, *American Caesar*, p. 152.

184（12）わが国で最危険人物二人の中の……「いや、違う。もう一人はダグラス・マッカーサー」James, D. Clayton, *The Years of MacArthur, Vol. I*, p. 411.

184（13）「わが国最悪の政治家」MacArthur, Douglas, *Reminiscences*, p. 96.

185（14）「そうかい、ルーズヴェルトは死んだか」Manchester, William, *American Caesar*, p.240.

186（15）ワシントンは「ウイ・シャル・リターン」に変えるよう望んでいたが Rovere, Richard, and Schlesinger, Arthur M., Jr., *The General and the President*, p. 22.

186（16）「四囲の海、頭上の空を敵に支配されながら」Lee, Clark, and Henschel, Richard *Douglas MacArthur*, p. 87.

187（17）「マッカーサーの部下は何人も一流になる危険を冒せない」Gunther, John, *The Riddle of MacArthur*, p. 23.

188（18）「重度の被害妄想がなせるまぎれもない証拠」Ibid., p. 427.

188（19）「怖がりの小心者」Ferrell, Robert (editor), *The Eisenhower Diaries*, p. 22.

189（20）「愛国者の思慮深い考察」Rovere, Richard, and Schlesinger, Arthur M., Jr., *The General and the President*, pp. 23-24; Manchester, William, *American Caesar*, pp. 362-363.

190（21）「一九四八年の選挙ではマッカーサーの出馬に直面するかも」James, D. Clayton. *The Years of MacArthur, Vol. III*, p. 195.

191（22）「われわれの垣根の内側にはおびただしい敵がいる」Ibid., p. 200.

191（23）「右翼の最悪の分子がマッカーサーのためにはしゃぎ回っている」Manchester William, *Ame* rican Caesar*, p. 357.

191（24）**「わたしはここに謹んで申し上げたい」** Gunther, John, *The Riddle of MacArthur*, p. 61.

192（25）**「将軍は落ちこんでいる」** Manchester, William, *American Caesar*, p. 524.

193（26）**「カスター、パットン、マッカーサーのような手合い」** Ferrell, Robert(editor), *Off the Record*, p. 47.

194（27）**「ダグをもてはやすようなことをしたら」** Ibid., p. 60.

195（28）**ペンタゴンの最終決定プランは……マッカーサーにだけは意見として送られた** Bill McCaffreyくの著者のインタビュー。

195（29）**「大統領は、あいつを何とかしなくてはならん……まくし立てた」** Ayers, Eben, *Truman in the White House*, edited by Robert H. Ferrell, p. 81.

195（30）**マッカーサーをやんわり叱責するにとどめた** James, D. Clayton, *The Years of MacArthur*, Vol.Ⅲ,p. 19.

196（31）**「そんなことには時間が割けない」** Ibid., pp, 22-23.

196（32）**「ソ連のおかげで私は勝ったんだ」** Ibid., p. 22.

197（33）**「ちょっと待て。ちょーっと待て」** Ibid., p. 19

197（34）**「マッカーサーを更迭すれば、必ず国内で途方もない反動が」** Ayers, Eben A., *Truman in the White House*, edited by Robert H. Ferrell, p. 360.

198（35）**「わたしの主たる助言者は、一人はアメリカの建国者」** James, D. Clayton, *The Years of MacArthur, Vol.Ⅲ*, p. 60; Rovere, Richard, and Schlesinger, Arthur M., Jr., *The General and the President*, p. 92.

198（36）**戦争が終わったとき、マッカーサーはワシントンの肖像に向かって** James, D. Clayton, *The Years of MacArthur, Vol.Ⅲ*, p. 109

198（37）**「フーバーはまずまずだったよ」** Leary, William(editor), *MacArthur and the American Century*, p. 243.

199（38）**「アチソンに注ぐ深い不信の目」** Bradley, Omar, *A General's Life*, p. 526.

第10章

201（1）**トイレの使用一回につきトイレットペーパー二枚** Colonel Jim Hinton への著者のインタビュー。

201（2）**GIたちは町に出て戦争余剰物資を自腹を切って** Sam Mace への著者のインタビュー。

203（3）**最初に韓国に派遣された兵士は** *Mortal Combat* 執筆のため John Toland による Keyes Beech へのインタビュー、Franklin D. Roosevelt Library.

204（4）**師団は「文字通り補給線の末端」に位置** Knox, Donald, *The Korean War, Vol. I*, p 10.

204（5）**「兵員は定数割れし、装備は劣悪、訓練は不足」** Blair, Clay, *The Forgotten War*, p. 93.

205（6）**「戦う以外のありとあらゆる動機から」入隊** Fehrenbach, T. R., *This Kind of War*, p. 102.

205（7）**戦争の初期段階でアメリカが朝鮮に送った陸軍の実働兵力は** Blair, Clay, *The Forgotten War*, p. 88.

205（8）**「戦闘員のいない、幹部団だけの補給組織」** James, D, Clayton, *The Years of MacArthur*, Vol. Ⅲ, p. 84.

206（9）**「わたしはここの兵士たちにとって口うるさいろくでなし」** Beech, Keyes, *Tokyo and Point East*, pp. 145-146.

207（10）**車に頼りきり二本の足を使って歩くことを忘れている** Hastings, Max, *The Korean War*, pp. 95-96.

208（11）**政治信条を語るその確信的な語り口は、ロボットのよう** Ha Jin, *War Trash*.

208（12）**「朝鮮人同士で殺し合いをやらせときゃいいんだ」** Knox, Donald, *The Korean War, Vol. I*, p. 6.

210（13）**「民衆……が歓呼したのは……列車の到着に向かってだった」** Ibid., p. 17.

210（14）**「およそ半数が武器を所有しているにすぎず」** Fehrenbach, T. R., *This Kind of War*, p. 73.

210（15）**「差別意識は上から下へ伝わったのか、……それとも」** Lieutenant Colonel Fred Ladd への著者のインタビュー。

212（16）**チェンバーズはさじを投げ** Knox, Donald, *The Korean War, Vol. I*, pp. 19-21.

212（17）**「アカのならず者どもは、相手になっているのが」** Warner, Denis, *The Opening Round of the*

Korean War, Military History magazine, June, 2000.
214（18）**「三十六時間に五十八キロの快進撃」** Ibid.
217（19）**朝鮮で戦えば、犯罪記録は帳消しにする** Knox, Donald, *The Korean War, Vol. I*, p. 33.
217（20）**「東京駐在の米軍師団の士官は……犯罪を犯した兵士たちを軍法会議にかけるのに」** William West への著者インタビュー。
217（21）**「ありとあらゆるところから人を吸い上げ」** Fehrenbach, T., R., *This Kind of War*, p. 122.
218（22）**兵士たちは米国本土から直接港に着くと** Appleman, Roy, *South to the Naktong, North to the Yalu*, pp. 214-215.
220（23）**三人はマッカーサーの采配を攻撃するため……と受けとめられるのは避けたかった** Blair, Clay, *The Forgotten War*, pp. 186-187.
220（24）**この時点でリッジウェイが実際にウォーカーと交代していたら** Ibid., p. 187.
221（25）**「まるでわたしが猟官運動にきたよう」** Ibid., p. 189. Ridgway oral history, U.S. Army War College Library.
221（26）**朝鮮問題にリッジウェイが「深入りしすぎると」** Appleman, Roy, *Ridgway Duels for Korea*, p. 4.

第11章

222（1）**ウォーカーは……二つの戦線で戦っていた** letter from Mike Lynch to Wilson Heefner, Heefner提供。
223（2）**「洛東江防衛線は絶対に破らせません」** Walters, Vernon A., *Silent Missions*, p. 195.
224（3）**最優秀士官はマッカーサー司令部が掠めとり** Heefner, Wilson, *Patton's Bulldog*, pp. 159-160.
224（4）**「ウォーカーは……空挺指揮官スリム・ジム・ギャヴィンを要求」** Sam Wilson Walkerへの著者のインタビュー。
226（5）**「メキシコ国境の一連の小競り合いでパンチョ・ビラとやり合い」** Heefner, Wilson, Patton's Bulldog, pp. 5-13.

228（6）**「やる気満々の突貫小僧だ」** Sam Walkerへの著者のインタビュー。

228（7）**容貌はミシュラン・タイヤの広告の男にそっくり** Thompson, Reginald, *Cry Korea*, p. 235.

228（8）**「やつらが寄越すけんかの種」** Frank Gibneyへの著者のインタビュー。

228（9）**「父は米陸軍史上最大の病的エゴイスト……に仕えた」** Sam Walkerへの著者のインタビュー。

229（10）**「私が指揮した全軍団のなかで」** Blair, Clay, *The Forgotten War*, p. 35.

229（11）**アイゼンハワーは同大戦ではウォーカーを……コリンズとほぼ同格に評価** Blair, Clay, *The Forgotten War*, p. 35.

233（12）**「いや、精神安定剤はいい」** Bill McCaffreyへの著者のインタビュー。

235（13）**“お墨付きのネド”** Appleman, Roy, *Escaping the Trap*, p. 45.

236（14）**玉座にいちばん近い側近** Leary, William (editor), *MacArthur and the American Century*, p. 241.

236（15）**「人に取り入る本能的なコツを心得ていた」** Coleman, J. D., *Wonju*, p. 93.

236（16）**上官にそんな口のきき方をするものではない** Bill McCaffreyへの著者のインタビュー。

237（17）**「無人島ででさえ危機を起こせる男」** Clay Blairによる John Chilesへのインタビュー、U.S. Army War College.

237（18）**マッカーサーに取り入ることの問題点は** Bill McCaffreyへの著者のインタビュー。

238（19）**「それはアーモンドがいっていることか」** Mike Michaelis oral history at U.S. Army War College.; Layton Tynerへの著者のインタビュー。

239（20）**負け戦のなかでの、ウォーカーのささやかな勝利** Layton Tynerへの著者のインタビュー。

241（21）**「われわれの背後には退却していく戦線はない」** Heefner, Wilson, *Patton's Bulldog*, p. 185; Layton Tynerへの著者のインタビュー；Hastings, Max, *The Korean War*, p. 84.

242（22）**「私は敗れた南軍の将」** Goulden, Joseph, *Korea*, p. 201; Lem Shepherd oral history at Marine Corps History Archive and oral history at Columbia University.

242（23）**「八月は勝利の月である」** Shen Zhihua, Cold War International History Project, Winter 2003, Spring 2004.

第12章

250（1）「わたしはＦＤＲの直系後継者」Smith, Richard Norton, *Thomas Dewey and His Times*, p. 35.
251（2）「つぎの選挙戦は……十字軍である」Oshinsky, David, *A Conspiracy So Immense*, pp. 49-50.
252（3）「アメリカはいまや共和党の国家だ」Ibid., p. 53.
253（4）「気をつけたまえ。保守主義がアメリカを襲っている」Ibid., p. 53.
254（5）「軍人は大多数の者が目隠しをつけた馬にそっくり」Miller, Merle, *Plain Speaking*, p. 164.
254（6）戦争が終わると、かれはすかさず国防予算を Ferrell, Robert (editor), *Off the Record*, p. 133.
257（7）「かんかんに怒るアイゼンハワーの写真がとられ」Collins, Lawton, *War in Peacetime*, p. 39.
257（8）「船がなければ、票はない」Christensen, Thomas, *Useful Adversaries*, p. 39.
258（9）「アメリカは［第二次世界大戦を］フットボール試合のように戦い」Heinl, Robert, *Victory at High Tide*, p. 4.
258（10）「あれは動員解除ではない、潰走」Ibid., p. 4
258（11）「へなちょこパンチしか打てない」軍隊 Bradley, Omar, with Blair, Clay, *A General's Life*, p. 474.
260（12）「馬をも殺す」McCullough, David, Truman, p. 738.
260（13）日本の産業基盤の破壊を本当に望んでいるのだろうか Myers, Robert, *Korea in the Cross Currents*, p. 79.
263（14）「三か条に要約できる」Isaacson, Walter, and Thomas, Evan, *The Wise Men*, p. 338.
264（15）占領当局は政策立案機関ではなく、「その道具にすぎない」Rovere, Richard, and Schlesinger, Arthur M., Jr., *The General and the President*, p. 120.
264（16）「将来をのぞき見できていたら」Acheson, Dean, *Present at the Creation*, pp. 126-127.
264（17）「アチソンが実像とは別の人物に映るのは」Cumings, Bruce, *The Origins of the Korean War, Vol.II*, p. 45.
266（18）「田舎者にはネコに小判とはお気の毒」Isaacson, Walter, and Thomas, Evan, *The Wise Men*, p. 465.
266（19）「アチソンのうぬぼれた物腰、イギリス製の洋服」Chute, David, *The Great Fear*, pp. 42-43.

266（20）**「トルーマンのためにそうしたまえ」** Isaacson, Walter, and Thomas, Evan, *The Wise Men*, p. 547.

267（21）**「道向こうの小男」** Halberstam, David, *The Best and the Brightest*, p. 332; John Carter Vincent への著者のインタビュー。

267（22）**「会員一人の支援団体を持っている」** Isaacson, Walter, and Thomas, Evan, *The Wise Men*, p. 464.

268（23）**「適当と判断している以上の自治をすでに与えている」** McLellan, David S., *Dean Acheson: The State Department Years*, p.383.

270（24）**「わたしは入り、蔣は出ていく」** Isaacson, Walter, and Thomas, Evan, *The Wise Men*, p. 475.

271（25）**「動揺せず、われわれの友人を頼りなさい」** Davis, Nuell Pharr, *Lawrence and Oppenheimer*, p. 294.

272（26）**「ヘンリー・ジェームズ向きの素材」** Cooke, Alistair, *A Generation on Trial*, pp. 107-108.

273（27）**「西洋文明の終焉に警鐘を乱打できる者」** Halberstam, David, *The Fifties* 執筆のための著者による Murray Kempton へのインタビュー、*The Fifties*, p. 13.

273（28）**つじつまの合わない話が多すぎた** Homer Bigart への著者のインタビュー、*New York Times*.

274（29）**「人柄は絶対に請け合う」** Weinstein, Allen, *Perjury*, p. 37.

274（30）**「それこそ、ぼくがやらなければならないこと」** Isaacson, Walter, and Thomas, Evan, *The Wise Men*, p. 491.

275（31）**アチソンはけんかを買って出ようとしている** Lucius Battle への著者のインタビュー。

276（32）**普通のアメリカ人ならそれくらいは** *The Best and the Brightest* 執筆のための James Reston への著者のインタビュー。

276（33）**「とんでもない、まったく必要のない贈り物」** Goldman, Eric, *The Crucial Decade*, pp. 134-135.

276（34）**「ヒスをしばり首にしたらいい」** Donovan, Robert, *Tumultuous Years*, p. 133.

277（35）**「わが国政府上層部の売国奴どもは」** Goldman, Eric, *The Crucial Decade*, pp. 134-135.

277（36）**「トルーマンはやっかいなお荷物を背負いこんだ」** Ibid., p. 134.

第13章

280 (1) **「宮廷の道化師」** Gellman, Barton, *Contending with Kennan*, p. 14.
282 (2) **韓国は戦略的に重要ではないが** Foot, Rosemary, *The Wrong War*, p. 60.
283 (3) **「彼女は本当のスカンジナビア的素朴さを備え」** Isaacson, Walter, and Thomas, Evan, *The Wise Men*, p. 150.
284 (4) **「わたしの声望は作られ、わたしの意見は広められた」** Kennan, George, *Memoirs 1925-1950*, pp. 294-295.
285 (5) **「儀礼的な中国人のお辞儀とお世辞笑い以外に」** Isaacson, Walter, and Thomas, Evan, *The Wise Men*, p. 477.
287 (6) **「最近のソ連の動向は……無謀とは紙一重の大胆さを示している」** Foot, Rosemary, *The Wrong War*, p. 39.
288 (7) **「三軍の参謀総長……国防長官よりも国務長官と密接に提携」** Bradley, Omar, with Blair, Clay, *A General's Life*, p. 519.
289 (8) **「報告書には数字は入れるな」** Isaacson, Walter, and Thomas, Evan, *The Wise Men*, p. 499.
289 (9) **「こぶしをにぎりしめてわたしたちを震えあがらせた」** Acheson, Dean, *Present at the Creation*, p. 373.
290 (10) **「朝鮮がわれわれを救った」** Isaacson, Walter, and Thomas, Evan, *The Wise Men*, p. 504.

第14章

293 (1) **「わたしはハリーにマイルド」** McCullough, David, *Truman*, p. 493.
293 (2) **「かわいそうなアメリカ国民」** Ibid., p. 320.
294 (3) **わしの耕し方は旧式で** Abels, Jules, *Out of the Jaws of Victory*, p. 182.
295 (4) **「単刀直入で、飾らず、思考は明快」** Bradley, Omar, with Blair, Clay, *A General's Life*, p. 444.
296 (5) **シンクレア・ルイスの作品のなかからやってきた人物** McCullough, David, *Truman*, pp. 324-325.

297（6）**「トルーマンがどういう人物なのか皆目わかっていなかった」** Phillips, Cabell, *The Truman Presidency*, p. 47.
297（7）**「何たる民主主義のテストか！」** McCullough, David, *Truman*, p. 525.
299（8）**「オザク山脈の短気なアイアスめ」** Abels, Jules, *Out of the Jaws of Victory*, p. 95.
299（9）**「トルーマン、ハリー・トルーマン。さあ、困ったぞ」** Goldman, Eric, *The Crucial Decade*, p. 83.
300（10）**「死に体のミズーリ産ラバとは選挙をしたくない」** Ibid., p. 19.
300（11）**「トーマス・デューイはほぼ選出されたも同然である」** Manchester, William, *The Glory and the Dream*, p. 465.
300（12）**「わたしの仕事は波風が起きるのを防ぐことだ」** Abels, Jules, *Out of the Jaws of Victory*, p. 150.
301（13）**テーブルを押さえてだれも近づかせなかった** Ibid., pp. 12-13.
302（14）**「冷血に計算高くそろばんをはじいた」** McFarland, Keith D., and Roll, David L., *Louis Johnson and the Arming of America*, p. 133.
302（15）**ジョンソンが国防長官ポストを手に入れた理由** Ibid., pp. 137-139.
302（16）**「一発かましてやる」** Donovan, Robert, *Tumultuous Years*, p. 16.
303（17）**「人びとと共にほほえみ、笑う」** McCullough, David, *Truman*, p. 675.
303（18）**「デューイの選挙運動は独りよがりで横柄」** Abels, Jules, *Out of the Jaws of Victory*, p. 141.
304（19）**「小づくりの顔に口ひげは大きすぎた」** *The Fifties* 執筆のための筆者によるHerbert Brownellへのインタビュー。
304（20）**「笑っているつもりだが」** Smith, Richard Norton, *Thomas Dewey and His Times*, p. 26.
305（21）**「ベッドの下をのぞく」ような真似はしたくない** Ibid., p. 507.
306（22）**「トルーマンは陳腐で、明らかに失敗していた」** Abels, Jules, *Out of the Jaws of Victory*, p. 180.
306（23）**「連中はどのみち、いつも間違っている」** Phillips, Cabell, *The Truman Presidency*, pp. 243-244.
308（24）**「あの粗野な町の政治屋」** McCullough, David, *Truman*, p. 712.

第15章

312（ 1） **在アジア最高軍首脳が……政権の大敵と歩調をそろえた** *Life* magzine, December20, 1948.

313（ 2） **「国民党の宣伝の実質的な効果は」** Bradley, Omar, with Blair, Clay, *A General's Life*, p. 549.

314（ 3） **マッカーサーが蔣に何を約束したのか調査し** Goulden, Joseph, *Korea*, p. 155; Donovan, Robert, *Tumultuous Years*, pp. 260-262.

315（ 4） **「こづき回すのは止めるべきだ」** Blair, Clay, *The Forgotten War*, pp. 184-185.

315（ 5） **「共産主義と戦う者はだれでも支援すべきだという奇妙な考え」** Donovan, Robert, *Tumultuous Years*, p. 261.

316（ 6） **「臆病神に相談するな」** Lieutenant General(Ret.)Ed Rownyへの著者のインタビュー；Rownyへの Toland のインタビュー、Franklin D. Roosevelt Library.

317（ 7） **戦闘によらない死傷者は戦闘による死傷者を上回るかも** Ridgway, Matthew B., *The Korean War*, p. 36.

317（ 8） **「かれは国の宝」** Blair, Clay, *The Forgotten War*, pp. 188-189.

319（ 9） **「合衆国大統領は指示する」** Goulden, Joseph, *Korea*, pp. 161-162.

320（10） **「トルーマンが行った最悪の人事」** McCullough, David, *Truman*, p. 741.

320（11） **「提督、海軍は退場の途上にある」** Heinl, Robert, *Victory at High Tide*, pp. 6-7.

321（12） **「一人の精神病患者を別の患者にとり替えた」** Bradley, Omar, with Blair, Clay, *A General's Life*, p. 503.

322（13） **「ほかにあんなことをいう人を考えられるかね」** Ferrell, Robert(editor), *Off the Record*, p. 189.

324（14） **このご仁はかつて仏領インドシナのことをインディゴ・チャイナと** Cray, Ed, *General of the Army George C. Marshall*, p. 234; Oshinsky, David, *A Conspiracy So Immense*, p.36.

325（15） **神の仕事を望む人たちの前途** Melby, John, *The Mandate of Heaven*, p. 135.

326（16） **「延安［共産］政権が……勝利者として登場するチャンスはきわめて高い」** Rovere, Richard, and Schlesinger, Arthur M., Jr., *The General and the President*, p. 195.

329（17） **「無知で文盲の蔣介石という名のろくでなし」** Kahn, E. J., *The China Hands*, p. 82.

330（18） **「夷ヲ以テ夷ヲ制ス」** Tuchman, Barbara, *Stilwell and the American Experience in China*, p. 303.

330（19）**「カネも力もない不運な者たちだけが捕らえられる」** Ibid., p. 316
331（20）**「中国の統一を試みるつもりなんだ」** Kahn, E. J., *The China Hands*, p. 184.
331（21）**たいへん疲れ……、どう見ても病人** Melby, John, *The Mandate of Heaven*, p. 55.
332（22）**「その役から逃れるためならどんな仕事でも引き受ける」** Cray, Ed, *General of the Army George C. Marshall*, p. 574.
332（23）**「バタワース君、われわれはだまされてはいけない」** *The Best and the Brightest* 執筆のための著者によるWalton Butterworthへのインタビュー。
333（24）**「あの間抜けどもはわたしが始末する」** Melby, John, *The Mandate of Heaven*, p. 97.
333（25）**「世界史上最大の兵員空輸」** Zi Zhongyun, *No Exit?*, p. 25.
334（26）**アメリカの支援で約百二十万人もの日本兵の降伏を** Ibid., p. 27.
334（27）**「蔣のわたしに対する信頼は青天井だった」** Cray, Ed, *General of the Army George C. Marshall*, p. 574.

第16章

336（1）**「すかさずわれわれが頂戴する」** Fairbank, John, and Feuerwerker, Albert, *The Cambridge History of China, Vol. 13*, p. 758
336（2）**〝ハンプを越えてやってくるアンクル・チャンプ〟** Cray, Ed, *General of the Army George C. Marshall*, p. 758
337（3）**「腐敗と衰退の臭気」** Melby, John, *The Mandate of Heaven*, p. 44.
338（4）**「抗日ゲリラ戦を機動作戦に」** Fairbank, John, and Feuerwerker, Albert, *The Cambridge History of China, Vol.13*, p. 764.
338（5）**奇想天外の大ぼら** Payne, Robert, *Mao*, p. 227.
339（6）**「神出鬼没を装う見せかけ」** Salisbury, Harrison, *The New Emperors*, p. 6.
340（7）**「蔣が総統なら」** Swanberg, W. A., *Luce and His Empire*, p. 282.
340（8）**「対蔣軍事援助の継続が賢明かどうか」** Cray, Ed, *General of the Army George C. Marshall*, p.

634.

340（ 9）「わがほうの補給担当将校」Salisbury, Harrison, *The New Emperors*, p. 8.

340（10）「人民解放軍が保有するアメリカ製装備」Rovere, Richard, and Schlesinger, Arthur M., Jr, *The General and the President*, pp. 214-215.

340（11）「終わりは間近だ」Melby, John, *The Mandate of Heaven*, p. 289.

342（12）「腐敗し、反動的で、非能率」Cray, Ed, *General of the Army George C. Marshall*, p. 634

342（13）「長江防衛はその気があれば、ほうきの柄ででも」Rovere, Richard, and Schlesinger, Arthur M., Jr., *The General and the President,*p. 214.

342（14）夕食会をキャンセルした Zi Zhongyun, *No Exit?*, pp. 101-102.

343（15）「いいえ、そうは思わない」Koen, Ross, *The China Lobby in American Politics*, p. 90.

343（16）「中国史上いかなる支配者が保持したよりも」Cray, Ed, *General of the Army George C. Mar shall*, p. 673.

第17章

347（ 1）「支援の素振りさえ見せずに」Christensen, Thomas, *Useful Adversaries*, p. 70

349（ 2）「あなたがたの知っている中国は死に絶えようとしている」Herzstein, Robert, *Henry Luce and the American Crusade in Asia*, p. 5.

351（ 3）自分は周囲とは異質 Halberstam, David, *The Powers That Be*, pp. 57-58.

352（ 4）「何世紀も何世紀も記憶される」Swanberg, W. A., *Luce and His Empire*, p. 186.

353（ 5）「五〇年代初頭にもベトナムについて」Alan Brinkley 教授への著者のインタビュー。

353（ 6）「チャイナロビーの大半が孤立主義者」Ibid.

354（ 7）「大失敗の原因は蔣に」White, Theodore H., *In Search of History*,pp. 176-178.

355（ 8）「記事を防衛するのがわたしの義務」Ibid., pp. 205-206.

355（ 9）「野犬捕獲員の仕事さえ」Kahn, E. J., *The China Hands*, p. 10.

357（10）「マーシャルは……巨大な任務にふさわしい大物か」Swanberg, W. A., *Luce and His Empire*, p.

266.

358 (11) **「かれは利口だからきっと変える、とルース氏はいっていた」** Wellington Koo oral history, Columbia Univeersity.

358 (12) **「そんな男は知らないよ」** Cray, Ed, *General of the Army George C. Marshall*, p. 686.

359 (13) **大西洋は民主党の海** Rovere, Richard, and Schlesinger, Arthur M., Jr., *The General and the President*, p. 230.

360 (14) **「蔣支援に送れと提唱した共和党議員は一人も」** Ibid. p. 213.

360 (15) **「子息を送って戦わせるか」** Zi Zhongyun, *No Exit?*, p.260.

360 (16) **「実効ある援助を計画することなどできはしない」** Phillips, Cabell, *The Truman Presidency*, p. 286.

361 (17) **トルーマンは〝アニマル〟と呼んだ** Halberstam, David, *The Fifties*, p. 56.

361 (18) **「カネをドブに捨てるようなものだ」** papers of Matthew Connelly, Harry S. Truman Library.

362 (19) **「百万ドルはきっとニューヨークの銀行にある」** Lilienthal, David, *The Journals of David E. Lilienthal: Vol.II*, p. 525.

362 (20) **「英語ではなく米語でかれと話した」** Wellington Koo oral hisotory, Columbia University.

363 (21) **国府軍が解体していった時期の真相と現実** Ibid.

364 (22) **「大陸光復」を斉呼** Kahn, E. J., *The China Hands*, p. 247.

第18章

366 (1) **兵士は一息つけると判断した** Appleman, Roy, *South to the Naktong, North to the Yalu*, p. 289.

367 (2) **最後の大攻勢にちょうど間に合った** Charles Hammelへの著者のインタビュー。

367 (3) **「失血死しつつあった」** Fehrenbach, T. R., *This Kind of War*, p. 138.

367 (4) **「自ら災いを招くことに」** Goncharov, Sergei, et al., *Uncertain Partners*, p. 155.

368 (5) **「忘れられた戦争の忘れられた指揮官」** Toland papers 所載の Mike Lynch インタビュー。 Franklin D. Roosevelt Library.

369（6）**「最後の瞬間までここに踏みとどまるのだ」** Clay and Joan Blairへの Mike Lynch インタビュー。U.S. Army War College Library.

370（7）**「どれだけの予備兵力をみつけ出してくれたかね」** Appleman, Roy, *South to the Naktong, North to the Yalu*, p. 335; Layton Tynerへの著者のインタビュー。

372（8）**一両日中の夜にも攻撃があるとのうわさ** George Russellへの著者のインタビュー。

373（9）**アメリカン・フットボール場七個分を担当** Joe Strykerへの著者のインタビュー；Berry RhodenにあてたHarold Graham 曹長の一九五一年六月二十九日付の手紙。

373（10）**「だれがいるのかわからなかった」** Erwin Ehlerへの著者のインタビュー。

374（11）**「夜はその手は使えなかった」** Ibid.

375（12）**「無数のアリが江を渡り」** Terry McDanielへの著者のインタビュー。

375（13）**「七面鳥はこちらだとすぐに気づいた」** Rusty Davidsonへの著者のインタビュー。

376（14）**「目視不能なほどの薄さ」** Goerge Russellへの著者のインタビュー。

379（15）**隊員の脱出を図るときだとローデンは判断した** Berry Rhodenへの著者のインタビュー。

381（16）**どうにか歩きつづけることができた** Berry Rhoden にあてた Harold Graham 曹長の手紙。

383（17）**「こんなにうまいものは初めてだ」** Ibid.

384（18）**「この野郎、チャーリー中隊にやるぞ」** Knox, Donald, *The Korean War, Vol.II*, pp. 62-63; Joe Strykerへの著者のインタビュー。

387（19）**この戦争の任務はかれには重すぎる** Toland papers 所載の Mike Lynch インタビュー、Franklin D. Roosevelt Library.

388（20）**「どう止めていいか分からない」** Ibid.; Heefner, *Wilson, Patton's Bulldog*, p. 220; Layton Tynerへの著者のインタビュー。

389（21）**九月四日から先に延長する** Appleman, Roy, *South to the Naktong, North to the Yalu*, pp. 462-463; Blair, Clay, *The Forgotten War*, pp. 250-251.

394（22）**「いまでもふるえが止まらなくなる」** Lee Beahlerへの著者のインタビュー。

395（23）**「イエス、サー」とフライは即答した** Lee Beahler, Gino Piazzaへの著者のインタビュー。

397 (24) **「よしわかった、曹長。つづけたまえ」** Charles Hammelへの著者のインタビュー。
399 (25) **「あれほど冷静な男は見たことがなかった」** Ibid.
401 (26) **中隊は全滅の憂き目に遭うところだった** Jesse Haskinsへの著者のインタビュー。
402 (27) **助ける方法はないとすぐに悟った** Vaughn Westへの著者のインタビュー。
402 (28) **涙を流さないでどうする** Ibid.
403 (29) **「勲章授与者は、しばしば」** Lee Beahlerへの著者のインタビュー。
404 (30) **あれはほんとうに恐ろしい攻撃だった** George Russellへの著者のインタビュー。
405 (31) **「なにからなにまで正しかったことに気づく」** Harold G. Moore 退役中将への著者のインタビュー。
407 (32) **大衆の困窮した暮らしの片鱗さえもつかんでいない** Paul Freeman oral history at U.S. Army War College Library.
408 (33) **「中国を知りすぎたのがあだになった」** Ibid.
408 (34) **冷静に自らの立場を査定した** Ibid.
410 (35) **「職業軍人として最善を尽くすつもり」** Paul Freeman の諸手紙。Anne Sewell Freeman Mcleod 提供。
413 (36) **だれだって忘れられるものではない** Berry Rhodenへの著者のインタビュー。
415 (37) **軍人最高の栄誉である名誉章を得た** Jack Murphyへの著者のインタビュー。
417 (38) **ちょっとした奇跡、いのち拾い** Ibid.

第19章

420 (1) **「マッカーサーの場合、それは仁川だった」** Perret, Geoffrey, *Old Soldiers Never Die*, p. 518.
421 (2) **「あっという間に姿が見なくなるだろうさ」** Cumings, Bruce, *The Origins of the Korean War, Vol. II*, p. 692.
421 (3) **「どこの兵士たちよりも有能で頑強」** Heinl, Robert, *Victory at High Tide*, p. 30.
423 (4) **「仁川は全部に当てはまった」** Ibid., p. 24.

424（5）べとつくヘドロの上を少なくとも九百メートル Ibid., p. 26.

424（6）「機雷敷設に理想的な場所は仁川」Ibid., p. 27.

425（7）「ブラドレーは田吾作だ」Ibid., p. 10

426（8）「将軍には……ぜひ知ってもらわなくては」Ibid., p. 40.

427（9）「バリモアやジョン・ドルーもかなわない」White, William Allen, *The Autobiography of William Allen White*, pp. 572-573.

427（10）「かれの下で演技を学びました」Lee, Clark, and Henschel, Richard, *Douglas MacArthur*, p. 99.

428（11）自分のことを三人称で呼んでいるのにびっくり Eisenhower, Dwight D., *At Ease*, p. 214.

428（12）「まるで何年も妻に会っていない亭主のよう」Allison, John, *Ambassador from the Plains*, p. 168.

429（13）「可能性はないが、不可能ではない」Heinl, Robert, *Victory at High Tide*, p. 40.

429（14）「戦術会議というものは臆病と敗北主義を生む」MacArthur, *Douglas, Reminiscences*, p. 349.

430（15）「わたしならあの誓約をまともには受け取らなかった」Bill McCaffreyへの著者のインタビュー。

430（16）「いったん上陸を始めたら、前進あるのみ」Heinl, Robert, *Victory at High Tide*, p. 40.

431（17）情をからめた話を持ち出されたら Fred Laddへの著者インタビュー、一九六三年。

431（18）「将軍、海軍は受け入れます」Heinl, Robert, *Victory at High Tide*, pp. 40-42; Manchester, William, *American Caesar*, pp. 576-577; Blair, Clay, *The Forgotten War*, pp. 231-232.

431（19）「ジョン・ウェインの声を聴く思いだ」Smith, Robert, *MacArthur in Korea*, p. 78.

432（20）「虚偽と欺瞞の驚くべき策」Blair, Clay, *The Forgotten War*, p. 236.

432（21）「ブリーフィングをつづけるがよい」Goulden, Joseph, *Korea*, pp. 209-210.

433（22）いすから腰を浮かせ、「なんだって？」と叫び声を上げた Blair, *The Forgotten War*, p. 229.

434（23）「かれらを嘲笑するのを楽しんでいる」Matthew Ridgwayへの著者のインタビュー。

434（24）「年齢も十か月若いだけだった」Columbia University および U.S. Marine Corps History Division における Oliver Smithのoral history.

434（25）「亀裂を入れかねない事態を恐れた」U.S. Marine Corps History DivisionのOliver Smith の personal log.

435（26）**「気まぐれで軽薄」というアーモンド評** Russ, Martin, Breakout, p. 17.

435（27）**「中国軍は、アメリカの空軍力の一部を」** Ibid., p. 208.

第20章

437（1）**毛はこの評価を金日成に伝えるよう周に指示** Chen Jianへの著者のインタビュー。

438（2）**仁川がもっとも可能性の高い目標だ** Goncharov, Sergei, et al., *Uncertain Partners*, p. 149.

439（3）**「わたしはまったく退却を考えたこともない」** Shen Zhihua, Cold War International History Project, Winter 2003, Spring 2004.

440（4）**最後には〝伝説の材料〟になる** Simmons, Edwin H., *Over the Seawall*, p. 23; Edwin H. Simmonsへの著者のインタビュー。

441（5）**投降する日本兵は比較的少なかった** Edwin H. Simmonsへの著者のインタビュー。

442（6）**「新聞紙面で読むほうがやさしい」** Columbia University における Oliver P. Smith oral history.

442（7）**「部下たちが遂行するようにしましょう」** Alexander, Joseph, *The Battle of the Barricades*, p. 19.

442（8）**師団の確認のないフィッツジェラルドの指示は** Edwin H. Simmonsへの著者のインタビュー。

443（9）**ウォーカーは……友人にぶちまけている** Toland, John, *In Mortal Combat*, p. 205.

444（10）**「わたしの軍はこのところ悪者になっている」** Ibid., p. 210.

446（11）**「これほど恐ろしい解放を味わった人びとは」** Heinl, Robert, *Victory at High Tide*, p. 242.

446（12）**「兵士の死傷と幸福には冷淡で無関心」** Ibid., p. 294.

446（13）**「PR部隊だ」** Goulden, Joseph, *Korea*, p. 241.

449（14）**「みなさまを上陸にご招待しましょう」** Weintraub, Sidney, *MacArthur's War*, p. 204.

450（15）**「米軍上層部における最大級の利害の衝突」** Jack Murphyへの著者のインタビュー。

450（16）**この地図を一目見るほうがもっとぞっとする** Jack Murphyへの著者のインタビュー。

451（17）**統合参謀本部はその意味するところに気づくのが** Matthew B. Ridgwayへの著者のインタビュー；Ridgway, Matthew B., *The Korean War*, pp. 47-62.

第21章

452（1）**何を意図しているか確かな感触を得ていた** Robert Myersへの著者インタビュー。

453（2）**急いで知らせて回避行動をとらせるようなことは** Koen, Ross Y., *The China Lobby in American Politics*, p. 83.

453（3）**「新規の対華大型援助計画を手に入れようと奔走」** Zi Zhongyun, *No Exit?*, pp. 243-244.

456（4）**「少しは友好的になるかもしれない」** Ibid., pp. 278-279.

第22章

461（1）**「他のだれよりも熱心だった」** Foot, Rosemary, *The Wrong War*, p. 103.

461（2）**「議会の名誉勲章を授与されるだろう」** Halberstam, David, *The Best and the Brightest*, p. 324.

461（3）**「ソビエト・ロシアに有利に、米国に不利に変える」** Foot, Rosemary, *The Wrong War*, p. 52.

462（4）**「共和党右派の一部の人々を抑えることができる」** Ibid., p. 43.

463（5）**「無責任かつ頑迷なチャイナロビー」** Kennan, George F., *Memoirs 1925-1950*, pp. 490-493.

465（6）**「絶望の際に政府に若干の慰めを」** Ibid., pp. 102-103.

466（7）**「軍事的観点からすれば、一段と不健全なものに」** Ibid., p. 488.

467（8）**「なぜためらう必要がある」** Foot, Rosemary, *The Wrong War.*, p. 73.

468（9）**「測量技師が引いたラインまで進んで、そこで止まる」** Acheson, Dean, *Present at the Creation*, p. 445.

468（10）**「赤い宥和政策の悲劇の第二幕」** Foot, Rosemary, *The Wrong War*, pp. 69-70.

469（11）**「三十八度線突破に関してタカ派の立場」** Bradley, Omar, with Blair, Clay, *A General's Life*, p. 558.

470（12）**「すでにとられていた行動の確認にすぎなかった」** papers of James Webb, Harry S. Truman Library.

471（13）**「整然たる文言で自分たち自身を騙していた」** Isaacson, Walter, and Thomas, Evan, *The Wise Men*, p. 532.

471 (14) **「統合参謀本部全体を相手にしようというのか」** Lucius Battleへの著者のインタビュー。
472 (15) **「ノーというには超人的な努力が必要」** Isaacson, Walter, and Thomas, Evan, *The Wise Men*, p. 540.
472 (16) **「マッカーサーを止めることはできない」** Weintraub, Stanley, *MacArthur's War*, p. 163.
472 (17) **「この上なく破壊的な敗北をもたらした」** Frank Gibneyへの著者のインタビュー。
472 (18) **「わが民族の救済者として愛している」** Spurr, Russell, *Enter the Dragon*, p. 428.
472 (19) **「貴重な時間を無駄にするだけだよ」** Weintraub, Stanley, *MacArthur's War*, p. 162.
473 (20) **「失敗の可能性をほのめかす暗い示唆など無視して」** Ridgway, Matthew B., *The Korean War*, p. 45.
473 (21) **水の上を歩いて行って陣につけといったら** Ibid., p. 44.
473 (22) **「無帽のかれは奇妙なほど人間的で」** Thompson, Reginald, *Cry Korea*, p. 87.

第23章

476 (1) **普通の買い物にもスーツケースに紙幣を詰めて** Panikkar, K. M., *In Two Chinas*, p. 23.
476 (2) **「女王の立ち居振る舞いを身に着けた人物」** Ibid., p. 25.
476 (3) **「その文化は大して尊敬できない」** Ibid., p. 27.
478 (4) **「原子爆弾に何ができるだろうか」** Ibid., p. 108.
479 (5) **「マッカーサーの夢は実現した」** Ibid., p. 109-112.
480 (6) **「パニックに陥ったパニッカーの空威張り」** Isaacson, Walter, and Thomas, Evan, *The Wise Men*, p. 533.
480 (7) **中国自身の真の問題はソ連とのあの長い国境にある** Foot, Rosemary, *The Wrong War*, p 81.
481 (8) **「かれらの判断では、死者六万人前後、負傷者十四万人」** Chen Jian, *China's Road to the Korean War*, pp. 153-154.
484 (9) **「私は手榴弾で応ずる」** Chen Jian, *China's Road to the Korean War*, pp. 153-154.
486 (10) **自分たちよりも人民をよく知っている** Chen Jianへの著者のインタビュー。

487（11）**参戦に賛成した者は一人半** Ibid.

487（12）**「無為の政策を糊塗する千五十四ページの文書」** Foot, Rosemary, *The Wrong War*, p. 44.

490（13）**金日成はその晩、中国大使に派兵を求めた** Shen Zhihua, Cold War International History Project, Winter 2003, Spring 2004.

490（14）**「ソ連は中国部隊への上空掩護提供に同意したかに」** Chen Jian, *China's Road to the Korean War*, p. 161.

THE COLDEST WINTER
by David Halberstam
Copyright © 2009 by David Halberstam
Japanese Translation published
by Bungei Shunju
By arrangement with
Robert N.Solomon through
The English Agency (Japan) Ltd.

訳者略歴

山田耕介《やまだこうすけ》
1935年生まれ。元東京新聞・中日新聞記者。香港支局、マニラ支局長などを経て翻訳業。訳書に『華僑王国』（サイマル出版会）『労改』（TBSブリタニカ）『中国権力者たちの身上調書』（阪急コミュニケーションズ）『天安門文書』『史上最悪のウイルス』（文藝春秋）。

山田侑平《やまだゆうへい》
1938年生まれ。人間総合科学大学名誉教授。元共同通信記者。ニューヨーク支局員、ブリュッセル支局長などを経て、2000年から人間総合科学大学で教鞭をとる。訳書に『CIA秘録』（ティム・ワイナー著、共訳、文藝春秋）、著書に『日本の国際化とは』（連合出版）など。

デイヴィッド・ハルバースタム（David Halberstam）

作家。アメリカが生んだ最も偉大なジャーナリスト。

1955年にハーバード大学を卒業後、『ニューヨーク・タイムズ』入社、ベトナム特派員としての経験と広範な取材をもとに、ケネディ政権がベトナムの悲劇に突き進む様を描いた『ベスト＆ブライテスト』（1972年）で大きな賞賛をあびる。以降、徹底したインタビューと、エピソードを積み重ねるニュージャーナリズムと呼ばれる手法で、アメリカのメディア産業の勃興を描いた『メディアの権力』（1979年）、日米自動車戦争を描いた『覇者の驕り』（1986年）など、骨太な現代史のテーマを次々とものにした。

本書は、10年越しの仕事。ゲラに最後の筆をいれた翌週の2007年４月23日、交通事故で死亡。次の本のインタビューへ向かう途上の悲劇だった。日本語版権は、直後から遺族らと交渉し独占入手したものである。

装幀　石崎健太郎

目次・各章扉デザイン　中川真吾

ザ・コールデスト・ウインター　上
朝鮮戦争

二〇〇九年 十 月十五日　第一刷
二〇〇九年十一月十五日　第三刷

著　者　デイヴィッド・ハルバースタム
訳　者　山田《やまだ》耕介《こうすけ》　山田《やまだ》侑平《ゆうへい》
発行者　木俣正剛
発行所　株式会社文藝春秋
〒一〇二-八〇〇八
東京都千代田区紀尾井町三―二三
電話　〇三―三二六五―一二一一
印刷所　大日本印刷
製本所　加藤製本

万一、落丁乱丁があれば送料小社負担でお取替えいたします。小社製作部宛お送りください。
定価はカバーに表示してあります。

ISBN978-4-16-371810-1

毛沢東

Joseph Stalin

金日成

Matthew Ridgway